PRIJEVOD KUR'ANA

Preveo
Besim Korkut

Izdavač
El-Kelimeh
Mešihat Islamske zajednice
u Srbiji, Novi Pazar

Za izdavača
Malik Nurović

Urednik
Senad Redžepović

Lektura
Jahja Fehratović

Korektura
Samed Jukić

Prijelom i DTP
Fahrudin Smailović

Korice
Faris Bahor

Štampa
Grafičar, Užice

Tiraž
500

CIP - Каталогизација у публикацији
Народна библиотека Србије, Београд

28-23

PRIJEVOD Kur'ana / preveo Besim Korkut. - Novi Pazar :
El-Kelimeh : Mešihat Islamske zajednice u Srbiji, 2009 (Užice
: Grafičar). - [6], 638 str. : vinjete : 21 cm

Tiraž 500. - Str. 3-6: Predgovor / A. Smajlović. - Napomene:
str. 605-634.

ISBN 978-86-7980-059-6 (El-Kelimeh)

COBISS.SR-ID 169391884

Prijevod Kur'ana

Preveo
BESIM KORKUT

Novi Pazar, 2024.

PREDGOVOR

Kur'an je Božija Objava, Riječ i Uputa. Objavljivan je Muhammedu, a.s., u razdoblju od 23 godine njegove poslaničke misije.

Period objavljivanja Kur'ana bio je poseban u ljudskoj povijesti. Početak Objave javlja se u formi Allahovoga imperativa Poslaniku, a potom i svakom čovjeku, da izučava, posmatra i saznaje izvjesnost kosmičkog reda u triplicitnoj relaciji Bog-čovjek-svijet. Kur'an, dapače, insistira na osebujnom posmatranju prirode i čovjeka, podjednako u njihovoj odvojenosti i jedinstvu. To integralno i odvojeno posmatranje bazira se na kur'anskom principu o jedinstvu i jedinosti Stvoritelja (tevhid).

Svaka riječ Kur'ana objavljena Muhammedu, a.s., bila je registrirana, prenošena i učena napamet. Tako se dogodilo ono što je u historiji nebeskih Knjiga jedinstveno: zapisana je svaka riječ Objave i svako njeno slovo u razdoblju trajanja poslaničke misije Muhammeda, a.s. Stoga je istinitost transmisije kur'anskog teksta nesumnjiva i nepobitna. To potvrđuje i sam Kur'an, u kome se kaže da je to Knjiga u koju nema sumnje. Ona je uputa svima koji je žele slijediti i koji joj žele pripadati. Obavezujući svoje pripadnike na naučno istraživanje i spoznavanje stvarnosti, Kur'an podiže nauku na najviši mogući stepen i u tom smislu, na desetine mjesta i u različitim kontekstima, upotrebljava izraze znanje i spoznaja. Obraća se svima koji hoće razmišljati, žele otkriti i spoznati istinu i koji smjeraju doseći smisao vjerovanja. Tu je bezbroj raznovrsnih dokaza na koje Kur'an ukazuje. Ozbiljno proučavanje njegovoga sadržaja, kao i iščitavanje njegovih prijevoda, potvrđuje tu konstataciju.

Svojom pojavom, Kur'an je pokrenuo jedan od najvećih preobražaja u historiji čovječanstva. To ističu svi objektivni naučnici svijeta, a primjera koji potvrđuju ovu činjenicu ima napretek. Po svojoj univerzalnosti, misaonosti i sveobuhvatnosti, Kur'an predstavlja, doista, nadnaravnu knjigu. Iza neprikosnovenog poziva da se vjeruje Jedan Bog, dž.š., slijedi zahtjev za vjerovanje svih Njegovih poslanika, među kojima nema razlike. Po tome pravi i istinski pripadnik Kur'ana može biti samo onaj koji vjeruje i u sve druge vjerovjesnike, kao što vjeruje u Allahovog posljednjeg poslanika Muhammeda, a.s. Isti je status i Objavā upućenih prije Muhammeda, a.s. Priznajući sve ranije poslanike i potvrđujući njihov dolazak i misiju različitim argumentima, Kur'an ujedno predstavlja čvrst dokaz istinitosti i historijskog značenja Muhammedova, a.s., poslanstva.

Među ljudima, prema kur'anskom učenju, nema nikakve razlike, osim u pristupu dobru i zlu, korisnom i štetnom, lijepom i hrđavom. Svrha postojanja različitih naroda i nacija je u međusobnom upoznavanju, saradnji na dobru, razmjeni iskustava i ispomaganju. Pravednost se traži do te mjere da čovjek mora gledati na svakog drugog kao na samog sebe. Istina je, prema Kur'anu, sveta i nedjeljiva, a ljudska misao se mora potvrđivati i dokazivati naučno i iskustveno.

Jezik Kur'ana je nadnaravan po svom stilu, strukturi i izražajnim mogućnostima. Zbog toga je Kur'an nemoguće u potpunosti doslovno prevesti na bilo koji drugi jezik. Svi dosadašnji napori na tom planu predstavljaju, u stvari, samo pokušaje prezentiranja značenja Kur'ana i ništa više. Kur'anski stil interpretacije ima vlastitu logiku i proteže se na sva područja koja zaokupljaju ljudski duh: na područje vidljivog i nevidljivog svijeta. Teško da postoji kraće povijesno razdoblje u životu ljudske zajednice u kojem je aktualiziran toliki broj pitanja koja se tiču prirode i čovjeka, te razvoja ljudske kulture i duhovnosti uopće od onog u kojem je dovršeno objavljivanje Kur'ana.

Pitanja slobode misli, opredjeljenja i vjerovanja utemeljena su tako da je prisila zabranjena, kako u pogledu vjerovanja tako i u pogledu nevjerovanja. Taj vrlo složeni problem Kur'an je jasno i nedvosmisleno razriješio. Sloboda ljudskog opredjeljenja je zagarantirana, a na istom osnovu je i čovjekova odgovornost određena.

Kur'an traži stalan progres. On je uputa ka kontinuiranom napretku i dinamičnom razvoju. Zahtjev da se čini dobro, a ne zlo – univerzalan je princip kur'anskog učenja.

Najbolji komentar Kur'ana je sam Kur'an, a njegov najneposredniji tumač je sunnet Muhammeda, a.s. Zato se ni najmanje ne treba čuditi što je jedna od posljednjih poruka Muhammeda, a.s., bila da njegov ummet neće nikada zalutati ako se bude strogo pridržavao Kur'ana i sunneta. Stoga je zahtjev svih istinskih islamskih mislilaca i istraživača bio i ostao: vraćanje u okvire Kur'ana i sunneta i življenje, koliko god je to moguće, u okvirima ova dva neprikosnovena izvora cjelokupnog islamskog razmišljanja i vjerovanja.

Utjecaj Kur'ana na ljudsku misao, kulturu i razvoj je nesaglediv. Međutim, taj utjecaj do naših dana još nije dovoljno proučen. Današnji pokušaji u tom pogledu su veliki i značajni. Napori su ogromni na svim meridijanima. To najbolje pokazuje savremeno interesiranje za Kur'an i historijsko značenje njegove misli; za islamsku kulturu, kao autentičnu baštinu kur'anskog nauka, i planetarne mogućnosti kur'anske Objave. Neoboriv dokaz koji potvrđuje ovaj stav je ogroman broj prijevoda značenja Kur'ana na gotovo sve svjetske jezike. Činjenica je da svaki narod ima po nekoliko različitih prijevoda značenja Kur'ana na svom jeziku. Takvih zahvalnih poduhvata bilo je i kod nas. Među njima, svakako posebno mjesto zauzima prijevod profesora Besima Korkuta.

A. Smajlović

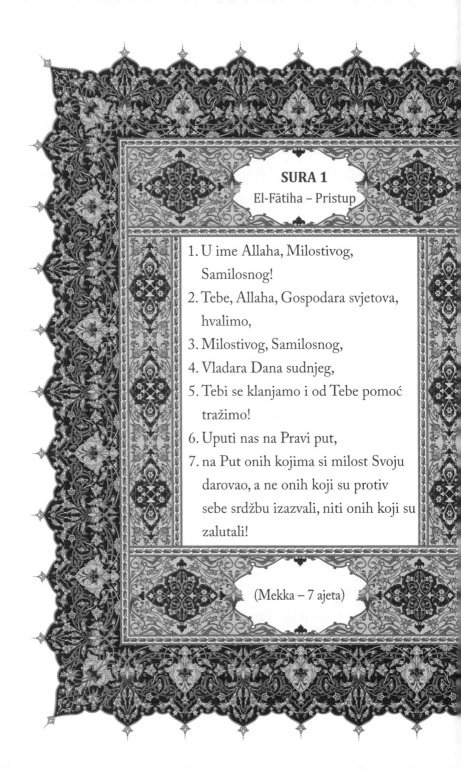

SURA 1
El-Fātiha – Pristup

1. U ime Allaha, Milostivog, Samilosnog!
2. Tebe, Allaha, Gospodara svjetova, hvalimo,
3. Milostivog, Samilosnog,
4. Vladara Dana sudnjeg,
5. Tebi se klanjamo i od Tebe pomoć tražimo!
6. Uputi nas na Pravi put,
7. na Put onih kojima si milost Svoju darovao, a ne onih koji su protiv sebe srdžbu izazvali, niti onih koji su zalutali!

(Mekka – 7 ajeta)

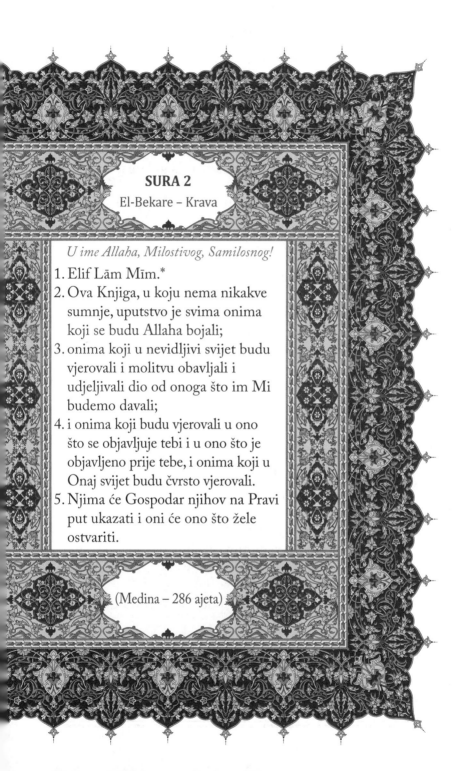

SURA 2
El-Bekare – Krava

U ime Allaha, Milostivog, Samilosnog!

1. Elif Lām Mīm.*
2. Ova Knjiga, u koju nema nikakve sumnje, uputstvo je svima onima koji se budu Allaha bojali;
3. onima koji u nevidljivi svijet budu vjerovali i molitvu obavljali i udjeljivali dio od onoga što im Mi budemo davali;
4. i onima koji budu vjerovali u ono što se objavljuje tebi i u ono što je objavljeno prije tebe, i onima koji u Onaj svijet budu čvrsto vjerovali.
5. Njima će Gospodar njihov na Pravi put ukazati i oni će ono što žele ostvariti.

(Medina – 286 ajeta)

6. Onima koji neće da vjeruju doista je svejedno – opominjao ih ti ili ne opominjao – oni neće vjerovati.

7. Allah je zapečatio srca njihova i uši njihove, a pred očima njihovim je koprena – njih čeka patnja golema.

8. Ima ljudi koji govore: "Vjerujemo u Allaha i u Onaj svijet!" – a oni nisu vjernici.*

9. Oni nastoje prevariti Allaha i one koji vjeruju, a oni, i ne znajući, samo sebe varaju.

10. Njihova srca su bolesna, a Allah njihovu bolest još povećava – njih čeka bolna patnja zato što lažu.

11. Kada im se kaže: "Ne remetite red na Zemlji!" – odgovaraju: "Mi samo red uspostavljamo!"

12. Zar!? A, uistinu, oni nered siju, ali ne opažaju.

13. Kad im se kaže: "Vjerujte kao što pravi ljudi vjeruju!" – oni odgovaraju: "Zar da vjerujemo u ono u šta bezumni vjeruju?" – A, uistinu, oni su bezumni, ali ne znaju.

14. Kada susretnu one koji vjeruju, govore: "Vjerujemo!" – a čim ostanu nasamo sa šejtanima svojim, govore: "Mi smo s vama, mi se samo rugamo."

15. Allah njih izvrgava poruzi i podržava ih da u svome nevjerstvu lutaju.

16. Umjesto Pravim, oni su krenuli krivim putem; njihova trgovina im nije donijela nikakvu dobit, i oni ne znaju šta rade.

17. Slični su onima koji potpale vatru i, kad ona osvjetli njihovu okolicu, Allah im oduzme svjetlo i ostavi ih u mraku, te oni ništa ne vide!

18. Gluhi, nijemi i slijepi su, nikako da se osvijeste.

19. Ili, oni su nalik na one koji, za vrijeme silnog pljuska s neba, u punom mraku, usred grmljavine i munja, stavljaju, zbog gromova, prste u uši svoje bojeći se smrti – a nevjernici ne mogu umaći Allahu.

20. Munja samo što ih ne zaslijepi – kada god im ona bljesne, oni prođu; a čim utonu u mrak, stanu. A da Allah hoće, mogao bi im oduzeti i sluh i vid, jer Allah, zaista, sve može.

21. O ljudi, klanjajte se Gospodaru svome, Koji je stvorio vas i one prije vas, da biste se kazne sačuvali;

22. Koji vam je Zemlju učinio posteljom, a nebo zdanjem; Koji s neba spušta kišu i čini da s njom rastu plodovi, hrana za vas. Zato ne činite svjesno druge Allahu ravnim!

23. A ako sumnjate u ono što objavljujemo robu Svome, načinite vi jednu suru sličnu objavljenim njemu, a pozovite i božanstva vaša, osim Allaha, ako istinu govorite.

24. Pa ako ne učinite – a nećete učiniti – onda se čuvajte vatre za nevjernike pripremljene, čije će gorivo biti ljudi i kamenje.

25. A one koji vjeruju i dobra djela čine obraduj džennetskim
baščama kroz koje će rijeke teći. Svaki put kada im se iz
njih da kakav plod, oni će reći: "Ovo smo i prije jeli." – a
bit će im davani samo njima slični. U njima će čiste žene
imati i u njima će vječno boraviti.

26. Allah se ne ustručava za primjer navesti mušicu ili nešto
sićušnije od nje: oni koji vjeruju – ta oni znaju da je
to Istina od Gospodara njihova; a oni koji ne vjeruju
– govore: "Šta to Allah hoće ovim primjerom?" Time
On mnoge u zabludi ostavlja, a mnogima na Pravi put
ukazuje; ali u zabludi ostavlja samo velike grješnike,

27. koji krše već čvrsto prihvaćenu obavezu prema Allahu i
prekidaju ono što je Allah naredio da se održava, i prave
nered na Zemlji – oni će nastradati.

28. Kako možete ne vjerovati u Allaha, vi koji ste bili ništa, pa
vam je On život dao!? On će, zatim, učiniti i da pomrete
i poslije će vas oživiti, a onda ćete se Njemu vratiti.

29. On je za vas sve što postoji na Zemlji stvorio, zatim je
Svoju volju prema nebu usmjerio i kao sedam nebesa ga
uredio. – On sve zna.

30. A kada Gospodar tvoj reče melekima: "Ja ću na Zemlji namjesnika postaviti!" – oni rekoše: "Zar će Ti namjesnik biti onaj koji će na njoj nered činiti i krv proljevati!? A mi Tebe veličamo i hvalimo i, kako Tebi dolikuje, štujemo." On reče: "Ja znam ono što vi ne znate."

31. I pouči On Adema nazivima svih stvari, a onda ih predoči melekima i reče: "Kažite Mi nazive njihove, ako istinu govorite!"

32. "Hvaljen neka si," – rekoše oni – "mi znamo samo ono čemu si nas Ti poučio, Ti si Sveznajući i Mudri."

33. "O Ademe," – reče On – "kaži im ti nazive njihove!" I kad im on kaza nazive njihove, Allah reče: "Zar vam nisam rekao da samo Ja znam tajne nebesa i Zemlje i da samo Ja znam ono što javno činite i ono što krijete!?"

34. A kada rekosmo melekima: "Poklonite se Ademu!" – oni se pokloniše, ali Iblis ne htjede, on se uzoholi i posta nevjernik.

35. I Mi rekosmo: "O Ademe, živite, ti i žena tvoja, u Džennetu i jedite u njemu koliko god želite i odakle god hoćete, ali se ovom drvetu ne približujte, pa da sami sebi nepravdu nanesete!"

36. I šejtan ih navede da zbog drveta posrnu i izvede ih iz onoga u čemu su bili. "Siđite!" – rekosmo Mi – "Jedni drugima ćete neprijatelji biti, a na Zemlji ćete boraviti i do roka određenoga živjeti!"

37. I Adem primi neke riječi od Gospodara svoga, pa mu On oprosti. On, doista, prima pokajanja, On je milostiv.

38. Mi rekosmo: "Silazite iz njega svi! Od Mene će vam uputstvo dolaziti, i oni koji uputstvo Moje budu slijedili – ničega se neće bojati i ni za čim neće tugovati.

39. A oni koji ne budu vjerovali i knjige Naše budu poricali – bit će stanovnici Džehennema, u njemu će vječno ostati."

40. O sinovi Israilovi, sjetite se blagodati Moje koju sam vam podario, i ispunite zavjet koji ste Mi dali – ispunit ću i Ja svoj koji sam vama dao, i samo se Mene bojte!

41. Vjerujte u ono što objavljujem, čime se potvrđuje da je istinito ono što vi imate, i ne budite prvi koji u to neće vjerovati. I ne zamjenjujte riječi Moje za nešto što malo vrijedi – i samo se Mene bojte!

42. I istinu sa neistinom ne miješajte i istinu svjesno ne tajite!

43. Molitvu obavljajte i zekat dajte i zajedno sa onima koji molitvu obavljaju i vi obavljajte!

44. Zar da od drugih tražite da dobra djela čine, a da pri tome sebe zaboravljate, vi koji Knjigu učite!? Zar se opametiti nećete!?

45. Pomozite sebi strpljenjem i molitvom, a to je, zaista, teško, osim poslušnima,

46. koji su uvjereni da će pred Gospodara svoga stati i da će se Njemu vratiti.

47. O sinovi Israilovi, sjetite se blagodati Moje koju sam vam podario i toga što sam vas nad ostalim ljudima bio uzdigao;

48. i bojte se Dana kada niko ni za koga neće moći ništa učiniti, kada se ničiji zagovor neće prihvatiti, kada se ni od koga otkup neće primiti i kada im niko neće u pomoć priteći;

49. i kada smo vas od faraonovih ljudi izbavili, koji su vas najgorim mukama mučili: mušku vam djecu klali, a žensku u životu ostavljali – a to vam je bilo veliko iskušenje od Gospodara vašeg –

50. i kada smo zbog vas more rastavili i vas izbavili, a faraonove ljude, na oči vaše, potopili;

51. i kada smo Musau četrdeset noći obećanje ispunjavali – vi ste, u njegovu odsustvu, sami sebi čineći nepravdu, tele obožavati počeli.

52. Zatim smo vam, i poslije toga, oprostili da biste zahvalni bili.

53. I kada smo Musau Knjigu, koja rastavlja istinu od neistine,* dali da biste Pravim putem išli;

54. i kada je Musa rekao narodu svome: "O narode moj, prihvativši tele, vi ste samo sebi nepravdu učinili – zato se Stvoritelju svome pokajte i jedni druge poubijajte. To je bolje za vas kod Stvoritelja vašeg, On će vam oprostiti! On prima pokajanje i On je milostiv!";

55. i kada ste uglas rekli: "O Musa, mi ti nećemo vjerovati, dok Allaha ne vidimo!" – munja vas je ošinula, vidjeli ste.

56. Zatim smo vas, poslije smrti vaše, oživili da biste zahvalni bili.

57. I Mi smo vam od oblaka hladovinu načinili i manu i prepelice vam slali: "Jedite lijepa jela kojima vas opskrbljujemo!" A oni Nama nisu naudili, sami sebi su nepravdu nanijeli.

58. I kada smo rekli: "Uđite u ovaj grad i jedite što god hoćete i koliko god hoćete, a na kapiju pognutih glava uđite, i recite: 'Oprosti!' – oprostit ćemo vam grijehe vaše, a onima koji čine dobra djela dat ćemo i više!" –

59. onda su oni koji su bili nepravedni zamijenili drugom Riječ koja im je bila rečena, i Mi smo na one koji su bili nepravedni s neba kaznu spustili zato što nisu poslušali.

60. I kada je Musa za narod svoj vodu molio, Mi smo rekli: "Udari štapom svojim po stijeni!" – i iz nje je dvanaest vrela provrelo, i svako bratstvo je vrelo iz kojeg će piti znalo. "Jedite i pijte Allahove darove, i ne činite zlo po Zemlji nered praveći!"

61. I kada ste rekli: "O Musa, mi ne možemo više jednu te istu hranu jesti, zato zamoli, u naše ime, Gospodara svoga da nam podari od onoga što zemlja rađa: povrća, i krastavica, i pšenice, i leće, i luka crvenoga!" – on je rekao: "Zar želite da ono što je bolje zamijenite za ono što je gore!? Idite u grad, imat ćete ono što tražite!" I poniženje i bijeda na njih padoše i Allahovu srdžbu na sebe navukoše, zato što u Allahove dokaze nisu vjerovali i što su ni krive ni dužne vjerovjesnike ubijali, zato što su neposlušni bili i što su sve granice zla prelazili.

62. One koji su vjerovali, pa i one koji su bili jevreji, kršćani i Sabejci – one koji su u Allaha i u Onaj svijet vjerovali i dobra djela činili – doista čeka nagrada od Gospodara njihova; ničega se oni neće bojati i ni za čim neće tugovati!

63. I kada smo od vas zavjet uzeli i brdo iznad vas podigli: "Svojski prihvatite ono što smo vam dali i neka vam je na umu ono što je u Knjizi, da biste se kazne sačuvali!" –

64. vi ste poslije toga odustali; i da nije bilo Allahove dobrote prema vama i milosti Njegove, uistinu biste stradali.

65. Vama je poznato ono što se dogodilo onima od vas koji su se o subotu ogriješili, kao i to da smo im Mi rekli: "Budite majmuni prezreni!"

66. Savremenicima i pokoljenjima njihovim to smo učinili opomenom, a poukom onima koji se boje Allaha.

67. A kada je Musa rekao narodu svome: "Allah vam naređuje da zakoljete kravu!" – oni upitaše: "Zbijaš li ti to s nama šalu?" "Ne dao mi Allah da budem neznalica!" – reče on.

68. "Zamoli Gospodara svoga, u naše ime," – rekoše – "da nam objasni kojih godina ona treba biti." "On kaže" – odgovori on – "da ta krava ne smije biti ni stara ni mlada, nego između toga, srednje dobi, pa izvršite to što se od vas traži!"

69. "Zamoli Gospodara svoga, u naše ime," – rekoše – "da nam objasni kakve boje treba biti." "On poručuje" – odgovori on – "da ta krava treba biti jarkorumene boje, da se svidi onima koji je vide."

70. "Zamoli Gospodara svoga, u naše ime," – rekoše – "da nam objasni kakva još treba biti, jer nama krave izgledaju slične, a mi ćemo nju, ako Allah htjedne, sigurno pronaći."

71. "On poručuje" – reče on – "da ta krava ne smije biti istrošena oranjem zemlje i natapanjem usjeva; treba biti bez mahane i bez ikakva biljega." "E sad si je opisao kako treba!" – rekoše, pa je zaklaše, i jedva to učiniše.

72. I kada ste jednog čovjeka ubili, pa se oko njega prepirati počeli – Allah je dao da iziđe na vidjelo ono što ste bili sakrili –

73. Mi smo rekli: "Udarite ga jednim njezinim dijelom!" – i eto tako Allah vraća mrtve u život i pruža vam dokaze Svoje da biste shvatili.*

74. Ali srca vaša su poslije toga postala tvrda, kao kamen su ili još tvrđa. A ima i kamenja iz kojeg rijeke izbijaju, a ima, zaista, kamenja koje puca i iz kojeg voda izlazi, a ima ga, doista, i koje se od straha pred Allahom ruši – a Allah motri na ono što radite.

75. Zar se vi nadate da će vam se jevreji odazvati i vama za ljubav vjernici postati, a neki među njima su Allahove riječi slušali, pa su ih, pošto su ih shvatili, svjesno izvrnuli?

76. Kad sretnu vjernike, oni govore: "Vjerujemo!" – a čim se osame jedni s drugima, kažu: "Zar ćete im kazivati o onome što je Allah samo vama objavio, pa da im to bude dokaz protiv vas pred Gospodarom vašim? Zar se nećete opametiti!?"

77. A zar oni ne znaju da Allah zna i ono što oni kriju i ono što pokazuju?

78. Neki od njih su neuki, oni ne znaju za Knjigu, nego samo za gatke, i oni se samo domišljaju.

79. A teško onima koji svojim rukama pišu Knjigu, a zatim govore: "Evo, ovo je od Allaha." – da bi za to neznatnu korist izvukli. I teško njima zbog onoga što ruke njihove pišu, i teško njima što na taj način zarađuju!

80. Oni govore: "Vatra će nas doticati samo neko vrijeme." Reci: "Da li ste o tome dobili od Allaha obećanje – jer Allah će sigurno ispuniti obećanje Svoje – ili na Allaha iznosite ono što ne znate?"

81. A nije tako! Oni koji budu zlo činili i grijesi njihovi ih budu sa svih strana stigli – oni će stanovnici Džehennema biti i u njemu će vječno ostati.

82. A oni koji budu vjerovali i dobra djela činili – oni će stanovnici Dženneta biti i u njemu će vječno boraviti.

83. I kada smo od sinova Israilovih zavjet uzeli da ćete se jedino Allahu klanjati, i roditeljima, i bližnjima, i siročadi, i siromasima dobročinstvo činiti, a ljudima lijepe riječi govoriti i molitvu obavljati i zekat davati – vi ste se poslije, izuzev vas malo, izopačili i zavjet iznevjerili;

84. i kada smo od vas zavjet uzeli da krv jedni drugima nećete prolijevati i da jedni druge iz zemlje vaše nećete izgoniti – vi priznajete da je tako i svjedoci ste –

85. vi ipak jedni druge ubijate, a pojedine od vas iz zavičaja njihova izgonite – pomažući jedan drugom protiv njih, čineći i grijeh i nasilje; a ako vam kao sužnji dođu, vi ih otkupljujete* – a zabranjeno vam je da ih izgonite. Kako to da u jedan dio Knjige vjerujete, a drugi odbacujete!? Onoga od vas koji čini tako stići će na ovome svijetu poniženje, a na Sudnjem danu bit će stavljen na muke najteže. A Allah motri na ono što radite.

86. To su oni koji su život na ovome svijetu pretpostavili onome na Onom svijetu, zato im se patnja neće olakšati niti će im iko u pomoć priteći.

87. I Mi smo Musau Knjigu dali i poslije njega smo jednog za drugim poslanike slali, a Isau, sinu Merjeminu, očigledne dokaze dali i Džibrilom ga pomogli. I kad god vam je koji poslanik donio ono što nije godilo dušama vašim, vi ste se oholili, pa ste jedne u laž utjerivali, a druge ubijali.

88. Oni govore: "Naša su srca okorjela." A nije tako, nego je Allah njih proklo zbog nevjerovanja njihova, i zato je vrlo malo njih koji vjeruju.

89. A kada im Knjiga* od Allaha dolazi, koja priznaje kao istinitu Knjigu* koju imaju oni – a još ranije su pomoć protiv mnogobožaca molili – i kada im dolazi ono što im je poznato, oni u to neće da vjeruju, i neka zato stigne nevjernike Allahovo prokletstvo!

90. Jadno je to za šta su se prodali: da ne vjeruju u ono što Allah objavljuje, samo iz zlobe što Allah, od dobrote Svoje, šalje Objavu onome kome On hoće od robova Svojih; i navukli su na sebe gnjev za gnjevom – a nevjernike čeka sramna patnja.

91. A kada im se kaže: "Vjerujte u ono što Allah objavljuje!" – oni odgovaraju: "Mi vjerujemo samo u ono što je nama objavljeno." – i neće da vjeruju u ono što se poslije objavljuje, a to je istina koja potvrđuje da je istinito ono što oni imaju. Reci: "Pa zašto ste još davno neke Allahove vjerovjesnike ubili, ako ste vjernici bili?

92. I Musa vam je jasne dokaze bio donio, pa ste, ipak, u odsutnosti njegovoj, sebi nepravdu naneseći, tele prihvatili."*

93. I kada smo od vas zavjet primili i brdo iznad vas podigli: "Ozbiljno prihvatite ono što vam dajemo i budite poslušni!" – oni su odgovorili: "Čujemo, ali poslušati nećemo!" – srca njihova su, zbog nevjerovanja njihova, još bila nadojena teletom. Reci: "Ružno je to na što vas vjerovanje vaše navodi, ako ste uopće vjernici."

94. Reci: "Ako je u Allaha Džennet osiguran samo za vas, a ne i za ostali svijet, onda vi smrt zaželite, ako istinu govorite."

95. A neće je nikada zaželjeti zbog onoga što čine! – A Allah dobro zna nevjernike.

96. I naći ćeš ih, sigurno, da više žude za životom od svih ostalih ljudi, čak i od mnogobožaca; svaki bi volio poživjeti hiljadu godina, mada ga to, i kada bi toliko živio, ne bi od patnje udaljilo! – A Allah dobro vidi ono što oni rade.

97. Reci: "Ko je neprijatelj Džibrilu – a on, Allahovom voljom, tebi stavlja na srce Kur'an – potvrđujući istinitost onoga otprije, kao putokaz i radosnu vijest vjernicima?"

98. Ko je neprijatelj Allahu i melekima Njegovim i poslanicima Njegovim i Džibrilu i Mikailu – pa Allah je, doista, neprijatelj onima koji neće da vjeruju.

99. A Mi tebi jasne dokaze objavljujemo i jedino nevjernici neće u njih da vjeruju.

100. Zar svaki put, kada neku obavezu preuzmu, neki od njih je odbace – jer većina njih ne vjeruje.

101. A kada im je poslanik od Allaha došao, potvrđujući da je istinito ono što već imaju, mnogi od onih kojima je Knjiga data za leđa svoja Allahovu Knjigu odbacuju, kao da ne znaju,

102. i povode se za onim što su šejtani o Sulejmanovoj vladavini kazivali. A Sulejman nije bio nevjernik* – šejtani su nevjernici: učili su ljude vradžbini i onome što je bilo nadahnuto dvojici meleka, Harutu i Marutu, u Babilonu. A njih dvojica nisu nikoga učili dok mu ne bi rekli: "Mi samo iskušavamo, i ti ne budi nevjernik!" I ljudi su od njih dvojice učili kako će muža od žene rastaviti, ali time nisu mogli nikome bez Allahove volje nauditi. Učili su ono što će im nauditi i od čega nikakve koristi neće imati, iako su znali da onaj koji tom vještinom vlada neće nikakve sreće na Onome svijetu imati. A doista je jadno ono za šta su se prodali, kada bi samo znali!

103. A da oni vjeruju i boje se, nagrada od Allaha bi im bila bolja, kada bi samo znali!

104. O vjernici, ne služite se riječima: "Ra'ina", nego recite: "Unzurna" i slušajte! A nevjernike bolna patnja čeka.

105. Ne vole oni koji ne vjeruju, ni sljedbenici Knjige ni mnogobošci, da se vama od Gospodara vašeg bilo kakvo dobro objavi. A Allah milost Svoju daruje kome On hoće, Allah je neizmjerno dobar.

106. Mi nijedan propis ne promijenimo, niti ga u zaborav potisnemo, a da bolji od njega ili sličan njemu ne donesemo. Zar ti ne znaš da Allah sve može?

107. Zar ti ne znaš da je samo Allahova vlast i na nebesima i na Zemlji i da vi, osim Allaha, ni zaštitnika ni pomagača nemate?

108. Zar da tražite od svoga Poslanika kao što su prije tražili od Musaa? A ko vjerovanju pretpostavi nevjerovanje s Pravoga je puta zalutao!

109. Mnogi sljedbenici Knjige bi jedva dočekali da vas, pošto ste postali vjernici, vrate u nevjernike, iz lične zlobe svoje, iako im je Istina poznata. Ali vi oprostite i preko toga pređite dok Allah Svoju odluku ne donese. – Allah, zaista, sve može.

110. I molitvu obavljajte i zekat dajte, a za dobro koje za sebe pripremite naći ćete nagradu kod Allaha, jer Allah dobro vidi ono što radite.

111. Oni govore da će u Džennet ući samo jevreji, odnosno samo kršćani. To su puste želje njihove! Ti reci: "Dokaz svoj dajte, ako je istina to što govorite!"

112. A nije tako! Onoga ko se bude Allahu pokoravao i uz to dobra djela činio, toga čeka nagrada kod Gospodara njegova, takvi se neće ničega bojati i ni za čim neće tugovati.

113. Jevreji govore: "Kršćani nisu na Pravome putu!", a kršćani vele: "Jevreji nisu na Pravome putu!" – a oni čitaju Knjigu. Tako, slično kao oni, govore i oni koji ne znaju. Allah će im na Sudnjem danu presuditi o onome u čemu se oni ne slažu.

114. Ima li većeg nasilnika od onoga koji brani da se u Allahovim hramovima ime Njegovo spominje i koji radi na tome da se oni poruše? Takvi bi trebali u njih samo sa strahom ulaziti. Na ovome svijetu doživjet će sramotu, a na Onom svijetu patnju veliku!

115. A Allahov je i istok i zapad; kuda god se okrenete – pa tamo je Allahova strana. Allah je, zaista, neizmjerno dobar i On sve zna.

116. Nevjernici govore: "Allah je uzeo sebi dijete." Hvaljen neka je On! Naprotiv, Njegovo je sve ono što je na nebesima i na Zemlji. Njemu se sve pokorava.

117. On je Stvoritelj nebesa i Zemlje, i kada nešto odluči, za to samo rekne: "Budi!" – i ono bude.

118. A oni koji ne znaju govore: "Trebalo bi da Allah s nama razgovara ili da nam kakvo čudo dođe!"* Tako su, gotovo istim riječima, govorili i oni prije njih, srca su im slična! A Mi dokaze objašnjavamo ljudima koji čvrsto vjeruju.

119. Mi smo te poslali da istinu objaviš i da radosne vijesti i opomenu doneseš, i ti nećeš biti pitan za one koji su u Džehennemu.

120. Ni jevreji ni kršćani neće biti tobom zadovoljni sve dok ne prihvatiš vjeru njihovu. Reci: "Allahov put je jedini Pravi put!" A ako bi se ti poveo za željama njihovim, nakon Objave koja ti dolazi, od Allaha te niko ne bi mogao zaštititi niti odbraniti.

121. Neki od sljedbenika Knjige čitaju je onako kako je objavljena, oni u nju vjeruju. A nastradat će sigurno oni koji u nju ne vjeruju.*

122. O sinovi Israilovi, sjetite se milosti Moje koju sam vam darovao i toga što sam vas nad ostalim ljudima bio uzdigao.

123. I bojte se Dana kada niko ni za koga neće moći ništa učiniti, kada se ni od koga otkup neće primiti, kada nikome zagovor neće koristiti i kada im niko neće moći pomoći!

124. A kada je Ibrahima Gospodar njegov s nekoliko zapovijedi u iskušenje stavio, pa ih on potpuno izvršio, Allah je rekao: "Učinit ću da ti budeš ljudima u vjeri uzor!" "I neke moje potomke!" – zamoli on. "Obećanje Moje neće obuhvatiti nevjernike." – kaza On.

125. I učinili smo Hram utočištem i sigurnim mjestom ljudima.* "Neka vam mjesto na kojem je stajao Ibrahim bude prostor iza koga ćete namaz obavljati!" I Ibrahimu i Ismailu smo naredili: "Hram Moj očistite za one koji ga budu obilazili, koji budu tu boravili i koji budu molitvu obavljali."

126. A kada je Ibrahim zamolio: "Gospodaru moj, učini ovo mjesto sigurnim gradom, a snabdij plodovima stanovnike njegove, one koji budu vjerovali u Allaha i u Onaj svijet!" – On je rekao: "Onome koji ne bude vjerovao dat ću da neko vrijeme uživa, a onda ću ga prisiliti da uđe u paklenu vatru, a grozno će ona prebivalište biti!"

127. I dok su Ibrahim i Ismail temelje Hrama podizali, oni su molili: "Gospodaru naš, primi od nas, jer Ti, uistinu, sve čuješ i sve znaš!

128. Gospodaru naš, učini nas dvojicu Tebi odanim, i porod naš neka bude odan Tebi, i pokaži nam obrede naše i oprosti nam, jer Ti primaš pokajanje i samilostan si!

129. Gospodaru naš, pošalji im poslanika, jednog od njih, koji će im ajete Tvoje kazivati i Knjizi ih i mudrosti učiti i očistiti ih, jer Ti si, uistinu, silan i mudar!"

130. Vjeru Ibrahimovu izbjegava samo onaj koji ne drži do sebe. A Mi smo njega na ovome svijetu odabrali i na Onome će biti među dobrima.

131. Kada mu je Gospodar njegov rekao: "Budi poslušan!" – on je odgovorio: "Ja sam poslušan Gospodaru svjetova!"

132. I Ibrahim ostavi u amanet sinovima svojim, a i Jakub: "Sinovi moji, Allah vam je odabrao pravu vjeru, i nipošto ne umirite drugačije nego kao muslimani!"

133. Vi niste bili prisutni kada je Jakubu smrtni čas došao i kada je sinove svoje upitao: "Kome ćete se, poslije mene, klanjati?" "Klanjat ćemo se" – odgovorili su – "Bogu tvome, Bogu tvojih predaka Ibrahima i Ismaila i Ishaka, Bogu Jednome, i mi se Njemu pokoravamo!"

134. Taj narod je bio i nestao, njega čeka ono što je zaslužio; i vas će čekati ono što ćete zaslužiti, i vi nećete biti pitani za ono što su oni radili.

135. Oni govore: "Budite jevreji, odnosno kršćani, i bit ćete na Pravome putu!" Ti reci: "Ne, mi smo vjere Ibrahimove, koji je ispravno vjerovao; on nije nikoga Allahu ravnim smatrao."

136. Recite: "Mi vjerujemo u Allaha i u ono što se objavljuje nama, i u ono što je objavljeno Ibrahimu, i Ismailu, i Ishaku, i Jakubu, i unucima, i u ono što je dato Musau i Isau, i u ono što je dato vjerovjesnicima od Gospodara njihova – mi ne pravimo nikakve razlike među njima – i mi se samo Njemu pokoravamo."

137. Pa, ako budu vjerovali u ono u što vi vjerujete, na Pravome su putu. A ako glave okrenu, oni su onda samo inadžije i Allah će te sigurno od njih zaštititi, jer On sve čuje i sve zna.

138. "Allah je nas uputio, a zar ima ljepše upute od Allahove? Mi se samo Njemu klanjamo."

139. Reci: "Zar se s nama o Allahu raspravljate, kad je On i naš i vaš Gospodar? Nama – naša djela, a vama – vaša djela! A samo Mu mi iskreno ispovijedamo vjeru."

140. Kako govorite: "I Ibrahim, i Ismail, i Ishak, i Jakub, i unuci su bili jevreji, odnosno kršćani?" Reci: "Znate li bolje vi ili Allah? Zar je iko gori od onoga koji skriva istinu znajući da je od Allaha? – A Allah motri na ono što radite."

141. Taj narod je bio i nestao, njega čeka ono što je zaslužio; i vas će čekati ono što ćete zaslužiti, i vi nećete biti pitani za ono što su oni radili.

142. Neki ljudi kratke pameti će reći: "Šta ih je odvratilo od kible njihove prema kojoj su se okretali?" Reci: "Allahov je i istok i zapad, On ukazuje na Pravi put onome kome On hoće."

143. I tako smo od vas stvorili pravednu zajednicu da budete svjedoci protiv ostalih ljudi i da Poslanik bude protiv vas svjedok. I Mi smo promijenili kiblu prema kojoj si se prije okretao samo zato da bismo ukazali na one koji će slijediti Poslanika i na one koji će se stopama svojim vratiti* – nekima je to bilo doista teško, ali ne i onima kojima je Allah ukazao na Pravi put. Allah neće dopustiti da propadnu molitve vaše.* – A Allah je prema ljudima zaista vrlo blag i milostiv.

DŽUZ'
II

144. Vidimo Mi kako sa žudnjom bacaš pogled prema nebu, i Mi ćemo sigurno učiniti da se okrećeš prema strani koju ti želiš: okreni zato lice svoje prema Časnome hramu!* I ma gdje bili, okrenite lica svoja na tu stranu. Oni kojima je data Knjiga* sigurno znaju da je to istina od Gospodara njihova – a Allah motri na ono što oni rade.

145. I kada bi ti onima kojima je data Knjiga sve dokaze donio, oni opet ne bi prihvatili tvoju kiblu, a ni ti nećeš prihvatiti njihovu kiblu, niti će iko od njih prihvatiti ičiju kiblu. A ako bi se ti za njihovim željama poveo, kada ti je već došla Objava, tada bi ti sigurno nepravedan bio.

146. Oni kojima smo dali Knjigu znaju Poslanika kao što sinove svoje znaju, ali neki od njih doista svjesno istinu prikrivaju.

147. Istina od Gospodara tvoga dolazi, zato ne budi nikako od onih koji sumnjaju!

148. Svako se okreće prema svojoj kibli, a vi se potrudite da druge, čineći dobra djela, preteknete! Ma gdje bili, Allah će vas sve sabrati. – Allah, zaista, sve može.

149. I iz svakog mjesta u kome budeš, ti lice svoje Časnom hramu okreni, istina doista od Gospodara tvoga dolazi – Allah motri na ono što radite.

150. I iz svakoga mjesta u koje dođeš, ti lice svoje Svetom hramu okreni. I gdje god se nalazili, vi lica svoja prema toj strani okrenite, da vam ljudi ne bi imali šta prigovoriti, osim inadžija između njih – njih se ne bojte, Mene se bojte! – da bih blagodat Svoju prema vama upotpunio i da biste na Pravome putu bili.

151. Mi smo vam jednog od vas kao poslanika poslali, da vam riječi Naše kazuje i da vas očisti i da vas Knjizi i mudrosti pouči i da vas ono što niste znali nauči.

152. Sjećajte se vi Mene, i Ja ću se vas sjetiti, i zahvaljujte Mi, i na blagodatima Mojim nemojte neblagodarni biti!

153. O vjernici, tražite sebi pomoći u strpljivosti i obavljanju molitve! Allah je doista na strani strpljivih.

154. I ne recite za one koji su na Allahovom putu poginuli: "Mrtvi su!" Ne, oni su živi, ali vi to ne znate!

155. Mi ćemo vas dovoditi u iskušenje malo strahom i gladovanjem, i time što ćete gubiti imanja i živote, i ljetine. A ti obraduj izdržljive,

156. one koji, kada ih kakva nevolja zadesi, samo kažu: "Mi smo Allahovi i mi ćemo se Njemu vratiti!"

157. Njih čeka oprost od Gospodara njihova i milost, oni su na Pravome putu!

158. Safa i Merva* su Allahova časna mjesta, zato onaj koji Kabu hodočasti ili umru obavi ne čini nikakav prijestup ako krene oko njih. A onaj koji drage volje učini kakvo dobro djelo – pa Allah je doista blagodaran i sve zna.

159. One koji budu tajili jasne dokaze, koje smo Mi objavili, i Pravi put, koji smo u Knjizi* ljudima označili, njih će Allah prokleti, a proklet će ih i oni koji imaju pravo proklinjati.*

160. Oprostit ću samo onima koji se pokaju i poprave i to javno ispolje, a Ja primam pokajanje i Ja sam milostiv.

161. Oni koji ne vjeruju i koji kao nevjernici umru zaslužuju, doista, prokletstvo Allahovo i meleka i svih ljudi,

162. u njemu će vječno ostati, a patnja njihova neće jenjavati, niti će im se odlagati.

163. A vaš Bog – jedan je Bog! Nema boga osim Njega, Milostivog, Samilosnog!

164. Stvaranje nebesa i Zemlje, smjena noći i dana, lađa koja morem plovi s korisnim tovarom za ljude, kiša koju Allah spušta s neba pa tako u život vraća zemlju nakon mrtvila njezina, po kojoj je rasijao svakojaka živa bića, promjena vjetrova, oblaci koji između neba i Zemlje lebde – doista su dokazi za one koji imaju pameti.

165. Ima ljudi koji su umjesto Allaha kumire prihvatili, vole ih kao što se Allah voli, ali pravi vjernici još više vole Allaha. A da znaju mnogobošci da će, onda kada dožive patnju, svu moć samo Allah imati i da će Allah strahovito kažnjavati –

166. kada će se glavešine, za kojima su se drugi povodili, svojih sljedbenika odreći i kada će veze koje su ih vezale prekinute biti, i oni patnju doživjeti,

167. kada će sljedbenici njihovi uzviknuti: "Da nam je samo da se vratimo,* pa da se i mi njih odreknemo kao što su se oni nas odrekli!" Eto, tako će Allah njima djela njihova, po njih, kobnim pokazati i oni iz vatre neće izlaziti.

168. O ljudi, jedite od onoga što ima na Zemlji, ali samo ono što je dopušteno i što je prijatno, i ne slijedite šejtanove stope, jer vam je on neprijatelj očigledni!

169. On vas navraća na grijeh i razvrat i na to da o Allahu govorite ono što ne znate.

170. A kada im se rekne: "Slijedite Allahovu Objavu!" – oni odgovaraju: "Nećemo, slijedit ćemo ono na čemu smo zatekli pretke svoje." Zar i onda kada im preci nisu ništa shvaćali i kada nisu na Pravome putu bili!?

171. Oni koji neće da vjeruju slični su stoci na koju se viče, ali ona čuje samo zov i viku. Gluhi, nijemi i slijepi – oni ništa ne shvaćaju!

172. O vjernici, jedite ukusna jela koja smo vam podarili i budite Allahu zahvalni, ta vi se samo Njemu klanjate!

173. On vam jedino zabranjuje: strv i krv i svinjsko meso, i ono što je zaklano u nečije drugo ime, a ne u Allahovo. A onome ko bude primoran, ali ne iz želje, tek toliko da glad utoli, njemu nije grijeh. – Allah zaista prašta i milostiv je.

174. Oni koji taje ono što je Allah u Knjizi objavio i to zamjenjuju za nešto što malo vrijedi – oni u trbuhe svoje ne trpaju ništa drugo do ono što će ih u vatru dovesti. Na Sudnjem danu, Allah ih neće ni osloviti, niti ih očistiti – njih čeka patnja nesnosna.

175. Oni su umjesto Pravoga puta izabrali zabludu, a umjesto oprosta zaslužili patnju – i koliko su oni samo neosjetljivi na vatru!

176. To je zato što je Allah objavio Knjigu, pravu istinu. A neslozi onih čija su mišljenja o Knjizi suprotna, doista nema kraja.

177. Nije čestitost u tome da okrećete lica svoja prema istoku i zapadu. Čestiti su oni koji vjeruju u Allaha i u Onaj svijet, i u meleke, i u knjige, i u vjerovjesnike, i koji od imetka, iako im je drag, daju rođacima, i siročadi, i siromasima, i putnicima, i prosjacima, i za otkup iz ropstva, i koji molitvu obavljaju i zekat daju, i koji obavezu svoju – kada je preuzmu – ispunjavaju, naročito oni koji su izdržljivi u neimaštini, i u bolesti, i u boju ljutom. Oni su iskreni vjernici, i oni se Allaha boje i ružnih postupaka klone.

178. O vjernici, propisuje vam se odmazda za ubijene: slobodan – za slobodna, i rob – za roba, i žena – za ženu. A onaj kome rod ubijenog oprosti, neka oni velikodušno postupe, a neka im on dobročinstvom uzvrati.* To je olakšanje od Gospodara vašeg, i milost. A ko nasilje izvrši i poslije toga, njega bolna patnja čeka.

179. U odmazdi vam je opstanak, o razumom obdareni, da biste se ubijanja okanili!

180. Kada neko od vas bude na samrti, ako ostavlja imetak, propisuje vam se, kao obaveza za one koji se Allaha boje, da pravedno učini oporuku roditeljima i bližnjima.

181. Onaj ko je izmijeni, a zna kako glasi – pa grijeh za to pada na one koji je mijenjaju. – A Allah, zaista, sve čuje i zna.

182. A onaj ko se plaši da je oporučilac nenamjerno zastranio ili namjerno zgriješio pa ih izmiri, nema mu grijeha. – Allah, zaista, prašta i samilostan je.

183. O vjernici, propisuje vam se post, kao što je propisan onima prije vas, da biste se grijeha klonili,

184. i to neznatan broj dana; a onome od vas koji bude bolestan ili na putu – isti broj drugih dana. Onima koji ga jedva podnose – otkup je da jednog siromaha nahrane. A ko drage volje da više, za njega je bolje. A bolje vam je, neka znate, postiti.

185. U mjesecu ramazanu je počelo objavljivanje Kur'ana, koji je putokaz ljudima i jasan dokaz Pravoga puta i razlikovanja dobra od zla. Ko od vas u tom mjesecu bude kod kuće, neka ga u postu provede; a ko se razboli ili se na putu zadesi, neka isti broj dana naposti – Allah vam želi olakšati, a ne da poteškoće imate, da određeni broj dana ispunite, i da Allaha veličate zato što vam je ukazao na Pravi put, i da zahvalni budete.

186. A kada te robovi Moji za Mene upitaju, Ja sam, sigurno, blizu: odazivam se molbi molitelja kad Me zamoli. Zato neka oni pozivu Mome udovolje i neka vjeruju u Mene, da bi bili na Pravome putu.

187. Dozvoljava vam se da se u noćima dok traje post sastajete sa svojim ženama;* one su odjeća vaša, a vi ste njihova odjeća. Allah zna da vam je bilo teško, pa je prihvatio pokajanje vaše i oprostio vam. Zato se sada sastajte sa njima u želji da dobijete ono što vam je Allah već odredio. Jedite i pijte sve dok ne budete mogli razlikovati bijelu nit od crne niti zore,* od tada postite sve do noći. Sa ženama ne smijete imati snošaja, dok ste u itikafu u džamijama. To su Allahove granice, i ne približavajte im se! Eto tako Allah objašnjava ljudima propise Svoje da bi se onoga što im je zabranjeno klonili.

188. Ne jedite imovinu jedan drugoga na nepošten način i ne parničite se zbog nje pred sudijama da biste na grješan način i svjesno dio tuđe imovine pojeli!

189. Pitaju te o mlađacima. Reci: "Oni su ljudima oznake o vremenu i za hadžiluk. Ne iskazuje se čestitost u tome da sa stražnje strane u kuće ulazite, nego je čestitost u tome da se Allaha bojite. U kuće na vrata njihova ulazite i Allaha se bojte da biste postigli ono što želite.*

190. I borite se na Allahovom putu protiv onih koji se bore protiv vas, ali vi ne otpočinjite borbu! – Allah, doista, ne voli one koji zapodijevaju kavgu.

191. I napadajte takve gdje god ih sretnete i progonite ih odande odakle su oni vas prognali. A zlostavljanje je teže od ubijanja! I ne borite se protiv njih kod Časnoga hrama, dok vas oni tu ne napadnu. Ako vas napadnu, onda ih ubijajte! – neka takva bude kazna za nevjernike.

192. A ako se prođu – pa Allah zaista prašta i samilostan je.

193. I borite se protiv njih sve dok mnogoboštva ne nestane i dok se Allahova vjera slobodno ispovijedati ne mogne. Pa ako se okane, onda neprijateljstvo prestaje, jedino protiv nasilnika ostaje.

194. Sveti mjesec je za sveti mjesec, a i u svetinjama vrijedi odmazda: onima koji vas napadnu uzvratite istom mjerom i Allaha se bojte, i znajte da je Allah na strani onih koji se grijeha klone.

195. I imetak na Allahovom putu žrtvujte, i sami sebe u propast ne dovodite, i dobro činite – Allah, zaista, voli one koji dobra djela čine.

196. Hadž i umru radi Allaha izvršavajte! A ako budete spriječeni, onda kurbane koji vam se nađu pri ruci zakoljite, a glave svoje, dok kurbani ne stignu do mjesta svoga, ne brijte. A onaj među vama koji se razboli ili ga glavobolja muči, neka se postom, ili milostinjom, ili kurbanom iskupi. Kada budete slobodni, obavite umru do hadža i zakoljite kurban do koga možete lahko doći. A onaj ko ga ne nađe, neka posti tri dana u danima hadža, i sedam dana po povratku – to jest punih deset dana. To je za onoga koji nije iz Mekke. I bojte se Allaha i znajte da On teško kažnjava.

197. Hadž je u određenim mjesecima.* Onom ko se obaveže da će u njima hadž obavljati nema snošaja sa ženama i nema ružnih riječi, i nema svađe u danima hadža. A za dobro koje učinite Allah zna. I onim, što vam je potrebno za put, snabdijte se. A najbolja opskrba je bogobojaznost. I Mene se bojte, o razumom obdareni!

198. Ne pripisuje vam se u grijeh ako od Gospodara svoga molite da vam pomogne da nešto steknete.* A kada pođete sa Arefata,* spominjite Allaha kod časnih mjesta;* spominjite Njega, jer vam je On ukazao na Pravi put, a prije toga ste bili u zabludi.

199. Zatim krenite odakle kreću ostali ljudi i tražite od Allaha oprosta, jer Allah, uistinu, prašta i samilostan je.

200. A kad završite obrede vaše, opet spominjite Allaha, kao što spominjete pretke vaše, i još više Ga spominjite! Ima ljudi koji govore: "Daj Ti nama, Gospodaru naš, na ovome svijetu!" Takvi na Onom svijetu neće imati ništa.

201. A ima i onih koji govore: "Gospodaru naš, podaj nam dobro i na ovome i na Onome svijetu, i sačuvaj nas patnje u ognju!"

202. Njih čeka nagrada koju su zaslužili! – A Allah brzo sviđa račune.

203. I spominjite Allaha u određenim danima.* A ni onome ko požuri i ostane samo dva dana nije grijeh, a neće se ogriješiti ni onaj koji se dulje zadrži, samo ako se grijeha kloni. I bojte se Allaha i znajte da ćete pred Njim svi biti sakupljeni.

204. Ima ljudi čije te riječi o životu na ovome svijetu oduševljavaju i koji se pozivaju na Allaha kao svjedoka za ono što je u srcima njihovim, a najljući su protivnici.

205. Čim se neki od njih dočepa položaja, nastoji napraviti nered na Zemlji, ništeći usjeve i stoku. – A Allah ne voli nered!

206. A kada mu se rekne: "Boj se Allaha!" – on onda iz inada griješi. Njemu je dosta Džehennem, a on je, doista, grozno boravište.

207. Ima ljudi koji se žrtvuju da bi Allaha umilostivili. – A Allah je milostiv prema robovima Svojim.

208. O vjernici, živite svi u miru i ne idite stopama šejtanovim. On vam je, zaista, neprijatelj otvoreni.

209. A ako skrenete, nakon što su vam već došli jasni dokazi, onda znajte da je Allah silan i mudar.

210. Čekaju li oni da im Allahova kazna dođe iz vedra neba, i meleki, i da bude svemu kraj!? – A Allahu se sve vraća.

211. Upitaj sinove Israilove koliko smo im jasnih dokaza dali! A one koji preinačuju Allahove dokaze, kada su im već došli, Allah će zaista strahovito kazniti.

212. Nevjernicima se život na ovome svijetu čini lijepim i oni se rugaju onima koji vjeruju. A na Sudnjem danu bit će iznad njih oni koji su se Allaha bojali i grijeha klonili. – A Allah daje u obilju onome kome On hoće, bez računa.

213. Svi ljudi su sačinjavali jednu zajednicu, i Allah je slao vjerovjesnike da donose radosne vijesti i opomene, i po njima je slao Knjigu, samu istinu, da se po njoj sudi ljudima u onome u čemu se oni ne bi slagali. A povod neslaganju bila je međusobna zavist, baš od onih kojima je data Knjiga, i to kada su im već bili došli jasni dokazi, i onda bi Allah, voljom Svojom, uputio vjernike da shvate pravu istinu o onome u čemu se nisu slagali. – A Allah ukazuje na Pravi put onome kome On hoće.

214. Zar vi mislite da ćete ući u Džennet, a još niste iskusili ono što su iskusili oni koji su prije vas bili i nestali? Njih su satirale neimaštine i bolest, i toliko su bili uznemiravani da bi i poslanik i oni koji su s njim vjerovali uzviknuli: "Kada će već jednom Allahova pomoć!?" Eto, Allahova pomoć je zaista blizu!

215. Pitaju te kome će udjeljivati. Reci: "Imetak koji udjeljujete neka pripadne roditeljima, i rođacima, i siročadi, i siromasima, i putnicima. A za dobro koje učinite Allah sigurno zna."

216. Propisuje vam se borba, mada vam nije po volji! – Ne volite nešto, a ono može biti dobro za vas; nešto volite, a ono ispadne zlo po vas. – Allah zna, a vi ne znate.

217. Pitaju te o svetom mjesecu, o ratovanju u njemu. Reci: "Ratovanje u njemu je veliki grijeh, ali je nevjerovanje u Allaha i odvraćanje od Njegovog puta i časnih mjesta i izgonjenje stanovnika njegovih iz njih još veći grijeh kod Allaha. A zlostavljanje je gore od ubijanja! Oni će se neprestano boriti protiv vas da vas odvrate od vjere vaše, ako budu mogli. A oni među vama koji od svoje vjere otpadnu i kao nevjernici umru – njihova djela će biti poništena i na ovome i na Onome svijetu, i oni će stanovnici Džehennema biti, u njemu će vječno ostati.

218. Oni koji vjeruju i koji se isele i bore na Allahovom putu, oni se mogu nadati Allahovoj milosti. – A Allah prašta i samilostan je.

219. Pitaju te o vinu i kocki. Reci: "Oni donose veliku štetu, a i neku korist ljudima, samo je šteta od njih veća od koristi." I pitaju te koliko će udjeljivati. Reci: "Višak!" Eto, tako vam Allah objašnjava propise da biste razmislili

220. i o ovome i o Onome svijetu. I pitaju te o siročadi. Reci: "Bolje je imanja njihova unaprijediti!" A ako budete s njima zajedno živjeli, pa oni su braća vaša, a Allah umije razlikovati pokvarenjaka od dobročinitelja. Da je Allah htio, mogao vam je propisati ono što vam je teško. – On je, doista, silan i mudar.

221. Ne ženite se mnogoboškinjama dok ne postanu vjernice; uistinu je robinja vjernica bolja od mnogoboškinje, makar vam se i sviđala. Ne udavajte vjernice za mnogobošce dok ne postanu vjernici; uistinu je rob vjernik bolji od mnogobošca, makar vam se i dopadao. Oni zovu u Džehennem, a Allah, voljom Svojom, nudi Džennet i oprost, i objašnjava ljudima dokaze Svoje da bi razmislili.

222. I pitaju te o mjesečnom pranju. Reci: "To je neprijatnost." Zato ne općite sa ženama za vrijeme mjesečnog pranja, i ne prilazite im dok se ne okupaju. A kada se okupaju, onda im prilazite onako kako vam je Allah naredio. – Allah zaista voli one koji se često kaju i voli one koji se mnogo čiste.

223. Žene vaše su njive vaše, i vi njivama vašim prilazite kako hoćete, a pripremite što i za duše svoje. I bojte se Allaha i znajte da ćete pred Njega stati. A ti obraduj prave vjernike!

224. I neka vam zakletva Allahom ne bude prepreka u ispravnom životu, na putu čestitosti i u nastojanju da pomirite ljude. – A Allah sve čuje i sve zna.

225. Allah vas neće kazniti ako se nenamjerno zakunete, ali će vas kazniti ako pod zakletvom nešto namjerno učinite. – A Allah prašta i blag je.

226. Onima koji se zakunu da se neće približavati ženama svojim, rok je samo četiri mjeseca;* i ako se vrate ženama – pa Allah zaista prašta i milostiv je;

227. a ako odluče rastaviti se – pa Allah doista sve čuje i zna.

228. Raspuštenice neka čekaju tri mjesečna pranja.* I nije im dopušteno kriti ono što je Allah stvorio u maternicama njihovim, ako u Allaha i u Onaj svijet vjeruju. Muževi njihovi imaju pravo da ih, dok one čekaju, vrate ako žele dobro djelo učiniti.* One imaju isto toliko prava koliko i dužnosti, prema zakonu, samo, muževi imaju prednost pred njima za jedan stepen. – A Allah je Silan i Mudar.

229. Puštanje može biti dvaput, pa ih ili velikodušno zadržati ili im na lijep način razvod dati.* A vama nije dopušteno uzimati bilo šta od onoga što ste im darivali, osim ako se njih dvoje plaše da Allahove propise neće izvršavati. A ako se bojite da njih dvoje Allahove propise neće izvršavati, onda im nije grijeh da se ona otkupi. To su Allahovi propisi, pa ih ne narušavajte! A oni koji Allahove propise narušavaju, nepravedni su.

230. A ako je opet pusti,* onda mu se ne može vratiti što se neće za drugoga muža udati. Pa ako je ovaj pusti, onda njima dvoma nije grijeh da se jedno drugome vrate, ako misle da će Allahove propise izvršavati – to su Allahove odredbe, On ih objašnjava ljudima koji žele znati.

231. Kada pustite žene, onda ih, prije nego što ispune njima propisano vrijeme za čekanje, ili na lijep način zadržite ili ih velikodušno otpremite. I ne zadržavajte ih da biste im učinili nasilje; a onaj ko tako postupi – ogriješio se prema sebi. Ne igrajte se Allahovim propisima i neka vam je na umu blagodat koju vam Allah daje, i Knjiga, i mudrost koju vam objavljuje, kojom vas savjetuje. Allaha se bojte i imajte na umu da Allah sve zna!

232. A kada pustite žene i one ispune njima propisano vrijeme za čekanje, ne smetajte im da se ponovo udaju za svoje muževe, kada se slože da lijepo žive. Ovim se savjetuju oni među vama koji vjeruju u Allaha i u Onaj svijet. To vam je bolje i ljepše. A Allah sve zna, a vi ne znate.

233. Majke neka doje djecu svoju pune dvije godine onima koji žele da dojenje potpuno bude. Otac djeteta ih je dužan, prema svojoj mogućnosti, hraniti i odijevati. Niko neka se ne zadužuje iznad mogućnosti svojih: majka ne smije trpiti štetu zbog djeteta svoga, a ni otac zbog svoga djeteta. I nasljednik je dužan sve to.* A ako njih dvoje na lijep način i sporazumno odluče odbiti dijete, to nije grijeh. A ako zaželite djeci svojoj dojilje naći – pa nije grijeh kada od srca ono što ste naumili dadete. Allaha se bojte i znajte da Allah dobro vidi ono što radite.

234. Žene su dužne čekati četiri mjeseca i deset dana poslije smrti svojih muževa. I kada one ispune njima propisano vrijeme za čekanje, vi niste odgovorni za ono što one, po zakonu, sa sobom urade. – A Allah dobro zna ono što vi radite.

235. I nije vam grijeh ako tim ženama na znanje date da ćete ih vi zaprositi ili ako to u dušama svojim krijete. Allah zna da ćete o njima misliti, ali im potajno ništa ne obećavajte, samo pošteno govorite. I ne odlučujte se na brak prije nego što propisano vrijeme za čekanje ne isteče. I imajte na umu da Allah zna šta je u dušama vašim, pa Ga se pričuvajte. – I znajte da On prašta i da je blag.

236. Nije vaš grijeh ako žene pustite prije nego što u odnos s njima stupite, ili prije nego što im vjenčani dar odredite. I velikodušno ih darujte darom, zakonom propisanim: imućan prema svome stanju, a siromah prema svome – to je dužnost za one koji žele dobro djelo učiniti.

237. A ako ih pustite prije nego što ste u odnos sa njima stupili, a već ste im vjenčani dar odredili, one će zadržati polovinu od onoga što ste odredili, osim ako se ne odreknu ili ako se ne odrekne onaj koji odlučuje o sklapanju braka; a ako se odreknete, to je bliže čestitosti. I ne zaboravite da jedni prema drugima velikodušni budete, ta Allah zaista vidi šta radite.

238. Redovno molitvu obavljajte, naročito onu krajem dana, i pred Allahom ponizno stojte.

239. Ako se budete nečega bojali, onda hodeći ili jašući. A kada budete sigurni, spominjite Allaha onako kako vas je On naučio onome što niste znali.

240. Oni među vama kojima se primiče smrt, a koji ostavljaju iza sebe žene – trebaju im oporukom unaprijed za godinu dana odrediti izdržavanje i da se one ne udaljuju iz kuće. A ako je same napuste, vi niste odgovorni za ono što one sa sobom, po zakonu, urade. – A Allah je silan i mudar.

241. Raspuštenicama pripada pristojna otpremnina, dužnost je da im to daju oni koji se Allaha boje!

242. Allah vam tako objašnjava propise Svoje da biste razmislili.

243. Zar nisi čuo o onima koji su iz straha od smrti iz zemlje svoje pobjegli – a bijaše ih na hiljade. Allah im je rekao: "Pomrite!" – a poslije ih je oživio. Allah je, zaista, dobar prema ljudima, ali većina ljudi ne zahvaljuje.

244. I borite se na Allahovom putu i znajte da Allah sve čuje i sve zna.

245. Ko je taj koji će Allahu drage volje zajam dati, pa da mu ga On mnogostruko vrati? – A Allah uskraćuje i obilno daje, i Njemu ćete se povratiti.

246. Zar nisi čuo da su prvaci sinova Israilovih poslije Musaa svom vjerovjesniku rekli: "Postavi nam vladara da bismo se na Allahovom putu borili!" "Možda se vi nećete boriti, ako vam borba bude propisana?" – reče on. "Zašto da se ne borimo na Allahovom putu" – rekoše – "mi koji smo iz zemlje naše prognani i od sinova naših odvojeni?" A kada im borba bi propisana, oni, osim malo njih, zatajiše. A Allah dobro zna one koji su sami prema sebi nepravedni.

247. "Allah vam je odredio Taluta za vladara." – reče im vjerovjesnik njihov. "Odakle da nam još on bude vladar kada smo mi preči od njega vladati? Njemu ni veliko bogatstvo nije dato." – rekoše oni. "Allah je njega da vlada vama izabrao" – reče on – "i velikim znanjem i snagom tjelesnom ga obdario, a Allah daje vlast kome On hoće. Allah je neizmjerno dobar i On zna sve."

248. "Znak njegove vlasti" – reče im vjerovjesnik njihov – "bit će kovčeg koji će vam stići i koji će meleki nositi, u kome će biti smirenje za vas od Gospodara vašeg i ostatak onoga što su Musa i Harun ostavili.* To vam je, zaista, dokaz, ako ste vjernici!"

249. I kad Talut vojsku izvede, reče: "Allah će vas staviti na iskušenje kraj jedne rijeke: onaj ko se napije iz nje – nije moj, a onaj ko se ne napije, jedino ako šakom zahvati – moj je." I oni se, osim malo njih, napiše iz nje. I kada je pređoše, on i oni koji su s njim vjerovali povikaše: "Mi danas ne možemo izići na kraj sa Džalutom i vojskom njegovom!" Ali oni koji su tvrdo vjerovali da će pred Allaha izići rekoše: "Koliko su puta malobrojne čete, Allahovom voljom, nadjačale mnogobrojne čete!" – A Allah je na strani izdržljivih.

250. I kad nastupiše prema Džalutu i vojsci njegovoj, oni zamoliše: "Gospodaru naš, nadahni nas izdržljivošću i učvrsti korake naše i pomozi nas protiv naroda koji ne vjeruje!"

251. I oni ih, Allahovom voljom, poraziše, i Davud ubi Džaluta, i Allah mu dade i vlast i vjerovjesništvo, i nauči ga onome čemu je On htio. A da Allah ne suzbija ljude jedne drugima, na Zemlji bi, doista, nered nastao – ali Allah je dobar svim svjetovima.

252. To su Allahove pouke koje Mi tebi istinito kazujemo. A ti si, zaista, poslanik!

253. Neke od tih poslanika odlikovali smo više nego druge. S nekima od njih je Allah govorio, a neke je za više stepeni uzdigao. A Isau, sinu Merjeminu, jasne smo dokaze dali i Džibrilom ga podržali. Da je Allah htio, ne bi se međusobno oni poslije njih ubijali kad su im jasni dokazi već došli, ali oni su se razišli; neki od njih su vjerovali, a neki su poricali. A da je Allah htio, oni se ne bi međusobno ubijali, ali Allah radi ono što On želi.

DŽUZ'
III

254. O vjernici, udijelite dio od onoga čime vas Mi darujemo, prije nego što dođe Dan kada neće biti ni otkupa, ni prijateljstva, ni posredništva! – A nevjernici sami sebi čine nepravdu.

255. Allah je – nema boga osim Njega – Živi i Vječni! Ne obuzima Ga ni drijemež ni san! Njegovo je ono što je na nebesima i ono što je na Zemlji! Ko se može pred Njim zauzimati za nekoga bez dopuštenja Njegova!? On zna šta je bilo i prije njih i šta će biti poslije njih, a od onoga što On zna – drugi znaju samo onoliko koliko On želi. Moć Njegova obuhvaća i nebesa i Zemlju i Njemu ne dojadi održavanje njihovo. On je Svevišnji, Veličanstveni!

256. U vjeru nema prisiljavanja – Pravi put se jasno razlikuje od zablude! Onaj ko ne vjeruje u šejtana, a vjeruje u Allaha – drži se za najčvršću vezu, koja se neće prekinuti. – A Allah sve čuje i zna.

257. Allah je zaštitnik onih koji vjeruju i On ih izvodi iz tmina na svjetlo, a onima koji ne vjeruju – zaštitnici su šejtani i oni ih odvode sa svjetla u tmine; oni će biti stanovnici Džehennema, oni će u njemu vječno ostati.

258. Zar nisi čuo za onoga koji se sa Ibrahimom o njegovom Gospodaru prepirao, onda kada mu je Allah carstvo dao? Kad Ibrahim reče: "Gospodar moj je Onaj Koji život i smrt daje."– on odgovori: "Ja dajem život i smrt!"* "Allah čini da Sunce izlazi sa istoka," – reče Ibrahim – "pa ti učini da grane sa zapada!" I nevjernik se zbuni. – A Allah silnicima neće ukazati na Pravi put.

259. Ili za onoga koji je, prolazeći pored jednog do temelja porušenog grada, povikao: "Kako će Allah oživiti ove što su pomrli?" I Allah učini te on umrije i tako ostade stotinu godina, a onda ga oživi i zapita: "Koliko si ostao?" "Dan ili dio dana." – odgovori. "Ne," – reče On – "ostao si stotinu godina. Pogledaj jelo svoje i piće svoje – nije se pokvarilo; a pogledaj i magarca svoga, da te učinim dokazom ljudima, a pogledaj i kosti – vidi kako ih sastavljamo, a onda ih mesom oblažemo." I kad njemu bi jasno, on povika: "Ja znam da Allah sve može!"

²⁶⁰· A kada Ibrahim reče: "Gospodaru moj, pokaži mi kako mrtve oživljuješ!", On reče: "Zar ne vjeruješ?" "Vjerujem," – odgovori on – "ali bih da mi se srce smiri." "Uzmi četiri ptice" – reče On – "i isijeci ih, pa pojedine komade njihove stavi na razne brežuljke, zatim ih pozovi, brzo će ti doći. Znaj da je Allah silan i mudar."

²⁶¹· Oni koji imanja svoja troše na Allahovom putu liče na onoga koji posije zrno iz kojeg nikne sedam klasova i u svakom klasu po stotinu zrna. – A Allah će onome kome hoće dati i više, Allah je neizmjerno dobar i sve zna.

²⁶²· One koji troše imetke svoje na Allahovom putu, a onda ono što potroše ne poprate prigovaranjem i uvredama, čeka nagrada kod Gospodara njihovoga – ničega se oni neće bojati i ni za čim oni neće tugovati.

²⁶³· Lijepa riječ i izvinjenje vrjedniji su od milostinje koju prati vrijeđanje. – A Allah nije ni o kome ovisan i blag je.

²⁶⁴· O vjernici, ne kvarite svoju milostinju prigovaranjem i uvredama, kao što to čine oni koji troše imetak svoj da bi se ljudima pokazali, a ne vjeruju ni u Allaha ni u Onaj svijet; oni su slični litici sa oskudnom zemljom kada se na nju sruči pljusak, pa je ogoli; oni neće dobiti nikakvu nagradu za ono što su uradili. – A onima koji neće da vjeruju Allah neće ukazati na Pravi put.

265. Oni koji troše imetke svoje u želji stjecanja Allahove naklonosti i da im to postane navika – liče vrtu na visoravni na koji se izliva obilna kiša, pa daje dvostruk plod; ako ne bude kiše obilne, bude kiše rosulje. A Allah dobro vidi ono što vi radite.

266. Kome bi od vas bilo drago posjedovati bašču punu palmi i vinove loze kroz koju teku rijeke i u kojoj ima svakojakih plodova, a da je ostario i da ima nejaku djecu, a da onda naiđe vatrena oluja preko nje i ona izgori? – Tako vam Allah objašnjava dokaze da biste razmislili.

267. O vjernici, udjeljujte od lijepih stvari koje stječete i od onoga što vam Mi iz zemlje dajemo, ne izdvajajte ono što ne vrijedi da biste to udijelili – kada ni vi sami ne biste to primili, osim zatvorenih očiju. I znajte da Allah nije ni o kome ovisan i da je hvale dostojan.

268. Šejtan vas plaši neimaštinom i navraća vas da budete škrti, a Allah vam obećava oprost i nagradu Svoju. – Allah je neizmjerno dobar i sve zna.

269. On daruje znanje onome kome On hoće, a onaj kome je znanje darovano – darivan je blagom neizmjernim. A shvatiti mogu samo oni koji su razumom obdareni.

270. Za sve što potrošite i što zavjetujete – Allah, sigurno, za to zna! – A nevaljalima neće niko moći pomoći.

271. Lijepo je kada javno dajete milostinju, ali je za vas bolje da je dajete siromasima kad niko ne vidi, i On će preći preko nekih vaših hrđavih postupaka. – A Allah dobro zna ono što radite.

272. Ti nisi dužan izvesti ih na Pravi put, Allah izvodi na Pravi put onoga koga On hoće. Imetak koji udijelite drugima u vašu je korist, ono što udijelite drugima neka bude samo Allahu za ljubav – a ono što od imetka udijelite drugima nadoknadit će vam se potpuno, neće vam biti krivo učinjeno –

273. i to siromasima koji, zauzeti na Allahovom putu, nemaju vremena zarađivati pa onaj koji nije u to upućen misli da su, zbog skromnosti, imućni; poznat ćeš ih po izgledu njihovu, oni proseći ne dodijavaju ljudima. A ono što od imetka drugima date – Allah, sigurno, za to zna.

274. Oni koji udjeljuju imanja svoja i noću i danju, tajno i javno, dobit će nagradu od Gospodara svoga; i ničega se oni neće bojati i ni za čim oni neće tugovati.

275. Oni koji se kamatom bave dići će se kao što će se dići onaj koga je dodirom šejtan izbezumio, zato što su govorili: "Kamata je isto što i trgovina." A Allah je dozvolio trgovinu, a zabranio kamatu. Onome do koga dopre pouka Gospodara njegova pa se okani, njegovo je ono što je prije stekao, njegov slučaj će Allah rješavati; a oni koji to opet učine – bit će stanovnici Džehennema, u njemu će vječno ostati.

276. Allah uništava kamatu, a unaprjeđuje milosrđa. Allah ne voli nijednog nevjernika, grješnika.

277. One koje vjeruju i čine dobra djela i molitvu obavljaju i zekat daju čeka nagrada kod Gospodara njihova; i ničega se oni neće bojati i ni za čim oni neće tugovati.

278. O vjernici, bojte se Allaha i od ostatka kamate odustanite, ako ste pravi vjernici.

279. Ako ne učinite, eto vam onda, neka znate, rata od Allaha i Poslanika Njegova! A ako se pokajete, ostat će vam glavnice imetaka vaših – nećete nikoga oštetiti, niti ćete oštećeni biti.

280. A ako je u nevolji, onda pričekajte dok bude imao; a još vam je bolje, neka znate, da dug poklonite.

281. I bojte se Dana kada ćete se svi Allahu vratiti, kada će se svakome ono što je zaslužio isplatiti – nikome krivo neće učinjeno biti.

282. O vjernici, zapišite kada jedan od drugog pozajmljujete do određenoga roka. I neka jedan pisar između vas to vjerno napiše i neka se pisar ne uzdržava da napiše, ta Allah ga je poučio; neka on piše, a dužnik neka mu u pero kazuje i neka se boji Allaha, Gospodara svoga, i neka ne umanji ništa od toga. A ako je dužnik rasipnik ili slab, ili ako nije u stanju u pero kazivati, onda neka kazuje njegov staratelj, i to vjerno. I navedite dva svjedoka, dva muškarca vaša. A ako nema dvojice muškaraca, onda jednog muškarca i dvije žene koje prihvaćate kao svjedoke. Ako jedna od njih dvije zaboravi, neka je druga podsjeti. Svjedoci se trebaju na svaki poziv odazivati. I neka vam ne bude mrsko utanačiti ga pismeno, bio mali ili veliki, s naznakom roka vraćanja. To vam je kod Allaha ispravnije i prilikom svjedočenja jače, i da ne sumnjate – bolje. Ali, ako je riječ o robi koju iz ruke u ruku obrćete, onda nećete zgriješiti ako to ne zapišete. Navedite svjedoke i kada kupoprodajne ugovore zaključujete i neka ne bude oštećen ni pisar ni svjedok. A ako to učinite, onda ste zgriješili. I bojte se Allaha – Allah vas uči, i Allah sve zna.

283. Ako ste na putu, a ne nađete pisara, onda uzmite zalog. A ako jedan kod drugog nešto pohranite, neka onaj opravda ukazano mu povjerenje i neka se boji Allaha, Gospodara svoga. I ne uskratite svjedočenje; ko ga uskrati, srce njegovo će biti grješno. – A Allah dobro zna ono što radite.

284. Allahovo je sve što je na nebesima i što je na Zemlji! Pokazivali vi ono što je u dušama vašim ili to krili, Allah će vas za to pitati; oprostit će onome kome On hoće, a kaznit će onoga koga On hoće. – Allah je kadar sve.

285. Poslanik vjeruje u ono što mu se objavljuje od Gospodara njegova, i vjernici – svaki vjeruje u Allaha, i meleke Njegove, i knjige Njegove, i poslanike Njegove: "Mi ne izdvajamo nijednog od poslanika Njegovih." I oni govore: "Čujemo i pokoravamo se. Oprosti nam, Gospodaru naš, Tebi ćemo se vratiti."

286. Allah nikoga ne opterećuje preko mogućnosti njegovih: u njegovu korist je dobro koje učini, a na njegovu štetu zlo koje uradi. Gospodaru naš, ne kazni nas ako zaboravimo ili što nehotice učinimo! Gospodaru naš, ne tovari na nas breme kao što si ga tovario na one prije nas! Gospodaru naš, ne stavljaj nam u dužnost ono što ne možemo podnijeti, pobriši grijehe naše i oprosti nam, i smiluj se na nas. Ti si Gospodar naš, pa nam pomozi protiv naroda koji ne vjeruje!

SURA 3

Ali Imrān – Imranova porodica
(Medina – 200 ajeta)

U ime Allaha, Milostivog, Samilosnog!

1. Elif Lām Mīm.

2. Allah je – nema boga osim Njega – Živi i Vječni!

3. On tebi objavljuje Knjigu, pravu istinu, koja prethodne potvrđuje, a Tevrat i Indžil objavio je

4. još prije, kao putokaz ljudima, a objavio je i ostale koje rastavljaju istinu od neistine. One koji u Allahove riječi ne vjeruju čeka teška patnja. – A Allah je silan i strog.

5. Allahu ništa nije tajna ni na Zemlji ni na nebu!

6. On vas oblikuje u matericama kako On hoće; nema boga osim Njega, Silnog i Mudrog!

7. On tebi objavljuje Knjigu, u njoj su ajeti jasni, oni su glavnina Knjige, a drugi su manje jasni. Oni čija su srca pokvarena – željni smutnje i svog tumačenja – slijede one što su manje jasni. A tumačenje njihovo zna samo Allah. Oni koji su dobro u nauku upućeni govore: "Mi vjerujemo u njih, sve je od Gospodara našeg!" – A samo razumom obdareni shvaćaju.

8. "Gospodaru naš, ne dopusti srcima našim da skrenu, kada si nam već na Pravi put ukazao, i daruj nam Svoju milost. Ti si, uistinu, Onaj Koji mnogo daruje!

9. Gospodaru naš, Ti ćeš sakupiti sve ljude na Dan u koji nema nikakve sumnje." – Allah će, zaista, održati obećanje.

10. One koji ne vjeruju – od Allahove kazne neće nimalo odbraniti ni imeci njihovi, ni djeca njihova, i oni će biti gorivo za vatru,

11. bit će im kao faraonovim ljudima i onima prije njih: oni su dokaze Naše smatrali lažnim, pa ih je Allah zbog grijehova njihovih uništio. – A Allah kažnjava vrlo oštro.

12. Reci onima koji neće da vjeruju: "Bit ćete pobijeđeni i u Džehennemu okupljeni, a on je grozno boravište!"

13. Imate pouku u dvjema vojskama koje su se sukobile: jednoj koja se borila na Allahovom putu i drugoj, nevjerničkoj, kojoj se činilo da pred sobom ima dva puta više protivnika.* A Allah Svojom pomoći čini moćnim onoga koga On hoće. To je, zaista, dalekovidnim pouka.*

14. Ljudima se čini da je lijepo samo ono za čim žude: žene, sinovi, gomile zlata i srebra, divni konji, stoka i usjevi. To su blagodati u životu na ovome svijetu, a najljepše mjesto povratka je u Allaha.

15. Reci: "Hoćete li da vam kažem šta je bolje od toga? Oni koji se budu Allaha bojali i grijeha klonili imat će u Gospodara svoga džennetske bašče, kroz koje će rijeke teći, u njima će vječno boraviti, i čiste žene, i Allahovu naklonost – a Allah poznaje robove Svoje –

16. oni koji budu govorili: 'Gospodaru naš, mi, zaista, vjerujemo, zato nam oprosti grijehe naše i sačuvaj nas patnje u ognju!';

17. oni koji budu strpljivi, i istinoljubivi, i Allahu poslušni, i oni koji budu milostinju udjeljivali, i koji se budu u posljednjim sahatima noći za oprost molili."

18. Allah svjedoči da nema drugog boga osim Njega – a i meleki i učeni – i da On postupa pravedno. Nema boga osim Njega, Silnog i Mudrog!

19. Allahu je prava vjera jedino – islam. A podvojili su se oni kojima je data Knjiga baš onda kada im je došlo saznanje, i to iz međusobne zavisti. A sa onima koji u Allahove riječi ne budu vjerovali Allah će se brzo obračunati.

20. Ako se oni budu prepirali s tobom, reci: "Ja se samo Allahu pokoravam, a i oni koji me slijede." I reci onima kojima je data Knjiga i neukima: "Primite islam!" Ako prime islam, onda su na Pravome putu. A ako odbiju, tvoje je jedino da pozivaš. – A Allah dobro vidi robove Svoje.

21. Onima koji ne vjeruju u Allahove dokaze i koji su vjerovjesnike – ni krive ni dužne – ubijali, a ubijaju i ljude koji traže da se postupa pravedno, navijesti bolnu patnju.

22. To su oni čija djela ne vrijede ni na ovome ni na Onome svijetu, i niko im neće priteći u pomoć.

23. Zar ne vidiš kako neki od onih kojima je dat dio Knjige odbijaju, kad budu pozvani, da im sudi Allahova Knjiga* – a oni ionako glave okreću –

24. zato što govore: "Vatra nas neće pržiti već samo nekoliko dana." – a laži koje izmišljaju u vjerovanju njihovom obmanjuju ih.

25. A šta će biti onoga Dana, u koji nema nikakve sumnje, kada ih sakupimo i kada svako dobije ono što je zaslužio, kada im neće biti učinjeno nažao?

26. Reci: "O Allahu, Koji svu vlast imaš, Ti vlast onome kome hoćeš daješ, a oduzimaš je od onoga od koga hoćeš; Ti onoga koga hoćeš uzvisuješ, a onoga koga hoćeš unizuješ; u Tvojoj ruci je svako dobro – Ti, uistinu, sve možeš!

27. Ti uvodiš noć u dan, i uvodiš dan u noć. Ti od neživog stvaraš živo, i od živog neživo. Ti opskrbljuješ koga hoćeš, bez računa."

28. Neka vjernici ne uzimaju za prijatelje nevjernike kad ima vjernika; a onoga ko to čini – Allah neće štititi. To učinite jedino da biste se od njih sačuvali. Allah vas podsjeća na Sebe i Allahu se sve vraća!

29. Reci: "Skrivali vi ono što je u srcima vašim ili to javno pokazivali, Allah to zna. On zna sve što je na nebesima i što je na Zemlji. – Allah je svemoćan.

30. Onoga dana kada svaki čovjek pred sobom nađe dobro djelo koje je uradio i hrđavo djelo koje je učinio – poželjet će da se između njih i njega nalazi udaljenost velika. A Allah vas na Sebe podsjeća i Allah je milostiv prema Svojim robovima.

31. Reci: "Ako Allaha volite, mene slijedite, i vas će Allah voljeti i grijehe vam oprostiti!" – A Allah prašta i samilostan je.

32. Reci: "Pokoravajte se Allahu i Poslaniku!" A ako oni glave okrenu – pa Allah, zaista, ne voli nevjernike.

33. Allah je odabrao Adema, i Nuha, i Ibrahimovu porodicu, i Imranovu porodicu nad ostalim svijetom –

34. sve porod jedan od drugog. A Allah sve čuje i sve zna.

35. Kada Imranova žena reče: "Gospodaru moj, ovo što je u trbuhu mome ja zavjetujem samo na službu Tebi, pa primi od mene, jer Ti, zaista, sve čuješ i znaš!"

36. Poslije ona, kada je rodi, reče: "Gospodaru moj, rodila sam žensko," – a Allah dobro zna šta je rodila – "a žensko nije kao muško. Nadjela sam joj ime Merjema, i ja nju i porod njezin stavljam pod Tvoje okrilje od prokletog šejtana."

37. I Gospodar njezin primi je lijepo i učini da uzraste lijepo, i da se o njoj brine Zekerijja.* Kad god bi joj Zekerijja u hram ušao, kod nje bi hrane našao. "Odakle ti ovo, o Merjema?" – on bi upitao, a ona bi odgovorila: "Od Allaha, Allah onoga koga hoće opskrbljuje bez muke."

38. Tu Zekerijja zamoli Gospodara svoga: "Gospodaru moj," – reče – "podari mi od Sebe čestita potomka, jer se Ti, uistinu, molbi odazivaš!"

39. I dok se on u hramu stojeći molio, meleki ga zovnuše: "Allah ti javlja radosnu vijest: rodit će ti se Jahja, koji će u Allahovu knjigu vjerovati, i koji će prvak biti, i čedan, i vjerovjesnik, potomak onih dobrih."

40. "Gospodaru moj," – reče – "kako ću imati sina kada me starost ophrvala, a i žena mi je nerotkinja?" "Eto tako," – reče On – "Allah čini što On hoće."

41. "Gospodaru moj," – zamoli on – "daj mi neki znak!" "Znak će biti" – reče – "što tri dana s ljudima nećeš moći govoriti, osim znakovima. I često spominji Gospodara svoga i hvali Ga krajem dana i izjutra!"

42. I kada meleki rekoše: "O Merjema, tebe je Allah odabrao i čistom stvorio, i boljom od svih žena na svijetu učinio.

43. O Merjema, budi poslušna svome Gospodaru i licem na tle padaj i sa onima koji molitvu obavljaju i ti obavljaj!"

44. To su nepoznate vijesti koje ti objavljujemo. Ti nisi bio među njima kada su pera svoja od trske pobacali da bi vidjeli koji će se od njih o Merjemi brinuti, i ti nisi bio među njima kad su se prepirali.*

45. A kada meleki rekoše: "O Merjema, Allah ti javlja radosnu vijest, od Njega Riječ: ime će mu biti Mesih, Isa, sin Merjemin, bit će viđen i na ovome i na Onome svijetu i jedan od Allahu bliskih;

46. on će govoriti ljudima još u kolijevci, a i kao odrastao, i bit će čestit."

47. Ona reče: "Gospodaru moj, kako ću imati dijete kada me nijedan muškarac nije dodirnuo?" "Eto tako," – reče – "Allah stvara šta On hoće. Kada nešto odluči, On samo za to rekne: 'Budi!' – i ono bude."

48. I poučit će ga pismu i mudrosti, i Tevratu i Indžilu,

49. i poslati kao poslanika sinovima Israilovim: "Donosim vam dokaz od Gospodara vašeg: napravit ću vam od ilovače nešto poput ptice i puhnut ću u nju, i bit će, voljom Allahovom, prava ptica. I iscijelit ću slijepa od rođenja, i gubava, i oživljavat ću mrtve, voljom Allahovom, i kazivat ću vam šta jedete i šta u domovima svojim gomilate. – To će, uistinu, biti dokaz za vas, ako pravi vjernici budete.

50. I da potvrdim istinitost Tevrata, objavljenog prije mene, i da vam dopustim nešto što vam je bilo zabranjeno. I donosim vam dokaz od Gospodara vašeg – zato se Allaha bojte i mene slušajte.

51. Allah je doista i moj i vaš Gospodar, pa se Njemu klanjajte – to je Pravi put!"

52. A kada se Isa uvjerio da oni neće vjerovati, uzviknuo je: "Koji će biti pomagači moji na Allahovom putu?" "Mi," – rekoše učenici – "mi ćemo biti pomagači Allahove vjere, mi u Allaha vjerujemo, a ti budi svjedok da smo mi poslušni Njemu.

53. Gospodaru naš, mi u ono što Ti objavljuješ vjerujemo i mi poslanika slijedimo, zato nas upiši među vjernike!"

54. I nevjernici počeše smišljati spletke, ali ih je Allah otklonio, jer On to umije najbolje.

55. I kada Allah reče: "O Isa, dušu ću ti uzeti i k Sebi te uzdignuti i spasit ću te od nevjernika i učinit ću da tvoji sljedbenici budu iznad nevjernika sve do Smaka svijeta. Meni ćete se, poslije, svi povratiti i Ja ću vam o onome u čemu se niste slagali presuditi:

56. one koji ne budu vjerovali na strašne muke ću staviti i na ovome i na Onome svijetu i niko im neće moći pomoći."

57. A onima koji budu vjerovali i dobra djela činili, On će njima punu nagradu dati. – Allah ne voli nasilnike.

58. Ovo što ti kazujemo jesu ajeti i Kur'an mudri.

59. Isaov slučaj je u Allaha isti kao i slučaj Ademov: od zemlje ga je stvorio, a zatim rekao: "Budi!" – i on bi.

60. Istina je od Gospodara tvoga, zato ne sumnjaj!

61. A onima koji se s tobom budu o njemu raspravljali, pošto si već pravu istinu saznao, ti reci: "Hodite, pozvat ćemo sinove naše i sinove vaše, i žene naše i žene vaše, a doći ćemo i mi, pa ćemo se usrdno pomoliti i Allahovo prokletstvo na one koji neistinu govore prizvati!"

62. To je, zaista, istinito kazivanje i nema boga osim Allaha!
– A Allah je, doista, Silan i Mudar.

63. A ako oni glave okrenu – pa Allah sigurno dobro zna
smutljivce.

64. Reci: "O sljedbenici Knjige, dođite da se okupimo oko
jedne riječi i nama i vama zajedničke: da se nikome
osim Allahu ne klanjamo, da nikoga Njemu ravnim ne
smatramo i da jedni druge, pored Allaha, bogovima
ne držimo!" Pa ako oni ne pristanu, vi recite: "Budite
svjedoci da smo mi muslimani!"

65. O sljedbenici Knjige, zašto se o Ibrahimu prepirete, pa
zar Tevrat i Indžil nisu objavljeni poslije njega? Zašto
ne shvatite?

66. Vi raspravljate o onome o čemu nešto i znate, a zašto
raspravljate o onome o čemu ništa ne znate? – Allah zna,
a vi ne znate!

67. Ibrahim nije bio ni jevrej ni kršćanin, već pravi vjernik,
vjerovao je u Boga Jednoga i nije bio idolopoklonik.

68. Ibrahimu su od ljudi najbliži oni koji su ga slijedili,
zatim ovaj vjerovjesnik i vjernici. – A Allah je zaštitnik
vjernika.

69. Neki sljedbenici Knjige jedva bi dočekali da vas na
stranputicu odvedu, međutim oni samo sebe odvode a
da i ne slute.

70. O sljedbenici Knjige, zašto u Allahove dokaze ne vjerujete,
a da su istina dobro znate?

71. O sljedbenici Knjige, zašto istinu neistinom zamračujete i svjesno istinu krijete?

72. Neki sljedbenici Knjige govore: "Pokažite da i vi vjerujete u ono što se objavljuje vjernicima – i to na početku dana – a pri kraju dana to porecite ne bi li i oni svoju vjeru napustili.

73. I nemojte priznati nikom, osim istovjernicima vašim, da i nekom drugom može biti dato nešto slično onome što je vama dato ili da će vas oni pred Gospodarom vašim pobijediti." Reci: "Pravo uputstvo je jedino Allahovo uputstvo!" Reci: "Blagodat je samo u Allahovoj ruci, On je daruje kome hoće." – A Allah je neizmjerno dobar i zna sve.

74. On Svojom milošću naročito daruje onoga koga hoće. – A Allahova blagodat je velika!

75. Ima sljedbenika Knjige koji će ti vratiti ako im povjeriš tovar blaga, a ima i onih koji ti neće vratiti ako im povjeriš samo jedan dinar, ako ga ne budeš stalno pratio. Tako je jer oni govore: "Nama nije grijeh što učinimo neukima." – i o Allahu svjesno govore laži.

76. A jest! Samo onoga ko obavezu svoju ispuni i grijeha se kloni Allah voli.

77. Oni koji obavezu svoju prema Allahu i zakletve svoje zamjenjuju nečim što malo vrijedi – na Onome svijetu nikakva dobra neće imati, Allah ih neće ni osloviti, niti će na njih, na Sudnjem danu, pažnju obratiti, niti će ih očistiti – njih bolna patnja čeka.

78. Neki od njih uvijaju jezike svoje čitajući Knjigu da biste vi pomislili da je to iz Knjige, a to nije iz Knjige, i govore: "To je od Allaha!" – a to nije od Allaha; i o Allahu svjesno govore laži.

79. Nezamislivo je da čovjek kome Allah da Knjigu i znanje i vjerovjesništvo poslije rekne ljudima: "Klanjajte se meni, a ne Allahu!" – nego: "Budite Božiji ljudi jer vi Knjigu znate i nju proučavate!"

80. On vam neće narediti da meleke i vjerovjesnike bogovima smatrate. Zar da vam naredi da budete nevjernici, nakon što ste postali muslimani?

81. Allah je od svakog vjerovjesnika kome je Knjigu objavio i znanje dao obavezu uzeo: "Kad vam, poslije, dođe poslanik koji će potvrditi da je istina ono što imate, hoćete li mu sigurno povjerovati i sigurno ga pomagati? Da li pristajete i prihvatate da se na to Meni obavežete?" Oni su odgovarali: "Pristajemo!" "Budite, onda, svjedoci," – rekao bi On – "a i Ja ću s vama svjedočiti."

82. A oni koji i poslije toga glave okrenu, oni su doista nevjernici.

83. Zar pored Allahove žele drugu vjeru, a Njemu se – htjeli ili ne htjeli – pokoravaju i oni na nebesima i oni na Zemlji, i Njemu će se vratiti!

84. Reci: "Mi vjerujemo u Allaha i u ono što se objavljuje nama i u ono što je objavljeno Ibrahimu, i Ismailu, i Ishaku, i Jakubu, i unucima, i u ono što je dato Musau i Isau i vjerovjesnicima od Gospodara njihova; mi nikakvu razliku među njima ne pravimo, i mi se samo Njemu klanjamo."

85. A onaj koji želi neku drugu vjeru osim islama, neće mu biti primljena, i on će na Onome svijetu nastradati.

86. Allah neće ukazati na Pravi put onim ljudima koji su postali nevjernici, nakon što su bili vjernici i tvrdili da je Poslanik istina, a pruženi su im i jasni dokazi! – Neće Allah ukazati na Pravi put narodu koji sam sebi nepravdu čini.

87. Kazna im je prokletstvo od Allaha i meleka i svih ljudi nad svima njima –

88. vječno će pod njim ostati i patnja im se neće olakšati niti će im se vremena dati.

89. Ali onima koji se poslije toga pokaju i poprave, njima će Allah oprostiti i samilostan biti.

90. Onima koji postanu nevjernici, a bili su vjernici, i koji postanu još veći nevjernici, kajanje im se doista neće primiti, i oni su zbilja zalutali.

91. Ni od jednog nevjernika koji umre kao nevjernik doista se neće primiti kao otkup ni svo blago ovoga svijeta. Njih čeka bolna patnja i njima niko neće pomoći.

⁹²· Nećete zaslužiti nagradu sve dok ne udijelite dio od onoga što vam je najdraže; a bilo šta vi udijelili, Allah će, sigurno, za to znati.

⁹³· Svaka hrana je bila dozvoljena sinovima Israilovim, osim one koju je Israil sam sebi zabranio prije nego što je Tevrat objavljen bio. Reci: "Donesite Tevrat pa ga čitajte, ako istinu govorite!"

⁹⁴· A oni koji i poslije toga iznose laži o Allahu, oni su doista nasilnici.

⁹⁵· Reci: "Allah govori istinu! Zato slijedite vjeru Ibrahimovu, pravog vjernika, koji nije bio od onih koji Allahu druge smatraju ravnim."

DŽUZ'
IV

⁹⁶· Prvi hram sagrađen za ljude jeste onaj u Mekki, blagoslovljen je on i putokaz svjetovima.

⁹⁷· U njemu su znamenja očevidna – mjesto na kojem je stajao Ibrahim. I onaj ko uđe u njega treba biti siguran. Hodočastiti Hram dužan je, Allaha radi, svaki onaj koji je u mogućnosti. A onaj koji neće da vjeruje – pa, zaista, Allah nije ovisan ni o kome.

⁹⁸· Reci: "O sljedbenici Knjige, zašto u Allahove dokaze ne vjerujete kada je Allah svjedok svega što radite?"

⁹⁹· Reci: "O sljedbenici Knjige, zašto onoga koji vjeruje od Allahove vjere odvraćate, nastojeći je krivom prikazati, a znate da je istina? – A Allah motri na ono što radite!"

¹⁰⁰· O vjernici, ako se budete pokoravali nekim od onih kojima je data Knjiga, oni će vas, nakon što ste prihvatili pravu vjeru, ponovo vratiti u nevjernike.

101. A kako možete nevjernici postati kada vam se kazuju Allahovi ajeti i kada je među vama Njegov Poslanik? A ko je čvrsto uz Allaha, taj je već upućen na Pravi put.

102. O vjernici, bojte se Allaha onako kako se treba bojati i umirite samo kao muslimani!

103. Svi se čvrsto Allahova užeta držite i nikako se ne razjedinjujte! I sjetite se Allahove milosti prema vama kada ste bili jedni drugima neprijatelji, pa je On složio srca vaša i vi ste postali, milošću Njegovom, prijatelji; i bili ste na ivici vatrene jame, pa vas je On nje spasio. Tako vam Allah objašnjava Svoje dokaze da biste na Pravom putu istrajali.

104. I neka među vama bude onih koji će na dobro pozivati i tražiti da se čini dobro, a od zla odvraćati – oni će šta žele postići.

105. I ne budite kao oni koji su se razjedinili i u mišljenju podvojili kada su im već jasni dokazi došli – njih čeka patnja velika

106. na Dan kada će neka lica pobijeljeti, a neka pocrnjeti. Onima u kojih lica budu crna, reći će se: "Zašto ste, pošto ste vjernici bili, nevjernici postali? Pa iskusite patnju zato što niste vjerovali!"

107. A oni u kojih lica budu bijela, bit će u Allahovoj milosti, u njoj će vječno ostati.

108. To su, eto, Allahovi dokazi. Mi ih tebi istinito kazujemo! A Allah ne želi ikome nepravdu učiniti.

109. Allahovo je sve što je na nebesima i na Zemlji i Allahu se sve vraća.

110. Vi ste narod najbolji od svih koji se ikada pojavio: tražite da se čine dobra djela, a od nevaljalih odvraćate, i u Allaha vjerujete. A kad bi sljedbenici Knjige ispravno vjerovali, bilo bi bolje za njih; ima ih i pravih vjernika, ali većinom su nevjernici.

111. Oni vam ne mogu nauditi, mogu vas samo vrijeđati; ako vas napadnu, dat će se u bijeg i poslije im pomoći neće biti.

112. Ma gdje se našli, bit će poniženi, ako se ne stave pod Allahovu zaštitu i zaštitu muslimana, i zaslužit će Allahovu srdžbu i snaći će ih bijeda zato što u Allahove dokaze ne vjeruju i što su, ni krive ni dužne, vjerovjesnike ubijali i zato što protiv Boga ustaju i što u zlu svaku mjeru prekoračuju.

113. Ali, nisu svi oni isti. Ima ispravnih sljedbenika Knjige koji po svu noć Allahove ajete čitaju i mole se.

114. Oni u Allaha i u Onaj svijet vjeruju i traže da se čine dobra djela, a od nevaljalih odvraćaju i jedva čekaju da učine dobročinstvo – oni su čestiti;

115. bilo kakvo dobro da urade, bit će za njega nagrađeni. – A Allah dobro zna one koji se Njega boje.

116. One koji ne vjeruju neće odbraniti od Allaha ni bogatstva njihova ni djeca njihova, oni će stanovnici Džehennema biti, u njemu će vječno ostati.

117. Ono što u životu na ovome svijetu udijele, slično je usjevu onih koji su se prema sebi ogriješili, kojeg vjetar pun leda pogodi i uništi ga. Ne čini njima Allah nepravdu, oni je sami sebi čine.

118. O vjernici, za prisne prijatelje uzimajte samo svoje, ostali vam samo propast žele: jedva čekaju da muka dopadnete, mržnja izbija iz njihovih usta, a još je gore ono što kriju njihova prsa. Mi vam iznosimo dokaze, ako pameti imate.

119. Vi njih volite, a oni vas ne vole, a vi vjerujete u sve Knjige. Kad vas sretnu, govore: "Vjerujemo!" – a čim se nađu nasamo, od srdžbe prema vama, grizu vrhove prstiju svojih. Reci: "Umrite od muke!" – Allahu su, zaista, dobro poznate misli svačije.

120. Ako kakvo dobro dočekate, to ih ozlojedi, a zadesi li vas kakva nevolja, obraduju joj se. I ako budete trpjeli i ono što vam se zabranjuje izbjegavali, njihovo lukavstvo vam neće nimalo nauditi. – Allah, zaista, dobro zna ono što oni rade.

121. A kada si ti poranio, i čeljad svoju ostavio da vjernicima odrediš mjesta pred borbu – a Allah sve čuje i zna –

122. kada dva krila vaša zamalo nisu uzmakla, Allah ih je sačuvao. – Neka se zato vjernici samo u Allaha pouzdaju!

123. Allah vas je pomogao i na Bedru,* kada ste bili malobrojni – zato se bojte Allaha da biste bili zahvalni.

124. Kad si ti rekao vjernicima: "Zar vam neće biti dovoljno da vam Gospodar vaš tri hiljade meleka u pomoć pošalje?

125. Hoće! Ako budete izdržljivi i poslušni, i ako vas oni napadnu odmah, Gospodar vaš će vam poslati u pomoć pet hiljada meleka, sve obilježenih."

126. To je Allah učinio da vas obraduje i da time pouzdanje u srca vaša ulije – a pobjeda dolazi samo od Allaha, Silnoga i Mudroga –

127. da jednu skupinu nevjernika uništi ili da ih osramoti, te da se vrate razočarani.

128. Od tebe ne zavisi da li će On pokajanje njihovo primiti ili će ih na muke staviti, jer oni su zaista nasilnici.

129. A Allahovo je ono što je na nebesima i ono što je na Zemlji! On oprašta onome kome hoće, a na muke stavlja onoga koga hoće. – Allah prašta i samilostan je.

130. O vjernici, bezdušni zelenaši ne budite, i Allaha se bojte, jer ćete tako postići ono što želite,

131. i čuvajte se vatre za nevjernike pripremljene,

132. i pokoravajte se Allahu i Poslaniku da bi vam bila milost ukazana,

133. i nastojte zaslužiti oprost Gospodara svoga i Džennet prostran kao nebesa i Zemlja, pripremljen za one koji se Allaha boje,

134. za one koji, i kad su u obilju i kad su u oskudici, udjeljuju, koji srdžbu savlađuju i ljudima praštaju – a Allah voli one koji dobra djela čine –

135. i za one koji se, kada grijeh počine ili kad se prema sebi ogriješe, Allaha sjete i oprost za grijehe svoje zamole – a ko će oprostiti grijehe ako ne Allah? – i koji svjesno u grijehu ne ustraju.

136. Njih čeka nagrada – oprost od Gospodara njihova i džennetske bašče kroz koje će rijeke teći, u kojima će vječno ostati, a divne li nagrade za one koji budu tako postupili!

137. Prije vas su mnogi narodi bili i nestali, zato putujte po svijetu i posmatrajte kako su završili oni koji su poslanike u laž ugonili.

138. To je objašnjenje svim ljudima i putokaz i pouka onima koji se Allaha boje.

139. I ne gubite hrabrost i ne žalostite se, vi ćete pobijediti ako budete pravi vjernici.

140. Ako vi dopadate rana, i drugi rana dopadaju. A u ovim danima, Mi dajemo pobjedu, sad jednima a sad drugima, da bi Allah ukazao na one koji vjeruju i odabrao neke od vas kao šehide – a Allah ne voli nevjernike –

141. i da bi vjernike očistio, a nevjernike uništio.

142. Zar mislite da ćete ući u Džennet, a da Allah ne ukaže na one od vas koji se bore i na one koji su izdržljivi?

143. A vi ste smrt priželjkivali prije nego što ste se s njom suočili, pa ste je, eto, očima svojim vidjeli.

144. Muhammed je samo poslanik, a i prije njega je bilo poslanika. Ako bi on umro ili ubijen bio, zar biste se stopama svojim vratili? Onaj ko se stopama svojim vrati neće Allahu nimalo nauditi, a Allah će zahvalne sigurno nagraditi.

145. Sve što je živo umire Allahovom voljom u času suđenom. Dat ćemo onome koji želi nagradu na ovome svijetu, a dat ćemo i onome koji želi nagradu na Onome svijetu – i sigurno ćemo zahvalne nagraditi.

146. A koliko je bilo vjerovjesnika uz koje su se mnogi iskreni vjernici borili, pa nisu klonuli zbog nevolja koje su ih na Allahovom putu snalazile, i nisu posustajali niti su se predavali – a Allah izdržljive voli –

147. i samo su govorili: "Gospodaru naš, oprosti nam krivice naše i neumjerenost našu u postupcima našim, i učvrsti korake naše i pomozi nam protiv naroda koji ne vjeruje!"

148. I Allah im je dao nagradu na ovome svijetu, a na Onom svijetu dat će im nagradu veću nego što su zaslužili. – A Allah voli one koji dobra djela čine.

149. O vjernici, ako se budete pokoravali onima koji ne vjeruju, vratit će vas stopama vašim i bit ćete izgubljeni –

150. samo je Allah zaštitnik vaš i On je najbolji pomagač.

151. Mi ćemo uliti strah u srca onih koji neće da vjeruju zato što druge Allahu ravnim smatraju, o kojima On nije objavio ništa. Džehennem će njihovo boravište postati, a grozno će prebivalište nevjernika biti.

152. Allah je ispunio obećanje Svoje kada ste neprijatelje, voljom Njegovom, nemilice ubijali. Ali kada ste duhom klonuli i o svom položaju se raspravljati počeli, kada niste poslušali, a On vam je već bio ukazao na ono što vam je drago – jedni od vas su željeli ovaj svijet, a drugi Onaj svijet – onda je On, da bi vas iskušao, učinio da uzmaknete ispred njih. I On vam je već oprostio, jer je Allah neizmjerno dobar prema vjernicima!

153. Kada ste ono uzmicali, ne obazirući se ni na koga, dok vas je Poslanik zvao iza vaših leđa, Allah vas je kaznio brigom na brigu da ne biste tugovali za onim što vam je izmaklo i nije vas zadesilo. – A Allah dobro zna ono što radite.

154. Zatim vam je, poslije nevolje, spokojstvo ulio, san je neke od vas uhvatio, a drugi su se brinuli samo o sebi, misleći o Allahu ono što nije istina, kao što pagani misle govoreći: "Gdje je pobjeda koja nam je obećana?" Reci: "O svemu odlučuje samo Allah!" Oni u sebi kriju ono što tebi ne pokazuju. "Da smo za bilo šta pitali," – govore oni – "ne bismo ovdje izginuli." Reci: "I da ste u kućama svojim bili, opet bi oni kojima je suđeno poginuti na mjesta pogibije svoje izišli, da bi Allah ispitao ono što je u vašim grudima i da bi istražio ono što je u vašim srcima – a Allah zna svačije misli."

155. One među vama koji su uzmakli na dan kad su se dvije vojske sukobile,* uistinu je šejtan naveo da posrnu, zbog onoga što su prije počinili.* A Allah im je već oprostio, jer Allah prašta i blag je.

156. O vjernici, ne budite kao nevjernici koji govore o braći svojoj, kada odu na daleke pute ili kada boj biju: "Da su s nama ostali, ne bi umrli i ne bi poginuli." – da Allah učini to jadom u srcima njihovim; i život i smrt Allahovo su djelo, On dobro vidi ono što radite.

157. A ako vi na Allahovom putu poginete ili umrete, oprost i milost Allahova su zaista bolji od onoga što oni gomilaju.

158. Bilo da umrete ili poginete, sigurno ćete se pred Allahom sakupiti.

159. Samo Allahovom milošću ti si blag prema njima; a da si osoran i grub, razbjegli bi se iz tvoje blizine. Zato im praštaj i moli da im bude oprošteno i dogovaraj se s njima. A kada se odlučiš, onda se pouzdaj u Allaha, jer Allah zaista voli one koji se uzdaju u Njega.

160. Ako vas Allah pomogne, niko vas neće moći pobijediti. A ako vas ostavi bez podrške, ko je taj ko vam, osim Njega, može pomoći? I samo u Allaha neka se pouzdaju vjernici!

161. Nezamislivo je da Vjerovjesnik šta utaji! A onaj ko nešto utaji – donijet će na Sudnji dan to što je utajio i tada će se svakome u potpunosti dati ono što je zaslužio, nikome se nepravda neće učiniti.

162. Zar se onaj koji je Allahovu naklonost zaslužio može porediti s onim koji je Allahovu srdžbu navukao i čije će prebivalište biti Džehennem? – A užasno je to boravište!

163. Oni su u Allaha – po stepenima. A Allah dobro vidi ono što oni rade.

164. Allah je vjernike milošću Svojom obasuo kad im je jednog između njih kao poslanika poslao, da im riječi Njegove kazuje, da ih očisti i da ih Knjizi i mudrosti nauči, jer su prije bili u očitoj zabludi.

165. Zar – kad vas je snašla nevolja koju ste vi njima dvostruko nanijeli – možete reći: "Otkud sad ovo!?" Reci: "To je od vas samih!" Allah, zaista, sve može.

166. Ono što vas je zadesilo, onoga dana kada su se sukobile dvije vojske, bilo je Allahovom voljom – da bi otkrio ko su pravi vjernici,

167. i da bi otkrio ko su licemjeri, oni koji su – kad im je rečeno: "Dođite, borite se na Allahovom putu ili se branite!" – odgovorili: "Da znamo da će pravog boja biti, sigurno bismo vas slijedili." Toga dana su bili bliže nevjerovanju nego vjerovanju, jer su ustima svojim govorili ono što nije bilo u srcima njihovim. – A Allah dobro zna ono što oni kriju.

168. Onima koji se nisu borili, a o braći svojoj govorili: "Da su nas poslušali, ne bi izginuli." – reci: "Pa vi smrt izbjegnite, ako istinu govorite!"

169. Nikako ne smatraj mrtvima one koji su na Allahovom putu izginuli! Ne, oni su živi i u obilju su kod Gospodara svoga,

170. radosni zbog onoga što im je Allah od dobrote Svoje dao i veseli zbog onih koji im se još nisu pridružili, za koje nikakva straha neće biti i koji ni za čim neće tugovati.

171. Radovat će se Allahovoj nagradi i milosti i tome što Allah neće dopustiti da propadne nagrada onima koji su bili vjernici.

172. One koji su se Allahu i Poslaniku i nakon zadobijenih rana odazvali, one između njih, koji su dobro činili i bogobojazni bili – čeka velika nagrada;

173. one kojima je, kada su im ljudi rekli: "Neprijatelji se okupljaju zbog vas, trebate ih se pričuvati!" – to učvrstilo vjerovanje, pa su rekli: "Dovoljan je nama Allah i divan je On Gospodar!"

174. I oni su se povratili obasuti Allahovim blagodatima i obiljem, nikakvo ih zlo nije zadesilo i postigli su da Allah bude njima zadovoljan. – A Allah je neizmjerno dobar.

175. To vas je samo šejtan plašio pristalicama svojim, i ne bojte ih se, a bojte se Mene, ako ste vjernici!

176. Neka te ne žaloste oni koji srljaju u nevjerstvo, oni nimalo neće Allahu nauditi. Allah ne želi da im da bilo kakvu nagradu na Onome svijetu, i njih čeka patnja velika.

177. Oni koji su umjesto prave vjere nevjerovanje prihvatili neće Allahu nimalo nauditi, njih čeka patnja velika.

178. Neka nikako ne misle nevjernici da je dobro za njih to što im dajemo dug život. Mi im ga dajemo samo zato da što više ogreznu u grijehu, njih čeka sramna patnja.

179. Allah neće vjernike s licemjerima izmiješane ostaviti, već će loše od dobrih odvojiti. Allah vama neće ono što je skriveno otkriti, već On za to odabere onoga koga hoće od poslanika Svojih – zato vjerujte u Allaha i poslanike Njegove; i ako budete vjerovali i Allaha se bojali, čeka vas nagrada velika.

180. Neka oni koji škrtare u onome što im Allah iz obilja Svoga daje nikako ne misle da je to dobro za njih – ne, to je zlo za njih. Na Sudnjem danu, bit će im o vratu obješeno ono čime su škrtarili, a Allah će nebesa i Zemlju naslijediti. – Allah dobro zna ono što radite.

181. Allah je čuo riječi onih koji su rekli: "Allah je siromašan, a mi smo bogati!" Naredit ćemo Mi da se pribilježi ono što su oni rekli, kao i što su, ni krive ni dužne, vjerovjesnike ubijali, i reći ćemo: "Iskusite patnju u ognju

182. zbog djela ruku vaših!" – A Allah nije nepravedan prema robovima Svojim.

183. Jevrejima koji govore: "Bog nam je naredio da ne vjerujemo ni jednom poslaniku prije nego što prinese žrtvu koju će vatra progutati." – reci: "I prije mene su vam poslanici jasne dokaze donosili, a i taj o kome govorite, pa zašto ste ih, ako istinu govorite, ubijali?"

184. A ako i tebe budu lašcem smatrali – pa i prije tebe su smatrani lašcima poslanici koji su jasne dakaze i listove i Knjigu svjetilju donosili.

185. Svako živo biće će smrt okusiti! I samo na Sudnjem danu dobit ćete u potpunosti plaće vaše, i ko bude od vatre udaljen i u Džennet uveden – taj je postigao šta je želio; a život na ovome svijetu je samo varljivo naslađivanje.

186. Vi ćete sigurno biti iskušavani u imecima vašim, i životima vašim, i slušat ćete doista mnoge uvrede od onih kojima je data Knjiga prije vas, a i od mnogobožaca. I ako budete izdržali i Allaha se bojali, pa tako trebaju postupiti oni koji su jakom voljom obdareni.

187. A kada je Allah uzeo obavezu od onih kojima je Knjiga data da će je sigurno ljudima objašnjavati, da neće iz nje ništa kriti, oni su je, poslije, za leđa svoja bacili i nečim što malo vrijedi zamijenili – a kako je ružno to što su u zamjenu dobili!

188. Ne misli nikako da će oni koje veseli ono što rade i kojima je drago da budu pohvaljeni i za ono što nisu učinili – nikako ne misli da će se kazne spasiti, njih čeka teška patnja.

189. Samo Allahu pripada vlast na nebesima i na Zemlji i jedino je Allah kadar sve!

190. U stvaranju nebesa i Zemlje i u izmjeni noći i dana su, zaista, znamenja za razumom obdarene,

191. za one koji i stojeći i sjedeći i ležeći Allaha spominju i o stvaranju nebesa i Zemlje razmišljaju. "Gospodaru naš, Ti nisi ovo uzalud stvorio; hvaljen Ti budi i sačuvaj nas patnje u vatri!

192. Gospodaru naš, onoga koga Ti budeš u vatru bacio Ti si već osramotio, a nevjernicima neće niko u pomoć priteći.

193. Gospodaru naš, mi smo čuli glasnika koji poziva u vjeru: 'Vjerujte u Gospodara vašeg!' – i mi smo mu se odazvali. Gospodaru naš, oprosti nam grijehe naše i pređi preko hrđavih postupaka naših, i učini da poslije smrti budemo s onima dobrima.

194. Gospodaru naš, podaj nam ono što si nam obećao po poslanicima Svojim i na Sudnjem danu nas ne osramoti! Ti ćeš, doista, Svoje obećanje ispuniti!"

195. I Gospodar njihov im se odazva: "Nijednom trudbeniku između vas trud njegov neću poništiti, ni muškarcu ni ženi – vi ste jedni od drugih. Onima koji se isele i koji budu iz zavičaja svoga prognani i koji budu na putu Mome mučeni i koji se budu borili i poginuli, sigurno ću preko hrđavih djela njihovih preći i sigurno ću ih u džennetske bašče, kroz koje će rijeke teći, uvesti; nagrada će to od Allaha biti. – A u Allaha je nagrada najljepša."

196. Neka te nikako ne obmanjuje to što oni koji ne vjeruju po raznim zemljama putuju:

197. kratko uživanje, a poslije – Džehennem će biti mjesto gdje će boraviti, a užasno je to prebivalište!

198. A one koji se Gospodara svoga boje čekaju džennetske bašče kroz koje će rijeke teći, u kojima će vječno ostati – takav će biti Allahov doček. A ono što ima u Allaha bolje je za one koji budu dobri.

199. Ima i sljedbenika Knjige koji vjeruju u Allaha i u ono što se objavljuje vama i u ono što je objavljeno njima, ponizni su prema Allahu, ne zamjenjuju Allahove riječi za nešto što malo vrijedi; oni će nagradu od Gospodara njihova dobiti. – Allah će zaista brzo račune svidjeti.

200. O vjernici, budite strpljivi i izdržljivi, na granicama bdijte i Allaha se bojte, da biste postigli ono što želite!

SURA 4

En-Nisā – Žene

(Medina – 176 ajeta)

U ime Allaha, Milostivog, Samilosnog!

1. O ljudi, bojte se Gospodara svoga, Koji vas od jednog čovjeka stvara, a od njega je i drugu njegovu stvorio, i od njih dvoje mnoge muškarce i žene rasijao. I Allaha se bojte – s imenom Čijim jedni druge molite – i rodbinske veze ne kidajte, jer Allah, zaista, stalno nad vama bdı.

2. I siročadi imanja njihova uručite, hrđavo za dobro ne podmećite i imetke njihove s imecima vašim ne trošite – to bi, zaista, bio vrlo veliki grijeh.

3. Ako se bojite da prema ženama sirotama nećete biti pravedni, onda se ženite onim ženama koje su vam dopuštene, sa po dvije, sa po tri i sa po četiri. A ako strahujete da nećete pravedni biti, onda samo sa jednom ili – eto vam onih koje posjedujete. Tako ćete se najlakše nepravde sačuvati.

4. I draga srca ženama vjenčane darove njihove podajte. A ako vam one od svoje volje od toga šta poklone, to s prijatnošću i ugodnošću uživajte.

5. I rasipnicima imetke, koje vam je Allah povjerio na upravljanje, ne uručujte, a njihov imetak za njihovu ishranu i odijevanje trošite; i prijatne riječi im govorite.

6. I provjeravajte siročad dok ne stasaju za brak – pa ako ocijenite da su zreli, uručite im imetke njihove. I ne žurite da ih rasipnički potrošite dok oni ne odrastu. Ko je imućan – neka se uzdrži, a ko je siromašan – neka onoliko koliko mu je, prema običaju, neophodno troši. A imetke im uručujte u prisustvu svjedoka. A dosta je to što će se pred Allahom račun polagati.

7. Muškarcima pripada dio onoga što ostave roditelji i rođaci, a i ženama dio onoga što ostave roditelji i rođaci, bilo toga malo ili mnogo, određeni dio.

8. A kada diobi prisustvuju rođaci, siročad i siromasi, i njima nešto darujte i lijepu riječ im recite.

9. I neka se pribojavaju, kao kad bi sami iza sebe ostavili nejaku djecu za koju strahuju, i neka se boje Allaha i neka govore istinu.

10. Oni koji bez ikakva prava jedu imetke siročadi – doista jedu ono što će ih u vatru dovesti i oni će u ognju gorjeti.

11. Allah vam naređuje da od djece vaše muškom pripadne toliko koliko dvjema ženskima. A ako bude više od dvije ženskih, njima dvije trećine onoga što je ostavio; a ako je samo jedna, njoj polovina. A roditeljima, svakome posebno, šestina od onoga što je ostavio, ako bude imao dijete; a ako ne bude imao djeteta, a nasljeđuju ga samo roditelji, onda njegovoj materi trećina. A ako bude imao braće, onda njegovoj materi šestina, pošto se izvrši oporuka koju je ostavio ili podmiri dug. Vi ne znate ko vam je bliži, roditelji vaši ili sinovi vaši. To je Allahova zapovijed! – Allah, zaista, sve zna i mudar je.

12. A vama pripada polovina onoga što ostave žene vaše, ako ne budu imale djeteta, a ako budu imale dijete, onda četvrtina onoga što su ostavile, pošto se izvrši oporuka koju su ostavile ili podmiri dug. A njima četvrtina onoga što vi ostavite, ako ne budete imali djeteta, a ako budete imali dijete, njima osmina onoga što ste ostavili, pošto se izvrši oporuka koju ste ostavili ili podmiri dug. A ako muškarac ili žena ne budu imali ni roditelja ni djeteta a budu imali brata ili sestru, onda će svako od njih dvoje dobiti šestinu; a ako ih bude više, onda zajednički učestvuju u trećini, pošto se izvrši, ne oštećujući nikoga, oporuka koja je ostavljena ili podmiri dug. To je Allahova zapovijed! – A Allah sve zna i blag je.

13. To su Allahovi propisi. Onoga ko se pokorava Allahu i Poslaniku Njegovu – On će uvesti u džennetske bašče, kroz koje će rijeke teći, u kojima će vječno ostati, i to je uspjeh veliki.

14. A onoga ko se bude protiv Allaha i Poslanika Njegova dizao i preko granica Njegovih propisa prelazio, On će u vatru baciti, u kojoj će vječno ostati – njega čeka sramna patnja.

15. Kada neke od žena vaših blud počine, zatražite da to protiv njih četverica od vas posvjedoče. Pa ako posvjedoče, držite ih u kućama sve dok ih smrt ne umori ili dok im Allah ne nađe izlaz neki.

16. A ako dvoje to učine, izgrdite ih. Pa ako se pokaju i poprave, onda ih na miru ostavite, jer Allah prima pokajanje i samilostan je.

17. Allah prima pokajanje samo od onih koji učine kakvo hrđavo djelo samo iz lahkomislenosti, i koji se ubrzo pokaju; njima će Allah oprostiti. – A Allah sve zna i mudar je.

18. Uzaludno je kajanje onih koji čine hrđava djela, a koji, kad se nekom od njih približi smrt, govore: "Sad se zaista kajem!" – a i onima koji umru kao nevjernici. Njima smo bolnu patnju pripremili.

19. O vjernici, zabranjuje vam se da žene kao stvari nasljeđujete, preko volje njihove, i da im teškoće pričinjavate, s namjerom da nešto od onoga što ste im darovali prisvojite, osim ako budu očito zgriješile. S njima lijepo živite! A ako prema njima odvratnost osjetite, moguće je da je baš u onome prema čemu odvratnost osjećate Allah veliko dobro dao.

20. Ako hoćete da jednu ženu pustite, a drugom se oženite, i jednoj od njih ste dali mnogo blaga, ne oduzimajte ništa od toga. Zar da joj to nasilno oduzmete čineći očigledan grijeh?

21. Kako biste mogli i oduzeti to kada ste jedno s drugim živjeli i kada su one od vas čvrstu obavezu uzele.

22. I ne ženite se ženama kojima su se ženili očevi vaši – a što je bilo, bit će oprošteno – to bi, uistinu, bio razvrat, gnusoba i ružan put.*

23. Zabranjuju vam se: matere vaše, i kćeri vaše, i sestre vaše, i sestre očeva vaših, i sestre matera vaših, i bratične vaše, i sestrične vaše, i pomajke vaše koje su vas dojile, i sestre vaše po mlijeku, i majke žena vaših, i pastorke vaše koje se nalaze pod vašim okriljem od žena vaših s kojima ste imali bračne odnose – ali ako vi s njima niste imali bračne odnose, onda vam nije grijeh – i žene vaših rođenih sinova, i da sastavite dvije sestre – što je bilo, bilo je, Allah zaista prašta i samilostan je –

24. i udate žene, osim onih koje zarobite – to su vam Allahovi propisi – a ostale su vam dozvoljene, ako želite da im vjenčane darove date i da se njima oženite, a ne da blud činite. A ženama vašim s kojima ste imali bračne odnose podajte vjenčane darove njihove kao što je propisano. I nije vam grijeh ako se, poslije određenog vjenčanog dara, s njima nagodite. – Allah zaista sve zna i mudar je.

DŽUZ'
V

25. A onome među vama koji nije dovoljno imućan oženiti se slobodnom vjernicom – eto mu one u vašem vlasništvu, robinje vaše, vjernice – a Allah najbolje zna kakvo je vjerovanje vaše – ta jedne ste vjere.* I ženite se njima, s dopuštenjem vlasnika njihovih, i podajte im vjenčane darove njihove, kako je uobičajeno, kada su čedne i kada javno ne čine blud i kada tajno ne žive s ljubavnicima. A kada one kao udate počine blud, neka se kazne polovinom kazne propisane za slobodne žene. To je za onoga od vas koji se boji bluda, a bolje vam je da se uzdržite! – Allah prašta i samilostan je.

26. Allah vam želi objasniti i uputiti vas putevima kojima su išli oni prije vas i oprostiti vam. – A Allah sve zna i mudar je.

27. Allah vam želi oprostiti, a oni koji se za strastima svojim povode žele da daleko s Pravog puta skrenete.

28. Allah vam želi olakšati – a čovjek je stvoren kao nejako biće.

29. O vjernici, jedni drugima na nedozvoljen način imanja ne prisvajajte – ali dozvoljeno vam je trgovanje uz obostrani pristanak – i jedni druge ne ubijajte! Allah je, doista, prema vama milostiv.

30. Onoga ko to nepravično i nasilno uradi – Mi ćemo u vatru baciti, to je Allahu lahko.

31. Ako se budete klonili velikih grijeha, onih koji su vam zabranjeni, Mi ćemo preći preko manjih ispada vaših i uvest ćemo vas u divno mjesto.

32. I ne poželite ono čime je Allah neke od vas odlikovao. Muškarcima pripada nagrada za ono što oni urade, a ženama nagrada za ono što one urade. I Allaha iz izobilja Njegova molite. – Allah, zaista, sve dobro zna!

33. Mi smo odredili nasljednike svemu onome što ostave roditelji i rođaci. A onima s kojima ste sklopili ugovore, podajte njihov dio. – Allah je, zaista, svemu svjedok.*

34. Muškarci vode brigu o ženama zato što je Allah dao prednost jednima nad drugima i zato što oni troše imetke svoje. Zbog toga su čestite žene poslušne i za vrijeme muževljeva odsustva vode brigu o onome o čemu trebaju brigu voditi, jer i Allah njih štiti. A one čijih se neposlušnosti pribojavate, vi posavjetujte, a onda se od njih u postelji rastavite, pa ih i udarite. A kad vam postanu poslušne, onda im zulum ne činite! – Allah je, zaista, uzvišen i velik!

35. A ako se bojite razdora između njih dvoje, onda pošaljite jednog pomiritelja iz njegove, a jednog pomiritelja iz njene porodice. Ako oni žele izmirenje, Allah će ih pomiriti jer Allah sve zna i o svemu je obaviješten!

36. I Allahu se klanjajte i nikoga Njemu ravnim ne smatrajte! A roditeljima dobročinstvo činite, i rođacima, i siročadi, i siromasima, i komšijama bližnjim, i komšijama daljnjim, i drugovima, i putnicima, i onima koji su u vašem posjedu. Allah, zaista, ne voli one koji se ohole i hvališu,

37. one koji škrtare i traže od drugih da budu škrti i koji kriju ono što im je Allah iz obilja Svoga darovao – a Mi smo nevjernicima pripremili sramnu patnju –

38. i one koji troše imanja svoja da se pred svijetom pokažu, a ni u Allaha ni u Onaj svijet ne vjeruju. – A kome je šejtan drug, zao mu je drug!

39. A šta bi im bilo da u Allaha i u Onaj svijet vjeruju i da od onoga što im Allah daje udjeljuju, kad Allah o njima sve zna?

40. Allah neće nikome ni trunku nepravde učiniti. Dobro djelo On će umnogostručiti i još od Sebe nagradu veliku dati.

41. A šta će, tek, biti kada dovedemo svjedoka iz svakoga naroda, a tebe dovedemo kao svjedoka protiv ovih?

42. Tog dana jedva bi dočekali oni koji nisu vjerovali i koji su se protiv Poslanika dizali da je nad njima zemlja poravnana, a od Allaha neće moći ni jednu riječ sakriti.

43. O vjernici, pijani nikako molitvu ne obavljajte, sve dok ne budete znali šta izgovarate, i kada ste džunubi – osim ako ste putnici – sve dok se ne okupate. A ako ste bolesni, ili na putu, ili ako je neko od vas obavio prirodnu potrebu, ili ako ste se sastajali sa ženama, a ne nađete vode – onda dlanovima čistu zemlju dotaknite i lica vaša i ruke vaše potarite. – Allah, zaista, briše grijehe i prašta.

44. Zar ne vidiš kako oni kojima je dat dio Knjige Pravi put zamjenjuju za zabludu i žele da i vi s Pravog puta skrenete?

45. Allah dobro poznaje neprijatelje vaše, i Allah je dovoljan zaštitnik i Allah je dovoljan pomagač!

46. Ima jevreja koji izvrću smisao riječima i govore uvijajući jezicima svojim i huleći pravu vjeru: "Čujemo, ali se ne pokoravamo!" i "Čuj, ne čuli te!" i "Ra'ina!" A da oni kažu: "Čujemo i pokoravamo se!" i "Čuj!" i "Pogledaj na nas!" – bilo bi za njih bolje i ispravnije; ali Allah je njih zbog nevjerovanja njihova proklео, jer malo ko od njih vjeruje.

47. O vi kojima je Knjiga data, u ovo što objavljujemo povjerujte – ono što potvrđuje kao istinito ono što već imate – prije nego što izbrišemo crte lica i ne damo im oblik kakav je straga, ili prije nego ih prokunemo kao što smo prokleli one koji nisu subotu poštivali. – A Allahova zapovijest se mora izvršiti.

48. Allah neće oprostiti da Mu se neko drugi smatra ravnim, a oprostit će manje grijehove od toga kome On hoće. A onaj ko drugog smatra Allahu ravnim čini, izmišljajući laž, grijeh veliki.

49. Zar ne vidiš one koji sebe smatraju od grijeha čistim? Međutim, Allah oslobađa od grijeha onoga koga On hoće, i nikome se neće, ni koliko trun jedan, nepravda učiniti.

50. Pogledaj kako izmišljaju laž o Allahu! A to je dovoljno da se teško ogriješe.

51. Zar ne vidiš one kojima je dat jedan dio Knjige kako u kumire i šejtana vjeruju, a o neznabošcima govore: "Oni su na ispravnijem putu od vjernika."

52. Njih je Allah prokleo, a onome koga je Allah prokleo nećeš naći nikoga ko bi mu pomogao.

53. Kada bi oni bilo kakav udio u vlasti imali, ljudima ne bi ništa dali,

54. ili bi ljudima na onome što im je Allah iz obilja Svoga darovao zavidjeli. A Mi smo Ibrahimovim potomcima Knjigu i mudrost dali, i carstvo im veliko darivali,

55. i bilo ih je koji su u nju vjerovali, a bilo ih je koji su od nje odvraćali – njima je dovoljan Džehennem, oganj užareni!

56. One koji ne vjeruju u dokaze Naše Mi ćemo sigurno u vatru baciti. Kad im se kože ispeku, zamijenit ćemo im ih drugim kožama da osjete pravu patnju. – Allah je, zaista, silan i mudar.

57. A one koji vjeruju i čine dobra djela uvest ćemo, sigurno, u džennetske bašče, kroz koje će rijeke teći – u njima će vječno i zauvijek ostati, a u njima će čiste žene imati – i u debelu hladovinu ćemo ih uvesti.

58. Allah vam zapovijeda da odgovorne službe onima koji su ih dostojni povjeravate i kada ljudima sudite da pravično sudite. Uistinu je divan Allahov savjet! – A Allah doista sve čuje i vidi.

59. O vjernici, pokoravajte se Allahu i pokoravajte se Poslaniku i predstavnicima vašim. A ako se u nečemu ne slažete, obratite se Allahu i Poslaniku, ako vjerujete u Allaha i u Onaj svijet; to vam je bolje i za vas rješenje ljepše.

60. Zar ne vidiš one koji tvrde da vjeruju u ono što se objavljuje tebi i u ono što je objavljeno prije tebe pa ipak žele da im se pred šejtanom sudi, a naređeno im je da ne vjeruju u njega. A šejtan želi da ih na veliku zabludu navede.

61. Kad im se kaže: "Prihvatite ono što Allah objavljuje, i Poslanika!" – vidiš licemjere kako se od tebe sasvim okreću.

62. A šta će tek biti kad ih, zbog djela ruku njihovih, pogodi kakva nesreća, pa ti dođu kunući se Allahom: "Mi smo samo htjeli učiniti dobro i da bude sloge."

63. Allah dobro zna šta je u srcima njihovim, zato se ti ne obaziri na riječi njihove i posavjetuj ih, i reci im o njima ono što će ih dirnuti.

64. A Mi smo poslali svakog poslanika zato da bi mu se, prema Allahovom naređenju, pokoravali. A da oni koji su se sami prema sebi ogriješili dođu tebi i zamole Allaha da im oprosti, a da i Poslanik zamoli za njih, vidjeli bi da Allah zaista prima pokajanje i da je milostiv.

65. I tako Mi Gospodara tvoga, oni neće biti vjernici dok za sudiju u sporovima međusobnim tebe ne prihvate i da onda zbog presude tvoje u dušama svojim nimalo tegobe ne osjete i dok se sasvim ne pokore.

66. A da smo Mi njima naredili: "Poubijajte se!" ili "Iselite se iz zavičaja svog!", malo ko od njih bi to učinio. A kada bi oni onako kako im se savjetuje postupali, bilo bi im bolje i bili bi čvršći u vjeri –

67. i tada bismo im Mi, sigurno, veliku nagradu dali

68. i na Pravi put ih usmjerili.

69. Oni koji su poslušni Allahu i Poslaniku bit će u društvu vjerovjesnika, i pravednika, i šehida, i dobrih ljudi, kojima je Allah milost Svoju darovao.* A kako će oni divni drugovi biti!

70. Ta blagodat će od Allaha biti, a dovoljno je to što Allah sve zna.

71. O vjernici, budite oprezni i nastupajte ili u četama ili odjednom svi.

72. Među vama ima i takvih koji će sigurno oklijevati i koji će, ako doživite poraz, reći: "Sam Allah mi je milost Svoju ukazao što s njima nisam bio!"

73. A ako vam Allah da pobjedu, on će sigurno reći – kao da je između vas i Njega bilo nekakvo prijateljstvo: "Da sam, kojom srećom, s njima bio, veliki plijen bih dobio!"

74. I neka se zato na Allahovom putu bore oni koji ne žale žrtvovati život na ovome svijetu za Onaj svijet. A onoga ko se bori na Allahovom putu, pa pogine ili pobijedi, Mi ćemo, sigurno, obilno nagraditi.

75. A zašto se vi ne biste borili na Allahovom putu za potlačene, za muškarce i žene i djecu, koji uzvikuju: "Gospodaru naš, izbavi nas iz ovoga grada,* čiji su stanovnici nasilnici, i Ti nam odredi zaštitnika i Ti nam podaj onoga ko će nam pomoći!"

76. Vjernici se bore na Allahovom putu, a nevjernici na šejtanovom. Zato se borite protiv šejtanovih štićenika, jer je šejtanovo lukavstvo zaista slabo.

77. Zar ne vidiš one kojima je rečeno: "Dalje od boja, već molitvu obavljajte i milostinju dajte!"* A kada im bi propisana borba, odjednom se neki od njih pobojaše ljudi, kao što se Allaha boje, ili još više, i uzviknuše: "Gospodaru naš, zašto si nam borbu propisao? Da si nas toga još neko vrijeme poštedio!" Reci: "Uživanje na ovome svijetu je kratko, a Onaj svijet je bolji za one koji se grijeha klone. I nikome se od vas, ni koliko trun jedan, neće učiniti nepravda."

78. Ma gdje bili, stići će vas smrt, pa kad bi bili i u visokim kulama. Ako ih stigne kakvo dobro, oni vele: "Ovo je od Allaha!" – a snađe li ih kakvo zlo, govore: "Ovo je zbog tebe!" Reci: "Sve je od Allaha!" Pa šta je tim ljudima!? – oni kao da ne razumiju ono što im se govori!

79. Sreća koja ti se dogodi od Allaha je, a nesreću koja te zadesi sam si zaslužio. Mi smo te, kao poslanika, svim ljudima poslali, a Allah je dovoljan svjedok.

80. Onaj ko se pokorava Poslaniku pokorava se i Allahu, a onaj ko glavu okreće – pa Mi te nismo poslali da im čuvar budeš.

81. Licemjeri govore: "Pokoravamo se!" A kada odu od tebe, onda neki od njih noću snuju nešto što je suprotno onome što ti govoriš, i Allah naredi da se ono što oni snuju pribilježi. Ti ih izbjegavaj i u Allaha se pouzdaj, jer Allah je dovoljan zaštitnik.

82. A zašto oni ne razmisle o Kur'anu? Da je on od nekog drugog, a ne od Allaha, sigurno bi u njemu našli mnoge protivrječnosti.

83. Kada saznaju za nešto važno, a tiče se sigurnosti ili opasnosti, oni to razglase. A da se oni s tim obrate Poslaniku ili predstavnicima svojim, saznali bi od njih ono što žele saznati. A da nije Allahove dobrote prema vama i milosti Njegove, i vi biste, osim malo vas, sigurno, šejtana slijedili.

84. Zato se bori na Allahovom putu, pa makar sam bio, a podstiči i vjernike. Allah će zaustaviti silu onih koji ne vjeruju, Allah je jači i kazne Njegove su strožije.

85. Onaj ko se bude za dobro zalagao – bit će i njemu udio u nagradi, a onaj ko se bude za zlo zauzimao – bit će i njemu udio u kazni. – A Allah nad svim bdi.

86. Kada pozdravom pozdravljeni budete, ljepšim od njega otpozdravite, ili ga uzvratite, jer će Allah za sve obračun tražiti.

87. Allah će vas – nema drugog boga osim Njega – sigurno sabrati na Sudnjem danu, u to nema nimalo sumnje! A čije su riječi od Allahovih riječi istinitije?

88. Zašto se podvajate kada su u pitanju licemjeri koje je Allah vratio u nevjernike zbog postupaka njihovih! Zar želite da na Pravi put uputite one koje je Allah u zabludi ostavio? A onoga koga Allah u zabludi ostavi – ti nikada nećeš na Pravi put uputiti.

89. Oni bi jedva čekali da i vi budete nevjernici kao što su i oni nevjernici, pa da budete jednaki. Zato ih ne prihvaćajte kao prijatelje dok se radi Allaha ne isele. A ako okrenu leđa, onda ih hvatajte i ubijajte gdje god ih nađete, i nijednog od njih kao prijatelja i pomagača ne prihvaćajte,

90. osim onih koji se sklone kod nekog plemena s kojim vi imate ugovor o nenapadanju ili vam dođu a teško im je da se bore protiv vas ili plemena svog. A da Allah hoće, okrenuo bi ih protiv vas i oni bi se, uistinu, protiv vas borili. Ako vas takvi ostave na miru i ne napadaju vas, i ako vam ponude mir, onda vam Allah ne daje nikakva prava protiv njih.

91. Vi ćete nailaziti i na one koji žele biti sigurni i od vas i od naroda svog; kad god se pozovu da budu mnogobošci, vrate se u bezvjerstvo. Ako se oni ne okane vas i ne ponude vam mir i ako ne prestanu vojevati protiv vas, vi ih hvatajte i ubijajte gdje god ih stignete, puno pravo vam dajemo protiv njih.

92. Nezamislivo je da vjernik ubije vjernika, to se može dogoditi samo nehotice. Onaj ko ubije vjernika nehotice mora osloboditi ropstva jednog roba vjernika i predati krvarinu porodici njegovoj, oslobođen je krvarine jedino ako oni oproste. Ako on pripada narodu koji vam je neprijatelj, a sam je vjernik, mora osloboditi ropstva jednog roba vjernika; a ako pripada narodu s kojim ste u savezu, mora dati krvarinu porodici njegovoj i osloboditi ropstva jednog roba vjernika. Ne nađe li, mora uzastopce postiti dva mjeseca da bi Allah primio pokajanje. – A Allah sve zna i mudar je.

93. Onome ko hotimično ubije vjernika kazna će biti Džehennem, u kome će vječno ostati. Allah će na njega gnjev Svoj spustiti i proklet će ga i patnju mu veliku pripremiti.

94. O vjernici, kada u boj krenete, na Allahovom putu, sve dobro ispitajte i onome ko vam nazove selam ne recite: "Ti nisi vjernik!" – kako biste se domogli ovozemaljskih dobara, ta u Allaha su mnoge dobiti! I vi ste prije bili kao oni, pa vam je Allah darovao milost Svoju; zato uvijek sve dobro ispitajte. – A Allahu je, zaista, poznato ono što radite.

95. Vjernici koji se ne bore – osim onih koji su za borbu nesposobni – nisu jednaki onima koji se na Allahovom putu bore imecima svojim i životima svojim. One koji se budu borili ulažući imetke svoje i živote svoje Allah će odlikovati čitavim stepenom nad onima koji se ne budu borili, i On svima obećava lijepu nagradu. Allah će borcima, a ne onima koji se ne bore, dati veliku nagradu,

96. počasti od Sebe i oprost i milost. – Allah prašta i samilostan je.

97. Kad budu uzimali duše onima koji su se prema sebi ogriješili, meleki će upitati: "Šta je bilo s vama?" "Bili smo potlačeni na Zemlji." – odgovorit će. "Zar Allahova Zemlja nije prostrana i zar se niste mogli nekud iseliti?" – reći će meleki, i zato će njihovo prebivalište biti Džehennem, a užasno je on boravište.

98. Samo nemoćnim muškarcima, i ženama, i djeci, koji nisu bili dovoljno snalažljivi i nisu znali puta,

99. Allah će, ima nade, oprostiti jer Allah briše grijehe i prašta.

100. Onaj ko se iseli Allaha radi naći će na Zemlji mnogo mjesta, uprkos svojim neprijateljima, i slobodu. A onome ko napusti svoj rodni kraj radi Allaha i Poslanika Njegova, pa ga stigne smrt, nagrada od Allaha njemu je sigurna. – A Allah mnogo prašta i milostiv je.

101. Nije vam grijeh da molitvu na putovanju skratite i kada se bojite da će vam nevjernici neko zlo nanijeti. Nevjernici su vam, doista, otvoreni neprijatelji.

102. Kada ti budeš među njima i kad odlučiš zajedno sa njima obaviti molitvu, neka jedni s tobom molitvu obavljaju i neka svoje oružje uzmu; i dok budete obavljali molitvu, neka drugi budu iza vas, a onda neka dođu oni koji još nisu obavili molitvu pa neka i oni obave molitvu s tobom, ali neka drže oružje svoje i neka budu oprezni. Nevjernici bi jedva dočekali da oslabi pažnja vaša prema oružju i oruđu vašem, pa da svi odjednom na vas navale. A ako vam bude smetala kiša ili ako bolesni budete, nije vam grijeh da oružje svoje odložite, samo oprezni budite. Allah je nevjernicima pripremio sramnu patnju.

103. A kada namaz završite, Allaha spominjite, i stojeći, i sjedeći, i ležeći. A u sigurnosti obavljajte namaz u potpunosti, jer vjernicima je propisano u određeno vrijeme namaz obavljati.

104. Nemojte malaksati tražeći neprijatelja – ako vi trpite bol, trpe i oni bol kao i vi, a vi se još od Allaha nadate onome čemu se oni ne nadaju. – A Allah sve zna i mudar je.

105. Mi tebi objavljujemo Knjigu, samu istinu, da ljudima sudiš onako kako ti Allah objavljuje. I ne budi branilac varalicama,*

106. i zamoli oprost od Allaha. – Allah, uistinu, prašta i samilostan je.

107. I ne brani one koji su u dušama svojim podmukli, jer Allah nikako ne voli onoga ko je podmukao grješnik.

108. Oni se kriju od ljudi, ali se ne mogu sakriti od Allaha, a On je s njima i kad noću smišljaju riječi kojima On nije zadovoljan. Allah dobro zna sve ono što oni rade.

109. Eto, vi ih branite na ovome svijetu, a ko će ih pred Allahom na Sudnjem danu braniti, ili ko će im zastupnik biti?

110. Onaj ko kakvo zlo učini ili se prema sebi ogriješi, pa poslije zamoli Allaha da mu oprosti – naći će da Allah prašta i da je milostiv.

111. Onaj ko grijeh uradi – na svoju štetu ga je uradio. – A Allah sve zna i mudar je.

112. A onaj ko kakav prijestup ili grijeh počini pa time nedužna čovjeka potvori – natovario je na sebe i kletvu i grijeh očiti.

113. Da nije Allahove dobrote i Njegove milosti prema tebi – neki pojedinci njihovi su bili naumili da te prevare, ali su samo sebe prevarili, a tebi nisu nimalo naudili. Tebi Allah objavljuje Knjigu i mudrost i uči te onome što nisi znao – velika je Allahova blagodat prema tebi!

114. Nema nikakva dobra u mnogim njihovim tajnim razgovorima, osim kada traže da se milostinja udjeljuje ili da se dobra djela čine ili da se uspostavlja sloga među ljudima. A ko to čini iz želje da Allahovu naklonost stekne Mi ćemo mu, sigurno, veliku nagradu dati.

115. Onoga ko se suprotstavi Poslaniku, a poznat mu je Pravi put, i koji pođe putem koji nije put vjernika, pustit ćemo da čini šta hoće i bacit ćemo ga u Džehennem – a užasno je on boravište!

116. Allah, sigurno, neće oprostiti da Njemu druge smatraju ravnim, a oprostit će kome hoće ono što je manje od toga. A daleko je zalutao onaj ko smatra da je Allahu neko ravan.

117. Oni se mimo Allaha ženskim kumirima klanjaju, a ne klanjaju se drugom do šejtanu prkosniku,

118. proklieo ga Allah! A on je rekao: "Ja ću se, sigurno, potruditi da preotmem za sebe određen broj Tvojih robova,

119. i navodit ću ih, sigurno, na stranputice, i primamljivat ću ih, sigurno, lažnim nadama, i sigurno ću im zapovjediti pa će stoci uši rezati i sigurno ću im narediti pa će stvorenja Allahova mijenjati!" A onaj ko za zaštitnika šejtana prihvati, a ne Allaha, doista će propasti!

120. On im obećava i primamljuje ih lažnim nadama, a ono što im šejtan obeća samo je obmana.

121. Njihovo prebivalište bit će Džehennem i oni iz njega neće naći spasa!

122. One koji vjeruju i čine dobra djela uvest ćemo u džennetske bašče kroz koje će rijeke teći, u kojima će vječno i zauvijek ostati. – Allahovo je istinito obećanje, a čije su riječi od Allahovih istinitije!?

123. To neće biti ni po vašim željama ni po željama sljedbenika Knjige. Onaj ko radi zlo bit će kažnjen za to i neće naći, osim Allaha, ni zaštitnika ni pomagača.

124. A onaj ko čini dobro, bio muškarac ili žena, a vjernik je – ući će u Džennet i neće mu se učiniti ni koliko trun jedan nepravda.

125. Ko je bolje vjere od onoga koji se iskreno preda Allahu, čineći još i dobra djela, i koji slijedi vjeru Ibrahimovu, vjeru pravu? – A Ibrahima je Allah uzeo za prijatelja.

126. Allahovo je ono što je na nebesima i ono što je na Zemlji i Allah sve zna.

127. Oni traže od tebe propise o ženama. Reci: "Allah će vam objasniti propise o njima – nešto vam je već kazano u Knjizi o ženama sirotama, kojima uskraćujete ono što im je propisano,* a ne želite se njima oženiti, i o nejakoj djeci, i o tome da sa siročadi trebate pravedno postupati." – A Allah, sigurno, zna za dobro koje učinite.

128. Ako se neka žena plaši da će joj se muž početi joguniti ili da će je zanemariti, onda se oni neće ogriješiti ako se nagode – a nagodba je najbolji način – ta ljudi su stvoreni lakomi! I ako vi budete lijepo postupali i Allaha se bojali – pa Allah dobro zna ono što radite.

129. Vi ne možete potpuno jednako postupati prema ženama svojim ma koliko to željeli, ali ne dopustite sebi takvu naklonost pa da jednu ostavite u neizvjesnosti. I ako vi budete odnose popravili i nasilja se klonili – pa Allah će, zaista, oprostiti i samilostan biti.

130. A ako se njih dvoje ipak rastave, Allah će ih, iz obilja Svoga, neovisnim učiniti. – Allah je neizmjerno dobar i mudar.

131. Allahovo je ono što je na nebesima i ono što je na Zemlji. Mi smo onima kojima je data Knjiga prije vas, a i vama, već zapovijedili da se bojite Allaha. A ako ne budete vjerovali – pa, uistinu, Allahovo je ono što je na nebesima i ono što je na Zemlji. – Allah nije ni o kome ovisan i On je hvale dostojan!

132. Allahovo je ono što je na nebesima i ono što je na Zemlji, i Allah je kao Gospodar dovoljan.

133. Ako On hoće, vas će ukloniti, o ljudi, a druge dovesti – On je kadar to učiniti.

134. Onaj ko želi nagradu na ovome svijetu – pa u Allaha je nagrada i ovoga i Onoga svijeta. – A Allah sve čuje i sve vidi.

135. O vjernici, budite uvijek pravedni, svjedočite Allaha radi, pa i na svoju štetu ili na štetu roditelja i rođaka, bio on bogat ili siromašan, ta Allahovo je da se brine o njima! Zato ne slijedite strasti kako ne biste bili nepravedni. A ako budete krivo svjedočili ili svjedočenje izbjegavali – pa Allah zaista zna ono što radite.

136. O vjernici, vjerujte u Allaha, i Poslanika Njegova, i u Knjigu koju On Svome Poslaniku objavljuje, i u Knjigu koju je objavio prije. A onaj ko ne bude vjerovao u Allaha, i u meleke Njegove, i u knjige Njegove, i u poslanike Njegove, i u Onaj svijet – daleko je zalutao.

137. Onima koji su bili vjernici, i zatim postali nevjernici, pa opet postali vjernici i ponovo postali nevjernici, i pojačali nevjerovanje, Allah doista neće oprostiti i neće ih na Pravi put izvesti.

138. Bolnu patnju navijesti licemjerima,

139. koji prijateljuju sa nevjernicima, a ne s vjernicima! Zar kod njih traže snagu, a sva snaga pripada samo Allahu?

140. On vam je već u Knjizi objavio: kad čujete da Allahove riječi poriču i da im se izruguju, ne sjedite s onima koji to čine dok ne stupe u drugi razgovor, inače bit ćete kao i oni. Allah će, sigurno, zajedno sastaviti u Džehennemu licemjere i nevjernike,

141. one koji iščekuju šta će biti s vama. Pa ako vam Allah daruje pobjedu, oni reknu: "Zar nismo bili uz vas?"; a ako sreća posluži nevjernike, onda govore njima: "Zar vas nismo mogli pobijediti i zar vas nismo odbranili od vjernika?" Na Sudnjem danu, Allah će vam svima presuditi! A Allah neće dati priliku nevjernicima da unište vjernike.

142. Licemjeri misle da će Allaha prevariti, i On će ih za varanje njihovo kazniti. Kada ustaju da molitvu obave, lijeno se dižu, i samo zato da bi se pokazali pred svijetom, a Allaha gotovo da i ne spomenu;

143. neodlučni su kome će se privoljeti, da li ovima ili onima. A onoga koga Allah u zabludi ostavi – ti nećeš naći načina da ga na Pravi put uputiš.

144. O vjernici, ne prijateljujte sa nevjernicima umjesto s vjernicima! Zar hoćete pružiti Allahu očigledan dokaz protiv sebe?

145. Licemjeri će na samom dnu Džehennema biti i ti im nećeš zaštitnika naći,

146. ali oni koji se pokaju i poprave i koji čvrsto Allaha prihvate i vjeru svoju u Allaha iskreno ispolje, bit će s vjernicima – a Allah će, sigurno, vjernicima veliku nagradu dati.

147. Zašto bi vas Allah kažnjavao ako budete zahvaljivali i vjerovali? – Allah je blagodaran i sveznajući.

148. Allah ne voli da se o nepravdi glasno govori, to može samo onaj kome je učinjena nepravda. – A Allah sve čuje i sve zna.

149. Bilo da vi dobro djelo javno učinite ili ga sakrijete ili nepravdu oprostite – pa Allah mnogo prašta i sve može.

150. Oni koji u Allaha i poslanike Njegove ne vjeruju i žele da između Allaha i poslanika Njegovih u vjerovanju naprave razliku, i govore: "U neke vjerujemo, a u neke ne vjerujemo.", i žele da između toga nekakav stav zauzmu –

151. oni su zbilja pravi nevjernici, a Mi smo nevjernicima pripremili sramnu patnju.

152. A oni koji u Allaha i poslanike Njegove vjeruju i nijednog od njih ne izdvajaju – On će ih, sigurno, nagraditi. – A Allah prašta i samilostan je.

153. Sljedbenici Knjige traže od tebe da im s neba spustiš Knjigu. Pa, od Musaa su tražili i više od toga, kad su, uglas, rekli: "Pokaži nam Allaha!" Zato ih je, zbog bezdušnosti njihove, munja ošinula. Poslije su, kada su im očigledni dokazi bili pokazani, tele prihvatili, ali smo i to oprostili, a Musau smo očitu vlast dali,

154. i iznad njih smo brdo digli, zbog zavjeta koji su dali. I Mi smo im rekli: "Na kapiju pognutih glava uđite!" – i još smo im rekli: "O subotu se ne ogriješite!" – i od njih smo čvrsto obećanje uzeli.

155. Ali zato što su zavjet prekršili i što u Allahove dokaze nisu povjerovali, što su ni krive ni dužne vjerovjesnike ubijali i što su govorili: "Naša su srca okorjela." – Allah im je, zbog nevjerovanja, njihova srca zapečatio, pa ih je samo malo vjerovalo –

156. i zbog nevjerovanja njihova i zbog iznošenja teških kleveta protiv Merjeme

157. i zbog riječi njihovih: "Mi smo ubili Mesiha, Isaa, sina Merjemina, Allahova poslanika!" A nisu ga ni ubili ni raspeli, već im se pričinilo. Oni koji su se o njemu u mišljenju razilazili, oni su sami o tome u sumnji bili; o tome nisu ništa pouzdano znali, samo su nagađali – a sigurno je da ga nisu ubili,

158. već ga je Allah uzdigao Sebi. – A Allah je silan i mudar.

159. I nema nijednog sljedbenika Knjige koji, kada bude umirao, neće u njega onako kako treba povjerovati, a na Sudnjem danu on će protiv njih svjedočiti.

160. I zbog teškog nasilja jevreja, mi smo im neka lijepa jela zabranili koja su im bila dozvoljena, i zbog toga što su mnoge od Allahova puta odvraćali,

161. i zato što su kamatu uzimali, a bilo im je zabranjeno, i zato što su tuđe imetke na nedozvoljen način jeli. A za nevjernike među njima Mi smo kaznu bolnu pripremili.

162. Ali onima među njima koji su u nauku sasvim upućeni i pravim vjernicima – oni vjeruju u ono što se objavljuje tebi i u ono što je objavljeno prije tebe – naročito onima koji molitvu obavljaju i onima koji zekat daju i u Allaha i u Onaj svijet vjeruju – njima ćemo, sigurno, veliku nagradu dati.

163. Mi objavljujemo tebi kao što smo objavljivali Nuhu i vjerovjesnicima poslije njega, a objavljivali smo i Ibrahimu, i Ismailu, i Ishaku, i Jakubu i unucima, i Isau, i Ejjubu, i Junusu, i Harunu, i Sulejmanu a Davudu smo dali Zebur –

164. i poslanicima o kojima smo ti prije kazivali i poslanicima o kojima ti nismo kazivali. – A Allah je, sigurno, s Musaom razgovarao

165. o poslanicima koji su radosne vijesti i opomene donosili da ljudi poslije poslanika ne bi nikakva opravdanja pred Allahom imali. – A Allah je silan i mudar.

166. Allah svjedoči da je istina ono što ti objavljuje, objavljuje ono što On jedini zna, a i meleki svjedoče. – A dovoljan je Allah kao svjedok.

167. Oni koji neće da vjeruju i koji od Allahova puta odvraćaju, daleko su zalutali.

168. Onima koji neće da vjeruju i koji čine nepravdu, Allah doista neće oprostiti i neće im Put pokazati,

169. osim puta u Džehennem, u kome će vječno i zauvijek ostati – to je Allahu lahko.

170. O ljudi, Poslanik vam je već donio Istinu od Gospodara vašeg, zato vjerujte – bolje vam je! A ako ne budete vjerovali – pa Allahovo je ono što je na nebesima i na Zemlji, i Allah sve zna i mudar je.

171. O sljedbenici Knjige, ne zastranjujte u svome vjerovanju i o Allahu govorite samo istinu! Mesih, Isa, sin Merjemin, samo je Allahov poslanik, i Riječ Njegova koju je Merjemi dostavio, i Duh od Njega; zato vjerujte u Allaha i Njegove poslanike i ne govorite: "Trojica su!" Prestanite, bolje vam je! Allah je samo jedan Bog – hvaljen neka je On! – zar On da ima dijete!? Njegovo je ono što je na nebesima i ono što je na Zemlji, i Allah je dovoljan kao svjedok.

172. Mesihu neće biti zazorno priznati da je Allahov rob, pa ni melekima, Njemu najbližim. A one kojima bude zazorno da se Njemu klanjaju, i koji se budu oholili, Allah će ih sve pred Sebe sakupiti:

173. vjernike koji su dobra djela činili On će prema zasluzi nagraditi i još će im, iz obilja Svoga, više dati; a one koji su zazirali i oholili se – na nesnosne muke će staviti i oni neće naći sebi, mimo Allaha, ni zaštitnika ni pomagača.

174. O ljudi, dokaz vam je već stigao od Gospodara vašeg i Mi vam objavljujemo jasnu Svjetlost.

175. One koji budu u Allaha vjerovali i čvrsto se Njegovih propisa pridržavali – On će, sigurno, u milost Svoju i blagodat uvesti, i Pravim putem Sebi uputiti.

176· Oni traže od tebe rješenje. Reci: "Allah će vam kazati propis o kelali." Ako neko umre i ne bude imao djeteta a ima sestru, njoj polovina njegove ostavštine, a on će naslijediti nju ako ona ne bude imala dijete. A ako su dvije, njima dvije trećine njegove ostavštine. A ako su oni braća i sestre, onda će muškarcu pripasti dio jednak koliko dvjema ženama. To vam Allah objašnjava da ne zalutate. – A Allah zna sve.

SURA 5

El-Māide – Trpeza

(Medina – 120 ajeta)

U ime Allaha, Milostivog, Samilosnog!

1· O vjernici, ispunjavajte obaveze! Dozvoljava vam se stoka, ali ne ona koja će vam se navesti. Dok obrede hadža obavljate, nije vam dozvoljeno loviti. Uistinu, Allah propisuje što On hoće.

2· O vjernici, ne omalovažavajte Allahove odredbe hadža, ni sveti mjesec, ni kurbane – naročito one ogrlicama obilježene – ni one ljude koji su krenuli ka Časnome hramu želeći nagradu i naklonost Gospodara svoga. A kad obrede hadža obavite, onda loviti možete. I neka vas mržnja koju prema nekim ljudima nosite, zato što su vam spriječili pristup Časnome hramu,* nikako ne navede da ih napadnete! Jedni drugima pomažite u dobročinstvu i čestitosti, a ne sudjelujte u grijehu i neprijateljstvu. – I bojte se Allaha, jer Allah strašno kažnjava!

3. Zabranjuje vam se strv, i krv, i svinjsko meso, i ono što je zaklano u nečije drugo, a ne u Allahovo ime, i što je udavljeno i ubijeno, i što je strmoglavljeno, i rogom ubodeno, ili od zvijeri načeto – osim ako ste ga preklali – i što je na žrtvenicima žrtvovano,* i zabranjuje vam se gatanje strelicama.* To je porok! – Danas su nevjernici izgubili svaku nadu da ćete vi otpasti od svoje vjere, zato se ne bojte njih, već se bojte Mene. Sada sam vam vjeru vašu usavršio i blagodat Svoju prema vama upotpunio i zadovoljan sam da vam islam bude vjera. A onome ko bude primoran – kad hara glad, bez namjere da učini grijeh – a Allah će oprostiti i samilostan biti.

4. Pitaju te šta im se dozvoljava. Reci: "Dozvoljavaju vam se lijepa jela i ono što vam ulove životinje koje ste lovu podučili, onako kako je Allah vas naučio. Jedite ono što vam one uhvate i spomenite Allahovo ime pri tome, i bojte se Allaha, jer Allah, zaista, brzo sviđa račune."

5. Od sada vam se dozvoljavaju sva lijepa jela – i dozvoljavaju vam se jela onih kojima je data Knjiga, i vaša jela su njima dozvoljena – i čestite vjernice su vam dozvoljene, i čestite kćeri onih kojima je data Knjiga prije vas, kad im vjenčane darove njihove dadete s namjerom da se njima oženite, a ne da s njima blud činite i da ih za priležnice uzimate. A onaj ko otpadne od prave vjere – uzalud će mu biti djela njegova i on će, na Onome svijetu, nastradati.

6. O vjernici, kad hoćete molitvu obaviti, lica svoja i ruke svoje do iza lakata operite – a dio glava svojih potarite – i noge svoje do iza članaka. A ako ste džunubi, onda se okupajte. A ako ste bolesni ili na putu ili ako ste izvršili prirodnu potrebu ili ako ste se sastajali sa ženama, a ne nađete vode, onda rukama svojim čistu zemlju dotaknite i njima preko lica svojih i ruku svojih pređite.* Allah ne želi da vam pričini poteškoće, već želi da vas učini čistim i da vam blagodat Svoju upotpuni da biste bili zahvalni.

7. I sjetite se Allahove milosti kojom vas je obasuo i zavjeta kojim vas je obavezao, kad ste rekli: "Slušamo i pokoravamo se!"* I bojte se Allaha, jer Allah zna svačije misli.

8. O vjernici, dužnosti prema Allahu izvršavajte, i pravedno svjedočite! Neka vas mržnja koju prema nekim ljudima nosite nikako ne navede da nepravedni budete! Pravedni budite, to je najbliže čestitosti, i bojte se Allaha, jer Allah dobro zna ono što činite!

9. Onima koji budu vjerovali i dobra djela činili Allah obećava oprost i nagradu veliku,

10. a oni koji ne budu vjerovali i dokaze Naše budu poricali – bit će stanovnici Džehennema.

11. O vjernici, sjetite se Allahove blagodati prema vama kada su vas se neki ljudi htjeli dočepati, a On je zadržao ruke njihove.* I bojte se Allaha, i neka se vjernici samo u Allaha pouzdaju!

12. Allah je prihvatio zavjet sinova Israilovih – a između njih bili smo postavili dvanaest starješina – i Allah je rekao: "Ja sam s vama! Ako budete molitvu obavljali i milostinju davali i ako budete u poslanike Moje vjerovali, pomagali im i drage volje zajam Allahu davali, sigurno ću preći preko hrđavih postupaka vaših i uvest ću vas u džennetske bašče kroz koje će rijeke teći. A onaj među vama koji ni poslije ovoga ne bude vjerovao – s Pravog puta je skrenuo."

13. Ali, zato što su zavjet svoj prekršili, Mi smo ih prokleli i srca njihova okrutnim učinili. Oni su riječi s mjesta na kojima su bile uklanjali,* a dobar dio onoga čime su bili opominjani izostavili. I ti ćeš kod njih, osim malo njih, neprestano na vjerolomstvo nailaziti, ali im oprosti i ne karaj ih! – Allah, uistinu, voli one koji čine dobro.

14. Mi smo zavjet prihvatili i od onih koji govore: "Mi smo kršćani." – ali su i oni dobar dio onoga čime su bili opominjani zaboravili, zato smo među njih neprijateljstvo i mržnju do Sudnjega dana ubacili; a Allah će ih, sigurno, obavijestiti o onome što su radili.

15. O sljedbenici Knjige, došao vam je poslanik Naš da vam ukaže na mnogo šta što vi iz Knjige krijete, i preko mnogo čega će preći. A od Allaha vam dolazi svjetlost i Knjiga jasna*

16. kojom Allah upućuje na puteve spasa one koji nastoje steći zadovoljstvo Njegovo i izvodi ih, po volji Svojoj, iz tmina na svjetlo i na Pravi put im ukazuje.

17. Nevjernici su oni koji govore: "Bog je – Mesih, sin Merjemin!" Reci: "Ko može spriječiti Allaha da, ako hoće, uništi Mesiha, sina Merjemina, i majku njegovu, i sve one koji su na Zemlji?" Allahova je vlast na nebesima i na Zemlji i na onome što je između njih; On stvara što hoće, i Allah sve može.

18. I jevreji i kršćani kažu: "Mi smo djeca Božija i miljenici Njegovi." Reci: "Pa zašto vas onda On kažnjava zbog grijehova vaših?" A nije tako! Vi ste kao i ostali ljudi koje On stvara: kome hoće On će oprostiti, a koga hoće On će kazniti. Allahova je vlast na nebesima i na Zemlji i na onome što je između njih, i Njemu će se svi vratiti.

19. O sljedbenici Knjige, došao vam je poslanik Naš – nakon što je neko vrijeme prekinuto slanje poslanika – da vam objasni, da ne biste rekli: "Nije nam dolazio ni onaj koji donosi radosne vijesti, ni onaj koji opominje!" Pa, došao vam je, eto, onaj koji donosi radosne vijesti i koji opominje. – A Allah sve može.

20. A kada Musa reče narodu svome: "O narode moj, sjetite se Allahove blagodati prema vama kada je neke od vas vjerovjesnicima učinio, a mnoge vladarima, i dao vam ono što nijednom narodu nije dao.

21. O narode moj, uđite u Svetu zemlju,* koju vam je Allah dodijelio, i ne uzmičite nazad, pa da se vratite izgubljeni." –

22. oni rekoše: "O Musa, u njoj je nemilosrdan narod i mi u nju nećemo ući dok god oni iz nje ne iziđu, pa ako oni iz nje iziđu, mi ćemo onda, sigurno, ući."

23. Dva čovjeka koja su se Allaha bojala i kojima je On darovao milost Svoju rekoše: "Navalite im na kapiju, pa kad kroz nju prođete, bit ćete, sigurno, pobjednici; a u Allaha se pouzdajte, ako ste vjernici!"

24. "O Musa," – rekoše oni – "dok god su oni u njoj, mi nećemo u nju ulaziti! Hajde ti i Gospodar tvoj pa se borite, mi ćemo ovdje ostati!"

25. "Gospodaru moj," – reče Musa – "ja osim sebe imam moć samo nad bratom svojim – zato presudi nama i ljudima grješnim!"

26. "Četrdeset godina oni će zemljom lutati," – reče On – "jer će im Sveta zemlja zabranjena biti, a ti ne tuguj za narodom grješnim!"

27. I ispričaj im o dvojici Ademovih sinova, onako kako je bilo, kada su njih dvojica žrtvu prinijeli, pa kada je od jednog bila primljena, a od drugog nije, ovaj je rekao: "Sigurno ću te ubiti!" "Allah prima samo od onih koji su dobri." – reče onaj.

28. "I kad bi ti pružio ruku svoju prema meni da me ubiješ, ja ne bih pružio svoju prema tebi da te ubijem – jer ja se bojim Allaha, Gospodara svjetova.

29. Ja želim da ti poneseš i moj i svoj grijeh i da budeš stanovnik u vatri. A ona je kazna za sve nasilnike."

30. I strast njegova navede ga da ubije brata svoga, pa ga on ubi i posta jedan od izgubljenih.

31. Allah onda posla jednog gavrana da kopa po zemlji da bi mu pokazao kako da zakopa mrtvo tijelo brata svoga. "Teško meni!" – povika on – "Zar i ja ne mogu, kao ovaj gavran, zakopati mrtvo tijelo brata svoga!" I pokaja se.

32. Zbog toga smo Mi propisali sinovima Israilovim: ako neko ubije nekoga koji nije ubio nikoga ili onoga koji na Zemlji nered ne čini – kao da je sve ljude poubijao; a ako neko bude uzrok da se nečiji život sačuva – kao da je svim ljudima život sačuvao. Naši poslanici su im jasne dokaze donosili, ali su mnogi od njih, i poslije toga, na Zemlji sve granice zla prelazili.

33. Kazna za one koji protiv Allaha i Poslanika Njegova vojuju i koji nered na Zemlji čine jeste da budu ubijeni, ili razapeti, ili da im se unakrst ruke i noge odsijeku ili da se iz zemlje prognaju.* To im je poniženje na ovome svijetu, a na Onome svijetu čeka ih patnja velika,

34. ali ne i za one koji se pokaju prije nego što ih se domognete! I znajte da Allah prašta i da je milostiv.

35. O vjernici, Allaha se bojte i nastojte Mu se umiliti i na Putu Njegovu se borite da biste postigli što želite.

36. Kada bi sve ono što je na Zemlji bilo u posjedu nevjernika, i još toliko, i kada bi se htjeli otkupiti od patnje na Onome svijetu, ne bi im se primilo. Njih čeka muka nesnosna.

37. Zaželjet će oni da iz vatre iziđu, ali im iz nje neće izlaska biti, za njih će biti patnja neprestana.

38. Kradljivcu i kradljivici odsijecite ruke njihove, neka im to bude kazna za ono što su učinili i opomena od Allaha! – A Allah je silan i mudar.

39. A onome ko se poslije nedjela svoga pokaje i popravi – Allah će, sigurno, oprostiti. Allah doista prašta i samilostan je.

40. Ti, sigurno, znaš da samo Allah ima vlast na nebesima i na Zemlji. On kažnjava onoga koga hoće, a prašta onome kome hoće. – Allah sve može.

41. O Poslaniče, neka te ne zabrinjava to što brzo nevjerovanje ispoljavaju oni koji ustima svojim govore: "Vjerujemo!", a srcem ne vjeruju, i jevreji koji izmišljotine mnogo slušaju i koji tuđe riječi rado prihvaćaju, a tebi ne dolaze, koji smisao riječi s mjesta njihovih izvrću i govore: "Ako vam se ovako presudi, onda pristanite na to. A ako vam se ne presudi, onda nemojte pristati!"* A onoga koga Allah želi u njegovoj zabludi ostaviti, ti mu Allahovu naklonost ne možeš nikako osigurati. To su oni čija srca Allah ne želi očistiti; njih na ovome svijetu čeka poniženje, a na Onome svijetu patnja golema.

42. Oni mnogo laži slušaju i rado ono što je zabranjeno jedu, pa ako ti dođu, ti im presudi ili se okreni od njih. Ako se okreneš od njih, oni ti ne mogu nimalo nauditi. A ako im budeš sudio, sudi im pravo jer Allah voli pravedne.

43. A otkud da oni traže od tebe da im sudiš kad imaju Tevrat u kome su Allahovi propisi? Oni ni poslije presude tvoje ne bi bili zadovoljni, jer nisu nikakvi vjernici.

44. Mi smo objavili Tevrat u kome je uputstvo i svjetlo. Po njemu su jevrejima sudili vjerovjesnici, koji su bili Allahu poslušni i čestiti ljudi, i učeni, od kojih je traženo da čuvaju Allahovu knjigu, i oni su nad njom bdjeli. Zato se, kada budete sudili, ne bojte ljudi, već se bojte Mene, i ne zamjenjujte riječi Moje za nešto što malo vrijedi! A oni koji ne sude prema onome što je Allah objavio, oni su pravi nevjernici.

45. Mi smo im u njemu propisali: glava za glavu, i oko za oko, i nos za nos, i uho za uho, i zub za zub – a da rane treba uzvratiti. A onome ko od odmazde odustane, bit će mu to od grijeha iskupljenje. Oni koji ne sude prema onom što je Allah objavio pravi su nasilnici.

46. Poslije njih poslali smo Isaa, sina Merjemina, koji je priznavao Tevrat prije njega objavljen, a njemu smo dali Indžil, u kome je bilo uputstvo i svjetlo, i da potvrdi Tevrat, prije njega objavljen, u kome je također bilo uputstvo i pouka onima koji su se Allaha bojali.

47. I sljedbenicima Indžila smo bili naredili da sude prema onome što je Allah objavio u njemu. Oni koji nisu sudili prema onome što je Allah objavio – pravi su grješnici.

48. A tebi objavljujemo Knjigu, samu istinu, da potvrdi Knjige prije nje objavljene i da nad njima bdi. I ti im sudi prema onome što Allah objavljuje i ne povodi se za prohtjevima njihovim, i ne odstupaj od Istine koja ti dolazi; svima vama smo zakon i pravac propisali. A da je Allah htio, On bi vas sljedbenicima jedne vjere učinio, ali vas On hoće iskušati u onome što vam propisuje, zato se natječite ko će više dobra učiniti. Allahu ćete se svi vratiti, pa će vas On o onome u čemu ste se razilazili obavijestiti.

49. I sudi im prema onome što Allah objavljuje i ne povodi se za prohtjevima njihovim, i čuvaj ih se da te ne odvrate od nečega što ti Allah objavljuje. A ako ne pristaju, ti onda znaj da Allah želi da ih zbog nekih grijehova njihovih kazni. A mnogi ljudi su, zaista, nevjernici.

50. Zar oni traže da im se kao u pagansko doba sudi? A ko je od Allaha bolji sudija narodu koji čvrsto vjeruje?

51. O vjernici, ne uzimajte za zaštitnike jevreje i kršćane! Oni su sami sebi zaštitnici! A njihov je onaj među vama koji ih za zaštitnike prihvati. Allah uistinu neće ukazati na Pravi put ljudima koji sami sebi nepravdu čine.

52. Zato ti vidiš one čija su srca bolesna kako se žure da s njima prijateljstvo sklope, govoreći: "Bojimo se da nas kakva nevolja ne zadesi." A Allah će, sigurno, pobjedu ili nešto drugo od Sebe dati, pa će se oni zbog onoga što su u dušama svojim krili kajati.

53. A oni koji vjeruju reći će: "Zar su to oni koji su se zaklinjali Allahom, svojom najtežom zakletvom, da su zaista s vama?" Djela njihova bit će poništena, i oni će nastradati.

54. O vjernici, ako neko od vas od vjere svoje otpadne – pa Allah će, sigurno, umjesto njih dovesti ljude koje On voli i koji Njega vole – prema vjernicima ponizne, a prema nevjernicima ponosite – oni će se na Allahovu putu boriti i neće se ničijeg prijekora bojati. To je Allahov dar, koji On daje kome hoće. – A Allah je neizmjerno dobar i zna sve.

55. Vaši zaštitnici su samo Allah i Poslanik Njegov i vjernici koji ponizno molitvu obavljaju i zekat daju.

56. Onaj ko za zaštitnika uzme Allaha i Poslanika Njegova i vjernike – pa Allahova strana će svakako pobijediti.

57. O vjernici, ne prijateljujte s onima koji vjeru vašu za podsmijeh i zabavu uzimaju, bili to oni kojima je data Knjiga prije vas ili bili mnogobošci – i Allaha se bojte ako ste vjernici.

58. I kad pozivate na namaz, i to za podsmijeh i zabavu uzimaju, zato što su oni ljudi koji ne shvaćaju.

59. Reci: "O sljedbenici Knjige, zar da nas osuđujete zato što vjerujemo u Allaha i u ono što nam se objavljuje i u ono što je objavljeno prije – a većina ste grješnici?"

60. Reci: "Hoćete li da vam kažem koji su gori od takvih i koje će Allah još teže kazniti? Oni koje je Allah prokleo i na koje se rasrdio i u majmune i svinje ih pretvorio, oni koji su se šejtanu klanjali – njih čeka najgore mjesto, jer oni su najdalje s Pravoga puta odlutali."

61. A kada vam dolaze, oni govore: "Vjerujemo!", ali oni dolaze kao nevjernici, a takvi i odlaze. – A Allah dobro zna ono što oni kriju.

62. Vidiš mnoge od njih kako u grijehe i nasilje srljaju i kako ono što je zabranjeno jedu – ružno li je to kako postupaju!

63. Trebalo bi da ih čestiti i učeni ljudi od lažna govora i zabranjena jela odvraćaju – ružno li je to kako postupaju!

64. Jevreji govore: "Allahova ruka je stisnuta!" Stisnute bile ruke njihove i prokleti bili zbog toga što govore! Ne, obje ruke Njegove su otvorene, On udjeljuje koliko hoće! A to što ti objavljuje Gospodar tvoj pojačat će kod mnogih od njih zabludu i nevjerovanje. Mi smo ubacili među njih neprijateljstvo i mržnju sve do Smaka svijeta. Kad god pokušaju potpaliti ratnu vatru, Allah je ugasi. Oni nastoje na Zemlji smutnju praviti, a Allah ne voli smutljivce.

65. A da sljedbenici Knjige vjeruju i grijeha se čuvaju, Mi bismo prešli preko ružnih postupaka njihovih i uveli bismo ih, sigurno, u džennetske bašče uživanja.

66. Da se oni pridržavaju Tevrata i Indžila i onoga što im objavljuje Gospodar njihov, imali bi šta jesti i od onoga što je iznad njih i od onoga što je ispod nogu njihovih. Ima ih i umjerenih, ali ružno je ono što radi većina njih.

67. O Poslaniče, kazuj ono što ti se objavljuje od Gospodara tvoga! Ako ne učiniš, onda nisi dostavio poslanicu Njegovu – a Allah će te od ljudi štititi. Allah doista neće ukazati na Pravi put narodu koji neće da vjeruje.

68. Reci: "O sljedbenici Knjige, vi niste nikakve vjere ako se ne budete pridržavali Tevrata i Indžila, i onoga što vam objavljuje Gospodar vaš." A to što ti objavljuje Gospodar tvoj pojačat će, uistinu, kod mnogih od njih nepokornost i nevjerovanje, ali ti ne izgaraj zbog naroda koji neće da vjeruje.

69. Oni koji su vjerovali, pa i oni koji su bili jevreji, i Sabijci, i kršćani – oni koji su u Allaha i u Onaj svijet vjerovali i dobra djela činili – ničega se oni neće bojati i ni za čim oni neće tugovati.

70. Mi smo od sinova Israilovih zavjet uzeli i poslanike im slali. Kad god bi im koji poslanik donio ono što nije godilo dušama njihovim, jedne su u laž utjerivali, a druge ubijali.

71. Mislili su da neće biti na muke stavljeni, pa su bili i slijepi i gluhi. I onda kad je Allah primio pokajanje njihovo, mnogi od njih su opet bili i slijepi i gluhi; a Allah dobro vidi ono što oni rade.

72. Nevjernici su oni koji govore: "Bog je – Mesih, sin Merjemin!" A Mesih je govorio: "O sinovi Israilovi, klanjajte se Allahu, i mome i vašem Gospodaru! Ko drugog Allahu smatra ravnim, Allah će mu ulazak u Džennet zabraniti i boravište njegovo će Džehennem biti – a nevjernicima neće niko pomoći."

73. Nevjernici su oni koji govore: "Allah je jedan od trojice!" A samo je jedan Bog! I ako se ne okane onoga što govore, nesnosna patnja će, zaista, stići svakog od njih koji nevjernik ostane.

74. Zašto se oni ne pokaju Allahu i ne zamole oprost od Njega, ta Allah prašta i samilostan je.

75. Mesih, sin Merjemin, samo je poslanik – i prije njega su dolazili i odlazili poslanici – a majka njegova je uvijek istinu govorila; i oboje su hranu jeli. Pogledaj kako Mi iznosimo jasne dokaze i pogledaj, zatim, njih kako se odmeću.

76. Reci: "Kako se možete, pored Allaha, klanjati onome koji vam nije u stanju kakvu štetu učiniti, niti vam neku korist pribaviti, a Allah je Taj Koji sve čuje i zna?"

77. Reci: "O sljedbenici Knjige, ne zastranjujte u vjerovanju svome, suprotno istini, i ne povodite se za prohtjevima ljudi koji su još davno zalutali, i mnoge u zabludu odveli, i sami s Pravoga puta skrenuli!"

78. Jezikom Davuda i Isaa, sina Merjemina, prokleti su oni od sinova Israilovih koji nisu vjerovali – zato što su se bunili i uvijek granice zla prelazili:

79. jedni druge nisu odvraćali od grješnih postupaka koje su radili. Ružno li je zaista to kako su postupali!

80. Ti vidiš mnoge od njih kako s mnogobošcima prijateljuju. Ružno li je zaista ono što sami sebi pripremaju: da se Allah na njih rasrdi i da u patnji vječno ostanu.

81. A da vjeruju u Allaha i vjerovjesnika i u ono što se njemu objavljuje, oni s njima ne bi prijateljevali, ali mnogi od njih su nevjernici.

82. Ti ćeš, sigurno, naći da su vjernicima najljući neprijatelji jevreji i mnogobošci, i svakako ćeš naći da su vjernicima najbliži prijatelji oni koji govore: "Mi smo kršćani." – zato što među njima ima svećenika i monaha i što se oni ne ohole.

83. Kada slušaju ono što se objavljuje Poslaniku, vidiš kako im liju suze iz očiju jer znaju da je to Istina, pa govore: "Gospodaru naš, mi vjerujemo, pa upiši i nas među one koji su posvjedočili!

84. Zašto da ne vjerujemo u Allaha i u Istinu koja nam dolazi, kada jedva čekamo da i nas Gospodar naš uvede s dobrim ljudima?"

85. I Allah će im, zbog onoga što govore, kao nagradu džennetske bašče dati, kroz koje će rijeke teći, u kojima će vječno boraviti – a to će biti nagrada za sve one koji dobra djela čine.

DŽUZ'
VII

86. A oni koji ne budu vjerovali i dokaze Naše poricali, bit će stanovnici Džehennema.

87. O vjernici, ne uskraćujte sebi lijepe stvari koje vam je Allah dozvolio, samo ne prelazite mjeru, jer Allah ne voli one koji pretjeruju.

88. I jedite ono što vam Allah daje, što je dozvoljeno i lijepo; i bojte se Allaha u Kojeg vjerujete.

89. Allah vas neće kazniti ako se zakunete nenamjerno, ali će vas kazniti ako se zakunete namjerno. Otkup za prekršenu zakletvu je: da deset siromaha običnom hranom kojom hranite čeljad svoju nahranite, ili da ih odjenete, ili da roba ropstva oslobodite. A onaj ko ne bude mogao – neka tri dana posti. Tako se za zakletve vaše otkupljujte kada se zakunete; a o zakletvama svojim brinite se! Eto, tako vam Allah objašnjava propise Svoje da biste bili zahvalni.

90. O vjernici, vino i kocka i kumiri i strjelice za gatanje su odvratne stvari, šejtanovo djelo – zato se toga klonite da biste postigli što želite.

91. Šejtan želi da pomoću vina i kocke unese među vama neprijateljstvo i mržnju i da vas od sjećanja na Allaha i obavljanja molitve odvrati. Pa hoćete li se okaniti?

92. I budite poslušni Allahu i budite poslušni Poslaniku i oprezni budite! A ako glave okrenete, onda znajte da je Poslanik Naš dužan samo jasno obznaniti.

93. Onima koji vjeruju i dobra djela čine nema nikakva grijeha u onome što oni pojedu i popiju kad se klone onoga što im je zabranjeno i kad vjeruju i dobra djela čine, zatim se Allaha boje i vjeruju i onda se grijeha klone i dobro čine. – A Allah voli one koji drugima dobro čine.

94. O vjernici, Allah će vas dovoditi u iskušenje sa divljači koja će biti na dohvat ruku vaših i kopalja vaših – da Allah ukaže na onoga koji Ga se boji kad ga niko ne vidi. A onoga ko i poslije toga nasilje učini, čeka bolna patnja.

95. O vjernici, ne ubijajte divljač dok obavljate obrede hadža! Onome od vas ko je hotimično ubije kazna je da jednu domaću životinju, čiju će vrijednost procijeniti dvojica vaših pravednih ljudi, pokloni Kabi ili da se iskupi time što će, ravno tome, nahraniti siromahe ili postiti – da bi osjetio pogubnost postupka svoga. A Allah je već oprostio ono što je bilo. Onoga ko to opet uradi – Allah će kazniti. Allah je silan i strog.

96. Vama se dopušta da u moru lovite i da ulov jedete, da se njime vi i putnici koristite, a zabranjuje vam se da na kopnu lovite dok obrade hadža obavljate. I bojte se Allaha pred Kojim ćete se sabrati.

97. Allah je učinio da Kaba, Časni hram, bude preporod za ljude, a tako i sveti mjesec i kurbani, naročito oni ogrlicama označeni, zato da znate da je Allahu poznato ono što je na nebesima i ono što je na Zemlji, da Allah, zaista, sve zna.

98. Neka znate da Allah strogo kažnjava, ali i da prašta i da je milostiv.

99. Poslaniku je jedino dužnost objaviti, a Allah zna i ono što javno činite i ono što sakrijete.

100. Reci: "Nije isto ono što je zabranjeno i ono što je dozvoljeno, makar te iznenađivalo mnoštvo onoga što je zabranjeno." Zato se Allaha bojte, o vi koji ste razumom obdareni, da biste ono što želite postigli.

101. O vjernici, ne zapitkujte o onome što će vam pričiniti neprijatnosti, ako vam se objasni. A ako budete pitali za to dok se Kur'an objavljuje, objasnit će vam se. Ono ranije Allah vam je već oprostio. – A Allah prašta i blag je.

102. Neki ljudi su prije vas pitali za to, pa poslije u to nisu povjerovali.

103. Allah nije propisao ni behīru, ni sāibu, ni vasīlu, a ni hama;* to oni koji ne vjeruju govore o Allahu laži, i većina njih nema pameti.

104. A kada im se kaže: "Pristupite onome što Allah objavljuje i Poslaniku!" – oni odgovaraju: "Dovoljno nam je ono što smo od predaka naših zapamtili." – Zar i ako preci njihovi nisu ništa znali i ako nisu na Pravome putu bili!?

105. O vjernici, brinite se o sebi. A ako ste na Pravome putu, neće vam nauditi onaj ko je zalutao! Allahu ćete se svi vratiti i On će vas obavijestiti o onome šta ste radili.

106. O vjernici, kada vam se približi smrt, prilikom davanja oporuke, neka vam posvjedoče dvojica pravednih rođaka vaših ili neka druga dvojica koji nisu vaši – ako ste na putu, a pojave se znaci smrti. A ako posumnjate, zadržite ih poslije obavljenog namaza i neka se Allahom zakunu: "Mi zakletvu ni za kakvu cijenu nećemo prodati, makar se radilo i o kakvu rođaku, i svjedočenje koje je Allah propisao nećemo uskratiti, jer bismo tada bili, doista, grješnici."

107. A ako se dozna da su njih dvojica zgriješila, onda će njih zamijeniti druga dvojica od onih kojima je šteta nanesena, i neka se Allahom zakunu: "Naše zakletve su vjerodostojnije od zakletvi njihovih, mi se nismo krivo zakleli, jer bismo tada, zaista, nepravedni bili."

108. Najlakše tako oni mogu izvršiti svjedočenje svoje onako kako treba, i da se ne plaše da će njihove zakletve drugim zakletvama biti pobijene. I bojte se Allaha i slušajte! A Allah neće ukazati na Pravi put ljudima koji su veliki grješnici.

109. Na Dan kada Allah sakupi poslanike i upita: "Da li su vam se odazvali?" – oni će reći: "Mi ne znamo, jer samo Ti znaš sve tajne."

110. Kad Allah rekne: "O Isa, sine Merjemin, sjeti se blagodati Moje prema tebi i majci tvojoj: kada sam te Džibrilom pomogao, pa si s ljudima, u bešici i kao zreo muž, razgovarao i kada sam te pismenosti i mudrosti, i Tevratu i Indžilu naučio, i kada si, voljom Mojom, od blata nešto poput ptice napravio i u nju udahnuo i kada je ona, voljom Mojom, postala ptica i kada si, voljom Mojom, od rođenja slijepa i gubavca iscijelio i kada si, voljom Mojom, mrtve dizao i kada sam od tebe sinove Israilove odbio, kad si im ti jasne dokaze donio, pa su oni među njima koji nisu vjerovali povikali: 'Ovo nije ništa drugo do prava vradžbina!',

111. i kada sam učenicima naredio: 'Vjerujte u Mene i Poslanika Moga!' – oni su odgovorili: 'Vjerujemo, a Ti budi svjedok da smo mi muslimani.'"

112. A kada učenici rekoše: "O Isa, sine Merjemin, može li nam Gospodar tvoj trpezu s neba spustiti?" – on reče: "Bojte se Allaha, ako ste vjernici!"

113. "Mi želimo" – rekoše oni – "da s nje jedemo i da naša srca budu smirena i da se uvjerimo da si nam istinu govorio i da o njoj budemo svjedoci."

114. Isa, sin Merjemin, reče: "O Allahu, Gospodaru naš, spusti nam s neba trpezu da nam bude blagdan, i prvima od nas i onima kasnijim, i čudo Tvoje, i nahrani nas, a Ti si hranitelj najbolji!"

115. "Ja ću vam je spustiti," – reče Allah – "ali ću one među vama koji i poslije ne budu vjerovali kazniti kaznom kakvom nikoga na svijetu neću kazniti."

116. A kada Allah rekne: "O Isa, sine Merjemin, jesi li ti govorio ljudima: 'Prihvatite mene i majku moju kao dva boga uz Allaha!'" – on će reći: "Hvaljen neka si Ti! Meni nije priličilo govoriti ono što nemam pravo. Ako sam ja to govorio, Ti to već znaš – Ti znaš šta ja znam, a ja ne znam šta Ti znaš; samo Ti, Jedini, sve što je skriveno znaš.

117. Ja sam im samo ono govorio što si mi Ti naredio: 'Klanjajte se Allahu, i mome i svome Gospodaru!' I ja sam nad njima bdio dok sam među njima bio. A kad si mi Ti dušu uzeo, Ti si ih jedini nadzirao – Ti nad svim bdiš.

118. Ako ih kazniš, robovi su Tvoji; a ako im oprostiš, silan i mudar Ti si."

119. Allah će reći: "Ovo je Dan u kome će iskrenima od koristi iskrenost njihova biti; njima će džennetske bašče, kroz koje rijeke teku, pripasti, vječno i zauvjek će u njima ostati. Allah će zadovoljan njima biti, a i oni Njim. To će veliki uspjeh biti!"

120. Allahova je vlast na nebesima i na Zemlji i nad onim što je na njima – On sve može!

SURA 6

El-En'ām – Stoka

(Mekka – 165 ajeta)

U ime Allaha, Milostivog, Samilosnog!

1. Hvaljen neka je Allah, Koji je nebesa i Zemlju stvorio i tmine i svjetlo dao – pa opet oni koji ne vjeruju druge sa Gospodarom svojim izjednačuju!

2. On vas od zemlje stvara i čas smrti određuje, i samo On zna kada će Smak svijeta biti, a vi opet sumnjate.

3. On je Allah na nebesima i na Zemlji, On zna i što krijete i što pokazujete, i On zna ono što radite.

4. A nevjernicima ne dođe nijedan dokaz od Gospodara njihova od koga oni glave ne okrenu.

5. Oni smatraju da je laž Istina koja im dolazi, ali njih će, sigurno, stići posljedice onoga čemu se rugaju.

6. Zar oni ne znaju koliko smo Mi naroda prije njih uništili, kojima smo na Zemlji mogućnosti davali kakve vama nismo dali i kojima smo kišu obilatu slali i učinili da rijeke pored njih teku, pa smo ih, zbog grijehova njihovih, uništavali i druga pokoljenja, poslije njih, stvarali.

7. A i da ti Knjigu na papiru spustimo i da je oni rukama svojim opipaju, opet bi sigurno rekli oni koji neće da vjeruju: "Ovo nije ništa drugo do prava vradžbina."

8. Oni govore: "Trebalo je da mu se pošalje melek!" A da meleka pošaljemo, s njima bi svršeno bilo, ni jedan čas vremena im ne bi više dao.

9. A da ga melekom učinimo, opet bismo ga kao čovjeka stvorili i opet bismo im učinili nejasnim ono što im nije jasno.

10. Poslanicima su se i prije tebe rugali, pa je one koji su im se rugali stiglo baš ono čemu su se rugali.

11. Reci: "Putujte po svijetu, zatim pogledajte kako su završili oni koji su poslanike lažnim smatrali!"

12. Upitaj: "Čije je sve ono što je na nebesima i na Zemlji?" – i odgovori: "Allahovo!" On je Sebi propisao da bude milostiv. On će vas na Sudnjem danu sakupiti, u to nema nikakve sumnje; oni koji su sebe upropastili – pa oni neće vjerovati.

13. Njemu pripada sve što postoji u noći i danu, On sve čuje i sve zna.

14. Reci: "Zar da za zaštitnika uzmem nekog drugog osim Allaha, Stvoritelja nebesa i Zemlje? On hrani, a Njega niko ne hrani!" Reci: "Meni je naređeno da budem prvi među onima koji se pokoravaju." i "Nikako ne budi od onih koji Mu druge ravnim smatraju!"

15. Reci: "Ako ne budem poslušan svome Gospodaru, ja se plašim patnje na Velikom danu."

16. A onaj ko toga dana bude pošteđen, On mu se smilovao, i to je očiti uspjeh.

17. Ako te od Allaha neka nevolja pogodi – pa niko je osim Njega ne može otkloniti. A ako ti kakvo dobro podari – pa samo je On Svemoćni

18. i jedini On vlada robovima Svojim. On je Mudri i Sveznajući.

19. Reci: "Ko je svjedok najpouzdaniji?" – i odgovori: "Allah, On će između mene i vas svjedok biti. A meni se ovaj Kur'an objavljuje i da njime vas i one do kojih on dopre opominjem. Zar vi, zaista, tvrdite da pored Allaha ima i drugih bogova?" Reci: "Ja ne tvrdim." Reci: "Samo je On Bog, i ja nemam ništa s tim što vi smatrate druge Njemu ravnim."

20. Oni kojima smo Knjigu dali poznaju Poslanika kao što poznaju sinove svoje; oni koji su sebe upropastili, pa oni neće vjerovati.

21. Ima li nepravednijeg od onoga koji o Allahu govori laži ili ne priznaje dokaze Njegove? Nepravedni zaista neće uspjeti!

22. A na Dan kada ih sve sakupimo, pa upitamo one koji su druge Njemu ravnim smatrali: "Gdje su vam božanstva vaša koja ste bogovima držali?" –

23. neće im ništa drugo preostati nego da reknu: "Allaha nam, Gospodara nam našeg, mi nismo nikoga Allahu ravnim smatrali!"

24. Gledaj kako će oni sami sebi lagati, a neće im biti onih koje su bili izmislili!

25. Ima onih koji dolaze da te slušaju, ali Mi smo na srca njihova zastore stavili, da Kur'an ne bi razumjeli, i gluhim ih učinili, pa i ako bi sve dokaze vidjeli, opet u njih ne bi povjerovali. A kada ti dolaze da se s tobom raspravljaju, govore oni koji ne vjeruju: "To su samo izmišljotine naroda davnašnjih!"

26. Oni zabranjuju da se u Kur'an vjeruje i sami se od njega udaljavaju i sami sebe upropaštavaju, a da i ne primjećuju.

27. A da ti je vidjeti kako će, kad pred vatrom budu zadržani, reći: "Da nam je da povraćeni budemo, pa da dokaze Gospodara našeg ne poričemo i da vjernici postanemo!"

28. Ne, ne! Njima će očevidno postati ono što su prije krili; a kada bi i bili povraćeni, opet bi nastavili raditi ono što im je bilo zabranjeno, jer oni su doista lažljivci,

29. i rekli bi: "Nema života osim na ovome svijetu i mi nećemo biti oživljeni!"

30. A da ti je vidjeti kako će, kada pred Gospodarom svojim budu zaustavljeni i kad ih On upita: "Zar ovo nije istina?" – odgovoriti: "Jeste, tako nam Gospodara našeg!" – a i kako će On reći: "E pa iskusite onda patnju zbog toga što niste vjerovali!"

31. Oni koji ne vjeruju da će pred Allaha stati nastradat će kad im iznenada Čas oživljenja dođe, i reći će: "O žalosti naše, šta smo sve na Zemlji propustili!" i grijehe svoje će na leđima svojim nositi – a užasno je ono što će uprtiti!

32. Život na ovome svijetu je samo igra i zabava, a Onaj svijet je, zaista, bolji za one koji se Allaha boje. Zašto se ne opametite?

33. Mi znamo da tebe zaista žalosti to što oni govore. Oni, doista, ne okrivljuju tebe da si ti lažac, nego nevjernici poriču Allahove riječi.

34. A poslanici su i prije tebe lažnim smatrani, pa su trpjeli što su ih u laž ugonili i mučili sve dok im ne bi došla pomoć Naša – a niko ne može Allahove riječi izmijeniti – i do tebe su doprle o poslanicima neke vijesti.

35. Ako je tebi teško to što oni glave okreću, onda, ako možeš, potraži kakav otvor u Zemlji ili kakve ljestve ka nebu, pa im donesi jedno čudo! Da Allah hoće, On bi ih sve na Pravome putu sakupio; zato nikako ne budi od onih koji to ne znaju!

36. Odazvat će ti se jedino oni koji su poslušni. – A Allah će umrle oživiti. Zatim, Njemu će se svi vratiti.

37. Oni govore: "Zašto mu Gospodar njegov ne pošalje kakvo čudo!" Reci: "Allah je kadar poslati čudo, ali većina njih ne zna."

38. Sve životinje koje po Zemlji hode i sve ptice koje na krilima svojim lete, svjetovi su poput vas – u Knjizi Mi nismo ništa izostavili – i sakupit će se poslije pred Gospodarom svojim.

39. A oni koji dokaze Naše poriču gluhi su i nijemi, u tminama su. Onoga koga hoće – Allah ostavlja u zabludi, a onoga koga hoće – na Pravi put izvodi.

40. Reci: "Kažite vi meni, ako istinu govorite, kad bi vam došla Allahova kazna ili vas iznenadio Smak svijeta, da li biste ikoga drugog osim Allaha prizivali, ako istinu govorite?"

41. Njega biste samo molili da, ako hoće, otkloni od vas ono za što ste Ga molili, a ne bi vam ni na um pali oni koje ste Mu ravnim smatrali.

42. A poslanike smo i narodima prije tebe slali i neimaštinom i bolešću ih kažnjavali ne bi li poslušni postali.

43. Trebalo je da su poslušni postali kad bi im kazna Naša došla! Ali, srca njihova su ostala tvrda, a šejtan im je lijepim prikazivao ono što su radili.

44. I kada bi zaboravili ono čime su opominjani, Mi bismo im kapije svega otvorili. A kad bi se onome što im je dato obradovali, iznenada bismo ih kaznili i oni bi odjednom svaku nadu izgubili,

45. i zameo bi se trag narodu koji čini zlo – i neka je hvaljen Allah, Gospodar svjetova!

46. Reci: "Kažite vi meni, ako bi vas Allah sluha vašeg i vida vašeg lišio i srca vaša zapečatio, koji bi vam bog, osim Allaha, to vratio?" Pogledaj kako dokaze iznosimo, a oni opet glave okreću.

47. Reci: "Kažite vi meni, ako bi vas Allahova kazna stigla neočekivano ili javno, zar bi iko drugi do narod nevjernički nastradao?"

48. Mi šaljemo poslanike samo zato da donose radosne vijesti i da opominju, neka se zato oni koji vjeruju i dobra djela čine ničega ne boje i ni za čim neka ne tuguju.

49. A one koji u dokaze Naše ne vjeruju stići će kazna zato što grješno postupaju.

50. Reci: "Ja vam ne kažem: 'U mene su Allahove riznice.' niti 'Meni je poznat nevidljivi svijet.' niti vam kažem 'Ja sam melek.' – ja slijedim samo ono što mi se objavljuje." Reci: "Zar su isto slijepac i onaj koji vidi? Zašto ne razmislite?"

51. I opominji Kur'anom one koji strahuju što će pred Gospodarom svojim sakupljeni biti, kad osim Njega ni zaštitnika ni zagovornika neće imati – da bi se Allaha bojali.

52. I ne tjeraj od sebe one koji se ujutro i navečer Gospodaru svome mole želeći naklonost Njegovu – ti nećeš za njih odgovarati, a ni oni neće odgovarati za tebe – jer bi, ako bi ih otjerao, nasilnik bio.

53. I tako Mi jedne drugima iskušavamo da bi nevjernici rekli: "Zar su to oni kojima je Allah, između nas, milost ukazao?" – A zar Allah dobro ne poznaje one koji su zahvalni!

54. A kada ti dođu oni koji u riječi Naše vjeruju, ti reci: "Mir vama! Gospodar vaš je sam Sebi propisao da bude milostiv: ako neko od vas kakvo ružno djelo iz lahkomislenosti učini, pa se poslije pokaje i popravi – pa Allah će doista oprostiti i samilostan biti."

55. Tako Mi potanko izlažemo dokaze, i da bi očevidan bio put kojim idu grješnici.

56. Reci: "Meni je zabranjeno klanjati se onima kojima se vi, pored Allaha, klanjate." Reci: "Ja se ne povodim za željama vašim, jer bih tada zalutao i ne bih na Pravome putu bio."

57. Reci: "Meni je doista jasno ko je Gospodar moj, a vi Ga ne priznajete. Nije u mojoj vlasti ono što vi požurujete – pita se samo Allah, On sudi po pravdi i On je sudija najbolji."

58. Reci: "Da je u mojoj vlasti ono što požurujete, između mene i vas bilo bi svršeno – a Allah dobro zna nevjernike."

59. U Njega su ključevi svih tajni, samo ih On zna, i On jedini zna šta je na kopnu i šta je u moru, i nijedan list ne opadne, a da On za njega ne zna; i nema zrna u tminama Zemlje niti ičega svježeg niti ičega suhog, ničega što nije u jasnoj Knjizi.

60. On vas noću uspavljuje – a zna i šta ste preko dana griješili – zatim vas budi, sve dok ne dođe čas smrti. Na kraju, Njemu ćete se vratiti i On će vas o onome što ste radili obavijestiti.

61. On vlada robovima Svojim i šalje vam čuvare. A kad nekome od vas smrt dođe, izaslanici Naši mu, bez oklijevanja, dušu uzmu.

62. Oni će, poslije, biti vraćeni Allahu, svome istinskom Gospodaru. Samo će se On pitati i On će najbrže obračun svidjeti.

63. Reci: "Ko vas iz strahota na kopnu i moru izbavlja kad Mu se i javno i tajno ponizno molite: 'Ako nas On iz ovoga izbavi, sigurno ćemo biti zahvalni!'"

64. Reci: "Allah vas iz njih i iz svake nevolje izbavlja, pa vi ipak smatrate da ima Njemu ravnih."

65. Reci: "On je kadar poslati protiv vas kaznu iznad vaših glava ili ispod vaših nogu ili vas u stranke podijeliti i učiniti da silu jedni drugih iskusite." Pogledaj samo kako Mi potanko iznosimo dokaze da bi se oni urazumili!

66. Tvoj narod kaznu poriče, a ona je istina. Reci: "Ja nisam vaš čuvar,

67. svaki nagovještaj ima svoje vrijeme, i vi ćete znati!"

68. Kada vidiš one koji se riječima Našim rugaju, nek si daleko od njih sve dok na drugi razgovor ne pređu. A ako te šejtan navede da zaboraviš, onda ne sjedi više s nevjernicima kad se opomene sjetiš.

69. Oni koji se boje Allaha neće za njih račun polagati, ali su dužni opominjati ne bi li se okanili.

70. Ostavi one koji vjeru svoju kao igru i zabavu uzimaju, i koje je život na ovome svijetu obmanuo, a opominji Kur'anom da čovjek, zbog onoga što radi, ne bi stradao, jer osim Allaha ni zaštitnika ni posrednika neće imati i jer se od njega nikakva otkupnina neće primiti. Oni će, zbog onoga što su radili, biti u muci zadržani; njih čeka piće od ključale vode i patnja nesnosna, zato što nisu vjerovali.

71. Reci: "Zar da se, pored Allaha, klanjamo onima koji nam ne mogu nikakvu korist pribaviti ni neku štetu otkloniti pa da budemo vraćeni stopama našim – a Allah nas je već uputio – i da budemo kao onaj koga su na Zemlji šejtani zaveli pa ništa ne zna, a koga drugovi njegovi zovu na Pravi put: 'Hodi nama!'" Reci: "Allahov put je jedini Pravi put, i nama je naređeno da Gospodara svjetova slušamo

72. i da molitvu obavljamo i da se Njega bojimo. On je Taj pred Kojim ćete biti sakupljeni,

73. i On je Taj Koji je nebesa i Zemlju mudro stvorio: čim On za nešto rekne: 'Budi!' – ono biva. Riječ Njegova je Istina, samo će On imati vlast na Dan kad se u Rog puhne, On zna nevidljivi i vidljivi svijet, i On je Mudri i Sveznajući."

74. A kad Ibrahim reče svome ocu Azeru: "Zar kumire smatraš bogovima!? Vidim da ste i ti i narod tvoj u pravoj zabludi."

75. I Mi pokazasmo Ibrahimu carstvo nebesa i Zemlje da bi čvrsto vjerovao.

76. I kad nastupi noć, On ugleda zvijezdu i reče: "Ovo je Gospodar moj!" A pošto zađe, reče: "Ne volim one koji zalaze!"

77. A kad ugleda Mjesec kako izlazi, reče: "Ovo je Gospodar moj!" A pošto zađe, on reče: "Ako me Gospodar moj na Pravi put ne uputi, bit ću, sigurno, jedan od onih koji su zalutali."

78. A kad ugleda Sunce kako se rađa, on uzviknu: "Ovo je Gospodar moj, ovo je najveće!" – A pošto zađe, on reče: "Narode moj, ja nemam ništa s tim što vi Njemu druge ravnim smatrate!

79. Ja okrećem lice svoje, kao pravi vjernik, prema Onome Koji je nebesa i Zemlju stvorio, ja nisam od onih koji Njemu druge ravnim smatraju!"

80. I narod njegov se s njim raspravljao. "Zar da se sa mnom raspravljate o Allahu, a On je mene uputio?" – reče on. "Ja se ne bojim onih koje vi Njemu ravnim smatrate, bit će samo ono što Gospodar moj bude htio. Gospodar moj znanjem Svojim obuhvaća sve. Zašto se ne urazumite?

81. A kako bih se ja bojao onih koje s Njim izjednačujete, kada se vi ne bojite što Allahu druge ravnim smatrate, iako vam On za to nije nikakav dokaz dao? I znate li vi ko će, mi ili vi, biti siguran?

82. Bit će sigurni samo oni koji vjeruju i vjerovanje svoje s mnogoboštvom ne miješaju, oni će biti na Pravome putu."

83. To su dokazi naši koje dadosmo Ibrahimu za narod njegov. Mi više stepene dajemo onima kojima Mi hoćemo. Gospodar tvoj je, uistinu, Mudri i Sveznajući.

84. I Mi mu poklonismo i Ishaka i Jakuba, i svakog uputismo – a Nuha smo još prije uputili – i od potomaka njegovih Davuda, i Sulejmana, i Ejjuba, i Jusufa, i Musaa, i Haruna – eto, tako Mi nagrađujemo one koji dobra djela čine –

85. i Zekerijjaa, i Jahjaa, i Isaa, i Il'jasa – svi su oni bili dobri –

86. i Ismaila, i El-Jesea, i Junusa, i Luta – i svima smo prednost nad svijetom ostalim dali –

87. i neke pretke njihove, i potomke njihove i braću njihovu – njih smo odabrali i na Pravi put im ukazali.

88. To je Allahovo uputstvo na koje On ukazuje onima kojima hoće od robova Svojih. A da su oni druge Njemu ravnim smatrali, sigurno bi im propalo ono što su činili.

89. To su oni kojima smo Mi knjige i mudrost i vjerovjesništvo dali. Pa ako ovi u to ne vjeruju, Mi smo time zadužili ljude koji će u to vjerovati.

90. Njih je Allah uputio, zato slijedi njihov Pravi put. Reci: "Ja od vas ne tražim nagradu za Kur'an, on je samo pouka svjetovima."

91. Jevreji ne poznaju Allaha kako treba kad govore: "Nijednom čovjeku Allah nije ništa objavio!" Reci: "A ko je objavio Knjigu koju je donio Musa kao svjetlo i putokaz ljudima, koju na listove stavljate i pokazujete – a mnogo i krijete – i poučavate se onome što ni vi ni preci vaši niste znali?" Reci: "Allah!" Zatim ih ostavi neka se lažima svojim zabavljaju.

92. A ova Knjiga, koju objavljujemo, blagoslovljena je, ona potvrđuje onu prije nje da opominješ Mekku i ostali svijet. A oni koji u Onaj svijet vjeruju – vjeruju i u nju i o molitvama svojim brigu brinu.

93. Ko je nepravedniji od onoga koji laži o Allahu iznosi ili koji govori: "Objavljuje mi se." – a ništa mu se ne objavljuje, ili koji kaže: "I ja ću reći isto onako kao što Allah objavljuje." A da ti je vidjeti nevjernike u smrtnim mukama, kada meleki budu ispružili ruke svoje prema njima: "Spasite se ako možete! Od sada ćete neizdržljivom kaznom biti kažnjeni zato što ste na Allaha ono što nije istina iznosili i što ste se prema dokazima Njegovim oholo ponašali."

94. A doći ćete Nam pojedinačno, onakvi kakve smo vas prvi put stvorili, napustivši dobra koja smo vam bili darovali. "Mi ne vidimo s vama božanstva vaša koja ste Njemu ravnim smatrali, pokidane su veze među vama i nema vam onih koje ste posrednicima držali."

95. Allah čini da zrnje i košpice prokliju. On iz neživa izvodi živo, iz živa neživo – to vam je, eto, Allah, pa kuda se onda odmećete?

96. On čini da zora sviće, On je noć odredio za počinak, a Sunce i Mjesec za računanje vremena. – To je odredba Silnoga, Sveznajućeg.

97. On vam je stvorio zvijezde da se po njima u mraku upravljate, na kopnu i moru. – Mi potanko objašnjavamo znamenja Naša ljudima koji znaju.

98. On vas stvara od jednog čovjeka da na Zemlji živite i da u njoj sahranjeni budete. – Mi potanko pružamo dokaze ljudima koji razumiju.

99. On vodu s neba spušta, pa Mi onda činimo da pomoću nje niču sve vrste bilja i da iz njega izrasta zelenilo, a iz njega klasje gusto, i iz palmi, iz zametka njihova, grozdovi koje je lahko ubrati, i vrtovi lozom zasađeni, naročito masline i šipci, slični i različiti. Posmatrajte, zato, plodove njihove, kad se tek pojave i kad zriju. To je zaista dokaz za ljude koji vjeruju.

100. Nevjernici smatraju džine ravne Allahu, a On je njih stvorio, i izmislili su, ne misleći šta govore, da On ima sinove i kćeri. Hvaljen neka je On i vrlo visoko iznad onoga kako Ga oni opisuju!

101. On je Stvoritelj nebesa i Zemlje! Otkud Njemu dijete kad nema žene? On sve stvara, i samo On sve zna.

102. To vam je Allah, Gospodar vaš, nema drugog boga osim Njega, Stvoritelja svega, zato se Njemu klanjajte – On nad svim bdi!

103. Pogledi do Njega ne mogu doprijeti, a On do pogleda dopire. – On je milostiv i upućen u sve.

104. "Od Gospodara vašeg dolaze vam dokazi, pa onaj ko ih usvaja – u svoju korist to čini, a onaj ko je slijep – na svoju štetu je slijep, a ja nisam vaš čuvar."

105. I eto tako, Mi na razne načine izlažemo dokaze da bi oni rekli: "Ti si učio!" i da bismo to objasnili ljudima koji hoće da znaju.

106. Ti ono što ti Gospodar tvoj objavljuje slušaj – drugog boga osim Njega nema! – i mnogobošce izbjegavaj.

107. Da Allah hoće, oni ne bi druge Njemu ravnim smatrali, a Mi tebe nismo čuvarom njihovim učinili niti si ti njihov staratelj.

108. Ne grdite one kojima se oni, pored Allaha, klanjaju, da ne bi i oni nepravedno i ne misleći šta govore Allaha grdili. – Kao i ovima, tako smo svakom narodu lijepim postupke njihove predstavljali. Oni će se, na kraju, Gospodaru svome vratiti, pa će ih On o onom što su radili obavijestiti.

109. Oni se zaklinju Allahom, najtežom zakletvom, da će, ako im dođe čudo, sigurno, zbog njega vjernici postati. Reci: "Sva čuda su samo u Allaha!" A odakle vi znate da će oni, kad bi im ono došlo, vjernici postati,

110. i da Mi srca njihova i oči njihove nećemo zapečatiti, i da neće vjerovati kao što ni prije nisu vjerovali, i da ih nećemo ostaviti da u zabludi svojoj lutaju smeteni?

111. Kada bismo im meleke poslali, i kad bi im mrtvi progovorili, i kad bismo pred njih očigledno sve dokaze sabrali – oni opet ne bi vjerovali, osim ako bi Allah htio, ali većina njih ne zna.

112. Tako smo svakom vjerovjesniku neprijatelje određivali, šejtane u vidu ljudi i džina koji su jedni drugima kićene besjede govorili da bi ih obmanuli – a da je Gospodar tvoj htio, oni to ne bi učinili; zato ti ostavi njih, i ono što izmišljaju –

113. i da bi srca onih koji u Onaj svijet ne vjeruju bila sklona tome i zadovoljna time, i da bi počinili grijehe koje su počinili.

114. Zašto da pored Allaha tražim drugog sudiju, kad vam On objavljuje Knjigu potanko? A oni kojima smo Mi dali Knjigu dobro znaju da Kur'an objavljuje Gospodar tvoj istinito, zato ti ne sumnjaj nikako!

115. Riječi Gospodara tvoga su vrhunac istine i pravde. Njegove riječi niko ne može promijeniti i On sve čuje i sve zna.

116. Ako bi se ti pokoravao većini onih koji žive na Zemlji, oni bi te od Allahova puta odvratili; oni se samo za pretpostavkama povode i oni samo neistinu govore.

117. Gospodaru tvom su dobro poznati oni koji su skrenuli s Njegovoga puta i On dobro zna one koji su na Pravome putu.

118. Zato jedite ono pri čijem klanju je spomenuto Allahovo ime, ako vjerujete u Njegove ajete.

119. A zašto da ne jedete ono pri čijem klanju je spomenuto Allahovo ime kad vam je On objasnio šta vam je zabranio – osim kad ste u nevolji; mnogi, prema prohtjevima svojim, nemajući za to nikakva dokaza, zavode druge u zabludu. A Gospodar tvoj dobro zna one koji u zlu prelaze svaku mjeru.

120. Ne griješite ni javno ni tajno! Oni koji griješe sigurno će biti kažnjeni za ono što su zgriješili.

121. Ne jedite ono pri čijem klanju nije spomenuto Allahovo ime, to je, uistinu, grijeh! A šejtani navode štićenike svoje da s vama raspravljaju, pa ako biste im se pokorili, i vi biste, sigurno mnogobošci postali.

122. Zar je onaj koji je bio u zabludi, a kome smo Mi dali život i svjetlo pomoću kojeg se među ljudima kreće, kao onaj koji je u tminama iz kojih ne izlazi? A nevjernicima se čini lijepim to što oni rade.

123. I isto tako Mi učinismo da u svakom gradu velikaši postanu grješnici i da u njemu zamke postavljaju, ali oni samo sebi zamke postavljaju, a da i ne primjećuju.

124. A kada njima dokaz dolazi, oni govore: "Mi nećemo vjerovati sve dok se i nama ne da nešto slično što je Allahovim poslanicima dato." A Allah dobro zna kome će povjeriti poslanstvo Svoje. One koji griješe sigurno će stići od Allaha poniženje i patnja velika zato što spletkare.

125. Onome koga Allah želi uputiti – On srce njegovo prema islamu raspoloži, a onome koga želi u zabludi ostaviti – On srce njegovo stegne i umornim učini kao kad čini napor da na nebo uzleti. Eto, tako Allah one koji ne vjeruju bez podrške ostavi.

126. Ovo je Pravi put Gospodara tvoga. A Mi objašnjavamo dokaze ljudima koji pouku primaju.

127. Njih čeka Kuća blagostanja u Gospodara njihova; On će biti zaštitnik njihov zbog onoga što su činili.

128. A na Dan kada On sve sakupi: "O skupe šejtanski, vi ste mnoge ljude zaveli!" "Gospodaru naš," – reći će ljudi, štićenici njihovi – "mi smo jedni drugima bili od koristi i stigli smo do roka našeg koji si nam odredio Ti!" "Vatra će biti prebivalište vaše" – reći će On – "u njoj ćete vječno ostati, osim ako Allah drugačije ne odredi." Gospodar tvoj je zaista Mudri i Sveznajući.

129. Tako isto Mi prepuštamo vlast jednim silnicima nad drugim zbog onoga što su zaradili.

130. "O skupe džinski i ljudski, zar vam iz redova vas samih poslanici nisu dolazili koji su vam ajete Moje kazivali i upozoravali vas da ćete ovaj vaš dan dočekati?" Oni će reći: "Mi to priznajemo na svoju štetu." Njih je život na Zemlji bio obmanuo i oni će sami protiv sebe posvjedočiti da su bili nevjernici.

131. Tako je, jer Gospodar tvoj nije uništavao sela i gradove zbog zuluma njihova – bez prethodne opomene njihovim stanovnicima.

132. Svima će pripasti nagrada ili kazna, već prema tome kako su postupali, jer je Gospodar tvoj bdio nad onim što su radili.

133. Gospodar tvoj je neovisan i pun milosti. Ako hoće, vas će ukloniti, i poslije vas one koje On hoće dovesti, kao što je od potomstva drugih naroda vas stvorio.

134. Ono čime vam se prijeti doista će doći i vi nećete stići umaći!

135. Reci: "O narode moj, činite sve što možete, a činit ću i ja; saznat ćete vi već koga čeka sretan kraj!" Nasilnici, sigurno, neće uspjeti.

136. Oni određuju za Allaha dio ljetine i dio stoke, koju je On stvorio, pa govore: "Ovo je za Allaha," – tvrde oni – "a ovo za božanstva naša!" Međutim, ono što je namijenjeno božanstvima njihovim ne stiže Allahu, dok ono što je određeno za Allaha stiže božanstvima njihovim. Kako ružno oni sude!

137. Mnogim mnogobošcima su tako isto šejtani njihovi ubijanje vlastite djece lijepim prikazali da bi ih upropastili i da bi ih u vjeri njihovoj zbunili. A da je Allah htio, oni to ne bi činili. Zato i njih i njihove izmišljotine ostavi!

138. Oni govore: "Ova i ova stoka i ti i ti usjevi su zabranjeni, smiju ih jesti samo oni kojima mi dozvolimo," – tvrde oni – "a ove i ove kamile je zabranjeno jahati." Ima stoke prilikom čijeg klanja ne spominju Allahovo ime, izmišljajući o Njemu laži. A On će ih, sigurno, zbog onoga što izmišljaju kazniti.

139. Oni govore: "Ono što je u utrobama ove i ove stoke dozvoljeno je samo muškarcima našim, a zabranjeno ženama našim. A ako se plod izjalovi, onda su u tome sudionici." – Allah će ih za neistine njihove koje oni pričaju kazniti, On je Mudri i Sveznajući.

140. Oni koji iz lahkoumnosti i ne znajući šta rade djecu svoju ubijaju i koji ono čime ih je Allah opskrbio zabranjenim smatraju, govoreći neistine o Allahu, sigurno će nastradati. Oni su zalutali i oni ne znaju šta rade.

141. On je Taj Koji stvara vinograde, poduprte i nepoduprte, i palme i usjeve različita okusa, i masline i šipke, slične i različite – jedite plodove njihove kad plod dadu, i podajte na dan žetve i berbe ono na šta drugi pravo imaju, i ne rasipajte, jer On ne voli rasipnike,

142. i stoku koja se tovari i kolje – jedite dio onoga čime vas Allah opskrbljuje, a ne slijedite šejtanove korake, jer vam je on pravi neprijatelj,

143. i to osam vrsta: par ovaca i par koza – Reci: "Da li je On zabranio mužjake ili ženke ili ono što se nalazi u utrobama ženki?" Kažite mi i dokažite, ako je istina to što govorite –

144. i par kamila i par goveda. Reci: "Da li je On zabranio mužjake ili ženke ili ono što se nalazi u utrobama ženki? Da li ste vi bili prisutni kad vam je Allah to propisao?" – Ima li onda nepravednijeg od onoga koji, ne znajući istinu, izmišlja laži o Allahu da bi ljude u zabludu doveo. Allah, sigurno, neće ukazati na Pravi put ljudima koji su nepravedni.

145. Reci: "Ja ne vidim u ovome što mi se objavljuje da je ikome zabranjeno jesti ma šta drugo osim strvi, ili krvi koja istječe, ili svinjskog mesa – to je doista pogano – ili što je kao grijeh zaklano u nečije drugo, a ne u Allahovo ime." A onome ko bude primoran, ali ne iz želje, samo toliko da glad utoli, Gospodar tvoj će doista oprostiti i milostiv biti.

146. Jevrejima smo sve životinje koje imaju kopita ili kandže zabranili, a od goveda i brava njihov loj, osim onog s leđa ili s crijeva, ili onog pomiješanog s kostima. Time smo ih zbog zuluma njihova kaznili – i Mi, zaista, govorimo istinu.

147. A ako ti oni ne budu vjerovali, ti reci: "Gospodar vaš je neizmjerno milostiv, ali kazna Njegova neće mimoići narod grješni."

148. Mnogobošci će govoriti: "Da je Allah htio, mi ne bismo druge Njemu ravnim smatrali, a ni preci naši, niti bismo išta zabranjenim učinili." Tako isto su oni prije njih poricali, sve dok Našu kaznu nisu iskusili. Reci: "Imate li kakav dokaz da nam ga iznesete? Vi se samo za pretpostavkama povodite i vi samo neistinu govorite."

149. Reci: "Allah ima potpun dokaz, i da On hoće, svima bi na Pravi put ukazao!"

150. Reci: "Dovedite te svoje svjedoke, one koji će posvjedočiti da je Allah to zabranio!" Pa ako oni posvjedoče, ti im nemoj povjerovati i ne povodi se za željama onih koji Naše dokaze drže lažnim i koji u Onaj svijet ne vjeruju i koji druge Gospodaru svome ravnim smatraju.

151. Reci: "Dođite da vam kažem šta vam Gospodar vaš propisuje: da Njemu nikoga ravnim ne smatrate, da roditeljima dobro činite, da djecu svoju, zbog neimaštine, ne ubijate – Mi i vas i njih hranimo – ne približujte se nevaljalštinama, bile javne ili tajne; ne ubijajte onog koga je Allah zabranio ubiti, osim kada to pravda zahtijeva – eto, to vam On preporučuje da biste razmislili –

152. i da se imetku siročeta ne približavate, osim na najljepši način, sve dok punoljetno ne postane, i da krivo na litru i na kantaru ne mjerite – Mi nikoga preko njegove mogućnosti ne zadužujemo – i kad govorite, da krivo ne govorite, pa makar se ticalo i srodnika, i da obaveze prema Allahu ne kršite – eto to vam On naređuje da biste to na umu imali.

153. I doista, ovo je Pravi put moj, pa se njega držite i druge puteve ne slijedite, pa da vas odvoje od puta Njegova – eto to vam On naređuje, da biste se grijeha klonili."

154. Mi smo Musau Knjigu dali da učinimo potpunom blagodat onome koji će prema njoj postupati i kao objašnjenje svemu i uputu i milost da bi oni povjerovali da će pred Gospodara svoga stati.

155. A ova Knjiga koju objavljujemo jeste blagoslovljena, zato je slijedite i grijeha se klonite da bi vam se milost ukazala,

156. i zato da ne kažete: "Knjiga je objavljena dvjema vjeroispovijestima prije nas, ali mi ne znamo da je čitamo kao oni."

157. i da ne kažete: "Da je Knjiga objavljena nama, bolje bismo se od njih držali Pravoga puta." Pa objavljuje vam se, eto, od Gospodara vašeg jasan dokaz i uputstvo i milost; i ima li, onda, nepravednijeg od onoga koji Allahove dokaze ne priznaje i od njih se okreće? A Mi ćemo teškom mukom kazniti one koji od dokaza naših odvraćaju zato što to stalno čine.

158. Zar oni čekaju da im meleki dođu, ili kazna Gospodara tvoga, ili neki predznaci od Gospodara tvoga? Onoga dana kada neki predznaci od Gospodara tvoga dođu, nijednom čovjeku neće biti od koristi to što će tada vjerovati, ako prije nije vjerovao ili ako nije, kao vjernik, kakvo dobro uradio. Reci: "Samo vi čekajte, i mi ćemo, doista, čekati!"

159. Tebe se ništa ne tiču oni koji su vjeru svoju raskomadali i u stranke se podijelili, Allah će se za njih pobrinuti. On će ih o onome što su radili obavijestiti.

160. Ko uradi dobro djelo, bit će deseterostruko nagrađen; a ko uradi hrđavo djelo, bit će samo prema zasluzi kažnjen, i neće im se učiniti nepravda.

161. Reci: "Mene je Gospodar moj na Pravi put uputio, u pravu vjeru, vjeru Ibrahima pravovjernika, a on nije bio idolopoklonik."

162. Reci: "Klanjanje moje, i obredi moji, i život moj, i smrt moja doista su posvećeni Allahu, Gospodaru svjetova,

163. Koji nema saučesnika – to mi je naređeno i ja sam prvi musliman."

164. Reci: "Zar da za Gospodara tražim nekog drugog osim Allaha, kad je On Gospodar svega? Što god ko uradi, sebi uradi, i svaki grješnik će samo svoje breme nositi. Na kraju Gospodaru svome ćete se vratiti i On će vas o onome u čemu ste se razilazili obavijestiti.

165. On čini da jedni druge na Zemlji smjenjujete i On vas po položaju jedne iznad drugih uzdiže da bi vas iskušao u onome što vam daje. Gospodar tvoj, zaista, brzo kažnjava, ali On, doista, prašta i samilostan je."

SURA 7

El-A'rāf – Bedemi
(Mekka – 206 ajeta)

U ime Allaha, Milostivog, Samilosnog!

1. Elif Lām Mīm Sād.

2. Objavljuje ti se Knjiga – i neka ti u grudima ne bude nikakve tegobe zbog nje – da njome opominješ i da vjernicima bude pouka.

3. Slijedite ono što vam se od Gospodara vašeg objavljuje i ne uzimajte, pored Njega, nekog drugog kao zaštitnika! – A kako vi malo pouku primate!

4. Koliko smo Mi samo gradova razorili! I kazna Naša im je dolazila noću i danju kad bi prilegli,

5. a kada bi ih kazna Naša zadesila, jadikovanje njihovo se svodilo samo na riječi: "Nasilnici smo, zaista, bili!"

6. I sigurno ćemo pitati one kojima smo poslanike slali, a pitat ćemo, doista, i poslanike,

7. i izložit ćemo im, pouzdano, sve što o njima znamo, jer Mi nismo odsutni bili.

8. Mjerenje toga Dana bit će pravedno: oni čija dobra djela prevagnu, oni će šta žele postići;

9. a oni čija dobra djela budu lahka, oni će – zato što dokaze Naše nisu priznavali – stradati.

10. Mi smo vas na Zemlji smjestili i na njoj vam sve što je potrebno za život dali. – A kako vi malo zahvaljujete!

11. Mi smo Adema stvorili i onda mu oblik dali, a poslije melekima rekli: "Poklonite mu se!" – i oni su se poklonili, osim Iblisa, on se nije htio pokloniti.

12. "Zašto se nisi poklonio kad sam ti naredio?" – upita On. "Ja sam bolji od njega: mene si od vatre stvorio, a njega od ilovače." – odgovori on.

13. "E onda izlazi iz Dženneta," – reče On – "ne priliči ti da u njemu prkosiš! Izlazi, ti si, zaista, od onih prezrenih!"

14. "Daj mi vremena do Dana njihova oživljenja!" – zamoli on.

15. "Daje ti se vremena!" – reče On.

16. "E zato što si odredio pa sam u zabludu pao," – reče – "kunem se da ću ih na Tvom Pravom putu presretati,

17. pa ću im sprijeda, i straga, i zdesna i slijeva prilaziti, i Ti ćeš ustanoviti da većina njih neće zahvalna biti!"

18. "Izlazi iz njega, pokuđen i ponižen!" – reče On. "Tobom i svima onima koji se budu povodili za tobom doista ću Džehennem napuniti!

19. A ti, o Ademe, i žena tvoja u Džennetu stanujte i odakle god hoćete jedite, samo se ovom drvetu ne približujte, da se prema sebi ne ogriješite!"

20. I šejtan im poče bajati da bi im otkrio stidna mjesta njihova, koja su im skrivena bila, i reče: "Gospodar vaš vam zabranjuje ovo drvo samo zato da ne biste meleki postali ili da ne biste besmrtni bili."

21. I zaklinjaše im se: "Ja sam vam, zaista, savjetnik iskreni!"

22. I na prevaru ih zavede. A kad oni drvo okusiše, stidna mjesta njihova im se ukazaše i oni po sebi džennetsko lišće stavljati počeše. "Zar vam to drvo nisam zabranio!?" – zovnu ih Gospodar njihov – "I rekao vam: 'Šejtan vam je, zbilja, otvoreni neprijatelj.'"

23. "Gospodaru naš," – rekoše oni – "sami smo sebi krivi, i ako nam Ti ne oprostiš i ne smiluješ nam se, sigurno ćemo biti izgubljeni."

24. "Izlazite," – reče On – "jedni drugima bit ćete neprijatelji! Na Zemlji ćete boraviti i do smrti ostati.

25. Na njoj ćete živjeti, na njoj ćete umirati i iz nje oživljeni biti." – reče On.

26. O sinovi Ademovi, dali smo vam odjeću koja će pokrivati stidna mjesta vaša, a i raskošna odijela, ali odjeća čestitosti, to je ono najbolje. – To su neki Allahovi dokazi da bi se oni opametili.

27. O sinovi Ademovi, neka vas nikako ne zavede šejtan kao što je roditelje vaše iz Dženneta izveo, skinuvši s njih odjeću njihovu da bi im stidna mjesta njihova pokazao! On vas vidi, on i vojske njegove, odakle vi njih ne vidite. Mi smo učinili šejtane zaštitnicima onih koji ne vjeruju.

28. A kada urade neko ružno djelo, govore: "Zatekli smo pretke naše da to rade, a i Allah nam je to zapovijedio." Reci: "Allah ne zapovijeda da se rade ružna djela! Zašto o Allahu govorite ono što ne znate?"

29. Reci: "Gospodar moj naređuje – pravednost. I obraćajte se samo Njemu kad god obavljate molitvu, i molite Mu se iskreno Mu ispovijedajući vjeru! Kao što vas je iz ničega stvorio, tako će vas ponovo oživiti."

30. On jednima na Pravi put ukazuje, a druge, s pravom, u zabludi ostavlja, jer oni, mjesto Allaha, šejtane za zaštitnike uzimaju i misle da dobro rade.

31. O sinovi Ademovi, lijepo se obucite kad hoćete molitvu obaviti! I jedite i pijte, samo ne pretjerujte. On ne voli one koji pretjeruju.

32. Reci: "Ko je zabranio Allahove ukrase, koje je On za robove Svoje stvorio, i ukusna jela?" Reci: "Ona su za vjernike na ovome svijetu, a na Onome svijetu su samo za njih." Eto, tako Mi podrobno izlažemo dokaze ljudima koji znaju.

33. Reci: "Gospodar moj zabranjuje razvrat, i javni i potajni, i grijehe, i neopravdanu primjenu sile, i da Allahu smatrate ravnim one za koje On nikakav dokaz objavio nije, i da o Allahu govorite ono što ne znate."

34. Svaki narod ima svoj kraj, i kad dođe njegov kraj, neće ga moći ni za tren jedan ni odložiti ni ubrzati.

35. O sinovi Ademovi, kad vam između vas samih budu dolazili poslanici koji će vam propise Moje objašnjavati – onda se oni koji se budu Allaha bojali i dobra djela činili neće ničega bojati niti će za bilo čim tugovati.

36. A oni koji dokaze Naše budu poricali, i od njih se budu oholo okretali, bit će stanovnici u vatri, u njoj će vječno ostati.

37. Ima li, onda, nepravednijeg od onoga koji o Allahu govori laži i ne priznaje Njegove riječi? Takvi će dobiti sve ono što im je zapisano. Ali kada im izaslanici Naši dođu da im dušu uzmu, upitat će: "A gdje su oni kojima ste se, umjesto Allahu, klanjali?" "Izgubili su nam se." – odgovorit će i sami protiv sebe posvjedočiti da su nevjernici bili.

38. "Ulazite u Džehennem s narodima, sa džinima i ljudima koji su prije vas bili i nestali!" – reći će On. I kad god neki narod uđe, proklinjat će onaj za kojim se u nevjerovanju poveo. A kad se svi u njemu iskupe, tada će običan puk reći o glavešinama svojim: "Gospodaru naš, ovi su nas u zabludu odveli, zato im podaj dvostruku patnju u vatri!" "Za sve će biti dvostruka," – reći će On – "ali vi ne znate."

39. A glavešine će reći običnom puku: "Pa vi nemate nikakve prednosti pred nama!" Zato iskusite patnju za ono što ste radili.

40. Onima koji dokaze Naše budu poricali i prema njima se budu oholo odnosili – kapije nebeske neće se otvoriti, i prije će debelo uže kroz iglene uši proći nego što će oni u Džennet ući. Eto tako ćemo Mi grješnike kazniti.

41. U Džehennemu će im ležaj i pokrivači od vatre biti. Eto tako ćemo Mi nevjernike kazniti.

42. A oni koji budu vjerovali i dobra djela činili – Mi nikog ne zadužujemo preko njegovih mogućnosti – bit će stanovnici Dženneta, u njemu će vječno ostati.

43. Iz njihovih grudi ćemo zlobu odstraniti; ispred njih će rijeke teći i oni će govoriti: "Hvaljen neka je Allah Koji nas je na Pravi put uputio, mi ne bismo na Pravome putu bili da nas Allah nije uputio – poslanici Gospodara našeg su zaista istinu donosili!" i njima će se doviknuti: "Taj Džennet ste u nasljedstvo dobili za ono što ste činili!"

44. I stanovnici Dženneta će stanovnike vatre dozivati: "Mi smo našli da je istinito ono što nam je Gospodar naš obećao, da li ste i vi našli da je istinito ono čime vam je Gospodar vaš prijetio?" "Jesmo!" – odgovorit će. A onda će jedan glasnik među njima, da ga i jedni i drugi čuju, viknuti: "Neka Allahovo prokletstvo ostane nad onima koji su se prema sebi ogriješili,

45. koji su od Allahovoga puta odvraćali i nastojali ga iskriviti, i koji u Onaj svijet nisu vjerovali!"

46. Između njih bit će bedem, a na vrhovima ljudi koji će svakoga po obilježju njegovome poznati. I oni će stanovnicima Dženneta viknuti: "Mir vama!" – dok još ne uđu u njega, a jedva će čekati.

47. A kada im pogledi skrenu prema stanovnicima Džehennema, uzviknut će: "Gospodaru naš, ne daj nam da budemo s narodom grješnim!"

48. Oni koji će po vrhovima bedema biti zovnut će neke ljude, koje će po obilježju njihovom poznati, i reći će: "Šta vam koristi ono što ste zgrtali i to što ste se oholo držali?

49. Zar nisu ovo oni za koje ste se zaklinjali da ih Allahova milost neće stići?" – a Allah im je rekao: "Uđite u Džennet, nikakva straha za vas neće biti, i ni za čim vi nećete tugovati!"

50. I stanovnici vatre dozivat će stanovnike Dženneta: "Prolijte na nas vode ili nešto od onoga čime vas je Allah obdario!" – a oni će reći: "Allah je to dvoje nevjernicima zabranio,

51. kojima je vjera njihova bila igra i zabava i koje je život na Zemlji bio obmanuo." – Sada ćemo Mi njih zaboraviti, zato što su zaboravljali da će na ovaj Dan pred Nama stajati i zato što su dokaze Naše poricali.

52. A Mi ovima Knjigu objavljujemo, koju smo kako Mi znamo objasnili, da bude putokaz i milost ljudima koji budu vjerovali.

53. Čekaju li oni da se obistine prijetnje njene? Onoga dana kada se obistine, reći će oni koji su na njih prije zaboravili: "Istinu su poslanici Gospodara našeg donosili! Da nam je zagovornika kakva, pa da se za nas zauzme ili da nam je da budemo vraćeni, pa da postupimo drukčije nego što smo postupili!" Ali, oni su sami sebe upropastili, a neće im biti ni onih koje su izmišljali.

54. Gospodar vaš je Allah Koji je nebesa i Zemlju u šest vremenskih razdoblja stvorio, a onda svemirom zagospodario. On tamom noći prekriva dan koji ga u stopu prati – a Sunce i Mjesec i zvijezde se pokoravaju Njegovoj volji. Samo On stvara i upravlja! Uzvišen neka je Allah, Gospodar svjetova!

55. Molite se ponizno i u sebi Gospodaru svome, ne voli On one koji se previše glasno mole.

56. I ne pravite nered na Zemlji, kad je na njoj red uspostavljen, a Njemu se molite sa strahom i nadom; milost Allahova je doista blizu onih koji dobra djela čine.

57. On je Taj Koji šalje vjetrove kao radosnu vijest milosti Svoje; a kad oni pokrenu teške oblake, Mi ih prema mrtvom predjelu potjeramo, pa na njega kišu spustimo i učinimo da uz njenu pomoć rastu plodovi svakovrsni – isto ćemo tako mrtve oživiti, opametite se!

58. U plodnom predjelu raste bilje voljom Gospodara njegova, a u neplodnom tek s mukom. Eto, tako Mi, na razne načine, ponavljamo dokaze ljudima koji zahvaljuju.

59. Mi smo poslali Nuha narodu njegovu. "O narode moj," – govorio je on – "Allahu se klanjajte, vi drugog boga osim Njega nemate! Ja se doista plašim za vas patnje na Velikom danu!"

60. A glavešine naroda njegova su odgovarale: "Mi smatramo da si ti u pravoj zabludi."

61. "O narode moj," – govorio je on – "nisam ja ni u kakvoj zabludi, nego sam poslanik Gospodara svjetova;

62. poslanice Gospodara svoga vam dostavljam i savjete vam upućujem, a ja od Allaha znam ono što vi ne znate.

63. Zar vam je čudno što vam pouka od Gospodara vašeg dolazi po čovjeku, jednom od vas, da vas opominje, da biste se grijeha klonili i pomilovani bili?"

64. Ali, oni su ga lažnim smatrali, pa smo njega i one koji su bili uz njega u lađi spasili, a one koji u dokaze Naše nisu vjerovali potopili. – Uistinu, oni su pravi slijepci bili.

65. A Adu – njegova brata Huda. "O narode moj," – govorio je on – "Allahu robujte, vi drugog boga osim Njega nemate, zar se ne bojite?"

66. Glavešine naroda njegova, koje nisu vjerovale, odgovarale su: "Mi smatramo da si ti doista neznalica i mi mislimo da si ti zaista lažac."

67. "O narode moj," – govorio je on – "nisam ja neznalica, nego sam Gospodara svjetova poslanik;

68. dostavljam vam poslanice Gospodara svoga, i ja sam vam iskren savjetnik.

69. Zar vam je čudno što vam pouka od Gospodara vašeg dolazi po čovjeku, jednom od vas, da vas opominje? Sjetite se da vas je On nasljednicima Nuhova naroda učinio; to što ste krupna rasta – Njegovo je djelo. I neka su vam zato uvijek na umu Allahove blagodati, da biste postigli ono što budete željeli."

70. "Zar si nam došao zato da se jedino Allahu klanjamo, a da one kojima su se klanjali preci naši napustimo?" – govorili su oni. "Učini da nas snađe to čime nam prijetiš, ako je istina to što govoriš!"

71. "Već će vas stići kazna i gnjev Gospodara vašeg!" – govorio je on. "Zar sa mnom da se prepirete o imenima nekakvim kojima ste ih vi i preci vaši nazvali, a kojima Allah nikakav dokaz nije objavio? Zato čekajte, i ja ću s vama čekati!"

72. I Mi smo iz milosti Naše njega i one koji su bili uz njega spasili, a do posljednjeg istrijebili one koji dokaze Naše nisu priznavali i koji nisu vjerovali.

73. A Semudu – njegova brata Saliha. "O narode moj," – govorio je on – "Allahu se klanjajte, vi drugog boga osim Njega nemate! Evo vam znak od Gospodara vašeg: ova Allahova kamila za vas je znak. Pustite je neka pase po Allahovoj zemlji i ne zlostavljajte je pa da vas patnja nesnosna stigne!

74. I sjetite se da ste Njegovom voljom postali nasljednici Ada i da vas je On na Zemlji nastanio; u ravnicama njezinim palate gradite, a u brdima kuće klešete. I neka su vam uvijek na umu Allahove blagodati, i ne činite zlo po Zemlji nered praveći!"

75. A glavešine naroda njegova, one koje su se oholile, upitaše potlačene, one među njima koji su vjerovali: "Vjerujete li vi da je Salih poslan od Gospodara svoga?" "Mi, uistinu, vjerujemo u sve ono što je po njemu objavljeno." – odgovoriše oni.

76. "A mi, doista, ne vjerujemo u to u što vi vjerujete." – rekoše oni koji su bili oholi.

77. I zaklaše onu kamilu, i zapovijed Gospodara svoga ne poslušaše i rekoše: "O Salih, učini da nas snađe to čime prijetiš, ako si poslanik."

78. I zadesi ih strašan potres i oni u zemlji svojoj osvanuše mrtvi, nepomični,

79. a on ih je već bio napustio i rekao: "O narode moj, prenio sam vam poslanicu Gospodara svoga i opominjao sam vas, ali vi ne volite one koji opominju."

80. I Luta – kad reče narodu svome: "Zašto činite razvrat koji niko prije vas na svijetu nije činio?

81. Vi sa strašću prilazite muškarcima umjesto ženama. Ta vi ste narod koji sve granice zla prelazi!"

82. A odgovor naroda njegova glasio je: "Istjerajte ih iz grada vašeg, oni su ljudi čistunci!"

83. I Mi smo njega i porodicu njegovu spasili, osim žene njegove – ona je ostala sa onima koji su kaznu iskusili.

84. I na njih smo kišu spustili, pa pogledaj kako su razvratnici skončali.

85. A Medjenu – njegova brata Šuajba. "O narode moj," – govorio je on – "Allahu se klanjajte, vi drugog boga osim Njega nemate! Dolazi vam jasan dokaz od Gospodara vašeg, zato pravo na litri i na kantaru mjerite i ljudima stvari njihove ne zakidajte, i red na Zemlji ne remetite kad je već na njoj uspostavljen red. To je bolje za vas ako vjerujete.

86. I ne postavljajte zasjede na Ispravnom putu, prijeteći i od Allahova puta odvraćajući one koji u Njega vjeruju, želeći krivi put. I sjetite se kada vas je bilo malo i da vas je On umnožio, a pogledajte kako su skončali oni koji su nered pravili.

87. I ako jedni od vas vjeruju u ono što je po meni poslano a drugi ne vjeruju, pa pričekajte dok nam Allah ne presudi, jer On je sudija najbolji!"

88. Glavešine naroda njegova, one koje su bile ohole, rekoše: "Ili ćete bezuvjetno vjeru našu prihvatiti ili ćemo mi, o Šuajbe, i tebe i one koji s tobom vjeruju iz grada našeg istjerati." "Zar i protiv naše volje!?" – reče on.

89. "Ako bismo vjeru vašu prihvatili nakon što nas je Allah spasio nje, na Allaha bismo laž iznijeli. Mi je ne trebamo prihvaćati, to neće Allah, Gospodar naš, jer Gospodar naš znanjem Svojim sve obuhvaća; u Allaha se uzdamo! Gospodaru naš, Ti presudi nama i narodu našem po pravdi, Ti si sudija najpravedniji!"

DŽUZ' IX

90. A glavešine naroda njegova, one koje nisu vjerovale, rekoše: "Ako pođete za Šuajbom, bit ćete sigurno izgubljeni."

91. I zadesi ih potom strašan potres i oni osvanuše u zemlji svojoj mrtvi, nepomični.

92. Oni koji su smatrali Šuajba lašcem – kao da nikada u njoj nisu ni bili; oni koji su smatrali Šuajba lašcem – oni su nastradali.

93. A on ih je već bio napustio i rekao: "O narode moj, prenio sam vam poslanice Gospodara svoga i savjetovao vas, pa zašto da tugujem za narodom nevjerničkim!?"

94. I Mi nijednog vjerovjesnika u neki grad nismo poslali a da stanovnike njegove neimaštinom i bolešću nismo kaznili da bi se pokajali.

95. Poslije bismo kaznu blagostanjem zamijenili dok se ne bi umnožili i rekli: "I naše su pretke pogađale i žalosti i radosti!" – i tada bismo ih, da oni ne predosjete, neočekivano kaznili.

⁹⁶· A da su stanovnici sela i gradova vjerovali i grijeha se klonili, Mi bismo im blagoslove i s neba i iz zemlje slali – ali oni su poricali, pa smo ih kažnjavali za ono što su zaradili.

⁹⁷· A zar su stanovnici sela i gradova sigurni da ih Naša kazna neće snaći noću dok budu spavali?

⁹⁸· Ili su stanovnici sela i gradova sigurni da ih Naša kazna neće stići danju dok se budu zabavljali?

⁹⁹· Zar oni mogu biti sigurni od Allahove kazne? Allahove kazne se ne boji samo narod kome propast predstoji.

¹⁰⁰· Zar nije jasno onima koji nasljeđuju zemlju prijašnjih stanovnika njezinih da ćemo i njih, ako budemo htjeli, zbog grijehova njihovih kazniti i srca njihova zapečatiti, pa savjet neće poslušati?

¹⁰¹· O tim gradovima Mi ti neke događaje njihove kazujemo. Poslanici njihovi su im jasne dokaze donosili, ali oni nisu htjeli povjerovati u ono u što prije nisu vjerovali. Eto tako Allah srca nevjernika zapečati.

¹⁰²· A Mi smo znali da se većina njih zavjeta neće držati, i znali smo da će većinom, doista, grješnici biti.

¹⁰³· Zatim smo, poslije njih, poslali Musaa faraonu i glavešinama njegovim sa dokazima Našim, ali oni u njih nisu povjerovali, pa pogledaj kako su skončali oni koji su nered činili.

¹⁰⁴· I Musa reče: "O faraone, ja sam poslanik Gospodara svjetova!

105. Dužnost mi je da o Allahu samo istinu kažem. Donio sam vam jasan dokaz od Gospodara vašeg, zato pusti da idu sa mnom sinovi Israilovi!”

106. “Ako si donio kakav dokaz,” – reče – “pokaži ga, ako istinu govoriš.”

107. I on baci svoj štap – kad on prava zmijurina;

108. i izvadi ruku svoju – ona za prisutne postade bijela.

109. Glavešine naroda faraonova povikaše: “Ovaj je, doista, vješt čarobnjak,

110. on hoće da vas izvede iz zemlje vaše, pa šta predlažete?”

111. “Zadrži njega i brata njegova,” – rekoše – “a pošalji u gradove one koji će sakupljati,

112. preda te će sve vješte čarobnjake dovesti.”

113. I faraonu čarobnjaci dođoše. “Da li ćemo, doista, nagradu dobiti ako budemo pobjednici?” – upitaše.

114. “Da” – reče – “i bit ćete mi, zaista, bliski.”

115. “O Musa,” – rekoše onda – “hoćeš li ti ili ćemo mi baciti?”

116. “Bacite vi!” – reče on. I kad oni baciše, oči ljudima začaraše i jako ih prestrašiše i vradžbinu veliku prirediše.

117. I Mi naredismo Musau: “Baci štap svoj!” – i on odjednom proguta sve ono čime su oni bili obmanu izveli.

118. I tako istina na vidjelo izbi i pokaza se da je bilo lažno ono što su oni priredili,

119. I tu oni bijahu pobijeđeni i ostadoše poniženi.

120. A čarobnjaci se licem na tle baciše.

121. "Mi vjerujemo u Gospodara svjetova!" – povikaše,

122. "Gospodara Musaova i Harunova!"

123. "Zar da mu povjerujete prije nego što vam ja dozvolim!" – viknu faraon. "Ovo je, uistinu, smicalica koju ste u gradu smislili da biste iz njega stanovnike njegove izveli. Zapamtit ćete vi!

124. Izodsijecat ću vam, sigurno, ruke vaše i noge vaše unakrst, a onda ću vas sve razapeti!"

125. A oni rekoše: "Mi ćemo se, doista, Gospodaru našem vratiti!

126. Ti nam zamjeraš samo to što smo u dokaze Gospodara našeg povjerovali kada su nam oni došli. Gospodaru naš, daj nam snage da izdržimo i učini da kao vjernici umremo!"

127. A glavešine naroda faraonova rekoše: "Zar ćeš ostaviti Musaa i narod njegov da nered u zemlji pravi i da tebe i božanstva tvoja napusti?" On reče: "Ubijat ćemo mušku djecu njihovu, a žensku ćemo im ostavljati u životu; mi, uistinu, vladamo njima."

128. Musa reče narodu svome: "Molite Allaha da vam pomogne i budite strpljivi. Zemlja je Allahova, On je daje u naslijeđe kome On hoće od robova Svojih; a lijep ishod će biti za one koji se budu Allaha bojali."

129. "Zlostavljani smo" – rekoše oni – "prije nego što si nam došao, a i nakon što si nam došao!" A Musa reče: "Gospodar vaš će neprijatelja vašeg uništiti, a vas nasljednicima na Zemlji učiniti, da bi vidio kako ćete postupati."

130. I Mi smo faraonov narod gladnim godinama i nerodicom kaznili, da bi se opametili.

131. I kad bi im bilo dobro, oni bi govorili: "Ovo smo zaslužili!" – a kad bi ih snašla kakva nevolja, Musau i onima koji su s njim vjerovali tu nevolju bi pripisali. Ali ne! Njihova nevolja je od Allaha bila, samo što većina njih nije znala!

132. I govorili su: "Kakav god dokaz da nam doneseš da nas njime opčaraš, mi ti nećemo vjerovati!"

133. Zato smo Mi na njih slali i poplave, i skakavce, i krpelje, i žabe, i krv – sve jasna znamenja, ali su se oni oholili, narod zlikovački su bili.

134. I kada bi ih zadesila nevolja, govorili bi: "O Musa, moli se, u naše ime, Gospodaru svome – onako kako ti je On naredio: ako nas oslobodiš nevolje, mi ćemo zaista vjerovati i s tobom sinove Israilove, sigurno, poslati."

135. I pošto bismo ih nevolje oslobodili – do vremena do kojeg im je bilo određeno da je podnose – oni bi, odjednom, obećanje prekršili.

136. Zato ih Mi kaznismo i u moru ih potopismo, jer su znamenja Naša poricali i prema njima ravnodušni bili.

137. A potlačenom narodu dadosmo u naslijeđe istočne i zapadne krajeve zemlje koju smo blagoslovili, i lijepo obećanje Gospodara tvoga sinovima Israilovim bilo je ispunjeno – zato što su trpjeli, a sa zemljom sravnismo ono što su faraon i narod njegov sagradili i ono što su podigli.

138. I Mi sinove Israilove preko mora prevedosmo, pa oni naiđoše na narod koji se klanjao kumirima svojim. "O Musa," – rekoše – "napravi i ti nama boga kao što i oni imaju bogove!" "Vi ste, uistinu, narod koji nema pameti!" – reče on.

139. "Zaista će biti poništeno ono što ovi ispovijedaju i beskorisno će im biti ono što rade.

140. Zar da vam, pored Allaha, tražim drugog boga, a On vas je iznad ostalog svijeta uzdigao?"

141. I pošto smo vas Mi od faraonovih ljudi izbavili, koji su vas neizmjerno mučili: mušku djecu su vašu ubijali, a žensku vam u životu ostavljali, to je bilo teško iskušenje od Gospodara vašeg –

142. Mi odredismo da čas susreta sa Musaom bude kad se napuni trideset noći, i dopunismo ih još sa deset, pa se vrijeme koje je odredio Gospodar njegov ispuni za četrdeset noći. A Musa je bio rekao bratu svome Harunu: "Zastupaj me u narodu mome, i red pravi i ne slijedi puteve onih koji su smutljivci!"

143. I kad Nam Musa dođe u određeno vrijeme, i kada mu Gospodar njegov progovori, on reče: "Gospodaru moj, ukaži mi se da Te vidim!" "Ne možeš Me vidjeti," – reče – "ali pogledaj u ono brdo, pa ako ono ostane na svom mjestu, vidjet ćeš Me!" I kad se Gospodar njegov onome brdu otkri, On ga sa zemljom sravni, a Musa se onesviješćen strovali. Čim se osvijesti, reče: "Hvaljen neka si! Kajem Ti se, ja sam vjernik prvi!"

144. "O Musa," – reče On – "Ja sam tebe odlikovao nad ostalim svijetom poslanstvom Svojim i govorom Svojim. Ono što ti dajem uzmi i zahvalan budi!"

145. I Mi mu na pločama napisasmo pouku za sve i objašnjenje za svašta. "Primi ih svojski, a narodu svome zapovijedi da se pridržava onoga što je u njima ljepše!" A pokazat ću vam i zemlju grješnika.

146. Odvratit ću od znamenja Mojih one koji se budu bez ikakva osnova na Zemlji oholili. I kakav god oni dokaz vide, neće ga vjerovati: ako vide Pravi put – neće ga kao put prihvatiti, a ako vide stranputicu – kao put će je prihvatiti. To je zato što će dokaze Naše poricati i što će prema njima ravnodušni biti.

147. A onima koji dokaze Naše ne budu priznavali i koji u susret na Onome svijetu ne budu vjerovali, bit će poništena djela njihova. Zar će biti drukčije kažnjeni nego kako su radili?

148. I narod Musaov, poslije odlaska njegova, prihvati od nakita svoga kip teleta koje je rikalo. Zar nisu vidjeli da im ono ne govori i da ih Pravim putem ne vodi? Oni ga prihvatiše i prema sebi se ogriješiše.

149. I pošto se poslije gorko pokajaše i uvidješe da su zabludjeli, oni rekoše: "Ako se Gospodar naš na nas ne sažali i ako nam ne oprosti, doista ćemo biti izgubljeni!"

150. A kad se Musa srdit i žalostan narodu svome vrati, povika: "Kako ste tako ružno poslije odlaska moga postupili! Zašto ste požurili i o naređenje Gospodara svoga se oglušili?" – i ploče baci, i brata svoga za kosu dohvati i poče ga vući sebi. "O sine majke moje," – reče Harun – "narod nije nimalo do mene držao i umalo me nije ubio, nemoj da mi se svete dušmani i ne smatraj mene jednim od onih koji su se prema sebi ogriješili."

151. "Gospodaru moj," – zamoli Musa – "oprosti meni i bratu mome i učini da budemo pod okriljem Tvoje milosti, Ti si od milostivih najmilostiviji!"

152. One koji su tele prihvatili stići će kazna Gospodara njihova i poniženje još na ovome svijetu – tako Mi kažnjavamo one koji kuju laži.

153. A onima koji hrđava djela rade, pa se poslije pokaju i vjernici postanu, Gospodar tvoj će, poslije toga, sigurno, oprostiti i samilostan biti.

154. I kad Musaa srdžba minu, on uze ploče na kojima je bilo ispisano uputstvo na Pravi put i milost za one koji se Gospodara svoga boje.

155. I Musa odabra iz naroda svoga sedamdeset ljudi da u određeno vrijeme stanu pred Nas. A kad ih zadesi potres, on reče: "Gospodaru moj, da si htio, mogao si i njih i mene uništiti još prije. Zar da nas uništiš zbog onoga što su uradili bezumnici naši? To je samo iskušenje Tvoje kojim Ti, koga hoćeš, u zabludi ostavljaš, a kome hoćeš, na Pravi put ukazuješ. Ti si Gospodar naš, pa nam oprosti i smiluj nam se, jer Ti praštaš najviše;

156. i dosudi nam milost na ovome svijetu, i na Onome svijetu
– mi se vraćamo Tebi!" "Kaznom Svojom Ja kažnjavam
koga hoću," – reče On – "a milost Moja obuhvaća sve –
dat ću je onima koji se budu grijeha klonili i zekat davali,
i onima koji u dokaze Naše budu vjerovali,

157. onima koji će slijediti Poslanika, vjerovjesnika, koji
neće znati čitati ni pisati, kojeg oni kod sebe, u Tevratu
i Indžilu, zapisana nalaze, koji će od njih tražiti da čine
dobra djela, a od odvratnih odvraćati ih, koji će im lijepa
jela dozvoliti, a ružna im zabraniti, koji će ih tereta i
teškoća koje su oni imali osloboditi. Zato će oni koji budu
u njega vjerovali, koji ga budu podržavali i pomagali i
svjetlo po njemu poslano slijedili – postići ono što budu
željeli."

158. Reci: "O ljudi, ja sam svima vama Allahov poslanik,
Njegova vlast je na nebesima i na Zemlji, nema drugog
boga osim Njega, On život i smrt daje – i zato vjerujte
u Allaha i Poslanika Njegova, vjerovjesnika, koji ne zna
čitati i pisati, koji vjeruje u Allaha i riječi Njegove; njega
slijedite da biste na Pravome putu bili!"

159. U narodu Musaovu ima ljudi koji na Istinu upućuju i koji
prema njoj pravedno sude.

160. I Mi smo ih na dvanaest rodova podijelili, i Musau smo objavili, kad mu je narod njegov vode zatražio: "Udari štapom svojim po stijeni!" – i iz nje je dvanaest vrela provrelo, svaki rod je znao vrelo iz kog će piti. I Mi smo im od oblaka hlad pravili i manu i prepelice im davali: "Jedite lijepe stvari kojima vas opskrbljujemo!" Oni nisu Nama nepravdu učinili, sami su sebi nepravedni bili.

161. A kada im je bilo rečeno: "Nastanite se u ovom gradu i jedite odakle hoćete i recite: 'Oprosti!', a na kapiju uđite glava pognutih – oprostit ćemo vam grijehe vaše, a onima koji dobra djela čine dat ćemo i više!" –

162. onda su oni nepravedni među njima zamijenili drugom riječ koja im je bila rečena, i Mi smo na njih s neba kaznu spustili zato što su stalno nepravedni bili.

163. I upitaj ih o gradu koji se nalazio pored mora kad su propise o suboti kršili: kada su im ribe, na oči njihove, dolazile dok su subotu svetkovali, a kad nisu svetkovali, one im nisu dolazile. Eto, tako smo ih u iskušenje dovodili zato što su stalno griješili.

164. A kad neki od njih rekoše: "Zašto opominjete narod koji će Allah uništiti ili ga teškim mukama namučiti?" – oni odgovoriše: "Da bismo se pred Gospodarem vašim opravdali i da bi se oni grijeha klonili."

165. I kada zaboraviše ono čime su bili opominjani, Mi izbavismo one koji su od nevaljalih djela odvraćali, a teškom kaznom kaznismo grješnike, zato što su stalno u grijehu bili.

166. I pošto su oni bahato odbili da se okane onoga što im se zabranjivalo, Mi smo im rekli: "Postanite majmuni prezreni!"

167. I Gospodar tvoj obznani da će do Smaka svijeta prepuštati nad njima vlast nekome ko će ih na najgori način tlačiti. Gospodar tvoj je, doista, brz kad kažnjava, a On oprašta i samilostan je.

168. I Mi smo ih po Zemlji kao narode raspodijelili: ima ih dobrih, a i onih koji to nisu; i u dobru i u zlu smo ih provjeravali da bi se opametili.

169. I poslije njih ostala su pokoljenja koja su Knjigu naslijedila i koja su kupila mrvice ovoga prolaznoga svijeta i govorila: "Bit će nam oprošteno!" A ako bi im opet dopalo šaka tako nešto, opet bi to činili. Zar od njih nije uzet zavjet u Knjizi – a oni čitaju ono što je u njoj – da će o Allahu samo istinu govoriti. Onaj svijet je bolji za one koji se grijeha klone, opametite se!

170. A oni koji se čvrsto drže Knjige i koji obavljaju molitvu – pa Mi doista nećemo dopustiti da propadne nagrada onima koji čine dobra djela.

171. A kada smo iznad njih brdo podigli – činilo se kao oblak – oni su bili uvjereni da će na njih pasti. "Prihvatite odlučno ono što smo vam dali i neka vam je na umu ono što je u njemu – da biste bili pobožni!"

172. I kad je Gospodar tvoj iz kičmi Ademovih sinova izveo potomstvo njihovo i zatražio od njih da posvjedoče protiv sebe: "Zar Ja nisam Gospodar vaš?" – oni su odgovarali: "Jesi, mi svjedočimo!" – i to zato da na Sudnjem danu ne reknete: "Mi o ovome ništa nismo znali."

173. Ili da ne reknete: "Naši preci su prije nas druge Allahu ravnim smatrali, a mi smo pokoljenje poslije njih. Zar ćeš nas kazniti za ono što su lažljivci činili?"

174. I tako, eto, Mi opširno iznosimo dokaze, da bi oni došli sebi.

175. I kaži im vijest o onome kome smo dokaze Naše dali, ali koji se od njih udaljio pa ga je šejtan dostigao, i on je zalutao.

176. A da smo htjeli, mogli smo ga njima uzvisiti, ali se on ovom svijetu priklonio i za svojom strašću krenuo. Njegov slučaj je kao slučaj psa: ako ga potjeraš on isplažena jezika dahće, a ako ga se okaniš on opet dahće. Takvi su ljudi koji Naše dokaze smatraju lažnim; zato kazuj događaje da bi oni razmislili.

177. Loš su primjer ljudi koji ne priznaju Naše dokaze, oni zlo čine sami sebi.

178. Kome Allah ukaže na Pravi put – bit će na Pravome putu, a koga ostavi u zabludi – taj će izgubljen biti.

179. Mi smo za Džehennem mnoge džine i ljude stvorili; oni srca imaju – a njima ne shvaćaju, oni oči imaju – a njima ne vide, oni uši imaju – a njima ne čuju; oni su kao stoka, čak i gori – oni su zaista nemarni.

180. Allah ima najljepša imena i vi Ga zovite njima, a klonite se onih koji iskreću Njegova imena – kako budu radili, onako će biti kažnjeni!

181. A među onima koje stvaramo ima ljudi koji druge upućuju istini i koji prema njoj pravedno sude.

182. A one koji Naše riječi poriču Mi ćemo, malo po malo, a da oni neće ni znati, u propast voditi.

183. I davat ću im vremena, obmana Moja doista je trajna.

184. Pa zašto oni ne razmisle da njima poslani poslanik nije lud, on samo otvoreno opominje.

185. I zašto oni ne promisle o carstvu nebesa i Zemlje i o svemu onome što je On stvorio, i da im se, možda, kraj njihov primakao? Pa u koje će riječi, ako ne u Kur'an, vjerovati?

186. Koga Allah u zabludi ostavi, niko ga ne može na Pravi put uputiti! On će ih ostaviti da u nevjerstvu svome lutaju.

187. Pitaju te o Smaku svijeta, kada će se zbiti. Reci: "To zna jedino Gospodar moj, On će ga u njegovo vrijeme otkriti, a težak će biti nebesima i Zemlji, sasvim neočekivano će vam doći." Pitaju te kao da ti o njemu nešto znaš. Reci: "To samo Allah zna, ali većina ljudi ne zna."

188. Reci: "Ja ne mogu ni samome sebi neku korist pribaviti, ni od sebe kakvu štetu otkloniti – biva onako kako Allah hoće. A da znam pronicati u tajne, stekao bih mnoga dobra, a zlo bi bilo daleko od mene – ja samo donosim opomene i radosne vijesti ljudima koji vjeruju."

189. On je Taj Koji vas od jednoga čovjeka stvara – a od njega je drūgu njegovu stvorio da se uz nju smiri. I kada je on nju obljubio, ona je zanijela lahko breme i nosila ga; a kad joj je ono otežalo, njih dvoje su zamolili Allaha, Gospodara svoga: "Ako nam daruješ dobrog potomka, bit ćemo, zaista, zahvalni!"

190. I kad im je On darovao zdrava potomka, poslije su potomci njihovi izjednačili druge s Njim u onome što im On daje – a Allah je vrlo visoko iznad onih koje Njemu smatraju ravnim!

191. Zar da Njemu smatraju ravnim one koji ne mogu ništa stvoriti, a sami su stvoreni,

192. i koji im ne mogu pomoći niti mogu pomoći sebi?

193. A ako ih zamolite da vas na Pravi put upute, neće vam se odazvati – isto vam je molili ih ili šutjeli.

194. Oni kojima se vi, pored Allaha, klanjate, zaista su robovi, kao i vi. Pa, vi im se klanjajte i neka vam se odazovu ako istinu govorite!

195. Imaju li oni noge da na njima hodaju, ili ruke da njima hvataju, imaju li oči da njima gledaju, ili uši da njima čuju? Reci: "Zovite božanstva vaša, pa protiv mene kakvo hoćete lukavstvo smislite i ne odugovlačite,

196. moj zaštitnik je Allah, Koji Knjigu objavljuje, i On se o dobrima brine."

197. A oni kojima se vi, pored Njega, klanjate, ne mogu ni vama, a ni sebi pomoći.

198. A kada ih zamolite da vas upute, oni ne čuju; vidiš ih kao da te gledaju, ali oni ne vide.

199. Ti sa svakim lijepo! I traži da se čine dobra djela, a neznalica se kloni!

200. A ako šejtan pokuša da te na zlo navede, ti potraži utočište u Allaha, On uistinu sve čuje i zna.

201. Oni koji se Allaha boje, čim ih sablazan šejtanska dodirne, sjete se – i odjednom dođu sebi,

202. dok prijatelje šejtanove šejtani podržavaju u zabludi i oni ne dolaze sebi.

203. Kad im nijedan ajet ne doneseš, oni govore: "Zašto ga sam ne izmisliš!" Reci: "Ja slijedim samo ono što mi Gospodar moj objavljuje. Ovo su jasni dokazi od Gospodara vašeg i uputstvo i milost za ljude koji vjeruju.

204. A kad se uči Kur'an, vi ga slušajte i šutite da biste bili pomilovani."

205. I spominji Gospodara svoga ujutro i navečer u sebi, ponizno i sa strahopoštovanjem i ne podižući jako glas, i ne budi bezbrižan –

206. oni koji su bliski Gospodaru tvome doista ne zaziru da Mu se klanjaju; samo Njega hvale i samo pred Njim licem na tle padaju.

SEDŽDA

SURA 8

El-Enfāl – Plijen

(Medina – 75 ajeta)

U ime Allaha, Milostivog, Samilosnog!

1. Pitaju te o plijenu. Reci: "Plijen pripada Allahu i Poslaniku." Zato se bojte Allaha i izgladite međusobne razmirice, i pokoravajte se Allahu i Njegovu Poslaniku, ako ste pravi vjernici.

2. Pravi vjernici su samo oni čija se srca strahom ispune kad se Allah spomene – a kad im se riječi Njegove kazuju, vjerovanje im učvršćuju i samo se na Gospodara svoga oslanjaju –

3. oni koji molitvu obavljaju i dio od onoga što im Mi dajemo udjeljuju.

4. Oni su, zbilja, pravi vjernici – njih počasti, i oprost, i obilje plemenito kod Gospodara njihova čekaju.

5. Tako je bilo i onda kada te je Gospodar tvoj s pravom iz doma tvoga izveo – što jednoj skupini vjernika nikako nije bilo po volji.

6. Raspravljali su se s tobom o borbi. Iako im je bilo očito da će pobijediti, nekima od njih je izgledalo kao da se na oči svoje u smrt gone.

7. I kada vam je Allah obećao da će vaša biti jedna od dvije skupine – a vi ste više voljeli da vam padne šaka ona koja nije bila naoružana – Allah je htio riječima Svojim istinu utvrditi i nevjernike u korijenu istrijebiti,*

8. istinu utvrditi i neistinu uništiti – makar to ne bilo mnogobošcima po volji.

9. I kada ste od Gospodara svoga pomoć zatražili, On vam se odazvao: "Poslat ću vam u pomoć hiljadu meleka koji će jedni za drugim dolaziti."

10. Allah je to zato učinio da bi vas obradovao i da bi se time srca vaša umirila; a pobjeda je samo od Allaha – Allah je zaista Silan i Mudar;

11. kad je On učinio da se, radi sigurnosti svoje, u san zavedete i s neba vam kišu spustio da bi vas njome očistio i da bi od vas šejtanovo uznemiravanje odstranio i da bi srca vaša jakim učinio i njome korake učvrstio.*

12. Kada je Gospodar tvoj nadahnuo meleke: "Ja sam s vama, pa učvrstite one koji vjeruju!" U srca nevjernika Ja ću strah uliti, pa ih vi po šijama udarite, i udarite ih po prstima.

13. Zato što se suprotstavljaju Allahu i Poslaniku Njegovu – a onoga ko se suprotstavlja Allahu i Poslaniku Njegovu, Allah će zaista strašno kazniti.

14. Kazna vam je to, pa je iskusite, a nevjernike čeka patnja u ognju.

15. O vjernici, kada se s nevjernicima sukobite, a njih nastupa mnogo, leđa im ne okrećite.

16. Onaj ko im tada leđa okrene – osim onog koji se povuče s namjerom da se ponovo bori ili drugoj četi pristupi – vratit će se natovaren Allahovom srdžbom; prebivalište njegovo bit će Džehennem, a užasno je on boravište.

17. Vi njih niste ubijali nego Allah; i ti nisi bacio, kad si bacio, nego je Allah bacio, da bi vjernike lijepom kušnjom iskušao – Allah zaista sve čuje i sve zna.

18. Tako vam je to bilo, i da bi Allah lukavstva nevjernika oslabio.

19. Ako ste se molili da pobijedite – pa došla vam je, eto, "pobjeda"! A da se okanite, bolje bi vam bilo! I ako se ponovo vratite, Mi ćemo se ponovo vratiti, i nimalo vam neće koristiti tabor vaš, ma koliko brojan bio, jer je Allah na strani vjernika.

20. O vjernici, pokoravajte se Allahu i Njegovu Poslaniku, i ne napuštajte ga, ta vi slušate šta on govori,

21. i ne budite kao oni koji govore: "Slušamo!" – a ne slušaju.

22. Najgora bića kod Allaha su oni koji su gluhi i nijemi, koji neće da shvaćaju.

23. Da Allah zna da od njih može biti ikakva dobra, učinio bi da čuju, a da je učinio i da čuju, oni bi se opet okrenuli, jer oni i inače glave okreću.

24. O vjernici, odazovite se Allahu i Poslaniku kad od vas zatraži da činite ono što će vam život osigurati; i neka znate da se Allah upliće između čovjeka i srca njegova, i da ćete se svi pred Njim sakupiti.

25. I izbjegavajte ono što će dovesti do smutnje koja neće pogoditi samo one među vama koji su krivi, i znajte da Allah strašno kažnjava.

26. I sjetite se kada vas je bilo malo, kad ste na Zemlji bili potlačeni – bojali ste se da vas ljudi ne pohvataju, pa vam je On sklonište dao i Svojom pomoći vas pomogao i plijenom vas opskrbio da biste bili zahvalni.

27. O vjernici, Allaha i Poslanika ne varajte i svjesno međusobno povjerenje ne proigravajte,

28. i neka znate da su bogatstva vaša i djeca vaša samo iskušenje, i da je samo u Allaha nagrada velika.

29. O vjernici, ako se budete Allaha bojali, On će vam sposobnost darovati, pa ćete istinu od neistine moći rastaviti, i preko ružnih postupaka vaših će preći i oprostiti vam. – A Allahova dobrota je neizmjerna.

30. I kad su ti nevjernici zamke razapinjali da bi te u tamnicu bacili ili da bi te ubili ili da bi te prognali – oni su zamke pleli a Allah ih je ometao, jer Allah to najbolje umije.

31. Kada im se riječi Naše kazuju, govore: "Već smo čuli! Da hoćemo, i mi bismo tako nešto rekli; to su samo izmišljotine naroda drevnih."

32. A kad su oni rekli: "Bože, ako je ovo zbilja istina od Tebe, Ti pusti na nas kamenje s neba kao kišu ili nam pošalji patnju nesnosnu!"

33. Allah ih nije kaznio, jer si ti među njima bio; i Allah ih neće kazniti sve dok neki od njih mole da im se oprosti.

34. A zaslužuju da ih Allah kazni kad brane drugima pristup Časnome hramu, a oni nisu njegovi čuvari. Čuvari njegovi trebaju biti samo oni koji se Allaha boje, ali većina njih ne zna.

35. Molitva njihova pored Hrama svodi se samo na zviždanje ili pljeskanje rukama – zato kaznu iskusite jer ne vjerujete.

36. Oni koji ne vjeruju troše imanja svoja da bi od Allahova puta odvraćali. Oni će ih, sigurno, utrošiti, zatim će, zbog toga, žaliti i na kraju će pobijeđeni biti. A oni koji ne budu vjerovali – u Džehennem će biti potjerani

37. da bi Allah dobre od nevaljalih odvojio i da bi nevaljale jedne na druge naslagao, a onda ih sve u gomilu zbio i u Džehennem bacio. Oni će doista biti izgubljeni.

38. Reci onima koji ne vjeruju: ako se okane, bit će im oprošteno ono što je prije bilo; a ako se ne okane – pa zna se šta je s drevnim narodima bilo.

39. I borite se protiv njih dok mnogoboštvo ne iščezne i dok samo Allahova vjera ne ostane. Ako se oni okane – pa Allah dobro vidi šta oni rade;

40. a ako leđa okrenu, znajte da je Allah vaš zaštitnik – a divan je On zaštitnik i divan pomagač!

41. I znajte da od svega što u borbi zaplijenite jedna petina pripada Allahu i Poslaniku, i rodbini njegovoj, i siročadi, i siromasima, i putnicima – ako vjerujete u Allaha i u ono što smo objavili robu Našem na Dan pobjede, na dan kada su se sukobile dvije vojske, a Allah sve može,

42. kada ste vi bili u dolini bližoj, oni u dolini daljoj, a karavana niže vas. O vremenu borbe ne biste se dogovorili i da ste se dogovarali, ali se ona dogodila da bi Allah dao da se ispuni ono što se moralo dogoditi: da nevjernik ostane nevjernik poslije očigledna dokaza i da vjernik ostane vjernik poslije očigledna dokaza. – A Allah doista sve čuje i sve zna!

DŽUZ'
X

43. Kad ti je Allah u snu pokazao da je njih malo – a da ti je pokazao da ih je mnogo, vi biste duhom klonuli i o boju se raspravljali, ali je Allah spas ukazao. – On dobro zna svačije misli.

44. A kad ste se sukobili, u očima vašim On ih je prikazao u malom broju, a vas u očima njihovim također u malom broju, da bi Allah dao da se ispuni ono što se moralo dogoditi. – A Allahu se sve vraća.

45. O vjernici, kada se s kakvom četom sukobite, smjeli budite i neprestano Allaha spominjite da biste postigli što želite

46. i pokoravajte se Allahu i Poslaniku Njegovu, i ne prepirite se da ne biste klonuli i bez borbenog duha ostali – i budite izdržljivi, jer Allah je, zaista, na strani izdržljivih.

47. I ne budite kao oni koji su, da se pokažu svijetu, nadmeno iz grada svoga izišli da bi od Allahova puta odvraćali. – A Allah dobro zna ono što oni rade.

48. I kada im je šejtan kao lijepe njihove postupke predstavio i rekao: "Niko vas danas ne može pobijediti, i ja sam vaš zaštitnik!" – onda je on, kada su se dva protivnička tabora sukobila, natrag uzmaknuo, i rekao: "Ja nemam ništa s vama, ja vidim ono što vi ne vidite, i ja se bojim Allaha, jer Allah strašno kažnjava!"

49. Kada su licemjeri i oni čija su srca bolesna govorili: "Ove je obmanula vjera njihova!" A onaj ko se u Allaha pouzda – pa Allah je zaista silan i mudar.

50. A da si samo vidio kad su meleki nevjernicima duše uzimali i po licima ih njihovim i straga udarali: "Iskusite patnju u ognju!

51. To je za ono što ste rukama svojim pripremili, jer Allah nije nepravedan robovima Svojim!"

52. Tako je bilo i sa faraonovim ljudima i onima prije njih: u Allahove dokaze nisu vjerovali, pa ih je Allah zbog grijehova njihovih kaznio. – Allah je, uistinu, moćan i strašno kažnjava!

53. To je zato što Allah neće lišiti blagostanja narod kome ga je podario, sve dok se on sam ne promijeni. – A Allah sve čuje i sve zna.

54. Tako je bilo i sa faraonovim ljudima i onima prije njih: dokaze Gospodara svoga nisu priznavali, pa smo ih Mi, zbog grijehova njihovih, uništili, a faraonove ljude smo potopili – svi su oni nevjernici bili.

55. Najgora bića kod Allaha su oni koji poriču, oni koji neće da vjeruju,

56. oni s kojima ti ugovore sklapaš, pa oni svaki put, ne bojeći se posljedica, krše ugovor svoj.

57. Ako se u borbi s njima sukobiš, tako ih razjuri da se opamete oni koji su iza njih.

58. Čim primjetiš vjerolomstvo nekog plemena, i ti njemu isto tako otkaži ugovor. – Allah uistinu ne voli vjerolomnike.

59. I neka nikako ne misle oni koji ne vjeruju da će se spasiti, oni doista neće moći umaći.

60. I protiv njih pripremite koliko god možete snage i konja za boj, da biste time zaplašili Allahove i vaše neprijatelje, i druge osim njih – vi ih ne poznajete, Allah ih zna. Sve što na Allahovom putu potrošite nadoknađeno će vam biti, neće vam se nepravda učiniti.

61. Ako oni budu skloni miru, budi i ti sklon i pouzdaj se u Allaha – jer On, uistinu, sve čuje i sve zna.

62. A ako te htjednu prevariti – pa tebi je doista dovoljan Allah, On te podržava Svojom pomoći i vjernicima,

63. i On je sjedinio srca njihova. Da si ti potrošio sve ono što na Zemlji postoji, ti ne bi sjedinio srca njihova, ali ih je Allah sjedinio. – On je zaista silan i mudar.

64. O Vjerovjesniče, Allah je dovoljan tebi i vjernicima koji te slijede.

65. O Vjerovjesniče, bodri vjernike na borbu! Ako vas bude dvadesetak izdržljivih, pobijedit će dvije stotine; a ako vas bude stotina, pobijedit će hiljadu onih koji ne vjeruju – zato što su oni ljudi koji ne shvaćaju.

66. Sada vam Allah daje olakšicu, On zna da ste izmoreni: ako vas bude stotina izdržljivih, pobijedit će dvije stotine; ako vas bude hiljada, pobijedit će, Allahovom voljom, dvije hiljade. – A Allah je uz one koji su izdržljivi.

67. Nijednom vjerovjesniku nije dopušteno držati sužnje dok ne izvojuje pobjedu na Zemlji; vi želite prolazna dobra ovoga svijeta, a Allah želi Onaj svijet. – Allah je silan i mudar.

68. Da nije ranije Allahove odredbe, snašla bi vas patnja velika zbog onoga što ste uzeli.

69. Sada jedite ono što ste zaplijenili, kao dopušteno i lijepo, i bojte se Allaha. – Allah zaista prašta i milostiv je.

70. O Vjerovjesniče, reci sužnjima koji se nalaze u rukama vašim: "Ako Allah zna da u srcima vašim ima bilo šta dobro, dat će vam bolje od onoga što vam je uzeto i oprostit će vam." – A Allah prašta i milostiv je.

71. A ako te htjednu prevariti – pa oni su i prije Allaha varali, i zato ti je On omogućio da ih pobijediš. – A Allah sve zna i mudar je.

72. Oni koji vjeruju, i iseljavaju se, i u borbi na Allahovom putu zalažu imetke svoje i živote svoje, i oni koji daju utočište i pomažu – oni jedni druge nasljeđuju. A onima koji vjeruju, a koji se nisu iselili – vi ne možete, sve dok se ne isele, nasljednici biti. A ako vas zamole da ih u vjeri pomognete, dužni ste im u pomoć priteći, osim protiv naroda sa kojim o nenapadanju zaključen ugovor imate. A Allah dobro vidi ono što radite.

73. Nevjernici jedni druge nasljeđuju. Ne postupite li tako, nastat će smutnja na Zemlji i nered veliki.

74. Oni koji vjeruju i isele se, i bore se na Allahovom putu, i oni koji daju sklonište i pomažu – oni su, zbilja, pravi vjernici, njih čeka oprost i obilje plemenito.

75. A oni koji kasnije vjernici postanu pa se isele i u borbi zajedno s vama učestvuju – i oni su vaši. A rođaci su, prema Allahovoj Knjizi, jedni drugima preči.* – Allah, zaista, sve zna.

SURA 9

Et-Tevbe – Pokajanje

(Medina – 129 ajeta)

1. Obznana od Allaha i Njegova Poslanika onim mnogobošcima s kojima ste zaključili ugovore:

2. "Putujte po svijetu još četiri mjeseca, ali znajte da Allahu nećete umaći i da će Allah nevjernike osramotiti."

3. i proglas od Allaha i Njegova Poslanika ljudima na dan velikog hadža: "Allah i Njegov Poslanik ne priznaju mnogobošce." Pa ako se pokajete, to je za vas bolje; a ako se okrenete, znajte da Allahu nećete umaći! – A nevjernike obraduj kaznom nesnosnom!

4. Mnogobošcima s kojima imate zaključene ugovore koje oni nisu ni u čemu povrijedili, niti su ikoga protiv vas pomagali, ispunite ugovore do ugovorenog roka. – Allah zaista voli pobožne.

5. Kada prođu sveti mjeseci, ubijajte mnogobošce gdje god ih nađete, zarobljavajte ih, opsjedajte i na svakome prolazu dočekujte! Pa ako se pokaju i budu molitvu obavljali i zekat davali, ostavite ih na miru – jer Allah zaista prašta i samilostan je.

6. Ako te neki od mnogobožaca zamoli za zaštitu, ti ga zaštiti da bi saslušao Allahove riječi, a potom ga otpremi na mjesto pouzdano za njega. To zato što oni pripadaju narodu koji ne zna.

7. Kako će mnogobošci imati ugovor sa Allahom i Poslanikom Njegovim!? – Ali, s onima s kojima ste ugovor kod Časnog hrama zaključili, sve dok se oni ugovora budu pridržavali, pridržavajte se i vi, jer Allah zaista voli pobožne.

8. Kako, kada oni, ako bi vas pobijedili, ne bi, kad ste vi u pitanju, ni srodstvo ni sporazum poštivali!? Oni vam se ustima svojim umiljavaju, ali im se srca protive, većina njih su nevjernici.

9. Oni Allahove ajete za ono što malo vrijedi zamjenjuju, pa od puta Njegova odvraćaju – zaista je ružno kako postupaju.

10. Ni rodbinstvo ni sporazum, kada je vjernik u pitanju, ne poštuju, i sve granice zla prekoračuju.

11. Ali ako se oni budu pokajali i molitvu obavljali i zekat davali, braća su vam po vjeri. – A Mi dokaze objašnjavamo ljudima koji razumiju.

12. A ako prekrše zakletve svoje, poslije zaključenja ugovora s njima, i ako vjeru vašu budu vrijeđali, onda se borite protiv kolovođa bezvjerstva – za njih, doista, ne postoje zakletve – da bi se okanili.

13. Zar se nećete boriti protiv ljudi koji su zakletve svoje prekršili i nastojali protjerati Poslanika, i prvi vas napali? Zar ih se bojite? Preče je da se Allaha bojite, ako ste vjernici.

14. Borite se protiv njih! Allah će ih rukama vašim kazniti i poniziti, a vas će protiv njih pomoći, i grudi vjernika zaliječiti

15. i iz srca njihovih brigu odstraniti. A Allah će onome kome On hoće oprostiti. – Allah sve zna i mudar je.

16. Zar mislite da ćete biti ostavljeni, a da Allah ne ukaže na one među vama koji se bore i koji, umjesto Allaha i Poslanika Njegova i vjernika, nisu uzeli nikoga za prisna prijatelja? – A Allah dobro zna za ono što radite.

17. Mnogobošci nisu dostojni da Allahove džamije održavaju kad sami priznaju da su nevjernici. Djela njihova će se poništiti i u vatri će vječno ostati.

18. Allahove džamije održavaju oni koji u Allaha i u Onaj svijet vjeruju i koji molitvu obavljaju i zekat daju i koji se nikoga osim Allaha ne boje – oni su, nadati se je, na Pravome putu.

19. Zar smatrate da je onaj koji hodočasnike vodom napaja i koji vodi brigu o Časnome hramu ravan onome koji u Allaha i u Onaj svijet vjeruje i koji se na Allahovu putu bori? – Nisu oni jednaki pred Allahom. A Allah neće ukazati na Pravi put onima koji sami sebi nepravdu čine.

20. U većoj su časti kod Allaha oni koji vjeruju i koji se iseljavaju i koji se bore na Allahovu putu zalažući imetke svoje i živote svoje – oni će postići što žele.

21. Gospodar njihov im šalje radosne vijesti da će im milostiv i blagonaklon biti i da će ih u džennetske bašče uvesti u kojima će neprekidno uživati,

22. vječno i zauvijek će u njima boraviti. – Uistinu, u Allaha je nagrada velika.

23. O vjernici, ne prijateljujte ni sa očevima vašim ni sa braćom vašom, ako više vole nevjerovanje od vjerovanja. Onaj od vas koji bude s njima prijateljevao, on se doista prema sebi ogriješio.

24. Reci: "Ako su vam očevi vaši, i sinovi vaši, i braća vaša, i žene vaše, i rod vaš, i imanja vaša koja ste stekli, i trgovačka roba za koju strahujete da prođe neće imati, i kuće vaše u kojima se prijatno osjećate – miliji od Allaha i Njegova Poslanika i od borbe na Njegovom putu, onda pričekajte dok Allah Svoju odluku ne donese. – A Allah grješnicima neće ukazati na Pravi put."

25. Allah vas je na mnogim bojištima pomogao, a i onoga dana na Hunejnu kada vas je mnoštvo vaše zanijelo, ali vam ono nije ni od kakve koristi bilo, nego vam je zemlja, koliko god da je bila prostrana, tijesna postala, pa ste se u bijeg dali.*

26. Zatim je Allah na Poslanika Svoga i na vjernike milost Svoju spustio, i vojske koje vi niste vidjeli poslao i one koji nisu vjerovali na muke stavio; i to je bila kazna za nevjernike.

27. Allah je poslije toga onome kome je htio oprostio. – A Allah prašta i samilostan je.

28. O vjernici, mnogobošci su sama pogan, i neka više ne dolaze na hadž Svetome hramu poslije ovogodišnjeg hadža. A ako se bojite oskudice, pa Allah će vas, ako hoće, iz obilja Svoga imućnim učiniti.* – Allah zaista sve zna i mudar je.

29. Borite se protiv onih kojima je data Knjiga a koji ne vjeruju ni u Allaha ni u Onaj svijet, ne smatraju zabranjenim ono što Allah i Njegov Poslanik zabranjuju i ne ispovijedaju istinsku vjeru – sve dok ne daju glavarinu poslušno i smjerno.

30. Jevreji govore: "Uzejr je – Allahov sin." – a kršćani kažu: "Mesih je – Allahov sin."* To su riječi njihove, iz usta njihovih, oponašaju riječi nevjernika prijašnjih – ubio ih Allah! Kuda se odmeću?

31. Oni, pored Allaha, bogovima smatraju svećenike svoje i monahe svoje i Mesiha, sina Merjemina, a naređeno im je da se samo jednom Bogu klanjaju – nema boga osim Njega. On je vrlo visoko iznad onih koje oni Njemu ravnim smatraju.

32. Oni žele ustima svojim utrnuti Allahovo svjetlo, a Allah želi vidljivim učiniti svjetlo Svoje, makar ne bilo po volji nevjernicima.

33. On je poslao Poslanika Svoga s uputstvom i pravom vjerom da bi je izdigao iznad ostalih vjera, makar ne bilo po volji mnogobošcima.

34. O vjernici, mnogi svećenici i monasi doista na nedozvoljen način tuđa imanja jedu i od Allahova puta odvraćaju. Onima koji zlato i srebro gomilaju i ne troše ga na Allahovom putu – navijesti bolnu patnju

35. na Dan kad se ono u vatri džehennemskoj bude usijalo, pa se njime čela njihova i slabine njihove i leđa njihova budu žigosala. "Ovo je ono što ste za sebe zgrtali, iskusite zato kaznu za ono što ste gomilali!"

36. Broj mjeseci u Allaha je dvanaest, prema Allahovoj Knjizi, od dana kada je nebesa i Zemlju stvorio, a četiri su sveta – to je prava vjera. U njima ne griješite! A borite se protiv svih mnogobožaca, kao što se oni svi bore protiv vas, i znajte da je Allah na strani onih koji se Allaha boje i grijeha klone.

37. Premještanjem svetih mjeseci samo se povećava nevjerovanje, čime se nevjernici dovode u zabludu. Jedne godine ga proglašavaju običnim a druge godine ga proglašavaju svetim – da bi ispunili broj onih mjeseci koje je Allah učinio svetim, pa drže običnim one koje je Allah učinio svetim.* Ružni postupci njihovi predstavljeni su im kao lijepi. – A Allah neće ukazati na Pravi put onima koji neće da vjeruju.

38. O vjernici, zašto ste neki oklijevali kada vam je bilo rečeno: "Krenite u borbu na Allahovu putu!" – kao da ste za zemlju prikovani?* Zar vam je draži život na ovome svijetu od Onoga svijeta? A uživanje na ovome svijetu, prema onome na Onom svijetu, nije ništa.

39. Ako ne budete u boj išli, On će vas na nesnosne muke staviti i drugim će vas narodom zamijeniti, a vi Mu nećete nimalo nauditi. – A Allah sve može.

40. Ako ga vi ne pomognete – pa pomogao ga je Allah onda kad su ga oni koji ne vjeruju prisilili da ode, kad je s njim bio samo drug njegov, kada su njih dvojica bila u pećini* i kada je on rekao drugu svome: "Ne brini se, Allah je s nama!" – pa je Allah spustio Svoje pouzdanje na njega i pomogao ga vojskom koju vi niste vidjeli i učinio da riječ nevjernika bude donja, a Allahova riječ, ona je gornja. – Allah je silan i mudar.

41. Krećite u boj, bili slabi ili snažni, i borite se na Allahovom putu zalažući imetke svoje i živote svoje! To vam je, da znate, bolje!

42. Da se radilo o plijenu na dohvat ruke i ne toliko dalekom pohodu, licemjeri bi te slijedili, ali im je put izgledao dalek. I oni će se zaklinjati Allahom: "Da smo mogli, doista bismo s vama pošli." – i tako upropastiti sami sebe, a Allah zna da su oni lažljivci.

43. Neka ti Allah oprosti što si dozvolio da izostanu, dok se nisi uvjerio koji od njih govore istinu, a koji lažu.

44. Oni koji vjeruju u Allaha i u Onaj svijet neće od tebe tražiti dozvolu da se ne bore zalažući imetke svoje i živote svoje. – A Allah dobro zna one koji su bogobojazni.

45. Od tebe će tražiti dozvolu samo oni koji ne vjeruju u Allaha i u Onaj svijet i čija se srca kolebaju, pa sumnjaju i neodlučni su.

46. Da su imali namjeru poći, sigurno bi za to pripremili ono što je potrebno, ali Allahu nije bilo po volji da idu, pa ih je zadržao. I bi im rečeno: "Sjedite sa onima koji sjede!"

47. Da su pošli s vama, bili bi vam samo na smetnji i brzo bi među vas smutnju ubacili, a među vama ima i onih koji ih rado slušaju. – A Allah zna nasilnike.

48. Oni su i prije smutnju priželjkivali i smicalice ti smišljali sve dok nije, uprkos njima, Istina pobijedila i Allahova vjera zavladala.

49. Ima ih koji govore: "Oslobodi me i ne dovedi me u iskušenje!" Eto, baš u iskušenje su pali! – A nevjernici sigurno neće umaći Džehennemu.

50. Ako postigneš uspjeh, to ih ogorči; a kad te pogodi nesreća, oni govore: "Mi smo i ranije bili oprezni." – i odlaze veseli.

51. Reci: "Dogodit će nam se samo ono što nam Allah odredi, On je Gospodar naš." I neka se vjernici samo u Allaha pouzdaju!

52. Reci: "Očekujete li za nas šta drugo već jedno od dva dobra? A mi očekujemo da vas Allah sam ili rukama našim kazni. Pa iščekujte, i mi ćemo s vama čekati."

53. Reci: "Trošili milom ili silom, od vas se neće primiti, jer vi ste opak narod."

54. A prilozi njihovi neće biti primljeni zato što u Allaha i u Njegova Poslanika ne vjeruju, što s predanošću molitve ne obavljaju i što samo preko volje udjeljuju.

55. Neka te ne oduševljavaju bogatstva njihova, a ni djeca njihova! Allah hoće da ih njima kazni na ovome svijetu i da skončaju kao nevjernici.

56. Oni se zaklinju Allahom da su doista vaši, a oni nisu vaši, nego su narod kukavički.

57. Kada bi našli kakvo skrovište ili kakve pećine ili kakvu jamu, oni bi tamo trkom pohrlili.

58. Ima ih koji ti prigovaraju zbog raspodjele zekata. Ako im se iz njega da, zadovolje se; a ako im se ne da, odjednom se razljute.

59. A trebali bi se zadovoljiti onim što im daju Allah i Poslanik Njegov i kazati: "Dovoljan nam je Allah, Allah će nam dati iz obilja Svoga, a i Poslanik Njegov, mi samo Allaha hoćemo."

60. Zekat pripada samo siromasima i nevoljnicima, i onima koji ga skupljaju, i onima čija srca treba pridobiti, i za otkup iz ropstva, i prezaduženima, i u svrhe na Allahovom putu, i putniku. Allah je odredio tako! – A Allah sve zna i mudar je.

61. Ima ih koji vrijeđaju Vjerovjesnika govoreći: "On vjeruje što god čuje!" Reci: "On čuje ono što je dobro, vjeruje u Allaha i ima vjere u vjernike, i milost je onima između vas koji vjeruju." – A one koji Allahova Poslanika vrijeđaju čeka patnja nesnosna.

62. Zaklinju vam se Allahom da bi vas zadovoljili, a preče bi im bilo da Allaha i Njegova Poslanika zadovolje, ako su vjernici.

63. Zar oni ne znaju da onoga koji se suprotstavlja Allahu i Poslaniku Njegovu čeka vatra džehennemska, u kojoj će vječno ostati? To je ruglo veliko!

64. Licemjeri se plaše da se vjernicima ne objavi sura koja bi im otkrila ono što je u srcima licemjera. Reci: "Samo se vi rugajte, Allah će doista na vidjelo iznijeti ono čega se vi plašite."

65. A ako ih zapitaš, oni će sigurno reći: "Mi smo samo razgovarali i zabavljali se." Reci: "Zar se niste Allahu i riječima Njegovim i Poslaniku Njegovu rugali?

66. Ne pravdajte se! Jasno je da ste nevjernici, a tvrdili ste da ste vjernici." Ako nekima od vas i oprostimo, druge ćemo kazniti zato što su krivci.

67. Licemjeri i licemjerke slični su jedni drugima: traže da se čine nevaljala djela, a odvraćaju od dobrih, i ruke su im stisnute; zaboravljaju Allaha, pa je i On njih zaboravio. Licemjeri su zaista pravi nevjernici.

68. Licemjerima i licemjerkama i nevjernicima Allah prijeti džehennemskom vatrom, vječno će u njoj boraviti, dosta će im ona biti! Allah ih je prokleo, i njih čeka patnja neprekidna.

69. Vi ste kao i oni prije vas! Oni su jači od vas bili i više su blaga i djece imali i slatkim životom su živjeli, a i vi slatkim životom živite isto onako kao što su oni prije vas živjeli; i vi se upuštate u nevaljalštine, kao što su se i oni upuštali. To su oni čija će djela biti poništena i na ovome i na Onome svijetu – njima propast predstoji.

70. Zar do njih nije doprla vijest o onima prije njih: o narodu Nuhovu i o Adu, i o Semudu, i o narodu Ibrahimovu, i o stanovnicima Medjena, i o onima čija su naselja izvrnuta? Poslanici njihovi su im jasne dokaze donosili i Allah im nije učinio nikakvu nepravdu, nego su je oni sami sebi nanijeli.

71. A vjernici i vjernice su prijatelji jedni drugima: traže da se čine dobra djela, a od nevaljalih odvraćaju, i molitvu obavljaju i zekat daju, i Allahu i Poslaniku Njegovu se pokoravaju. To su oni kojima će se Allah, sigurno, smilovati. – Allah je doista silan i mudar.

72. Allah obećava vjernicima i vjernicama džennetske bašče kroz koje će rijeke teći, u kojima će vječno boraviti, i divne dvorove u vrtovima edenskim. A i malo naklonosti Allahove veće je od svega toga – to će, doista, uspjeh veliki biti!

73. O Vjerovjesniče, bori se protiv nevjernika i licemjera i budi prema njima strog! Prebivalište njihovo bit će Džehennem, a grozno je on boravište.

74. Licemjeri se zaklinju Allahom da nisu govorili, a sigurno su govorili nevjerničke riječi i pokazali da su nevjernici, nakon što su javno islam bili primili, i htjeli su učiniti ono što nisu uspjeli. A prigovaraju samo zato što su ih Allah, iz obilja Svoga, i Poslanik Njegov imućnim učinili. Pa ako se pokaju, bit će im dobro; a ako glave okrenu, Allah će ih i na ovome i na Onome svijetu na muke nesnosne staviti, a na Zemlji ni zaštitnika ni pomagača neće imati.

75. Ima ih koji su se obavezali Allahu: "Ako nam iz obilja Svoga dade, udjeljivat ćemo, zaista, milostinju i bit ćemo, doista, dobri!"

76. A kad im je On dao iz obilja Svoga, oni su u tome postali škrti i okrenuli se – a oni ionako glave okreću.

77. I nadovezao im je On na to pritvornost u srcima njihovim sve do Dana kada će pred Njega stati, zato što se onoga što su Allahu obećali ne pridržavaju i zato što stalno lažu.

78. Zar oni ne znaju da Allah zna ono što oni u sebi kriju i ono o čemu se sašaptavaju i da je Allah Znalac svega skrivenog?

79. One koji vjernike ogovaraju zato što zekat daju, a rugaju se i onima koji ih s mukom daju, Allah će kazniti za izrugivanje njihovo, i njih čeka patnja nesnosna.

80. Molio ti oprosta za njih ili ne molio, molio čak i sedamdeset puta, Allah im neće oprostiti – zato što u Allaha i Njegova Poslanika ne vjeruju. – A Allah neće ukazati na Pravi put nevjernicima.

81. Oni koji su izostali iza Allahova Poslanika veselili su se kod kuća svojih – mrsko im je bilo boriti se na Allahovom putu zalažući imetke svoje i živote svoje, i jedni drugima su govorili: "Ne krećite u boj po vrućini!" Reci: "Džehennemska vatra je još vruća!" – kad bi oni samo znali!

82. Malo će se oni smijati, a dugo će plakati – bit će to kazna za ono što su zaslužili.

83. I ako te Allah ponovo vrati nekima od njih, pa te zamole da im dopustiš da pođu s tobom u boj, ti im reci: "Nikad sa mnom u boj nećete ići i nikada se sa mnom protiv neprijatelja nećete boriti! Bili ste zadovoljni što ste prvi put izostali, zato ostanite s onima koji ionako ne idu u boj."

84. I nijednom od njih, kad umre, nemoj molitvu obaviti, niti sahrani njegovoj prisustvovati, jer oni u Allaha i Njegova Poslanika ne vjeruju i kao nevjernici oni umiru.

85. Neka te ne ushićuju bogatstva njihova i djeca njihova! Allah želi da ih njima na ovome svijetu namuči i da skončaju kao nevjernici.

86. A kada je objavljena sura da u Allaha vjerujete i da se zajedno sa Poslanikom Njegovim borite, najimućniji od njih su zatražili odobrenje od tebe i rekli: "Ostavi nas da budemo s onima koji ne idu u boj!"

87. Zadovoljavaju se da budu s onima koji ne idu u boj, srca njihova su zapečaćena, pa oni ne shvaćaju!

88. Ali, Poslanik i oni koji s njim vjeruju bore se zalažući imetke svoje i živote svoje. – Njima će svako dobro pripasti i oni će ono što žele ostvariti.

89. Allah im je pripremio džennetske bašče kroz koje će rijeke teći, u kojima će vječno boraviti. To je veliki uspjeh!

90. Dolazili su i neki beduini koji su se izvinjavali i tražili dopuštenje da ne idu, i tako su izostali oni koji su Allahu i Njegovom Poslaniku lagali; a teška patnja pogodit će one među njima koji nisu vjerovali.

91. Neće se ogriješiti nemoćni i bolesni, i oni koji ne mogu naći sredstva za borbu, samo ako su prema Allahu i Njegovom Poslaniku iskreni. Nema razloga da se išta prigovara onima koji čine dobra djela – a Allah prašta i samilostan je –

92. ni onima kojima si rekao, kada su ti došli da im daš životinje za jahanje: "Ne mogu naći za vas životinje za jahanje." – pa su se vratili suznih očiju, tužni što ih ne mogu kupiti,

93. a ima razloga da se prigovara onima koji od tebe traže dozvolu da izostanu, a imućni su. Zadovoljavaju se da ostanu sa onima koji ne idu u boj, Allah je njihova srca zapečatio, pa oni ne znaju.

94. Kad se među njih vrate, oni će vam se pravdati. Reci: "Ne pravdajte se, jer mi vama ne vjerujemo, zato što nas je Allah o vama obavijestio. Allah i Njegov Poslanik će vidjeti kako ćete postupati. Zatim, vi ćete biti ponovo vraćeni Onome Kome je poznat i nevidljivi i vidljivi svijet, pa će vas On o onome što ste radili obavijestiti."

95. Kad se među njih vratite, zaklinjat će vam se Allahom, samo da ih se okanite, pa okanite ih se jer su oni pogan i prebivalište njihovo bit će Džehennem kao kazna za ono što su radili!

DŽUZ' XI

96. Oni vam se zaklinju zato da biste bili zadovoljni njima. Ako vi budete zadovoljni njima, Allah, sigurno, nije zadovoljan narodom nevjerničkim.

97. Beduini su najveći nevjernici i najgori licemjeri, i razumljivo je što ne poznaju propise koje Allah Svome Poslaniku objavljuje. – A Allah sve zna i mudar je.

98. Ima beduina koji ono što daju smatraju nametom. I jedva čekaju da vas nesreća stigne – neka njih pogodi nesreća! – A Allah sve čuje i sve zna.

99. A ima beduina koji vjeruju u Allaha i u Onaj svijet i koji smatraju da je ono što daju put da se Allahu približe i da Poslanikove blagoslove zasluže. To im je, zaista, dobro djelo. Allah će ih, sigurno, milošću Svojom obasuti, jer Allah prašta i samilostan je.

100. Allah je zadovoljan prvim muslimanima, muhadžirima i ensarijama i svima onima koji ih slijede dobra djela čineći, a i oni su zadovoljni Njime. Za njih je On pripremio džennetske bašče kroz koje će rijeke teći, i oni će vječno i zauvijek u njima boraviti. To je veliki uspjeh.

101. Među beduinima oko vas ima licemjera, a ima ih i među stanovnicima Medine koji su u licemjerstvu spretni – ti ih ne poznaješ, ali ih Mi poznajemo. Njih ćemo na dvostruke muke staviti, a zatim će biti u veliku patnju vraćeni.

102. A ima i drugih koji su grijehe svoje priznali, i koji su dobra djela s drugim koja su hrđava izmiješali, njima će, može biti, Allah oprostiti jer Allah prašta i samilostan je.

103. Uzmi od dobara njihovih zekat, da ih njime očistiš i blagoslovljenim ih učiniš, i pomoli se za njih, molitva tvoja će ih, sigurno, smiriti. – A Allah sve čuje i sve zna.

104. Zar ne znaju oni da jedino Allah prima pokajanje od robova Svojih i da samo On prihvaća milostinje i da je samo Allah Onaj Koji prašta i da je On milostiv!?

105. I reci: "Trudite se! Allah će trud vaš vidjeti, a i Poslanik Njegov i vjernici, i vi ćete biti vraćeni Onome Koji zna nevidljivi i vidljivi svijet, pa će vas On o onome što ste radili obavijestiti."

106. Ima i drugih koji su u neizvjesnosti da li će ih Allah kazniti ili će im oprostiti. – A Allah sve zna i mudar je.

107. A oni koji su džamiju sagradili* da bi štetu nanijeli i nevjerovanje osnažili i razdor među vjernike unijeli, pripremajući je za onoga koji se protiv Allaha i Njegova Poslanika još prije borio, sigurno će se zaklinjati: "Mi smo samo najbolje željeli." – a Allah je svjedok da su oni pravi lažljivci.

108. Ti u njoj nemoj nikada molitvu obaviti! Džamija čiji su temelji, već od prvoga dana, postavljeni na strahu od Allaha zaista više zaslužuje da u njoj obavljaš molitvu.* U njoj su ljudi koji se vole često prati. – A Allah voli one koji se mnogo čiste.

109. Da li je bolji onaj koji je temelj zgrade svoje postavio na strahu od Allaha i u želji da Mu se umili ili onaj koji je temelj zgrade svoje postavio na rub podlokane obale koja se nagnula da se zajedno s njim u vatru džehennemsku sruši? – A Allah neće ukazati na Pravi put narodu koji sam sebi nepravdu čini.

110. Zgrada koju su oni sagradili stalno će unositi nemir u srca njihova, sve dok im srca ne popucaju. – A Allah sve zna i mudar je.

111. Allah je od vjernika kupio živote njihove i imetke njihove u zamjenu za Džennet koji će im dati – oni će se na Allahovu putu boriti, pa ubijati i ginuti. On im je to zbilja obećao u Tevratu, i Indžilu, i Kur'anu – a ko od Allaha dosljednije ispunjava obećanje Svoje? Zato se radujte pogodbi svojoj koju ste s Njim ugovorili – i to je veliki uspjeh.

112. Oni se kaju, i Njemu klanjaju, i Njega hvale, i poste, i molitvu obavljaju, i traže da se čine dobra djela, a od nevaljalih odvraćaju i Allahovih propisa se pridržavaju. – A vjernike obraduj!

113. Vjerovjesniku i vjernicima nije dopušteno moliti oprosta za mnogobošce, makar im bili i rod najbliži, kad im je jasno da će oni stanovnici Džehennema biti.*

114. A što je Ibrahim tražio oprosta za svoga oca* bilo je samo zbog obećanja koje mu je dao. A čim mu je bilo jasno da je on Allahov neprijatelj, on ga se odrekao. Ibrahim je doista bio pun sažaljenja i obaziv.

115. Allah neće nazvati zalutalim narod koji je na Pravi put uputio prije nego što učine ono što im je On zabranio. – Allah zaista sve dobro zna.

116. Allahova je vlast na nebesima i na Zemlji, On život i smrt daje, i vi osim Allaha nemate ni zaštitnika ni pomagača.

117. Allah je oprostio Vjerovjesniku i muhadžirima i ensarijama, koji su ga u teškom času slijedili,* u vrijeme kada se srca nekih od njih zamalo nisu pokolebala. On je poslije i njima oprostio, jer je On prema njima blag i milostiv.

118. A i onoj trojici koja su bila izostala, i to tek onda kad im je zemlja, koliko god da je bila prostrana, postala tijesna, i kad im se bilo stisnulo u dušama njihovim i kada su uvidjeli da nema utočišta od Allaha nego samo u Njega. On je poslije i njima oprostio da bi se i ubuduće kajali, jer Allah, uistinu, prima pokajanje i milostiv je.

119. O vjernici, bojte se Allaha i budite s onima koji su iskreni!

120. Nije trebalo da stanovnici Medine ni beduini u njenoj blizini iza Allahova Poslanika izostanu i da svoj život njegovom životu pretpostave, jer njih neće zadesiti ni žeđ, ni umor, ni glad na Allahovu putu, niti će stupiti na neko mjesto koje će nevjernike naljutiti, niti će ikakvu nevolju od neprijatelja pretrpjeti, a da im to sve neće kao dobro djelo upisano biti – Allah zaista neće dopustiti da propadne nagrada onima koji čine dobro –

121. i neće dati nikakav prilog, ni mali ni veliki, niti će ikakvu dolinu prevaliti, a da im to neće zapisano biti, da bi ih Allah nagradio za djela njihova nagradom ljepšom od one koju su zaslužili.

122. Svi vjernici ne trebaju ići u boj. Neka se po nekoliko njih iz svake zajednice njihove potrudi da se upute u vjerske nauke i neka opominju narod svoj kad mu se vrate da bi se Allaha pobojali.

123. O vjernici, borite se protiv nevjernika koji su u blizini vašoj i neka oni osjete vašu strogost! I znajte da je Allah na strani čestitih.

124. A kad bude objavljena neka sura, ima ih koji govore: "Kome je od vas ova učvrstila vjerovanje?" Što se tiče vjernika, njima je učvrstila vjerovanje, i oni se raduju.

125. A što se tiče onih čija su srca bolesna, ona im je nevjerovanje dodala na nevjerovanje koje već imaju, i oni kao nevjernici umiru.

126. Zar oni ne vide da svake godine jedanput ili dva puta u iskušenje padaju, pa opet, nit' se kaju nit' se opamećuju.

127. A kad bude objavljena koja sura, samo se zgledaju: "Da li vas ko vidi?" – i onda se udaljuju. Neka Allah srca njihova bez podrške ostavi, zato što su od onih ljudi koji neće da razumiju.

128. Došao vam je Poslanik, jedan od vas, teško mu je što ćete na muke udariti, jedva čeka da Pravim putem pođete, a prema vjernicima je blag i milostiv.

129. A ako oni glave okrenu, ti reci: "Meni je dovoljan Allah, nema boga osim Njega, samo se uzdam u Njega, On je Gospodar svemira veličanstvenoga!"

SURA 10

Jūnus – Junus

(Mekka – 109 ajeta)

U ime Allaha, Milostivog, Samilosnog!

1. Elif Lām Rā. Ovo su ajeti mudre Knjige.

2. Zašto je čudno ljudima što Mi objavljujemo jednom između njih: "Opominji ljude! A vjernike obraduj divnom nagradom kod Gospodara njihova!" Nevjernici govore: "Ovaj je zaista pravi čarobnjak!"

3. Gospodar vaš je Allah Koji je nebesa i Zemlju za šest vremenskih razdoblja stvorio, a onda – upravljajući Aršom – svemirom zagospodario. Niko se neće moći zauzimati ni za koga bez dopuštenja Njegova. Eto to vam je Allah, Gospodara vaš, pa se Njemu klanjajte! Zašto ne razmislite?

4. Njemu ćete se svi vratiti – Allahovo je istinito obećanje – On doista iz ničega stvara, On će poslije to ponoviti da bi pravedno nagradio one koji budu vjerovali i dobra djela činili. A one koji ne budu vjerovali čeka piće od ključale vode i patnja nesnosna, zato što su nevjernici bili.

5. On je Sunce izvorom svjetlosti učinio, a Mjesec sjajnim i položaje mu odredio da biste znali broj godina i računanje. Allah je to mudro stvorio. On potanko izlaže dokaze ljudima koji razumiju.

6. U smjeni noći i dana i u onom što je Allah na nebesima i na Zemlji stvorio zaista postoje dokazi za ljude koji se Allaha boje.

7. Onima koji ne očekuju da će pred Nas stati i koji su zadovoljni životom na ovome svijetu, koji su u njemu smireni, i onima koji su prema dokazima Našim ravnodušni –

8. prebivalište njihovo bit će Džehennem, zbog onoga što su radili.

9. One koji vjeruju i čine dobra djela Gospodar njihov će na Pravome putu podržati, zato što vjeruju, rijeke će teći ispred njih u Džennetima zadovoljstva,

10. molitva njihova bit će u njima: "Hvaljen neka si, Allahu!" – pozdrav njihov: "Mir vama!", a njihova posljednja molitva: "Tebe, Allaha, Gospodara svjetova, hvalimo!"

11. Da Allah ljudima daje zlo onako brzo kao što im se odaziva kad traže dobro, oni bi, uistinu, stradali. A Mi ipak ostavljamo da u zabludi svojoj lutaju oni koji ne vjeruju da će pred Nas stati.

12. Kada čovjeka snađe nevolja, on Nam se moli: ili ležeći, ili sjedeći, ili stojeći. A čim mu nevolju otklonimo, on nastavlja kao da Nam se nije ni obraćao molbom zbog nevolje koja ga je bila zadesila. Tako se nevjernicima čini lijepim ono što rade.

13. Mi smo drevne narode prije vas uništavali zato što nisu povjerovali kad su im poslanici njihovi jasne dokaze donosili. Oni nisu htjeli vjerovati. Tako Mi kažnjavamo narod nevjernički.

14. Zatim smo vas poslije njih namjesnicima na Zemlji učinili da bismo vidjeli kako ćete postupati.

15. A kad im se kazuju ajeti Naši, koji su jasni, onda govore oni koji ne vjeruju da će pred Nas stati: "Donesi ti kakav drugi Kur'an ili ga izmijeni!" Reci: "Nezamislivo je da ga ja sam od sebe mijenjam, ja slijedim samo ono što mi se objavljuje, ja se bojim – ako budem neposlušan svome Gospodaru – patnje na Velikom danu."

16. Reci: "Da Allah nije htio, ja vam ga ne bih kazivao niti bi vas On s njim upoznao. Ta ja sam prije poslanstva dugo među vama boravio – zar ne shvaćate?"

17. Pa ima li onda nepravednijeg od onoga koji o Allahu laži iznosi ili koji Njegove dokaze smatra neistinitim!? – Mnogobošci doista neće uspjeti.

18. Oni se, pored Allaha, klanjaju onima koji im ne mogu nauditi niti im mogu kakvu korist pribaviti i govore: "Ovo su naši zagovornici kod Allaha." Reci: "Kako da Allahu kazujete da na nebesima i na Zemlji postoji nešto, a On zna da ne postoji!" Neka je slavljen On i vrlo visoko iznad onih koje smatraju Njemu ravnim!

19. Ljudi su jednu zajednicu sačinjavali, a onda su se jedan drugome suprotstavili. A da nije Riječi ranije izrečene od Gospodara tvoga, ovima bi već bilo presuđeno o onome oko čega se razilaze.

20. Oni govore: "Zašto mu Gospodar njegov ne pošalje jedno čudo?" Ti reci: "Samo Allah zna što će biti, pa pričekajte, i ja ću s vama čekati."

21. A kada Mi dopustimo ljudima da osjete milost, poslije nevolje koja ih snađe, oni opet u dokaze Naše neće da vjeruju. Reci: "Allah je brži u kažnjavanju, izaslanici Naši ono što vi ispletkarite doista zapisuju."

22. On vam omogućava da kopnom i morem putujete. Pa kad ste u lađama i kad one uz blag povjetarac zaplove s putnicima, te se oni obraduju tome, naiđe silan vjetar i valovi navale na njih sa svih strana i oni se uvjere da će nastradati, iskreno se mole Allahu: "Ako nas iz ovoga izbaviš, sigurno ćemo biti zahvalni!"

23. A kad ih On izbavi, oni odjednom bez ikakva osnova čine nered na Zemlji! O ljudi, nepravda koju činite da biste u životu na ovome svijetu uživali samo vama šteti. Nama ćete se poslije vratiti i Mi ćemo vas o onom što ste radili obavijestiti!

24. Život na ovome svijetu je sličan bilju zemaljskom na koje Mi spustimo s neba kišu s kojim se ona izmiješa, kojim se onda hrane ljudi i stoka. Pa kad se Zemlja ukrasi svojim ruhom i okiti i kad stanovnici njezini pomisle da su oni toga gospodari, dođe zapovijed Naša – noću ili danju – i Mi to pokosimo, kao da prije ničeg nije ni bilo. Eto, tako Mi potanko izlažemo dokaze narodu koji hoće razmisliti.

25. Allah poziva u Kuću mira i ukazuje na Pravi put onome kome On hoće.

26. One koji čine dobra djela čeka nagrada, i više od toga! Lica njihova neće tama i sjeta prekrivati, oni će stanovnici Dženneta biti, u njemu će vječno boraviti.

27. A one koji čine nevaljala djela čeka kazna srazmjerna onom što su počinili: njih će potištenost prekrivati, niko ih od Allaha neće zaštititi, lica će im biti tamna kao da su se na njih spustili dijelovi mrkle noći – stanovnici vatre će oni biti, i u njoj će vječno boraviti!

28. A na Dan kad ih sve sakupimo, reći ćemo onima koji su Allahu druge ravnim smatrali: "Stanite, i vi i božanstva vaša!" – pa ćemo ih razdvojiti. A božanstva njihova će reći: "Niste se vi nama klanjali,

29. Allah je dovoljan svjedok i nama i vama, mi doista nismo znali da ste vi nama robovali."

30. Tu će svako saznati ono što je prije uradio – bit će vraćeni Allahu, svome istinskom Gospodaru, a neće im biti onih koje su izmišljali.

31. Upitaj: "Ko vas hrani s neba i iz zemlje, čije su djelo sluh i vid, ko stvara živo iz neživog, a pretvara živo u neživo i ko upravlja svim?" "Allah!" – reći će oni. A ti reci: "Pa zašto Ga se onda ne bojite?"

32. To vam je Allah, Gospodar vaš istinski! Zar poslije istine ima išta osim zablude? Pa kuda se onda odmećete?

33. Tako će se obistiniti riječ Gospodara tvoga da vjerovati neće oni koji u grijehu žive.

34. Reci: "Može li ijedno vaše božanstvo stvarati iz ničega, zatim da to ponovo učini?" Reci: "Allah stvara iz ničega, zatim će to ponovo učiniti!" Pa kuda se onda odmećete?

35. Reci: "Može li ijedno vaše božanstvo uputiti na Pravi put?" i odgovori: "Samo Allah upućuje na Pravi put!" Pa da li je onda dostojniji da se poštiva onaj koji na Pravi put upućuje ili onaj koji ni sam nije na Pravome putu, osim ako ga drugi na Pravi put ne uputi? Šta vam je, kako rasuđujete!?

36. Većina njih slijedi samo pretpostavke, ali pretpostavke nisu nimalo od koristi Istini. – Allah uistinu dobro zna ono što oni rade.

37. Ovaj Kur'an nije izmišljen – od Allaha je – on potvrđuje istinitost prijašnjih Objava i objašnjava propise; u njega nema sumnje, od Gospodara svjetova je!

38. A oni govore: "On ga izmišlja!" Reci: "Pa, dajte vi jednu suru kao što je njemu objavljena i koga god hoćete, od onih u koje mimo Allaha vjerujete, u pomoć pozovite, ako istinu govorite."

39. Oni poriču prije nego što temeljito saznaju šta ima u njemu, a još im nije došlo ni tumačenje njegovo, tako su isto oni prije njih poricali, pa pogledaj kako su nasilnici završili!

40. Ima ih koji u njega vjeruju, a ima ih koji ne vjeruju u njega. A Gospodar tvoj dobro poznaje smutljivce.

41. I ako te oni budu u laž utjerivali, ti reci: "Meni – moja, a vama – vaša djela; vi nećete odgovarati za ono što ja radim, a ja neću odgovarati za ono što vi radite."

42. Ima ih koji te dolaze slušati. A možeš li ti učiniti da te čuju gluhi koji ni pameti nemaju?

43. A ima ih koji te posmatraju. A možeš li ti uputiti na Pravi put slijepe koji ni razuma nemaju?

44. Allah zaista neće nikakvu nepravdu ljudima učiniti, ljudi je sami sebi čine.

45. A na Dan kada ih On sakupi učinit će im se da su boravili samo jedan čas u danu, i jedni druge će prepoznati. Oni koji su poricali da će pred Allaha stati i koji nisu Pravim putem išli bit će izgubljeni.

46. Bilo da ti pokažemo dio onoga čime im prijetimo bilo da ti dušu uzmemo, Nama će se oni vratiti, i tada će Allah biti svjedok za ono što su činili.

47. Svaki narod je imao poslanika. I kad poslanik njihov dođe među njih, njima će biti pravedno presuđeno, nasilje im neće biti učinjeno.

48. Oni govore: "Kada će već jednom ta prijetnja, ako istinu govorite?"

49. Reci: "Sam od sebe ne mogu nikakvu štetu otkloniti, a ni neku korist sebi pribaviti – biva onako kako Allah hoće! Svaki narod ima konac, i kad konac njegov dođe – ni za tren ga neće moći ni odložiti ni ubrzati."

50. Reci: "Kažite vi meni, ako će vas kazna Njegova noću ili danju zadesiti, zašto je onda požuruju mnogobošci?

51. Zar ćete tek onda kad se dogodi u nju povjerovati? Zar tek tada, a ranije ste je požurivali?"

52. Zatim će se reći onima koji su se prema sebi ogriješili: "Iskusite patnju vječnu, zar se kažnjavate više nego što ste zaslužili?"

53. Oni te zapitkuju: "Da li je istina da će ono biti?" Reci: "Jest, Gospodara mi moga, zaista je istina i vi nećete moći umaći!"

54. Kada bi nevjernik imao sve ono što na Zemlji postoji, sve bi on to dao samo da se otkupi. A kada oni dožive patnju, sakrit će tugu, i bit će im po pravdi presuđeno, neće im se ništa učiniti nažao.

55. Allahovo je sve što je na nebesima i na Zemlji! Allahova prijetnja će se, sigurno, ispuniti! – Ali većina njih ne zna.

56. On život i smrt daje, i Njemu ćete se vratiti.

57. O ljudi, već vam je stigla pouka od Gospodara vašeg i lijek za vaša srca i uputstvo i milost vjernicima.

58. Reci: "Neka se zato Allahovoj blagodati i milosti raduju, to je bolje od onoga što gomilaju."

59. Reci: "Kažite vi meni zašto jednu hranu koju vam Allah daje smatrate zabranjenom, a drugu dopuštenom?" Recite: "Da li vam je prosuđivanje o tome Allah prepustio ili o Allahu laži iznosite?"

60. I šta misle oni koji o Allahu iznose laži, šta će na Sudnjem danu biti? Allah je doista neizmjerno dobar prema ljudima, ali većina njih ne zahvaljuje.

61. Što god ti važno činio, i što god iz Kur'ana kazivao, i kakav god vi posao radili, Mi nad vama bdijemo dok god se time zanimate. Gospodaru tvome ništa nije skriveno ni na Zemlji ni na nebu, ni koliko trun jedan, i ne postoji ništa, ni manje ni veće od toga, što nije u Knjizi jasnoj.

62. I neka se ničega ne boje i ni za čim neka ne tuguju Allahovi štićenici,

63. oni koji budu vjerovali i koji se budu Allaha bojali,

64. za njih su dobre vijesti i na ovome i na Onome svijetu – Allahove riječi niko ne može izmijeniti – to će, zaista, velik uspjeh biti.

65. Neka te ne žaloste besjede njihove! Uistinu, sva moć pripada Allahu. – On sve čuje i sve zna.

66. U Allahovoj vlasti su svi na nebesima i na Zemlji. A oni koji se pored Allaha božanstvima klanjaju, povode se samo za pretpostavkama i samo uobražavaju.

67. On vam je dao noć da u njoj počinak imate, i dan da vidite. To su dokazi za ljude koji čuju.

68. Oni govore: "Allah je Sebi uzeo dijete!" – Hvaljen neka je On! On ni o kome ovisan nije! Sve što je na nebesima i na Zemlji, Njegovo je! Vi za to nikakav dokaz nemate. Zašto o Allahu govorite ono što ne znate!

69. Reci: "Oni koji o Allahu laži iznose neće postići ono što žele."

70. Uživat će kratko na ovome svijetu, a zatim će se Nama vratiti i Mi ćemo im dati da iskuse nesnosnu patnju zato što nisu vjerovali.

71. Kaži im povijest o Nuhu! Kad on reče narodu svome: "O narode moj, ako vam je dodijao moj boravak među vama i moje opominjanje Allahovim dokazima – a ja se stalno uzdam u Allaha – onda se, zajedno sa božanstvima svojim, odlučite, i to ne krijte; zatim to nada mnom izvršite i ne odgađajte!

72. A ako glave okrenete – pa ja od vas nikakvu nagradu ne tražim, mene će Allah nagraditi, meni je naređeno da budem musliman."

73. Ali, nazvaše ga lašcem, pa Mi u lađi njega i one koji bijahu uz njega spasismo i namjesnicima ih učinismo, a one koji dokaze Naše nisu priznavali potopismo, pa pogledaj kako su završili oni koji se na opomene nisu osvrtali!

74. Zatim smo, poslije njega, poslanike narodima njihovim slali i oni su im jasne dokaze donosili, ali oni nisu htjeli vjerovati u ono što prije nisu priznavali. Tako Mi pečatimo srca onih koji u zlu prelaze svaku mjeru.

75. Zatim smo, poslije njih, Musaa i Haruna poslali sa čudima Našim faraonu i glavešinama njegovim, ali su se oni uzoholili – a bio je to grješan narod:

76. kad im je od Nas došla Istina, rekli su: "Ovo je doista prava čarolija!"

77. "Zar za Istinu koja vam je došla kažete da je čarolija?" – reče Musa – "A čarobnjaci neće nikada uspjeti!"

78. A oni rekoše: "Zar si došao da nas odvratiš od onoga na čemu smo zatekli pretke naše, da bi vama dvojici pripala vlast na Zemlji? E nećemo mi vama dvojici vjerovati!"

79. I faraon reče: "Dovedite mi sve vješte čarobnjake!"

80. I kad čarobnjaci dođoše, Musa im reče: "Bacite što imate baciti!"

81. I kad oni baciše, Musa uzviknu: "Ono što ste priredili čarolija je! Allah će je uništiti, jer Allah ne dopušta da djelo pokvarenjaka uspije,

82. Allah će Svojom moći istinu utvrditi, makar što će to nevjernicima krivo biti!"

83. I ne povjerova Musau niko, osim malo njih iz naroda faraonova, iz straha da ih faraon i glavešine njegove ne počnu zlostavljati, a faraon je doista na Zemlji silnik bio i u zlu svaku mjeru prevršio.

84. I Musa reče: "O narode moj, ako u Allaha vjerujete, u Njega se pouzdajte ako ste muslimani!"

85. "U Allaha se uzdamo!" – rekoše oni. "Gospodaru naš, ne učini da zbog nas dođu u iskušenje ljudi koji nasilje čine,

86. i spasi nas, milošću Svojom, od naroda koji ne vjeruje!"

87. I Mi objavismo Musau i bratu njegovu: "U Misiru svome narodu kuće izgradite i bogomoljama ih učinite i u njima molitvu obavljajte! A ti obraduj vjernike!"

88. I Musa reče: "Gospodaru naš! Ti si dao faraonu i glavešinama njegovim bogatstva da u raskoši žive na ovome svijetu, pa oni, Gospodaru moj, zavode s puta Tvoga! Gospodaru naš, uništi bogatstva njihova i zapečati srca njihova, pa neka ne vjeruju dok ne dožive patnju nesnosnu!"

^{89.} "Uslišena je molba vaša!" – reče On – "A vas dvojica na Pravome putu ostanite i nikako se za neznalicama ne povodite!"

^{90.} I Mi prevedosmo preko mora sinove Israilove, a za petama su im bili faraon i vojnici njegovi progoneći ih ni krive ni dužne. A on, kad se poče daviti, uzviknu: "Ja vjerujem da nema boga osim Onoga u Kojeg vjeruju sinovi Israilovi i ja se pokoravam!"

^{91.} "Zar sada, a prije si neposlušan bio i razdor sijao!?

^{92.} Danas ćemo izbaviti samo tijelo tvoje da bi bio poučan primjer onima poslije tebe." Ali mnogi ljudi su ravnodušni prema Našim poukama.

^{93.} I Mi smo sinove Israilove u lijep predjel naselili i ukusnom hranom ih opskrbili, i tek kad im je došlo pravo saznanje, oni su se u mišljenju razišli. A Gospodar tvoj će im, sigurno, na Sudnjem danu presuditi u onom u čemu su se razilazili.

^{94.} Ako sumnjaš u ono što ti objavljujemo, upitaj one koji čitaju Knjigu, prije tebe objavljenu. Tebi Istina od Gospodara tvoga dolazi, i nikako ne budi od onih koji su u sumnji.

^{95.} I ne budi nikako od onih koji Allahove dokaze ne priznaju, da ne bi bio izgubljen.

^{96.} A oni na kojima se ispuni Riječ Gospodara tvoga zaista neće vjerovati,

^{97.} makar im došli svi dokazi, sve dok ne dožive patnju bolnu.

98. Zašto nije bilo nijednog grada koji je povjerovao i kome je vjerovanje njegovo koristilo, osim naroda Junusova, kome smo, kada je povjerovao, sramnu patnju u životu na ovome svijetu otklonili i život mu još neko vrijeme produžili?

99. Da Gospodar tvoj hoće, na Zemlji bi doista bili svi vjernici. Pa zašto onda ti da nagoniš ljude da budu vjernici?

100. Nijedan čovjek nije vjernik bez Allahove volje, a On kažnjava one koji neće da razmisle.

101. Reci: "Posmatrajte ono što je na nebesima i na Zemlji!" – A ni od kakve koristi neće biti dokazi i opomene narodu koji neće da vjeruje.

102. Zar oni čekaju da ih snađe nešto slično onome što je snašlo one koji su prije njih bili i nestali? Reci: "Pa čekajte, i ja ću s vama čekati!"

103. Poslije smo spasavali poslanike Naše i one koji su vjerovali. Eto tako, dužnost je Naša da spasimo vjernike.

104. Reci: "O ljudi, ako vi sumnjate u ispravnost moje vjere – pa ja se neću klanjati onima kojima se, mimo Allaha, vi klanjate, već ću se klanjati Allahu, Koji će vam duše uzeti. Meni je naređeno da budem vjernik,

105. i: "Predaj se pravoj vjeri, i nikako ne budi kumirima poklonik,

106. i, pored Allaha, ne moli se onome ko ti ne može ni koristiti ni nauditi, jer ako bi to uradio, bio bi, uistinu, nevjernik.

107. Ako ti Allah dade kakvu nevolju, niko je osim Njega ne može otkloniti. A ako ti zaželi dobro – pa niko ne može blagodat Njegovu spriječiti. On njome nagrađuje onoga koga hoće od robova Svojih, On prašta i milostiv je."

108. Reci: "O ljudi, Istina vam dolazi od Gospodara vašeg, i onaj ko se uputi Pravim putem – uputio se za svoje dobro, a onaj ko krene stranputicom – krenuo je na svoju štetu, a ja nisam vaš odvjetnik."

109. Ti slijedi ono što ti se objavljuje i budi strpljiv dok Allah ne presudi, On je sudija najbolji!

SURA 11

Hūd

(Mekka – 123 ajeta)

U ime Allaha, Milostivog, Samilosnog!

1. Elif Lām Rā. Ovo je Knjiga čiji se ajeti pomno nižu i od vremena do vremena objavljuju, od Mudrog i Sveznajućeg,

2. da se samo Allahu klanjate – ja sam vam od Njega, da opominjem i da radosne vijesti kazujem,

3. da od Gospodara svoga oprosta tražite i da se pokajete, a On će vam dati da do smrtnoga časa lijepo proživite i svakom čestitom dat će zasluženu nagradu. A ako leđa okrenete – pa ja se, zaista, bojim za vas patnje na Velikom danu.

4. Allahu ćete se vratiti, a On sve može!

5. Eto, oni grudi svoje okreću sa željom da se od Njega sakriju. A i kad se u ruho svoje umotavaju, On zna ono što skrivaju i ono što pokazuju. – On, uistinu, zna misli svačije.

6. Na Zemlji nema nijednog živog bića, a da ga Allah ne hrani. On zna gdje će koje boraviti i gdje će sahranjeno biti. Sve to ima u jasnoj Knjizi.

7. On je u šest vremenskih razdoblja nebesa i Zemlju stvorio – a Njegov prijesto je iznad vode bio – da bi vas iskušao koji će od vas bolje postupati. Ako ti rekneš: "Poslije smrti bit ćete doista oživljeni." – nevjernici će, sigurno, reći: "Ovo nije ništa drugo do očita varka!"

DŽUZ'
XII

8. Ako im Mi kaznu do roka određenog odgodimo, oni će, sigurno, reći: "Zašto je zadržava?" A onoga dana kad im dođe, neće biti od njih otklonjena i sa svih strana bit će okruženi onim čemu su se rugali.

9. Ako čovjeku milost Našu pružimo, pa mu je poslije uskratimo, on pada u očajanje i postaje nezahvalnik.

10. A ako ga blagodatima obaspemo, poslije nevolje koja ga je zadesila, on će, sigurno, reći: "Nevolje su me napustile!" On je doista umišljen i razmetljiv,

11. a samo strpljive i one koji dobra djela čine čeka oprost i nagrada velika.

12. Nemoj ti ništa od onoga što ti se objavljuje izostaviti, što tišti grudi tvoje, zato da oni ne bi rekli: "Zašto mu nije poslano kakvo blago ili zašto s njim nije došao melek?" Tvoje je da opominješ, a o svemu se samo Allah brine.

13. Zar oni da govore: "On ga izmišlja!" Reci: "Pa sačinite vi deset Kur'anu sličnih, izmišljenih sura i koga god hoćete, od onih u koje pored Allaha vjerujete u pomoć pozovite, ako je istina što tvrdite!"

14. A ako vam se ne odazovu, onda znajte da se on objavljuje samo s Allahovim znanjem i da nema boga osim Njega – zato muslimani postanite!

15. Onima koji žele život na ovome svijetu i ljepote njegove – Mi ćemo dati plodove truda njihova i neće im se u njemu ništa prikratiti.

16. Njih će na Onome svijetu samo vatra peći, tamo neće imati nikakve nagrade za ono što su na Zemlji radili i bit će uzaludno sve što su učinili.

17. Zar je onaj koji želi samo ovaj svijet kao onaj kome je jasno ko je Gospodar njegov, na što se nadovezuje Kur'an kao svjedok Njegov, i još prije njega Knjiga Musaova, putovođa i milost. To su oni koji vjeruju u njega. A onima koji su se protiv njega urotili vatra će boravište biti. Zato ti nikako ne sumnjaj u njega, on je zaista istina od Gospodara tvoga, ali većina ljudi neće da vjeruje.

18. Ima li nepravednijeg od onoga koji o Allahu izmišlja laži? Oni će pred Gospodara svoga biti dovedeni, a svjedoci će reći: "Ovi su izmišljali laži o Gospodaru svome!" Neka Allahovo prokletstvo stigne mnogobošce,

19. koji od Allahova puta odvraćaju i krivim ga prikazuju; oni i u Onaj svijet ne vjeruju.

20. Oni na Zemlji ne mogu Allahu umaći, niti, osim Allaha, drugog zaštitnika imaju. Njima će patnja biti umnogostručena, jer nisu htjeli ni čuti ni bilo šta vidjeti,

21. oni su sami sebe upropastili – a neće im biti ni onih koje su izmišljali –

22. oni će, zbilja, na Onome svijetu biti sasvim izgubljeni.

23. Oni koji budu vjerovali i dobra djela činili i koji Gospodaru svome budu odani bit će stanovnici Dženneta, u njemu će vječno boraviti.

24. Ove dvije vrste su kao slijep i gluh i kao onaj koji vidi i čuje. A mogu li se oni uporediti? Pa zašto ne razmislite?

25. I Nuha poslasmo narodu njegovu. "Ja sam tu" – govorio je on – "da vas otvoreno opominjem,

26. da se ne klanjate nikome drugom osim Allahu. Ja se, zaista, plašim za vas patnje na Nesnosnom danu."

27. Glavešine naroda njegova, oni koji nisu vjerovali, rekoše: "Koliko mi vidimo, ti si čovjek kao i mi, a vidimo i da te bez ikakva razmišljanja slijede samo oni koji su niko i ništa među nama; ne vidimo da ste vi imalo od nas bolji, štaviše, mislimo da ste lažljivci."

28. "O narode moj," – govorio je on – "da vidimo! Ako je meni jasno ko je Gospodar moj i ako mi je On od Sebe dao vjerovjesništvo, a vi ste slijepi za to, zar da vas silimo da to protiv volje vaše priznate?

^{29.} O narode moj! Za ovo ja od vas ne tražim blaga, Allah će mene nagraditi. I ja neću otjerati vjernike, oni će pred Gospodara svoga izići; ali, ja vidim da ste vi narod koji ne zna.

^{30.} O narode moj! Ko bi me od Allaha odbranio kad bih ih ja otjerao? Zašto se ne urazumite?

^{31.} Ja vam ne kažem: 'U mene su Allahove riznice.' – niti: 'Meni je poznata budućnost.' – niti kažem: 'Ja sam melek.' – a ne govorim ni o onima koje vaše oči s prezirom gledaju: 'Allah im nikakvo dobro neće dati.' – ta Allah dobro zna šta je u dušama njihovim – jer bih se tada ogriješio."

^{32.} "O Nuhu," – rekoše oni – "ti si želio da se s nama raspravljaš i dugo si se raspravljao. Daj neka se ostvari ono čime nam prijetiš, ako istinu govoriš!"

^{33.} "To će vam učiniti samo Allah ako bude htio" – reče on – "i vi nećete moći umaći.

^{34.} Ako vas Allah hoće ostaviti u zabludi, neće vam savjet moj koristiti, ma koliko vas ja želio savjetovati. On je Gospodar vaš i Njemu ćete se vratiti."

^{35.} Zar ovi da govore: "On ga izmišlja!" Reci: "Ako ga izmišljam, grijeh će pasti na mene, a ja nemam ništa s tim što vi iznosite klevete."

^{36.} I Nuhu bi objavljeno: "Osim onih koji su već vjernici, niko više iz naroda tvoga neće vjernik postati, zato se ne žalosti zbog onoga što oni stalno čine,

^{37.} i gradi lađu pred Nama i po Našem nadahnuću, i ne obraćaj Mi se više zbog nevjernika – oni će, sigurno, biti potopljeni!"

38. I on je gradio lađu. I kad god bi pored njega prolazile glavešine naroda njegova, rugale bi mu se. "Ako se vi rugate nama," – govorio je on – "rugat ćemo se i mi vama, onako kako se vi rugate,

39. i saznat ćete, zaista, koga će snaći sramna kazna i ko će u vječnoj muci biti."

40. I kad je zapovijed Naša pala i voda s površine Zemlje pokuljala, Mi smo rekli: "Ukrcaj u lađu od svake životinjske vrste po jedan par i čeljad svoju – osim onih o kojima je bilo govora – i vjernike!" – a malo je bilo onih koji su s njim vjerovali.

41. I on reče: "Ukrcajte se u nju, u ime Allaha, neka plovi i neka pristane! Gospodar moj, uistinu, prašta i samilostan je."

42. I ona ih je ponijela na valovima velikim kao brda. I Nuh zovnu sina svoga koji se nalazio podaleko: "O sinko moj, ukrcaj se s nama, ne budi s nevjernicima!" –

43. a on reče: "Sklonit ću se na kakvo brdo koje će me od vode zaštititi." "Niko danas Allahove kazne neće pošteđen biti, osim onoga kome se On smilovao!" – reče Nuh, i val ih razdvoji, i on potopljen bi.

44. I bi rečeno: "O Zemljo, gutaj vodu svoju, a ti, o nebo, prestani!" I voda se povuče i ispuni se odredba, a lađa pristade na planini El-Džudi, i bi rečeno: "Daleko nek je narod nevjernički!"

45. A Nuh je bio zamolio Gospodara svoga i rekao: "Gospodaru moj, sin moj je čeljade moje, a obećanje Tvoje je zaista istinito i Ti si od mudrih najmudriji!"

46. "O Nuhu, on nije čeljade tvoje," – rekao je On – "jer radi ono što ne valja, zato Me ne moli za ono što ne znaš! Savjetujem ti da neznalica ne budeš."

47. "Gospodaru moj," – reče – "Tebi se ja utječem da Te više nikad ne zamolim za ono što ne znam! Ako mi ne oprostiš i ne smiluješ mi se, bit ću izgubljen."

48. "O Nuhu," – bi rečeno – "iskrcaj se, s pozdravom Našim i blagoslovima tebi i narodima koji će se izroditi od ovih koji su s tobom! Bit će naroda kojima ćemo davati da uživaju, a koje će poslije snaći Naša kazna nesnosna!"

49. To su nepoznate vijesti koje ti Mi objavljujemo, ni ti ni narod tvoj niste prije ovoga ništa znali. Zato budi strpljiv, ishod će, zaista, u korist čestitih biti.

50. I Adu – brata njihova Huda. "O narode moj," – govorio je on – "Allahu se klanjajte, vi drugog boga osim Njega nemate, vi samo neistine iznosite.

51. O narode moj, ja ne tražim od vas nagrade za ovo – mene će nagraditi Onaj Koji me je stvorio! Zašto se ne opametite?

52. O narode moj, molite Gospodara svoga da vam oprosti, i pokajte Mu se, a On će vam slati kišu obilnu i dat će vam još veću snagu, uz onu koju imate, i ne odlazite kao mnogobošci!"

53. "O Hude," – govorili su oni – "nisi nam nikakav dokaz donio, i mi na samu tvoju riječ nećemo napustiti božanstva naša, mi tebi ne vjerujemo.

54. Mi kažemo samo to da te je neko božanstvo naše zlom pogodilo." "Ja pozivam Allaha za svjedoka," – reče on – "a i vi posvjedočite da ja nemam ništa s tim što vi druge Njemu ravnim smatrate,

55. pored Njega; i zato svi zajedno protiv mene lukavstvo smislite i nimalo mi vremena ne dajte,

56. ja se uzdam u Allaha, u moga i vašega Gospodara! Nema nijednog živog bića koje nije u vlasti Njegovoj. Gospodar moj zaista postupa pravedno.

57. Pa ako okrenete leđa – a ja sam vam saopćio ono što vam je po meni poslano – Gospodar moj će umjesto vas narod drugi dovesti, i vi Mu ničim nećete nauditi; Gospodar moj zaista bdi nad svim."

58. I kad je došla kazna Naša, Mi smo, milošću Našom, Huda i vjernike s njim spasili i patnje surove ih poštedjeli.

59. Eto, to je bio Ad, on je dokaze Gospodara svoga poricao i bio neposlušan poslanicima svojim, i pristajao uz svakog silnika, inadžiju.

60. I prokletstvo je na ovome svijetu stalno bilo s njim, a bit će i na Sudnjem danu. Ad, doista, nije vjerovao u Gospodara svoga – daleko neka je Ad, narod Hudov!

61. I Semudu – brata njihova Saliha. "O narode moj," – govorio je on – "klanjajte se samo Allahu, vi drugog boga osim Njega nemate! On vas od Zemlje stvara i daje vam da živite na njoj! Zato Ga molite da vam oprosti, i pokajte Mu se, jer Gospodar moj je, zaista, blizu i odaziva se."

62. "O Salihe," – govorili su oni – "ti si među nama prije ovoga cijenjen bio. Zašto nam braniš da se klanjamo onome čemu su se preci naši klanjali? Mi uveliko sumnjamo u ono čemu nas ti pozivaš."

63. "O narode moj," – govorio je on – "da vidimo: ako je meni jasno ko je Gospodar moj i ako mi je On sam vjerovjesništvo dao, pa ko će me od Allaha odbraniti ako Ga ne budem slušao – ta vi biste samo uvećali propast moju.

64. O narode moj, evo ova Allahova kamila je znamenje za vas, pa pustite je neka pase po Allahovoj zemlji i ne činite joj nikakvo zlo, da vas ne bi zadesila kazna bliska."

65. Ali, oni je zaklaše, pa on reče: "Živjet ćete u zemlji svojoj još samo tri dana, to je istinita prijetnja."

66. I kad je došla kazna Naša, Mi smo, milošću Našom, Saliha i vjernike s njim spasili od sramote toga dana – Gospodar tvoj je, uistinu, moćan i silan –

67. a one koji su činili zlo pogodio je strašan glas i oni su u zemlji svojoj osvanuli mrtvi, nepomični,

68. kao da na njoj nikad nisu ni postojali. Semud, doista, u Gospodara svoga nije vjerovao – daleko neka je Semud!

69. I Ibrahimu smo izaslanike Naše poslali da mu donesu radosnu vijest. "Mir!" – rekoše – "Mir!" – odgovori on, i ubrzo im donese pečeno tele.

70. A kad vidje da ga ruke njihove ne dotiču, on osjeti da nisu gosti i obuze ga neka zebnja od njih. "Ti se ne boj!" – rekoše oni – "Mi smo Lutovu narodu poslani."

71. A žena njegova stajaše tu, i Mi je obradovasmo Ishakom, a poslije Ishaka Jakubom, i ona se osmjehnu.

72. "Jadna ja!" – reče – "Zar da rodim ovako stara, a i ovaj moj muž je star? Ovo je zaista nešto neobično!"

73. "Zar se čudiš Allahovoj moći?" – rekoše oni – "Allahova milost i Njegovi blagoslovi su na vama, obitelji vjerovjesničkoj. On je dostojan hvale i On je plemenit!"

74. I pošto Ibrahima prođe strah i dođe mu radosna vijest, on se poče raspravljati sa Našim izaslanicima o narodu Lutovu.

75. Ibrahim je zaista bio dobrodušan, sažaljiv i odan.

76. "O Ibrahime, prođi se toga, naređenje od Gospodara tvoga je stiglo – njih će stići patnja, sigurno!"

77. I kad izaslanici Naši dođoše Lutu, on se zbog njih nađe u neprilici i bi mu teško pri duši, pa reče: "Ovo je mučan dan!"

78. I narod njegov pohrli njemu – a i prije su radili sramotna djela. "O narode moj," – reče on – "eto mojih kćeri, one su vam čistije!* Bojte se Allaha i pred gostima mojim me ne sramotite! Zar među vama nema razumna čovjeka?"

79. "Ti znaš da nam nisu potrebne tvoje kćeri," – rekoše oni – "ti doista znaš šta mi hoćemo."

80. "Ah, da ja samo imam moć" – reče on – "ili da se mogu osloniti na nekog snažnog!"

81. A meleki rekoše: "O Lute, mi smo izaslanici Gospodara tvoga, oni tebi ne mogu nauditi. Ti kreni sa čeljadi svojom u gluho doba noći bez žene svoje, nju će zadesiti isto što i njih, i neka se niko od vas ne obazire! – Rok im je praskozorje, a zar praskozorje nije blizu?"

82. I kada pade naredba Naša, Mi sve prevrnusmo, ono što je bilo gore – bi dolje, i na njih spustismo kao kišu grumenje od pečena blata, koje je neprekidno sipalo,

83. obilježeno od Gospodara tvoga – a ono nije daleko ni od jednog nasilnika.

84. I Medjenu* – brata njihova Šuajba. "O narode moj," – govorio je on – "Allahu se klanjajte, vi drugog boga osim Njega nemate, i krivo na litru i na kantaru ne mjerite! Vidim da u obilju živite i bojim se da vas jednog dana ne zadesi kazna, pa da svi nastradate.

85. O narode moj! Pravo mjerite i na litru i na kantaru i ne zakidajte ljudima stvari njihove i ne činite zlo po Zemlji praveći nered.

86. Bolje vam je ono što Allah ostavlja kao dozvoljeno, ako hoćete da budete vjernici – a ja nisam vaš čuvar."

87. "O Šuajbe," – govorili su oni – "da li vjera tvoja traži od tebe da napustimo ono čemu su se preci naši klanjali ili da ne postupamo sa imanjima našim onako kako nam je volja? E baš si 'pametan' i 'razuman'!"

88. "O narode moj," – govorio je on – "shvatite da je meni jasno ko je Gospodar moj i da mi je On dao svega u obilju. Ja ne želim činiti ono što vama zabranjujem. Jedino želim učiniti dobro koliko mogu, a uspjeh moj zavisi samo od Allaha; u Njega se uzdam i Njemu se obraćam.

89. O narode moj, neka vas neslaganje sa mnom nikako ne dovede do toga da vas zadesi ono što je zadesilo Nuhov narod ili Hudov narod ili Salihov narod. A i Lutov narod nije mnogo prije vas živio.

90. I tražite oprost od Gospodara svoga, i onda Mu se pokajte! Gospodar moj je, uistinu, samilostan i pun ljubavi."

91. "O Šuajbe," – rekoše oni – "mi ne razumijemo mnogo toga što ti govoriš, a vidimo da si ti među nama jadan; da nije roda tvoga, mi bismo te kamenovali – ti nisi nama drag."

92. "O narode moj," – reče on – "zar vam je rod moj draži od Allaha, Koga sasvim odbacujete? Gospodar moj dobro zna ono što vi radite!

93. O narode moj, činite sve što možete, a činit ću i ja. Vi ćete, sigurno, saznati koga će kazna stići koja će ga osramotiti i ko je lažac. Pa čekajte, i ja ću s vama čekati!"

94. I kada je pala naredba Naša, Mi smo, iz milosti Naše, Šuajba i vjernike s njim spasili, a one koji su zlo činili pogodio je užasan glas i oni su u zemlji svojoj mrtvi, nepomični osvanuli,

95. kao da na njoj nikada nisu ni postojali. Daleko bio Medjen, kao i Semud!

96. I Musaa smo poslali sa znamenjima Našim i dokazom jasnim

97. faraonu i glavešinama njegovim, ali se oni povedoše za faraonovim naređenjem – a njegovo naređenje nije bilo razumno.

98. Na Sudnjem danu, on će svoj narod predvoditi i u vatru ga uvesti, a užasno je mjesto u koje će doveden biti!

99. Na ovome svijetu ih je pratilo prokletstvo, a pratit će ih i na Onome – strašan će biti "dar" kojim će darivani biti!

100. To su neke vijesti koje ti o gradovima kazujemo; neki od njih još postoje, a neki su sa zemljom sravnjeni.

101. Mi nismo prema njima bili nepravedni, već oni sami prema sebi. I kada bi pala naredba Gospodara tvoga, ništa im nisu pomogla božanstva njihova kojima su se, a ne Allahu, klanjali, samo bi im propast njihovu povećala.

102. Eto, tako Gospodar tvoj kažnjava kad kažnjava sela i gradove koji su nasilje činili. Kažnjavanje Njegovo je zaista bolno i strašno.

103. To je pouka za one koji se plaše patnje na Onome svijetu, a to je Dan kada će svi ljudi biti sabrani i to je Dan kada će svi biti prisutni –

104. a Mi ga odgađamo samo za neko vrijeme.

105. Onoga Dana kad dođe, bez dopuštenja Njegova niko ni riječ neće izustiti, a među njima bit će nesretnih i sretnih.

106. I nesretni će u Džehennem, u njemu će teško izdisati i udisati.

107. Dok je nebesa i Zemlje, u njemu će ostati – osim ako drukčije Gospodar tvoj ne odredi. Gospodar tvoj, zaista, radi ono što želi.

108. A sretni će u Džennet; dok je nebesa i Zemlje, u njemu će boraviti – osim ako drukčije Gospodar tvoj ne odredi. Bit će to dar koji će neprekidno trajati.

109. Zato ne sumnjaj u to šta će biti s onima koji se klanjaju ovima. Oni se klanjaju onima kojima su se, još prije, klanjali preci njihovi. Mi ćemo im doista ono što su zaslužili bez odbitka dati!

110. I Musau smo Knjigu dali, pa su se o njoj u mišljenju podvojili. I da nije Riječi Gospodara tvoga ranije izrečene, bilo bi s njima svršeno, jer oni u nju sumnjaju mnogo.

111. I svima njima će Gospodar tvoj prema djelima njihovim platiti, jer On dobro zna ono što su radili.

112. Ti idi Pravim putem, kao što ti je naređeno, i nek tako postupe i vjernici koji su uz tebe, i obijesni ne budite, jer On dobro vidi ono što radite.

113. I ne držite stranu onih koji nepravedno postupaju, pa da vas vatra prži; vi nemate drugih zaštitnika osim Allaha, inače, nema vam pomoći!

114. I obavljaj molitvu početkom i krajem dana, i u prvim časovima noći! Dobra djela zaista poništavaju hrđava. To je pouka za one koji pouku žele.

115. I strpljiv budi! Allah doista neće uskratiti nagradu onima koji dobra djela čine.

116. A zašto je među narodima prije vas bilo samo malo čestitih, koji su branili da se na Zemlji nered čini, koje smo Mi spasili! A oni koji su zlo radili odavali su se onome u čemu su uživali, i grješnici su postali.

117. Gospodar tvoj nije nikada nepravedno uništavao sela i gradove, ako su stanovnici njihovi bili dobri.

¹¹⁸· A da je Gospodar tvoj htio, sve bi ljude sljedbenicima jedne vjere učinio. Međutim, oni će se uvijek u vjerovanju razilaziti,

¹¹⁹· osim onih kojima se Gospodar tvoj smiluje. A zato ih je i stvorio. I ispunit će se riječ Gospodara tvoga: "Napunit ću, zaista, Džehennem džinima i ljudima – zajedno!"

¹²⁰· I sve ove vijesti koje ti o pojedinim događajima o poslanicima kazujemo zato su da njima srce tvoje učvrstimo. I u ovima došla ti je prava istina, i pouka, i vjernicima opomena.

¹²¹· I reci onima koji neće da vjeruju: "Radite što god možete, a i mi ćemo raditi;

¹²²· i čekajte, i mi ćemo čekati!"

¹²³· Allah zna tajne nebesa i Zemlje i Njemu se sve vraća, zato se samo Njemu klanjaj i samo se u Njega uzdaj! A Gospodar tvoj motri na ono što radite.

SURA 12

Jūsuf - Jusuf

(Mekka – 111 ajeta)

U ime Allaha, Milostivog, Samilosnog!

¹· Elif Lām Rā. Ovo su ajeti Knjige jasne!

²· Objavljujemo je kao Kur'an na arapskom jeziku da biste razumjeli.

³· Objavljujući ti ovaj Kur'an, Mi tebi o najljepšim događajima kazujemo, iako prije njega nisi doista ništa znao:

⁴· Kada Jusuf reče ocu svome: "O oče moj, sanjao sam jedanaest zvijezda, i Sunce i Mjesec, i u snu sam ih vidio kako mi se pokloniše." –

5. on reče: "O sinko moj, ne kazuj svoga sna braći svojoj, da ti ne učine kakvu pakost, šejtan je doista čovjeku otvoreni neprijatelj.

6. I eto tako, Gospodar tvoj će tebe odabrati, i tumačenju snova te naučiti, i milošću Svojom tebe i Jakubovu porodicu obasuti, kao što je prije obasuo pretke tvoje, Ibrahima i Ishaka. – Gospodar tvoj, zaista, sve zna i mudar je."

7. U Jusufu i braći njegovoj nalaze se pouke za sve koji se raspituju.

8. Kada oni rekoše: "Jusuf i brat njegov draži su našem ocu od nas, a nas je čitava skupina. Naš otac, zaista, očito griješi.

9. Ubijte Jusufa ili ga u kakav predio ostavite – otac vaš će se vama okrenuti, i poslije toga ćete dobri ljudi biti." –

10. jedan od njih reče: "Ako baš hoćete nešto učiniti, onda Jusufa ne ubijte, već ga na dno nekog bunara bacite, uzet će ga kakva karavana."

11. "O oče naš," – rekoše oni – "zašto sumnjaš u naša osjećanja prema Jusufu? Mi mu zaista želimo dobro.

12. Pošalji ga sutra s nama da se zabavi i razonodi, mi ćemo ga, sigurno, čuvati."

13. "Bit će mi doista žao ako ga odvedete, a plašim se da ga vuk ne pojede kad vi na njega ne budete pazili." – reče Jakub.

14. "Kako će ga vuk pojesti, a nas je ovoliko!" – rekoše oni – "Mi bismo tada zaista bili izgubljeni."

^{15.} I kada ga odvedoše i odlučiše da ga bace na dno bunara, Mi mu objavismo: "Ti ćeš ih o ovom postupku njihovu obavijestiti, a oni te neće prepoznati."

^{16.} I uvečer dođoše ocu svome plačući.

^{17.} "O oče naš," – rekoše – "bili smo otišli da se trkamo, a Jusufa smo ostavili kod naših stvari, pa ga je vuk pojeo. A ti nam nećeš vjerovati, iako istinu govorimo."

^{18.} I donesoše košulju njegovu lažnom krvlju okrvavljenu. "U vašim dušama je ponikla zla misao" – reče on – "i ja se neću jadati, od Allaha ja tražim pomoć protiv ovoga što vi iznosite."

^{19.} I dođe jedna karavana, te poslaše vodonošu svoga i on spusti vedro svoje. "Muštuluk!" – viknu on – "Evo jednog dječaka!" I oni su ga kao trgovačku robu sakrili, a Allah dobro zna ono što su uradili.

^{20.} I prodadoše ga za jeftine pare, za nekoliko groša; jedva su čekali da ga se oslobode.

^{21.} I onda onaj iz Misira, koji ga je kupio, reče ženi svojoj: "Učini mu boravak prijatnim! Može nam koristan biti, a možemo ga i posiniti!" I eto tako Mi Jusufu dadosmo lijepo mjesto na Zemlji i naučismo ga tumačenju snova – a Allah čini šta hoće, ali većina ljudi ne zna.

^{22.} I kad on stasa, Mi ga mudrošću i znanjem obdarismo; tako Mi nagrađujemo one koji dobra djela čine.

23. I poče ga na grijeh navoditi ona u čijoj je kući bio, pa pozaključa sva vrata i reče: "Hodi!" "Sačuvaj Bože!" – uzviknu on – "Vlasnik me moj lijepo pazi, a oni koji dobro uzvrate zlim neće nikad uspjeti."

24. I ona je bila poželjela njega, a i on bi nju poželio da od Gospodara svoga nije opomenu ugledao. Tako bi, da odvratimo od njega izdajstvo i blud, jer je on uistinu bio Naš iskreni rob.

25. I njih dvoje prema vratima potrčaše – a ona razdera straga košulju njegovu – i muža njezina kraj vrata zatekoše. "Kakvu kaznu zaslužuje onaj koji je htio ženi tvojoj zlo učiniti," – reče ona – "ako ne tamnicu ili kaznu bolnu?"

26. "Ona je pokušala mene na grijeh navesti." – reče Jusuf. "Ako je košulja njegova sprjeda razderana, onda ona istinu govori, a on neistinu." – primijeti jedan rođak njezin –

27. "A ako je košulja njegova straga razderana, onda ona laže, a on govori istinu."

28. I kada on vidje da je košulja njegova straga razderana, reče: "To je jedno od vaših lukavstava, vaša su lukavstva zaista velika!

29. Ti, Jusufe, ostavi se toga, a ti traži oproštenje za grijeh svoj, jer si zaista htjela zgriješiti!"

30. I žene u gradu počeše govorkati: "Upravnikova žena navraćala momka svoga na grijeh, u njega se ludo zagledala! Mi mislimo da jako griješi."

31. I kad ona ču za ogovaranja njihova, posla po njih, te im priredi divane, dade svakoj od njih po nož i reče: "Izađi pred njih!" A kad ga one ugledaše, zadiviše se ljepoti njegovoj i po rukama svojim se porezaše: "Bože, Bože!" – uskliknuše – "Ovo nije čovjek, ovo je melek plemeniti!"

32. "E, to vam je onaj zbog koga ste me korile." – reče ona – "Istina je da sam ga htjela na grijeh navratiti, ali se on odupro. Ako ne učini ono što od njega tražim, bit će, sigurno, u tamnicu bačen i ponižen."

33. "Gospodaru moj," – zavapi on – "draža mi je tamnica od ovoga na što me one navraćaju. I ako Ti ne odvratiš od mene lukavstva njihova, ja mogu prema njima naklonost osjetiti i lahkomislen postati."

34. I Gospodar njegov usliša molbu njegovu i spasi ga lukavstva njihova. – On, uistinu, sve čuje i zna.

35. Poslije im na pamet pade, iako su se bili uvjerili da je nedužan, da ga za neko vrijeme bace u tamnicu.

36. S njim su u tamnicu ušla još dva momka. "Ja sam sanjao da cijedim grožđe." – reče jedan od njih. "A ja, opet," – reče drugi – "kako na glavi nosim hljeb koji ptice kljuju. Protumači nam to, jer vidimo da si zaista dobar čovjek."

37. "Nijedan obrok hrane neće vam donesen biti, a da vam ja prije ne kažem šta ćete dobiti." – reče Jusuf. "To je samo dio onoga čemu me naučio Gospodar moj, ja se klonim vjere naroda koji u Allaha ne vjeruje i koji Onaj svijet ne priznaje,

38. i ispovijedam vjeru predaka svojih, Ibrahima i Ishaka i Jakuba – nama ne priliči da ikoga Allahu smatramo ravnim. To je Allahova milost prema nama i ostalim ljudima, ali većina ljudi nije zahvalna.

39. O drugovi moji u tamnici, ili su bolji raznorazni bogovi ili Allah, Jedini i Svemoćni?

40. Oni kojima se, mimo Njega, klanjate samo su imena koja ste im nadjenuli vi i preci vaši – Allah o njima nikakva dokaza nije objavio. Sud pripada jedino Allahu, a On je naredio da se klanjate samo Njemu. To je jedino prava vjera, ali većina ljudi ne zna.

41. O drugovi moji u tamnici, jedan od vas će gospodara svoga vinom pojiti, a drugi će raspet biti, pa će mu ptice glavu kljuvati. Ono što ste pitali samo to znači!"

42. A onome od njih dvojice za koga je znao da će spašen biti reče: "Spomeni me gospodaru svome!" – ali šejtan učini te on zaboravi da ga spomene gospodaru svome, i Jusuf ostade u tamnici nekoliko godina.

43. I vladar reče: "Sanjao sam kako sedam mršavih krava pojede sedam debelih, i sanjao sam sedam klasova zelenih i sedam drugih sasušenih. O velikaši, protumačite mi san moj, ako snove znate tumačiti?"

44. "Zbrkanih li snova!" – rekoše oni – "Mi snove ne znamo tumačiti."

45. I tada, poslije toliko vremena, sjeti se jedan od one dvojice, onaj koji se spasio, i reče: "Ja ću vam protumačiti san, samo me pošaljite!"

46. "Jusufe, o prijatelju, protumači nam šta znači: sedam mršavih krava pojede sedam debelih; i sedam klasova zelenih i sedam drugih sasušenih – pa da se vratim ljudima, da bi oni saznali."

47. "Sijat ćete sedam godina uzastopno," – reče – "pa ono što požanjete u klasu ostavite, osim ono malo što ćete jesti,

48. jer će poslije toga doći sedam teških koje će pojesti ono što ste za njih pripremili, ostat će jedino ono malo što ćete za sjetvu sačuvati.

49. Zatim će, poslije toga, doći godina u kojoj će ljudima kiše u obilju biti i u kojoj će cijediti."

50. I vladar reče: "Dovedite mi ga!" I kad Jusufu izaslanik dođe, on reče: "Vrati se gospodaru svome i upitaj ga: 'Šta je s onim ženama koje su svoje ruke porezale? Vlasnik moj dobro zna spletke njihove!'"*

51. "Šta se dogodilo kad ste Jusufa na grijeh navraćale?" – upita vladar. "Bože sačuvaj! " – rekoše one – "Mi o njemu ništa ružno ne znamo!" "Sad će istina na vidjelo izaći." – reče upravnikova žena – "Ja sam njega na grijeh navraćala, on je istinu rekao.*

52. Isto tako on neka zna da ga ja nisam, dok je bio odsutan, iznevjerila – jer Allah ne dâ da se ostvare lukavstva podmuklih.

53. Ja ne pravdam sebe, ta duša je sklona zlu, osim one kojoj se Gospodar moj smiluje. Gospodar moj zaista prašta i samilostan je."

54. I vladar reče: "Dovedite mi ga, uzet ću ga u svoju svitu." I pošto porazgovara s njim, reče mu: "Ti ćeš od danas kod nas utjecajan i pouzdan biti."

55. "Postavi me" – reče – "da vodim brigu o stovarištima u zemlji, ja sam zaista čuvaran i znan."

56. I tako Mi Jusufu dadosmo vlast u zemlji, boravio je ondje gdje je htio. Milost Svoju Mi dajemo onome kome hoćemo i ne dopuštamo da propadne nagrada onima koji dobra djela čine.

57. A nagrada na Onome svijetu je bolja za one koji vjeruju i koji se grijeha čuvaju.

58. I dođoše braća Jusufova i uđoše k njemu, pa ih on poznade, a oni njega ne poznadoše.

59. I kad ih namiri hranom potrebnom, reče: "Dovedite mi svoga brata koji je ostao s ocem vašim, zar ne vidite da punu mjeru dajem i da goste ne može biti bolje primam.

60. Ako mi ga ne dovedete, nećete više od mene hrane dobiti i ne dolazite mi!"

61. "Pobrinut ćemo se da ga nekako od oca njegova izmamimo, zaista ćemo tako postupiti." – rekoše oni.

62. A Jusuf reče momcima svojim: "Stavite njihove stvari u tovare njihove, oni će ih, kad se vrate svojima, prepoznati i opet će se vratiti."*

63. I pošto se vratiše ocu svome, rekoše: "O oče naš, više nam neće hranu davati. Zato pošalji s nama brata našeg da bismo dobili hranu, a mi ćemo ga zaista čuvati."

64. "Zar da vam ga povjerim kao što sam prije povjerio brata njegova?" – reče on. "Ali, Allah je najbolji čuvar i On je najmilostiviji!"

65. A kad otvoriše tovare svoje i nađoše da su im vraćene stvari njihove, oni rekoše: "O oče naš, šta možemo više poželjeti? Evo, vraćene su nam stvari naše, i hranom ćemo čeljad našu namiriti, i brata našeg ćemo čuvati, a i jedan kamilin tovar hrane ćemo više dobiti – to je neznatan tovar."

66. "Ja ga s vama neću poslati," – reče – "dok mi se tvrdo Allahom ne zakunete da ćete mi ga doista vratiti, osim ako ne nastradate." I pošto mu se oni zakleše, on reče: "Allah je jamac za ono što smo utanačili!"

67. "O sinovi moji," – reče onda – "ne ulazite na jednu kapiju, već na razne kapije, a ja vas ne mogu spasiti od onoga što vam Allah odredi. Moć pripada jedino Njemu, ja se u Njega uzdam, i neka se samo u Njega uzdaju oni koji se uzdaju!"

68. I kad uđoše onako kako im je otac njihov naredio, to im nimalo nije pomoglo da budu pošteđeni onoga što im je Allah bio odredio, jedino se ostvarila želja Jakubova, koju je izvršio, a on je, uistinu, veliki znalac bio, zato što smo ga Mi naučili, ali većina ljudi ne zna.

69. I kad iziđoše pred Jusufa, on privi na grudi brata svoga i reče: "Ja sam, doista, brat tvoj i ne žalosti se zbog onoga što su oni uradili."

70. I pošto ih namiri potrebnom hranom, stavi jednu čašu u tovar brata svoga, a poslije jedan glasnik stade vikati: "O karavano, vi ste, doista, kradljivci!"

71. Oni im pristupiše i upitaše: "Šta tražite?"

72. "Tražimo vladarevu čašu." – odgovoriše – "Ko je donese, dobit će kamilin tovar hrane. Ja za to jamčim!"

73. "Allaha nam," – rekoše oni – "vi znate da mi nismo došli činiti nered na Zemlji, i mi nismo kradljivci."

74. "A kakva mu je kazna ako ne govorite istinu?" – upitaše.

75. "Kazna je onome u čijem se tovaru nađe – sam on." – odgovoriše – "Eto tako mi kažnjavamo kradljivce."

76. I on poče s vrećama njihovim, prije vreća brata svoga, a onda izvadi čašu iz vreće brata svoga. Mi poučismo Jusufa da tako varku izvede. On po vladarevu zakonu nije mogao uzeti kao roba brata svoga, ali je mogao Allahovim dopuštenjem. Mi uzvisujemo onoga koga Mi hoćemo, a nad svakim znalcem ima još znaniji.

77. "Ako je on ukrao," – rekoše oni – "pa i prije je brat njegov krao!" I Jusuf im ne reče ništa. "Vi ste u gorem položaju." – pomisli u sebi – "Allah dobro zna kako je bilo to o čemu govorite."

78. "O upravniče," – rekoše oni – "on ima vrlo stara oca, pa uzmi jednog od nas umjesto njega! Mi vidimo da si ti dobar čovjek."

79. "Sačuvaj Bože" – reče – "da uzmem nekog drugog do onoga u koga smo naš predmet našli! Tada bismo zaista bili nepravedni!"

80. I kad izgubiše svaku nadu, odvojiše se u stranu da se posavjetuju. "Zar ne znate" – reče najstariji među njima – "da ste se ocu svom Allahom zakleli, a i prije Jusufa upropastili? Neću napustiti ovu zemlju dok mi to otac moj ne dozvoli ili dok Allah u moju korist ne presudi, a On je Sudija najbolji.

81. Vratite se ocu svome pa recite: ,O oče naš, sin tvoj je ukrao – mi tvrdimo samo ono što smo vidjeli – a mi se nismo mogli onoga što je bilo suđeno sačuvati.

82. Pitaj grad u kome smo boravili i karavanu s kojom smo došli. Mi zaista govorimo istinu!'"

83. "Nije tako," – reče Jakub – "u dušama vašim je ponikla zla misao, i ja se neću jadati, nadam se da će mi ih Allah sve vratiti – uistinu On sve zna i mudar je."

84. I okrenu se od njih i reče: "O Jusufe, tugo moja!" – a oči su mu bile pobijeljele od jada, bio je vrlo potišten.

85. "Allaha nam," – rekoše oni – "ti toliko spominješ Jusufa da ćeš teško oboljeti ili umrijeti!"

86. "Ja tugu svoju i jad svoj pred Allaha iznosim, a od Allaha znam ono što vi ne znate." – reče on.

87. "O sinovi moji, idite i raspitajte se za Jusufa i brata njegova, i ne gubite nadu u milost Allahovu – samo nevjernici gube nadu u Allahovu milost."

88. I kad oni iziđoše pred Jusufa, rekoše: "O upravniče, i nas i čeljad našu pritisla je nevolja. Donijeli smo malo vrijedne stvari, ali ti nam podaj punu mjeru i udijeli nam milostinju, jer Allah doista nagrađuje one koji milostinju udjeljuju."

89. "A znate li" – upita on – "šta ste s Jusufom i bratom njegovim nepromišljeno uradili?"

90. "A da ti nisi, uistinu, Jusuf?" – povikaše oni. "Da, ja sam Jusuf, a ovo je brat moj, Allah nam je milost darovao. Ko se bude Allaha bojao i ko strpljiv bude bio – pa Allah, uistinu, neće dopustiti da propadne nagrada onima koji dobra djela čine."

91. "Allaha nam," – rekoše oni – "Allah te je nad nama uzvisio, mi smo doista zgriješili."

92. "Ja vas sada neću koriti," – reče – "Allah će vam oprostiti, od milostivih On je najmilostiviji!

93. Ovu košulju moju odnesite i na lice moga oca je stavite, on će progledati, i svu čeljad svoju mi dovedite!"

94. I kada karavana napusti Misir, otac njihov reče: "Ja zbilja osjećam miris Jusufov, samo ne recite da sam pomatuhio."

95. "Allaha nam," – rekoše oni – "ti i sada, kao i prije, griješiš."

⁹⁶· A kad glasonoša radosne vijesti dođe, on stavi košulju na lice njegovo i on progleda. "Zar vam ne rekoh" – reče – "da ja znam od Allaha ono što vi ne znate?"

⁹⁷· "O oče naš," – rekoše oni – "zamoli da nam se grijesi oproste, mi smo zaista zgriješili."

⁹⁸· "Zamolit ću Gospodara svoga da vam oprosti," – odgovori on – "jer On prašta i On je milostiv."

⁹⁹· I kad iziđoše pred Jusufa, on privi roditelje svoje na grudi i reče: "Nastanite se u Misiru, svakog straha, ako Bog da, oslobođeni!"

¹⁰⁰· I on roditelje svoje postavi na prijesto i oni mu se svi pokloniše,* pa on reče: "O oče moj, ovo je tumačenje moga sna nekadašnjeg. Gospodar moj ga je ispunio. Allah je bio dobar prema meni kad me je iz tamnice izbavio i vas iz pustinje doveo, nakon što je šejtan između mene i braće moje bio razdor posijao. Gospodar moj je zaista milostiv onome kome On hoće – i On, zaista, sve zna i mudar je!

¹⁰¹· Gospodaru moj, Ti si mi dao dio vlasti i naučio me tumačenju nekih snova! O Stvoritelju nebesa i Zemlje, Ti si Zaštitnik moj i na ovome i na Onome svijetu; daj da umrem kao musliman i pridruži me onima koji su dobri!"

¹⁰²· Eto to su neke nepoznate vijesti koje Mi tebi objavljujemo, a ti nisi bio s njima kada su se oni odlučili, i kada su onako lukavi bili.

¹⁰³· A većina ljudi, ma koliko ti želio, neće biti vjernici.

104. Ti od ovih ne tražiš nagradu za Kur'an, on je samo opomena svim svjetovima.

105. A koliko ima znamenja na nebesima i na Zemlji pored kojih prolaze, od kojih oni glave okreću!

106. Većina ovih ne vjeruje u Allaha, nego druge Njemu smatra ravnim.

107. Zar mogu biti sigurni da ih nevolja, kao Allahova kazna, neće stići ili da ih čas suđeni neće iznenaditi, a da oni to neće ni primijetiti?

108. Reci: "Ovo je put moj, ja pozivam k Allahu, imajući jasne dokaze, ja i svaki onaj koji me slijedi – i neka je hvaljen Allah, ja Njemu nikoga ne smatram ravnim."

109. A Mi smo i prije tebe samo ljude slali, građane kojima smo objave objavljivali. Zar ovi ne putuju po svijetu, pa ne vide kako su skončali oni prije njih – a Onaj svijet je doista bolji za one koji se budu Allaha bojali – zar se nećete opametiti!

110. I kad bi poslanici gotovo nadu izgubili i pomišljali da će ih lašcima proglasiti, pomoć Naša bi im došla. Mi bismo spasili one koje smo Mi htjeli, a kazna Naša ne bi mimoišla narod nevjernički!

111. U kazivanju o njima je pouka za one koji su razumom obdareni. Kur'an nije izmišljena besjeda, on priznaje da su istinite knjige prije njega objavljene, i objašnjava sve, i putokaz je i milost narodu koji vjeruje.

SURA 13

Er-Ra'd – Grom

(Medina – 43 ajeta)

U ime Allaha, Milostivog, Samilosnog!

1. Elif Lām Mīm Rā. Ovo su ajeti Knjige! A ono što ti se objavljuje od Gospodara tvoga istina je, ali većina ljudi neće da vjeruje.

2. Allah je nebesa, vidite ih, bez stubova podigao i onda svemirom zavladao, i Sunce i Mjesec potčinio, svako se kreće do roka određenog. On upravlja svim i potanko izlaže dokaze da biste se uvjerili da ćete pred Gospodara svoga stati.

3. On je Zemlju ravnom učinio i na njoj nepomične planine i rijeke stvorio i od svakog ploda po par, muško i žensko, dao; On dan zastire noću. To su doista dokazi ljudima koji razmišljaju.

4. Na Zemlji ima predjela koji jedni s drugima graniče i bâšča ima lozom zasađenih, i njiva, i palmi sa više izdanaka i samo s jednim; iako upijaju jednu te istu vodu, plod nekih činimo ukusnijim od drugih. To su doista dokazi ljudima koji pameti imaju.

5. A ako se čudiš – pa čudo su riječi njihove: "Zar ćemo, zaista, kad zemlja postanemo, biti stvoreni ponovo?" Oni ne vjeruju u Gospodara svoga; na njihovim vratovima bit će sindžiri i oni će stanovnici Džehennema biti, u njemu će vječno ostati.

6. Oni traže od tebe prije kaznu nego milost, a bilo je kazni i prije njih. Gospodar tvoj ljudima prašta i uprkos zulumu njihovu, ali Gospodar tvoj doista i strahovito kažnjava.

7. A oni koji ne vjeruju govore: "Zašto mu Gospodar njegov ne pošalje čudo?" Tvoje je da opominješ, a svaki narod je imao onoga ko ga je na Pravi put upućivao.

8. Allah zna šta svaka žena nosi i koliko se materice stežu, a koliko se šire – u Njega sve ima mjeru.

9. On zna nevidljivi i vidljivi svijet, On je Veličanstveni i Uzvišeni.

10. Za Njega je jednak od vas onaj koji tiho govori i onaj koji to glasno čini, onaj koji se noću skriva i onaj koji po danu hodi.

11. Uz svakog od vas su meleki – ispred njega i iza njega – po Allahovu naređenju nad njim bdiju. Allah neće izmijeniti jedan narod dok on sam sebe ne izmijeni. A kad Allah hoće jedan narod kazniti, niko to ne može spriječiti; osim Njega nema mu zaštitnika.

12. On vam pokazuje munju da se uplašite i ponadate, i On stvara teške oblake.

13. I grmljavina veliča i hvali Njega, a i meleki, iz strahopoštovanja prema Njemu. On šalje gromove i udara njima koga hoće – i opet oni raspravljaju o Allahu – a On sve može.

14. Samo se Njemu možete moliti! A oni kojima se pored Njega mole – neće im se odazvati, kao što ni voda neće stići u usta onome koji prema njoj samo dlanove svoje pruži; molitva nevjernika je stvar izgubljena.

SEDŽDA

15. Allahu se pokorava sve što je na nebesima i na Zemlji, htjeli ili ne htjeli, a i sjene njihove, ujutro i u sumrak.

16. Reci: "Ko je Gospodar nebesa i Zemlje?" – i odgovori: "Allah!" Reci: "Pa zašto ste onda umjesto Njega kao zaštitnike prihvatili one koji sami sebi ne mogu neku korist pribaviti niti od sebe kakavu štetu otkloniti?" Reci: "Zar su jednaki slijepac i onaj koji vidi, ili zar su isto tmine i svjetlo, ili zar oni koje su učinili Allahu ravnim stvaraju kao što On stvara, pa im se stvaranje čini slično?" Reci: "Allah je Stvoritelj svega i On je Jedini i Svemoćni."

17. On spušta kišu s neba, pa rijeke teku koritima s mjerom, i bujica nosi otpatke koji plivaju po površini. I ono što ljudi tope na vatri u želji da dobiju nakit ili oruđe ima također otpatke, slične onima. Tako Allah navodi primjer za istinu i neistinu; otpaci se odbacuju, dok ono što koristi ljudima ostaje na zemlji. Tako, eto, Allah objašnjava primjere.

18. Onima koji se Gospodaru svome odazovu – nagrada najljepša, a onima koji Mu se ne odazovu – kad bi sve što je na Zemlji njihovo bilo, i još toliko, rado bi se time otkupili. Njih čeka mučno polaganje računa, prebivalište njihovo bit će Džehennem, a grozna je on postelja!

19. Zar je onaj koji zna da je istina ono što ti se objavljuje od Gospodara tvoga kao onaj koji je slijep? A pouku samo razumom obdareni primaju:

20. oni koji obavezu prema Allahu ispunjavaju i ne krše obećanje;

21. i oni koji poštuju ono što je Allah naredio da se poštuje i Gospodara svoga se boje i obračuna mučnog plaše;

22. i oni koji trpe da bi postigli naklonost Gospodara svoga, i koji molitvu obavljaju, i koji od onoga što im Mi dajemo i tajno i javno udjeljuju, i koji dobrim zlo uzvraćaju - njih čeka najljepše prebivalište,

23. edenski vrtovi u koje će ući oni i roditelji njihovi i žene njihove i porod njihov – oni koji su bili čestiti – i meleki će im ulaziti na svaka vrata:

24. "Mir neka je vama, zato što ste trpjeli, a divno li je najljepše prebivalište!"

25. A oni koji ne ispunjavaju dužnosti prema Allahu, iako su se na to čvrsto obavezali, i kidaju ono što je Allah naredio da se poštuje, i čine nered na Zemlji – njih čeka prokletstvo i najgore prebivalište!

26. Kome hoće, Allah daje u obilju i uskraćuje. Oni se raduju životu na ovome svijetu, a život na ovom svijetu prema Onome svijetu samo je prolazno uživanje.

27. Nevjernici govore: "Zašto mu Gospodar njegov ne pošalje čudo?" Reci: "Allah ostavlja u zabludi onoga koga On hoće, a k Sebi upućuje onoga ko Mu se pokajnički obraća,

28. one koji vjeruju i čija se srca, kad se Allah spomene, smiruju – a srca se doista kad se Allah spomene smiruju!"

29. Onima koji vjeruju i čine dobra djela – blago njima, njih čeka divno prebivalište!

30. I tako smo te poslali narodu prije kojeg su bili i nestali drugi narodi, da im kazuješ ono što ti objavljujemo, jer oni u Milostivog ne vjeruju. Reci: "On je Gospodar moj, nema boga osim Njega, u Njega se uzdam i Njemu se obraćam!"

31. Kad bi se kakvim Kur'anom brda pokrenula ili zemlja iskomadala ili mrtvi dozvali – Allahu pripada sve! A zar ne znaju vjernici da bi Allah, kad bi samo htio, sve ljude na Pravi put uputio. A nevjernike će nesreća neprestano pogađati ili će se u blizini mjesta njihova događati, zbog onoga što rade – sve dok se Allahova prijetnja ne ispuni. Allah će, sigurno, održati obećanje.

32. I prije tebe se poslanicima rugalo, pa sam Ja onima koji nisu vjerovali vremena ostavljao, i poslije sam ih kažnjavao, a kakva je samo bila kazna Moja!

33. Zar Allahu, Koji nad svakim bdi, što god uradi, zar da Njemu druge smatraju ravnim? Reci: "Opišite ih!" Zar vi hoćete da Njega učite, kao da On ne zna šta ima na Zemlji, ili ih vi samo tako nazivate? Onima koji ne vjeruju čini se lijepim spletkarenje njihovo, i oni su s Pravog puta zalutali. A onaj koga Allah u zabludi ostavi neće imati nikoga da ga na Pravi put uputi.

34. Oni će se u životu na ovome svijetu mučiti, ali će patnja na Onome svijetu, sigurno, teža biti, od Allaha ih niko neće odbraniti.

35. Ovakav Džennet obećan je onima koji se budu Allaha bojali: vrtovi s rijekama, s plodovima kojih uvijek ima i s trajnom hladovinom; to će biti nagrada onima koji se budu zla klonili, a nevjernicima će kazna vatra biti.

36. Neki od onih kojima smo dali Knjigu raduju se svemu što objavljujemo tebi, ali neki protivnici ne priznaju nešto od Objave. Reci: "Meni je naređeno da se samo Allahu klanjam i da Njemu nikoga ravnim ne smatram, Njemu ja pozivam i Njemu se vraćam."

37. I Mi ga tako kao mudrost objavljujemo na arapskom jeziku. A ako bi ti povlađivao željama njihovim, nakon što ti je došla spoznaja, ti ne bi imao ni zaštitnika ni branitelja od Allaha.

38. I prije tebe smo poslanike slali i žene i porod im davali. I nijedan poslanik nije donio nijedno čudo sobom, već Allahovom voljom. Svako doba imalo je Knjigu,

39. Allah je dokidao šta je htio, a ostavljao šta je htio – u Njega je Glavna knjiga.

40. Bilo da ti pokažemo dio onoga čime im prijetimo bilo da ti život oduzmemo, tvoje je da objavljuješ, a Naše da tražimo polaganje računa.

41. Zar oni ne vide da im Mi Zemlju sužavamo umanjujući joj pogranične oblasti? A Allah sudi! Niko ne može presudu Njegovu pobiti, i On brzo račun svidi.

42. Spletke su pleli i oni prije njih, samo Allah je Gospodar svih spletki; On zna šta svako zaslužuje. A nevjernici će sigurno saznati koga čeka najljepše boravište.

43. Oni koji ne vjeruju govore: "Ti nisi poslanik!" Reci: "Meni i vama dovoljan će biti kao svjedok Allah, i onaj kod koga je znanje o Knjizi."

SURA 14

Ibrāhīm – Ibrahim

(Mekka – 52 ajeta)

U ime Allaha, Milostivog, Samilosnog!

1. Elif Lām Rā. Knjigu ti objavljujemo zato da ljude, voljom njihova Gospodara, izvedeš iz tmina na svjetlo, na Put Silnoga i Hvaljenoga

2. Allaha, čije je ono što je na nebesima i ono što je na Zemlji. A od užasne patnje teško nevjernicima,

3. koji život na ovome svijetu više vole od Onoga svijeta i koji od Allahova puta odvraćaju i nastoje ga prikazati krivim! Oni su u velikoj zabludi.

4. Mi nismo poslali nijednog poslanika koji nije govorio jezikom naroda svoga, da bi mu objasnio. A Allah ostavlja u zabludi onoga koga hoće i ukazuje na Pravi put onome kome hoće – On je Silni i Mudri.

5. I Musaa smo poslali s dokazima Našim: "Izvedi narod svoj iz tmina na svjetlo i opomeni ga Allahovim danima!" To su, uistinu, dokazi za svakog onog ko je strpljiv i zahvalan.

6. I kad Musa reče narodu svome: "Sjetite se Allahove blagodati kad vas je izbavio od faraonovih ljudi koji su vas najgorim mukama mučili, koji su vam mušku djecu klali, a žensku u životu ostavljali – to vam je bilo veliko iskušenje od Gospodara vašega –

7. i kad je Gospodar vaš objavio: 'Ako budete zahvalni, Ja ću vam, zacijelo, još više dati; budete li nezahvalni, kazna Moja doista će stroga biti.'"

8. I Musa još reče: "Ako budete nezahvalni i vi i svi drugi na Zemlji – pa Allah, doista, ni o kome nije ovisan i On je jedini hvale dostojan."

9. Zar do vas nije doprla vijest o onima prije vas, o narodu Nuhovu, i o Adu, i o Semudu, i o onima poslije njih? – Samo ih Allah zna! – Poslanici njihovi su im dokaze donosili, ali oni su ruke svoje na usta stavljali i govorili: "Mi ne vjerujemo u ono što se po vama šalje i mi veoma sumnjamo u ono u što nas pozivate!"

10. Poslanici njihovi su govorili: "Zar se može sumnjati u Allaha, Stvoritelja nebesa i Zemlje. On vas poziva da bi vam neke grijehe vaše oprostio i da bi vas do roka određenog ostavio." Oni su odgovorili: "Vi ste ljudi kao i mi, hoćete da nas odvratite od onih kojima su se preci naši klanjali – pa donesite nam čudo vidljivo!"

11. "Mi jesmo ljudi kao i vi," – govorili su im poslanici njihovi – "ali Allah daje poslanstvo samo onim robovima Svojim kojima On hoće. Mi vam ne možemo donijeti čudo bez Allahove volje, a vjernici neka se samo u Allaha uzdaju.

12. Zašto da se ne uzdamo u Allaha kad nas je On putevima kojima idemo uputio? Mi ćemo doista strpljivo podnositi muke na koje nas budete stavljali – a oni koji se uzdaju, neka se samo u Allaha uzdaju!"

13. Nevjernici su govorili poslanicima svojim: "Ili ćete vjere naše biti ili ćemo vas, doista, iz zemlje naše protjerati!" A poslanicima je Gospodar njihov objavljivao: "Mi ćemo nevjernike, sigurno, uništiti

14. i poslije njih vas na Zemlji nastaniti. Bit će to za one koji će se polaganja računa preda Mnom bojati i koji će od prijetnje Moje strahovati."

15. I poslanici su pomoć tražili, pa je svaki oholi i inadžija nastradao –

16. pred njim će Džehennem biti – i on će biti pojen odvratnom kapljevinom,

17. mučit će se da je proguta, ali je nikako neće moći proždrijeti i smrt će mu sa svih strana prilaziti, ali on neće umrijeti; njega će teška patnja čekati.

18. Djela nevjernika u Gospodara njihova nalik su na pepeo koji vihor u olujnom danu raznese. Neće moći očekivati nikakvu nagradu za djela koja su učinili, to će teška propast biti!

19. Zar ne vidiš da je Allah mudro nebesa i Zemlju stvorio. Ako htjedne, vas će udaljiti i nova stvorenja dovesti –

20. to Allahu nije teško.

21. I izići će svi pred Allaha, pa će oni koji su bili tlačeni reći glavešinama svojim: "Mi smo bili vaše pristalice, možete li nam imalo Allahovu kaznu olakšati?" "Da je nas Allah uputio," – odgovorit će oni – "i mi bismo uputili vas. Žalili se mi ili trpjeli, svejedno nam je, spasa nam više neće biti."

22. I kada bude sve riješeno, šejtan će reći: "Allah vam je pravo obećanje dao, a ja sam svoja obećanja iznevjerio. Ali ja nisam nikakve vlasti nad vama imao, samo sam vas pozivao i vi ste mi se odazivali. Zato ne korite mene, već sami sebe, niti ja mogu vama pomoći niti vi možete pomoći meni. Ja nemam ništa s tim što ste me prije smatrali Njemu ravnim." Nevjernike, sigurno, čeka bolna patnja.

23. A oni koji su vjerovali i dobra djela činili bit će uvedeni, voljom Gospodara njihova, u džennetske bašče kroz koje će rijeke teći i u njima će vječno boraviti, u njima će se riječju "Mir!" pozdravljati.

24. Zar ne vidiš kako Allah navodi primjer – lijepa riječ kao lijepo drvo: korijen mu je čvrsto u zemlji, a grane prema nebu;

25. ono plod svoj daje u svako doba koje Gospodar njegov odredi. A Allah ljudima navodi primjere da bi pouku primili.

26. A ružna riječ je kao ružno drvo: iščupanom drvetu s površine zemlje nema opstanka.

27. Allah će vjernike postojanom riječju učvrstiti i na ovome i na Onome svijetu, a nevjernike će u zabludi ostaviti – Allah radi šta hoće.

28. Zar ne vidiš one koji su, umjesto zahvalnosti Allahu na blagodatima, nezahvalnošću uzvratili i narod svoj u Kuću propasti doveli,

29. u Džehennem, u kome će gorjeti – a užasno je on prebivalište! –

30. i izmislili Allahu ortake da bi zavodili s puta Njegova? Reci: "Naslađujte se, završit ćete, sigurno, u vatri!"

31. Reci vjernicima, robovima Mojim, da molitvu obavljaju i da udjeljuju, i tajno i javno, dio onoga što im Mi darujemo, prije nego što nastupi Dan u kome neće biti trgovanja ni prijateljstva.

32. Allah je Stvoritelj nebesa i Zemlje. On spušta s neba kišu i čini da pomoću nje rađaju plodovi kojima se hranite i daje vam da se koristite lađama koje plove morem voljom Njegovom, i daje vam da se rijekama koristite,

33. i daje vam da se koristite Suncem i Mjesecom, koji se stalno kreću, i daje vam da se koristite noći i danom,

34. i daje vam svega onoga što od Njega išćete, i ako biste Allahove blagodati brojali – ne biste ih nabrojali. Čovjek je, uistinu, nepravedan i nezahvalan.

35. A kada Ibrahim reče: "Gospodaru moj, učini ovaj grad sigurnim i sačuvaj mene i sinove moje da se ne klanjamo kumirima,

36. oni su, Gospodaru moj, mnoge ljude na stranputicu naveli. Onaj ko bude mene slijedio – moje je vjere, a onaj ko bude protiv mene ustajao – pa Ti, uistinu, praštaš i samilostan si.

37. Gospodaru naš, ja sam neke potomke svoje naselio u kotlini u kojoj se ništa ne sije, kod Tvoga Časnog hrama, da bi, Gospodaru naš, molitvu obavljali – zato učini da srca nekih ljudi čeznu za njima i opskrbi ih raznim plodovima da bi zahvalni bili.

38. Gospodaru naš, Ti zacijelo znaš šta mi tajimo, a šta na javu iznosimo. Allahu ništa nije skriveno ni na Zemlji ni na nebu.

39. Hvala Allahu Koji mi je u starosti podario Ismaila i Ishaka. Gospodar moj, uistinu, uslišava molbe.

40. Gospodaru moj, daj da ja i neki potomci moji obavljamo molitvu. Gospodaru naš, Ti usliši molbu moju!

41. Gospodaru naš, oprosti meni, i roditeljima mojim, i svim vjernicima na Dan kad se bude polagao račun!"

42. A ti nikako ne misli da Allah ne motri na ono što rade nevjernici! On im samo pušta do Dana kada će im oči ostati otvorene,

43. i kada će, žureći uzdignutih glava, netremice gledati – a srca će im prazna biti.

44. Ti opominji ljude Danom kada će im kazna doći, kada će oni koji su se ogriješili prema sebi govoriti: "Gospodaru naš, ostavi nas još samo kratko vrijeme, odazvat ćemo se pozivu Tvome i slijedit ćemo poslanike!" "A zar se prije niste zaklinjali da nećete na Onaj svijet?

45. I nastanili ste se bili u kućama onih koji su se prema sebi ogriješili, a bilo vam je poznato kako smo s njima postupili, i primjere smo vam navodili."

46. I oni lukavstva svoja pletu, a Allah zna za lukavstva njihova, samo što lukavstva njihova ne mogu brda pokrenuti.

47. Nemoj ni pomisliti da Allah neće održati obećanje Svoje poslanicima Svojim – Allah je, uistinu, silan i strog –

48. na Dan kada Zemlja bude zamijenjena drugom Zemljom, a i nebesa, i kad svi iziđu pred Allaha Jedinoga i Svemoćnoga.

49. Toga Dana ćeš vidjeti grješnike povezane u zajedničke okove;

50. košulje će im od katrana biti, a vatra će lica njihova obavijati –

51. da Allah kazni svakoga prema zasluzi – Allah će zaista brzo račun svidjeti.

52. Ovo je obznana ljudima i da njome budu opomenuti i da znaju da je samo On jedan Bog, i da razumom obdareni prime pouku!

SURA 15

El-Hidžr – Hidžr

(Mekka – 99 ajeta)

U ime Allaha, Milostivog, Samilosnog!

1. Elif Lām Rā. Ovo su ajeti Knjige, Kur'ana jasnog!

2. Zažalit će nevjernici često što nisu postali muslimani.

3. Pusti ih neka jedu i naslađuju se, i neka ih zavara nada – znat će oni!

DŽUZ' XIV

4. A Mi smo uništavali gradove samo u određeno vrijeme,

5. nijedan narod ne može ni ubrzati ni usporiti konac svoj.

6. Oni govore: "Ej ti kome se Kur'an objavljuje, ti si uistinu lud!

7. Zašto nam meleke ne dovedeš, ako je istina što govoriš?"

8. Mi meleke šaljemo samo s Istinom, i tada im se ne bi dalo vremena da čekaju.

9. Mi, uistinu, Kur'an objavljujemo i zaista ćemo Mi nad njim bdjeti!

10. I prije tebe smo poslanike prijašnjim narodima slali;

11. i nijedan im poslanik nije došao, a da mu se nisu narugali.

12. Eto tako Mi Kur'an uvodimo u srca nevjernika,

13. oni u njega neće vjerovati, a zna se šta je bilo s narodima davnašnjim.

14. Kad bismo radi njih kapiju na nebu otvorili i oni se kroz nju uspinjali,

15. opet bi oni, zacijelo, rekli: "Samo nam se pričinjava, mi smo ljudi opčinjeni!"

16. Mi smo na nebu sazviježđa stvorili i za one koji ih posmatraju ukrasili

17. i čuvamo ih od svakog šejtana prokletog;

18. a onoga koji kradom prisluškuje stiže svjetlica vidljiva.

19. A Zemlju smo prostrli i po njoj nepomične planine razbacali i učinili da na njoj sve s mjerom raste,

20. i dajemo vam iz nje hranu, a i onima koje vi ne hranite.

21. I ne postoji ništa čije riznice ne posjedujemo, a od toga Mi dajemo samo onoliko koliko je potrebno.

22. Mi šaljemo vjetrove da oplođuju, a iz neba spuštamo kišu da imate šta piti – vi time ne možete raspolagati.

23. I samo Mi dajemo život i smrt, i samo smo Mi vječni,

24. i samo Mi znamo one koji su vam prethodili, i samo Mi znamo one koji će poslije doći,

25. a On, Gospodar tvoj, će ih, zaista, sve sabrati. On je mudar i sve zna.

26. Mi smo stvorili Adema od ilovače, od blata ustajalog,

27. a još prije smo stvorili džine od vatre užarene.

28. I kad Gospodar tvoj reče melekima: "Ja ću stvoriti čovjeka od ilovače, od blata ustajalog,

29. i kad mu dam lik i u njega udahnem dušu, vi mu se poklonite!"

30. svi meleki su se zajedno poklonili,

31. osim Iblisa; on se nije htio s njima pokloniti.

32. "O Iblise," – reče On – "zašto se ti ne htjede pokloniti?"

33. "Nije moje" – reče - "da se poklonim čovjeku koga si stvorio od ilovače, od blata ustajalog."

34. "Onda izlazi iz Dženneta," – reče On – "nek si proklet

35. i neka se prokletstvo zadrži na tebi do Dana sudnjeg!"

36. "Gospodaru moj," – reče on – "daj mi vremena do dana kada će oni biti oživljeni!"

37. "Daje ti se rok" – reče On –

38. "do Dana već određenog."

39. "Gospodaru moj," – reče – "zato što si me u zabludu doveo, ja ću njima na Zemlji poroke lijepim predstaviti i potrudit ću se da ih sve zavedem,

40. osim među njima Tvojih robova iskrenih."

41. "Ove ću se istine Ja držati." – reče On –

42. "Ti nećeš imati nikakve vlasti nad robovima Mojim, osim nad onima koji te budu slijedili, od onih zalutalih."

43. Za sve njih mjesto sastanka Džehennem će biti,

44. on će sedam kapija imati i kroz svaku će određen broj njih proći.

45. Oni koji su se Allaha bojali i onog što im je zabranjeno klonili, oni će u džennetskim baščama pored izvora biti.

46. "Uđite u njih sigurni, straha oslobođeni!"

47. I Mi ćemo zlobu iz grudi njihovih istisnuti, oni će kao braća na divanima jedni prema drugima sjediti,

48. tu ih umor neće doticati, oni odatle nikada neće izvedeni biti.

49. Kaži robovima Mojim da sam Ja, zaista, Onaj Koji prašta i da sam milostiv,

50. ali da je i kazna Moja, doista, bolna kazna!

51. I obavijesti ih o gostima Ibrahimovim –

52. kada su mu ušli i rekli: "Mir!" – on je rekao: "Mi smo se vas uplašili."

53. "Ne plaši se!" – rekoše – "Donosimo ti radosnu vijest, učena sina ćeš imati."

54. "Zar mi donosite radosnu vijest sada kad me je starost ophrvala?" – reče on – "Čime me radujete?"

55. "Donosimo ti radosnu vijest koja će se doista obistiniti," – rekoše oni – "zato nadu ne gubi!"

56. "Nadu u milost Gospodara svoga mogu gubiti samo oni koji su zabludjeli." – reče on

57. i upita: "A šta vi hoćete, o izaslanici?"

58. "Mi smo poslani narodu nevjerničkom." – rekoše –

59. "Samo ćemo svu Lutovu čeljad spasiti,

60. osim žene njegove, ona će, odlučili smo, sa ostalima kaznu iskusiti."

61. I kad izaslanici dođoše Lutu,

62. on reče: "Vi ste, doista, ljudi neznani!"

63. "Ne!" – rekoše oni – "Donosimo ti ono u što ovi stalno sumnjaju,

64. donosimo ti ono što će se, sigurno, dogoditi, a mi zaista istinu govorimo.

65. Izvedi čeljad svoju u gluho doba noći, a ti budi na začelju njihovu, i neka se niko od vas ne osvrće, već produžite u pravcu kuda vam se naređuje!"

66. I Mi smo mu objavili ono što će se zbiti: da će oni, svi do posljednjeg, u svitanje uništeni biti.

67. U to dođoše stanovnici grada, veseli.

68. "Ovo su gosti moji," – reče on – "pa me ne sramotite,

69. i bojte se Allaha, i mene ne ponizujte!"

70. "A zar ti nismo zabranili da ikoga primaš?" – povikaše oni.

71. "Ako već hoćete nešto činiti, eto kćeri mojih!" – reče on.*

72. Tako Mi života tvoga, oni su u pijanstvu svome lutali.

73. I njih je zadesio strašan glas kad je Sunce izlazilo,

74. i Mi smo učinili da ono što je gore bude dolje, i na njih smo kao kišu grumenje od skamenjene gline sručili –

75. to su, zaista, pouke za one koji posmatraju –

76. on je pored puta, i sada postoji;*

77. to je doista pouka za one koji vjeruju.

78. A i stanovnici Ejke su bili nevjernici,*

79. pa smo ih kaznili, i oba su pored puta vidljivi.*

80. I stanovnici Hidžra su poslanike lažnim smatrali,*

81. a Mi smo im dokaze Naše bili dali, ali su oni od njih glave okrenuli.

82. Oni su kuće u brdima klesali, vjerujući da su sigurni,

83. pa i njih u svitanje strašan glas zadesi

84. i ne bijaše im ni od kakve koristi ono što su bili stekli.

85. Mi smo nebesa i Zemlju i ono što je između njih mudro stvorili. Čas oživljenja će zacijelo doći, zato ti velikodušno oprosti,

86. Gospodar tvoj sve stvara i On je Sveznajući.

87. Mi smo ti objavili sedam ajeta, koji se ponavljaju,* i Kur'an veličanstveni ti objavljujemo.

88. Ne pružaj poglede svoje na ono što Mi dajemo na uživanje nekim od njih* i ne budi tužan zbog njih, a prema vjernicima blag budi

89. i reci: "Ja samo javno opominjem!" –

90. kao što smo sljedbenike Knjige opomenuli,

91. one koji Kur'an na dijelove dijele.

92. I tako Mi Gospodara tvoga, njih ćemo sve na odgovornost pozvati

93. za ono što su radili!

94. Ti javno ispovijedaj ono što ti se naređuje i mnogobožaca se okani,

95. Mi ćemo te osloboditi onih koji se rugaju,

96. koji pored Allaha drugog boga uzimaju; i znat će oni!

97. Mi dobro znamo da ti je teško u duši zbog onoga što oni govore,

98. zato veličaj Gospodara svoga i hvali Ga, i molitvu obavljaj

99. i sve dok si živ, Gospodaru svome se klanjaj!

SURA 16
En-Nahl – Pčele
(Mekka – 128 ajeta)

U ime Allaha, Milostivog, Samilosnog!

1. Ono što je Allah odredio – dogodit će se; zato to ne požurujte! Hvaljen neka je On i neka je vrlo visoko iznad onih koje Njemu ravnim smatraju!

2. On šalje meleke s Objavom, po volji Svojoj, onim robovima Svojim kojima hoće: "Opominjite da nema boga osim Mene i bojte Me se!"

3. On je mudro nebesa i Zemlju stvorio; neka je On vrlo visoko iznad onih koje Njemu ravnim smatraju!

4. On stvara čovjeka od kapi sjemena, a on odjednom – otvoreni protivnik!

5. I stoku On za vas stvara; njome se od hladnoće štitite, a i drugih koristi imate, njome se najviše i hranite;

6. ona vam je ukras kad je sa ispaše vraćate i kad je na pašu izgonite,

7. a nosi vam i terete u mjesta u koja bez velike muke ne biste stigli – Gospodar vaš je, uistinu, blag i milostiv –

8. i konje, i mazge, i magarce – da ih jašete, i kao ukras – a stvorit će i ono što ne znate.

9. Allahovo je da ukaže na Pravi put, a ima ih i krivih; a da On hoće, sve bi vas uputio.

10. On spušta s neba vodu koju pijete i kojom se natapa rastinje kojim stoku napasate;

11. On čini da vam pomoću nje raste žito, i masline, i palme, i grožđe, i svakovrsni plodovi – to je, zaista, dokaz za ljude koji razmišljaju;

12. On čini da se noći i danom koristite, i Suncem i Mjesecom, a zvijezde su volji Njegovoj potčinjene – to su, uistinu, dokazi za ljude koji pameti imaju –

13. i svim onim raznobojnim što vam na Zemlji stvara – to je, doista, dokaz ljudima koji pouku primaju.

14. On čini da se morem koristite, da iz njega svježe meso jedete i da vadite nakit kojim se kitite – ti vidiš lađe kako ga sijeku da biste nešto iz obilja njegova stekli i da biste zahvalni bili.

15. On je po Zemlji nepomična brda pobacao da vas ona ne potresa, a i rijeke i puteve da se ispravno usmjeravate,

16. i putokaze, a i po zvijezdama se oni upravljaju.

17. Pa da li je onda Onaj Koji stvara kao onaj koji ne stvara!? Urazumite se!

18. Ako vi budete brojali Allahove blagodati, nećete ih nabrojati – Allah, uistinu, prašta i samilostan je –

19. Allah zna šta tajite, a šta javno iznosite.

20. A oni kojima se oni, umjesto Allahu, klanjaju – ništa ne stvaraju; oni su sami stvoreni;

21. tvari su, nisu živi i ne znaju kada će biti oživljeni.

22. Vaš Bog je – jedan Bog! Srca onih koji u Onaj svijet ne vjeruju poriču, oni se ohološću razmeću,

23. nema sumnje da Allah zna i ono što oni taje, a i ono što javno iznose; On doista ne voli one koji se ohole.

24. A kada ih neko upita: "Šta to Gospodar vaš objavljuje?" – oni odgovaraju: "Naroda drevnih izmišljotine!"

25. da bi na Sudnjem danu nosili čitavo breme svoje i dio bremena onih koje su, a da oni nisu bili svjesni, u zabludu doveli. A grozno je to što će oni nositi!

26. I oni prije njih su spletke pleli, pa je Allah iz temelja zgrade njihove porušio, i krov se na njih srušio – stigla ih je kazna odakle nisu očekivali.

27. A na Sudnjem danu On će ih osramotiti i upitati: "Gdje su oni koje ste Meni ravnim smatrali, oni zbog kojih ste se prepirali?" Oni koji su razumni reći će: "Danas će bruka i muka nevjernike stići

28. kojima su meleki dušu uzeli u času kad su nevjernici bili." I oni će se pokoriti i reći: "Mi nismo nikakvo zlo činili!" "Jeste, Allah, doista, dobro zna ono što ste radili,

29. zato ulazite na kapije Džehennema, u njemu ćete vječno ostati!" O kako će prebivalište onih koji su se oholili grozno biti!

30. A onima koji su se Allaha bojali reći će se: "Šta je objavljivao Gospodar vaš?" "Dobro!" – odgovorit će. Oni koji čine dobra djela imat će još na ovome svijetu lijepu nagradu, a Onaj svijet je, sigurno, još bolji. O kako će boravište onih koji su se Allaha bojali divno biti:

31. edenski perivoji u koje će ući, kroz koje će rijeke teći, i u kojima će sve što zažele imati. Tako će Allah one koji Ga se budu bojali nagraditi,

32. one kojima će meleki duše uzeti – a oni čisti, i kojima će govoriti: "Mir vama! Uđite u Džennet zbog onoga što ste činili!"

33. Zar mnogobošci čekaju da im dođu meleki, ili da dođe kazna Gospodara tvoga? Tako su postupali i oni prije njih. Allah nije bio nepravedan prema njima, oni su sami prema sebi bili nepravedni.

34. I stigla ih je kazna za ružna djela koja su činili, i sa svih strana ih je snašlo ono čemu su se rugali.

35. Oni koji Njemu druge smatraju ravnim govore: "Da je Allah htio, ne bismo se ni mi ni preci naši, pored Allaha, nikome klanjali i ne bismo, bez Njegove volje, ništa zabranjenim smatrali." Tako su isto i oni prije njih postupali. A zar su poslanici bili dužni što drugo već jasno obznaniti?

36. Mi smo svakom narodu poslanika poslali: "Allahu se klanjajte, a kumira se klonite!" I bilo je među njima onih kojima je Allah na Pravi put ukazao, a i onih koji su zaslužili da ostanu u zabludi; zato putujte po svijetu da vidite kako su završili oni koji su poslanike u laž utjerivali.

37. Ma koliko ti želio da oni budu na Pravome putu, Allah neće ukazati na Pravi put onome koga je u zabludi ostavio i njima niko neće pomoći.

38. Oni se zaklinju Allahom, najtežom zakletvom: "Allah neće oživiti onoga koji umre!" A hoće, to je Njegovo obećanje koje će se, doista, ispuniti – samo što većina ljudi ne zna –

39. da bi im objasnio ono oko čega su se razilazili i da bi saznali oni koji nisu vjerovali da su lašci bili.

40. Ako nešto hoćemo, Mi samo za to reknemo: "Budi!" – i ono bude.

41. One koji se isele Allaha radi, nakon što su bili progonjeni, Mi ćemo još na ovome svijetu na lijepo mjesto smjestiti; a nagrada na Onome svijetu bit će još veća – kad bi oni samo znali! –

42. onima koji budu trpjeli i u Gospodara svoga se uzdali.

43. Mi smo i prije tebe samo ljude kao poslanike slali i objavljivali im – pitajte sljedbenike Knjige ako ne znate –

44. jasne dokaze i Knjige. A tebi objavljujemo Kur'an da bi objasnio ljudima ono što im se objavljuje, i da bi oni razmislili.

45. A zar su sigurni oni koji ružne podmuklosti snuju da ih Allah neće u zemlju utjerati ili da im neće, odakle ne mogu ni pomisliti, kazna doći

46. ili da ih neće na putovanjima njihovim kazniti – oni neće umaći! –

47. ili da ih neće malo po malo kažnjavati? Ali, Gospodar vaš je doista blag i milostiv.

48. Zar oni ne vide da sve ono što je Allah stvorio sad desno, sad lijevo pruža sjene svoje Allahu poslušno i da je ono pokorno?

49. Allahu se klanja sve živo na nebesima i na Zemlji, u prvom redu meleki, i oni se ne ohole,

50. boje se Gospodara svoga, Koji vlada njima, i čine ono što im se naredi.

SEDŽDA

51. Allah kaže: "Dvojici bogova se ne klanjajte – samo je jedan Bog – i samo se Mene bojte!"

52. Sve što je na nebesima i na Zemlji Njegovo je i Njemu treba uvijek poslušan biti. Zar nekog drugog, osim Allaha, da se bojite?

53. Od Allaha je svaka blagodat koju uživate, a čim vas kakva nevolja zadesi, opet od Njega glasno pomoć tražite.

54. I kad vam On poslije nevolju otkloni, neki od vas isti čas Gospodara svoga s drugim izjednači

55. da bi nezahvalnost pokazali prema onome što smo im Mi dali. Pa uživajte, ali, zbilja, znat ćete!

56. Mnogobošci onima koji ništa ne znaju ostavljaju dio hrane koju im Mi dajemo.* Allaha mi, bit ćete, sigurno, pitani zato što stalno laži izmišljate.

57. Oni Allahu kćeri pripisuju – hvaljen neka je On! – a sebi ono što priželjkuju.*

58. I kad se nekome od njih javi da mu se rodila kći, lice mu potamni i postaje potišten,

59. krije se od ljudi zbog nesreće koja mu je dojavljena – da li ovako prezren da je zadrži ili da je u zemlju zarovi? Kako ružno oni prosuđuju!

60. Oni koji u Onaj svijet ne vjeruju hrđavih su osobina, a Allah ima svojstva najuzvišenija; On je silan i mudar.

61. Kad bi Allah ljude zbog grijehova njihovih kažnjavao, ništa živo na Zemlji ne bi ostavio, ali On ih do roka određenog ostavlja, i kad rok njihov dođe, ni za tren ga jedan ne mogu ni odgoditi ni ubrzati.

62. Oni Allahu pripisuju ono prema čemu sami odvratnost osjećaju* i njihovi jezici govore laž da njih čeka najljepša nagrada; a njih, nema sumnje, vatra čeka – oni će se u nju prvi potjerati.

63. Allaha Nam, Mi smo i prije tebe narodima poslanike slali, ali im je šejtan lijepim predstavljao postupke njihove i on je sada drug njihov, njih čeka patnja nesnosna.

64. Mi tebi objavljujemo Knjigu da bi im objasnio ono oko čega se razilaze i da bude vjernicima uputa i milost.

65. Allah vodu s neba spušta i njome život mrtvoj zemlji vraća! To je, zaista, dokaz za ljude koji hoće da čuju.

66. Vi imate pouku i u stoci: "Mi vam dajemo da iz utroba njenih mlijeko čisto pijete, koje nastaje od grizina u buragu i od krvi – ukusno onima koji ga piju.

67. A od plodova palmi i loze pripremate piće i hranu prijatnu. To je, doista, dokaz onima koji pameti imaju.

68. Gospodar tvoj je pčelu nadahnuo: "Pravi sebi kuće u brdima i u dubovima i u onome što naprave ljudi.

69. Zatim, hrani se svakovrsnim plodovima, pa onda idi stazama Gospodara svoga, poslušno!" Iz utroba njihovih izlazi piće različitih boja koje je lijek ljudima. To je, uistinu, dokaz za ljude koji razmišljaju.

70. Allah vas stvara i poslije vam duše uzima. Ima vas koji duboku starost doživite, pa brzo zaboravite ono što saznate. Allah je, zaista, Sveznajući i Svemoćni.

71. Allah opskrbljujući vas daje jednima više nego drugima. Ali oni kojima je dato više ne daju onima koji su u njihovoj vlasti, a potrebe su im jednake. Zašto nisu na Allahovim blagodatima zahvalni!

72. Allah za vas stvara žene od vaše vrste, a od žena vaših daje vam sinove i unuke, i ukusna jela vam daje. Pa zašto u laž oni vjeruju, a Allahove blagodati poriču

73. i klanjaju se, pored Allaha, onima koji nisu u stanju da im bilo kakvu hranu daju, ni iz nebesa ni iz zemlje, i koji ništa ne mogu!

74. Zato ne navodite Allahu slične! Allah doista zna, a vi ne znate.

75. Allah navodi kao primjer roba u tuđem vlasništvu koji ništa nema i onoga koga smo Mi bogato obdarili i koji udjeljuje iz toga, i tajno i javno – zar su oni jednaki? Neka je hvaljen Allah! Ali većina njih ne zna.

76. Allah vam navodi kao primjer dvojicu ljudi od kojih je jedan gluhonijem, koji ništa nema i koji je na teretu gospodaru svome – kud god ga pošalje, nikakva dobra ne donese. Da li je on ravan onome koji traži da se pravedno postupa, a i sam je na Pravome putu?

77. Allah zna tajne nebesa i Zemlje! A Smak svijeta će u tren oka doći, ili još brže, jer je Allah, uistinu, Svemoćni!

78. Allah vas iz trbuha majki vaših izvodi, vi ništa ne znate, i daje vam sluh i vid i razum da biste bili zahvalni.

79. Zar oni ne vide kako ptice u prostranstvu nebeskom bez muke lete, njih samo Allah drži. To su, zaista, dokazi ljudima koji budu vjerovali.

80. Allah vam daje da u kućama svojim stanujete i daje vam od koža stoke šatore koje lahko nosite kad na put idete i kad konačite, a od vune njihove i dlake njihove i kostrijeti njihove prostriku i korisne stvari – sve dok se ne istroše.

81. Od onoga što je stvorio – Allah vam hlad daje i skloništa u brdima vam daje i odjeću koja vas čuva od vrućine; daje vam i oklope koji vas u borbi štite; i tako vam upotpunjava blagodat Svoju da biste bili poslušni.

82. A ako oni okrenu glave, pa ti si dužan samo jasno objavljivati.

83. Oni priznaju da je blagodat od Allaha, pa je poslije poriču – većina njih su nevjernici.

84. A na Dan kada od svakog naroda dovedemo po jednog svjedoka, nevjernicima neće biti dopušteno, niti će se od njih tražiti da se Allahu umiljavaju.

85. Kad oni koji nisu vjerovali dožive patnju, ona im se neće ni ublažiti ni odložiti.

86. A kad oni koji su Njemu druge ravnim smatrali božanstva svoja ugledaju i reknu: "Gospodaru naš, ovo su božanstva naša; njima smo se klanjali, a ne Tebi." – božanstva će im dobaciti: "Vi ste, uistinu, lažljivci!"

87. I oni će se toga Dana Allahu pokoriti, i propast će ono što su potvarali.

88. One koji nisu vjerovali i koji su od Allahova puta odvraćali Mi ćemo dvostrukom kaznom kazniti zato što su pravili smutnju.

89. A šta će biti onog Dana kad protiv svakog naroda dovedemo po jednog svjedoka, od njega samog, i tebe dovedemo kao svjedoka protiv ovih!* Mi tebi objavljujemo Knjigu kao objašnjenje za sve i kao uputu i milost i radosnu vijest za one koji jedino u Njega vjeruju.

90. Allah zahtijeva da se svačije pravo poštuje, dobro čini, i da se bližnjima udjeljuje, a razvrat i sve što je odvratno i nasilje zabranjuje – da pouku primite, On vas savjetuje.

91. I ispunjavajte obaveze na koje ste se Allahovim imenom obavezali i ne kršite zakletve kad ste ih tvrdo dali, a Allaha kao jamca sebi uzeli, jer Allah zna ono što radite.

92. I ne budite kao ona koja bi svoju pređu rasprela kad bi je već bila čvrsto oprela, i ne služite se zakletvama svojim da biste jedni druge prevarili samo zato što je jedno pleme mnogobrojnije od drugog. Allah vas time samo iskušava, a na Sudnjem danu će vam, doista, objasniti ono oko čega ste se razilazili.

93. Da Allah hoće, učinio bi vas sljedbenicima jedne vjere, ali On u zabludi ostavlja onoga koga hoće, a na Pravi put ukazuje onome kome On hoće; i vi ćete doista odgovarati za ono što ste radili.

94. I ne služite se zakletvama svojim zato da biste jedni druge varali, da se ne bi pokliznula noga koja čvrsto stoji i da ne biste nesreću iskusili zato što ste od Allahova puta odvraćali; a patnja velika vas još čeka.*

95. I ne zamjenjujte obavezu datu Allahu za nešto što malo vrijedi – ono što je u Allaha za vas je, da znate, bolje!

96. Ono što je u vas – prolazno je, a ono što je u Allaha – vječno je. One koji su trpjeli Mi ćemo, sigurno, nagraditi mnogostrukom nagradom za ono što su činili.

97. Onome ko čini dobro, bio muškarac ili žena, a vjernik je, Mi ćemo dati da proživi lijep život i doista ćemo ih nagraditi boljom nagradom nego što su zaslužili.

98. Kada hoćeš učiti Kur'an, zatraži od Allaha zaštitu od šejtana prokletog,

99. on doista nema nikakve vlasti nad onima koji vjeruju i koji se u Gospodara svoga pouzdaju;

100. njegova je vlast jedino nad onima koji njega za zaštitnika uzimaju i koji druge Allahu ravnim smatraju.

101. Kada Mi ajet dokinemo drugim – a Allah najbolje zna što objavljuje – oni govore: "Ti samo izmišljaš!" A nije tako, nego većina njih ne zna.

102. Reci: "Od Gospodara tvoga objavljuje ga melek Džibril kao istinu, da još više učvrsti vjernike u vjerovanju, i da bude putokaz i radosna vijest svim muslimanima."

103. Mi dobro znamo da oni govore: "Poučava ga jedan čovjek!"*Jezik onoga zbog koga oni krivo govore je jezik tuđina, a ovaj Kur'an je na jasnom arapskom jeziku.

104. Onima koji neće da vjeruju u Allahove dokaze Allah, sigurno, neće ukazati na Pravi put, i njih čeka patnja nesnosna.

105. Usuđuju se da laži izmišljaju samo oni koji u Allahove riječi ne vjeruju, i oni su pravi lažljivci.

106. Onoga koji zaniječe Allaha, nakon što je u Njega vjerovao – osim ako bude na to primoran, a srce mu ostane čvrsto u vjeri – čeka Allahova kazna. One kojima se nevjerstvo bude mililo stići će srdžba Allahova i njih čeka patnja velika,

107. zato što više vole život na ovome nego na Onome svijetu, a Allah neće ukazati na Pravi put onima koji neće da vjeruju.

108. To su oni čija je srca i sluh i vid Allah zapečatio, i oni su zaista nemarni;

109. oni će, nema sumnje, na Onome svijetu biti izgubljeni.

110. Gospodar tvoj će onima koji se isele, nakon što su zlostavljani bili, pa se onda budu borili i sve strpljivo podnosili – Gospodar tvoj će im, poslije toga, doista oprostiti i samilostan biti

111. na Dan u kom će svaki čovjek samo o sebi brinuti i u kome će se svakome čovjeku za djela njegova puna nagrada ili kazna dati, nepravda im se neće učiniti!

112. Allah navodi kao primjer grad, siguran i spokojan, kome je u obilju dolazila hrana sa svih strana, a koji je nezahvalan na Allahovim blagodatima bio, pa mu je Allah zbog onoga što je radio dao da iskusi i glad i strah.

113. I njima je došao poslanik, jedan od njih, ali su ga oni lažljivcem nazvali, i njih je stigla kazna zato što su nepravedni bili.

114. Hranite se dopuštenim i lijepim jelima koja vam Allah daruje i budite zahvalni Allahu na blagodatima Njegovim, ako se samo Njemu klanjate.

115. On vam zabranjuje jedino strv, i krv, i svinjsko meso, i onu stoku koja je zaklana u nečije drugo, a ne u Allahovo ime. A onome ko bude primoran, ali ne iz želje, samo toliko da utoli glad – pa Gospodar tvoj će, zaista, oprostiti i samilostan biti.

116. I ne govorite neistine jezicima svojim: "Ovo je dopušteno, a ovo je zabranjeno." – da biste tako o Allahu neistine iznosili. Oni koji o Allahu govore neistine neće uspjeti,

117. kratko će uživati, i njih će strašna patnja čekati.

118. Jevrejima smo zabranili ono o čemu smo ti prije kazivali; Mi njima nismo nepravedni bili, oni su sami sebi nepravdu nanijeli.

119. Onima koji urade zlo iz neznanja, pa se kasnije pokaju i poprave, Gospodar tvoj će poslije toga, sigurno, oprostiti i samilostan biti.

120. Ibrahim je bio primjer čestitosti, pokoran Allahu, pravi vjernik, nije druge smatrao Allahu ravnim,

121. i bio je zahvalan na blagodatima Njegovim; On je njega izabrao i na Pravi put izveo,

122. i Mi smo mu sačuvali lijep spomen na ovome svijetu, a na Onome svijetu će doista biti među onima dobrima.

123. Poslije smo tebi objavili: "Slijedi vjeru Ibrahimovu, vjeru pravu, on nije Allahu druge smatrao ravnim!"

124. Svetkovanje subote je propisano onima koji su imali različita mišljenja o njoj, i Gospodar tvoj će na Sudnjem danu njima presuditi u onome oko čega su se razišli.

125. Na put Gospodara svoga mudro i lijepim savjetom pozivaj i s njima na najljepši način raspravljaj! Gospodar tvoj zna one koji su zalutali s puta Njegova, i On zna one koji su na Pravome putu.

126. Ako hoćete da na nepravdu uzvratite, onda učinite to samo u onolikoj mjeri koliko vam je učinjeno; a ako otrpite, to je, doista, bolje za strpljive.

127. Strpljiv budi! Ali, strpljiv ćeš biti samo uz Allahovu pomoć. I ne tuguj za njima, i neka ti nije teško zbog spletkarenja njihova.

128. Allah je zaista na strani onih koji se Njega boje i grijeha klone i koji dobra djela čine.

SURA 17

El-Isrā' – Noćno putovanje

(Mekka – 111 ajeta)

U ime Allaha, Milostivog, Samilosnog!

1. Hvaljen neka je Onaj Koji je u jednom času noći preveo Svoga roba iz Hrama časnog u Hram daleki, čiju smo okolinu blagoslovili kako bismo mu neka znamenja Naša pokazali.* – On, uistinu, sve čuje i sve vidi.

DŽUZ'
XV

2. A Musau smo Knjigu dali i uputstvom je sinovima Israilovim učinili: "Mjesto Mene – Gospodara drugog ne uzimajte,

3. o potomci onih koje smo sa Nuhom nosili!" On je,* doista, bio rob zahvalni.

4. I Mi smo u Knjizi* objavili sinovima Israilovim: "Vi ćete doista dva puta nered na Zemlji učiniti i preko mjere oholi postati.

5. I kad dođe vrijeme prve od dvije prijetnje, poslat ćemo protiv vas robove Naše, silno moćne, oni će uzduž i poprijeko zemlju vašu pregaziti, i prijetnja će se ispuniti.*

6. Zatim ćemo vam dati pobjedu protiv njih i pomoći ćemo vas imecima i sinovima i učinit ćemo vas brojnijim. –

7. Sve što činite – činite sebi, dobro i zlo. A kad dođe vrijeme druge prijetnje, poslat ćemo ih da na licima vašim tugu i jad ostave i da u Hram kao i prvi put, ponovo provale i da sve što osvoje do temelja poruše.*

8. I Gospodar vaš će vam se opet smilovati; ako vi ponovo započnete, započet ćemo i Mi. A Džehennem smo za nevjernike tamnicom učinili.

9. Ovaj Kur'an vodi jedinom ispravnom putu, i vjernicima koji čine dobra djela donosi radosnu vijest da ih čeka nagrada velika,

10. a da smo za one koji u Onaj svijet ne vjeruju – bolnu patnju pripremili.

11. Čovjek i proklinje i blagosilja; čovjek je doista nagao.

12. I Mi smo noć i dan kao dva znamenja učinili: znamenje za noć smo uklonili, a znamenje za dan smo vidnim učinili kako biste mogli tražiti od Gospodara svoga blagodati i da biste broj godina znali i da biste vrijeme računali – i sve smo potanko objasnili.

13. I svakom čovjeku ćemo ono što uradi o vrat privezati, a na Sudnjem danu ćemo mu knjigu otvorenu pokazati:

14. "Čitaj knjigu svoju, dosta ti je danas što ćeš svoj račun polagati!"

15. Onaj koji ide Pravim putem, od toga će samo on koristi imati; a onaj ko luta – na svoju štetu luta, i nijedan grješnik neće tuđe grijehe nositi. A Mi nijedan narod nismo kaznili dok poslanika nismo poslali!

16. Kad hoćemo jedan grad uništiti, onima koji su u njemu na raskoš navikli prepustimo da se razvratu odaju i da tako zasluže kaznu, pa ga onda do temelja razrušimo.

17. I koliko smo samo naroda poslije Nuha uništili! A dovoljno je to što Gospodar tvoj zna i vidi grijehe robova Svojih.

18. Onome ko želi ovaj svijet, Mi mu brzo dajemo što hoćemo i kome hoćemo, ali ćemo mu poslije Džehennem pripremiti, u kome će se osramoćen i odbačen peći.

19. A onaj ko želi Onaj svijet i trudi se da ga zasluži, a vjernik je, trud će mu hvale vrijedan biti.

20. Svima njima, i jednima i drugima, dajemo darove Gospodara tvoga; a darovi Gospodara tvoga nisu nikome zabranjeni.

21. Gledaj kako jednima dajemo prednost nad drugima; a na Onome svijetu razlika u stepenima i prednostima bit će, doista, veća.

22. Ne stavljaj uz Allaha nekog drugog boga da ne bi osudu zaslužio i bez podrške ostao.

23. Gospodar tvoj zapovijeda da se samo Njemu klanjate i da roditeljima dobročinstvo činite. Kad jedno od njih dvoje, ili oboje, kod tebe starost dožive, ne reci im ni: "Uh!" – i ne podvikni na njih, i obraćaj im se riječima poštovanja punim.

24. Budi prema njima pažljiv i ponizan i reci: "Gospodaru moj, smiluj im se, oni su mene, kad sam bio dijete, njegovali!"

25. Gospodar vaš dobro zna šta je u dušama vašim: ako budete poslušni – pa Allah će doista oprostiti onima koji se kaju.

26. Daj bližnjem svome pravo njegovo, i siromahu, i putniku, ali ne rasipaj mnogo,

27. jer su rasipnici braća šejtanova, a šejtan je Gospodaru svome nezahvalan.

28. A ako moraš od njih glavu okrenuti, jer i sam od Gospodara svoga milost tražiš i njoj se nadaš, onda im barem koju lijepu riječ reci.

29. Ne drži ruku svoju stisnutu, a ni posve otvorenu da ne bi prijekor zaslužio i bez ičega ostao,

30. Gospodar tvoj pruža obilnu opskrbu onome kome hoće, a i ograničava je, jer zna i vidi robove Svoje.

31. Ne ubijajte djecu svoju od straha od neimaštine, i njih i vas Mi hranimo, jer je ubijati njih doista veliki grijeh.

32. I što dalje od bluda, jer to je razvrat, kako je to ružan put!

33. I ne ubijajte nikoga koga je Allah zabranio ubiti, osim kad pravda zahtijeva!* A ako je neko, ni kriv ni dužan, ubijen, onda njegovom nasljedniku dajemo vlast, ali neka ni on ne prekoračuje granicu u ubijanju, ta njemu je data vlast.*

34. A od imetka siročeta – što dalje! Osim ako ga želite unaprijediti, sve dok ne postane punoljetno. I ispunjavajte obavezu, jer će se za obavezu zaista odgovarati!

35. Napunite mjeru kad mjerite na litru i pravo mjerite na kantaru! To je bolje i posljedice su ljepše.

36. Ne povodi se za onim što ne znaš! I sluh, i vid, i razum – za sve to će se, zaista, odgovarati.

37. Ne hodi po zemlji nadmeno, jer zemlju ne možeš probiti ni brda u visinu dostići,

38. sve je to ružno, Gospodaru tvome mrsko.*

39. To je mudrost koju ti Gospodar tvoj objavljuje. I ne dodaji Allahu drugog boga da ne bi u Džehennem bio bačen, prekoren i od milosti Njegove udaljen.

40. Zar je vaš Gospodar vas sinovima obdario, a Sebi, kao kćeri, meleke uzeo.* Vi, zaista, izgovarate krupne riječi.

41. Mi u ovom Kur'anu objašnjavamo da bi oni pouku izvukli, ali ih on sve više otuđuje.

42. Reci: "Da pored Njega postoje drugi bogovi, kao što oni govore, oni bi onda potražili put do Allaha Svevišnjeg."

43. Hvaljen neka je On i vrlo visoko iznad onoga što oni govore!

44. Njega veličaju sedmera nebesa, i Zemlja, i oni na njima – i ne postoji ništa što Ga ne veliča, hvaleći Ga – ali vi ne razumijete veličanje njihovo. On je doista blag i mnogo prašta.

45. Kad čitaš Kur'an, između tebe i onih koji u Onaj svijet ne vjeruju, Mi zastor nevidljivi stavimo,

46. a na srca njihova pokrivače da ga ne bi razumjeli, i gluhim ih učinimo. I kad ti spomeneš Gospodara svoga u Kur'anu, Njega jedinog, oni se preplašeni daju u bijeg.

47. Mi dobro znamo šta oni žele čuti kada te dolaze prisluškivati, i o čemu se sašaptavaju kad nevjernici govore: "Vi slijedite samo opčinjena čovjeka!"

48. Vidi šta o tebi oni govore, pa onda lutaju i ne mogu naći Pravi put.

49. Oni govore: "Zar kada se u kosti i prašinu pretvorimo, zar ćemo, kao nova bića, doista biti oživljeni?"

50. Reci: "Hoćete, i da ste kamenje ili gvožđe

51. ili bilo kakvo stvorenje za koje mislite da ne može biti oživljeno." "A ko će nas u život vratiti?" – upitat će oni, a ti reci: "Onaj Koji vas je i prvi put stvorio." – a oni će prema tebi odmahnuti glavama svojim i upitati: "Kada to?" Ti reci: "Možda ubrzo!

52. Bit će to onog Dana kad vas On pozove, i odazvat ćete se, hvaleći Ga, i pomislit ćete da ste ostali samo malo vremena."

53. Reci robovima Mojim da govore samo lijepe riječi: jer bi šejtan mogao posijati neprijateljstvo među njima, šejtan je, doista, čovjekov otvoreni neprijatelj.

54. "Gospodar vaš dobro vas poznaje: ako hoće, On će vam se smilovati ili će vas, ako hoće, na muke staviti." – A Mi tebi nismo dali vlast nad njima.

55. Gospodar tvoj dobro zna one na nebesima i one na Zemlji. Mi smo jedne vjerovjesnike nad drugima odlikovali, a Davudu smo Zebur dali.

56. Reci: "Molite se onima koje, pored Njega, smatrate bogovima – ali vas oni neće moći nevolje osloboditi niti je izmijeniti."

57. Oni kojima se oni mole sami traže načina kako će se što više Gospodaru svome približiti, i nadaju se milosti Njegovoj i plaše se kazne Njegove. A kazne Gospodara tvoga svako se treba čuvati.

58. I ne postoji nijedno naselje koje Mi prije Sudnjeg dana nećemo uništiti ili ga teškoj muci izložiti – to je u Knjizi zapisano.

⁵⁹· A da ne šaljemo čuda, zadržava Nas samo to što drevni narodi nisu u njih povjerovali. Semudu smo kao vidljivo čudo kamilu dali, ali oni u nju nisu povjerovali. A čuda šaljemo samo da zastrašimo.

⁶⁰· I rekli smo ti: "Svi ljudi su u Allahovoj vlasti!" A san koji smo ti dali da usniješ* i drvo ukleto,* u Kur'anu spomenuto, iskušenje su za ljude. Mi ih zastrašujemo, ali njima to samo povećava ionako veliko bezvjerstvo.

⁶¹· I kada rekosmo melekima: "Poklonite se Ademu!" – oni se svi, osim Iblisa, pokloniše. "Zar da se poklonim onome koga si Ti od ilovače stvorio?" – reče.

⁶²· "Reci mi," – reče onda – "evo ovoga koga si iznad mene uzdigao: ako me ostaviš do Smaka svijeta sigurno ću, osim malobrojnih, nad potomstvom njegovim zagospodariti."

⁶³· "Odlazi!" – reče On. "Onima koji se za tobom budu poveli i tebi – kazna džehennemska bit će vam puna kazna.

⁶⁴· I zavodi glasom svojim koga možeš i potjeraj na njih svoju konjicu i svoju pješadiju, i budi im ortak u imecima, i u djeci, i daji im obećanja – a šejtan ih samo obmanjuje –

⁶⁵· ali ti, doista, nećeš imati nikakve vlasti nad robovima Mojim!" A Gospodar tvoj je dovoljan kao zaštitnik!

⁶⁶· Gospodar vaš, radi vas, pokreće lađe po moru da biste tražili Njegove blagodati, jer je On prema vama milostiv.

67. Kad vas na moru nevolja zadesi, tada nema onih kojima se inače klanjate, postoji samo On. A kad vas On na kopno spasi, vi okrećete glave – čovjek je uvijek nezahvalan!

68. Zar ste sigurni da vas On neće u zemlju utjerati ili da protiv vas neće pješčanu oluju poslati, pa da onda sebi zaštitnika nećete naći?

69. Ili, zar ste sigurni da vas On po drugi put neće na more izvesti, i buru na vas poslati i potopiti vas zbog toga što ste bili nezahvalni? Tada ne biste nikoga našli ko bi Nas zbog vas na odgovornost pozvao.

70. Mi smo sinove Ademove, doista, odlikovali: dali smo im da kopnom i morem putuju, i opskrbili ih ukusnim jelima, i dali im velike prednosti nad mnogima koje smo stvorili.

71. A na Dan kada pozovemo sve ljude s vođom njihovim, oni kojima se knjiga njihova da u desnu ruku njihovu čitat će knjige svoje i neće im biti ni koliko trun jedan učinjena nepravda;

72. onaj ko je na ovome svijetu bio slijep bit će slijep i na Onom i daleko od svakoga dobra.

73. I zamalo da te oni odvrate od onoga što ti Mi objavljujemo, da bi protiv nas nešto drugo iznio, i tada bi te oni smatrali prijateljem.

74. A da te nismo učinili čvrstim, gotovo da bi im se malo priklonio,

75. i tad bismo ti doista dali da iskusiš dvostruku muku u životu i dvostruku patnju poslije smrti; tada ne bi nikoga našao ko bi ti protiv Nas pomogao.

76. A oni su te toliko na Zemlji* uznemiravali da bi te iz nje istjerali, ali tada ni oni u njoj ne bi dugo, poslije tebe, ostali,

77. jer tako je bilo sa svima onima koji su poslanike protjerali, koje smo prije tebe poslali, i ni ti nećeš naići na odstupanje od zakona Našeg.

78. Obavljaj propise molitve kad Sunce s polovine neba krene, pa do noćne tmine, i molitvu u zoru jer molitvi u zoru mnogi prisustvuju.

79. I probdij dio noći u molitvi – to je samo tvoja dužnost;* Gospodar tvoj će ti na Onome svijetu hvale dostojno mjesto darovati.

80. I reci: "Gospodaru moj, učini da umrem, a da si Ti zadovoljan mnome i učini da iz mrtvih ustanem, a da si Ti zadovoljan mnome, i daruj mi od Sebe snagu koja će mi pomoći!"

81. I reci: "Došla je istina, a nestalo je laži – laž, zaista, nestaje!"*

82. Mi objavljujemo u Kur'anu ono što je lijek i milost vjernicima, a nevjernicima on samo povećava propast.

83. Kad čovjeku kakvu blagodat darujemo, on se okreće i oholo udaljava, a kad ga zadesi zlo, onda očajava.

84. Reci: "Svako postupa po svom nahođenju, a samo Gospodar vaš zna ko je na Pravome putu."

85. Pitaju te o duši. Reci: "Šta je duša samo Gospodar moj zna, a vama je dato samo malo znanja."

86. A da hoćemo, Mi bismo učinili da iščezne ono što smo ti objavili, i ti, poslije, ne bi nikoga našao ko bi ti protiv Nas pomogao,

87. ali Gospodar tvoj je tebi milostiv i Njegova dobrota prema tebi zaista je velika.

88. Reci: "Kad bi se svi ljudi i džini udružili da sačine jedan ovakav Kur'an, oni, takav kao što je on, ne bi sačinili, pa makar jedni drugima pomagali."

89. Mi u ovom Kur'anu objašnjavamo ljudima svakojake primjere, ali većina ljudi nikako neće da vjeruje

90. i govore: "Nećemo ti vjerovati sve dok nam iz zemlje živu vodu ne izvedeš;

91. ili dok ne budeš imao vrt od palmi i loze, pa da kroz njeg svukuda rijeke provedeš;

92. ili dok na nas nebo u parčadima ne oboriš, kao što tvrdiš; ili dok Allaha i meleke kao jamce ne dovedeš;

93. ili dok ne budeš imao kuću od zlata ili dok se na nebo ne uspneš; a nećemo vjerovati ni da si se uspeo sve dok nam ne doneseš Knjigu da je čitamo." Reci: "Hvaljen neka je Gospodar moj! – Zar ja nisam samo čovjek, poslanik?"

94. A ljude je, kad im je dolazila Objava, odvraćalo od vjerovanja samo to što su govorili: "Zar je Allah kao poslanika čovjeka poslao?"

95. Reci: "Kad bi na Zemlji meleki smireno hodili, Mi bismo im s neba meleka za poslanika poslali."

96. Reci: "Allah je dovoljan svjedok meni i vama, jer On zna i vidi robove Svoje."

97. Onaj kome Allah ukaže na Pravi put – na Pravome je putu, a onome koga u zabludi ostavi – tome, mimo Njega, nećeš naći zaštitnika. Mi ćemo ih, na Sudnjem danu, sakupiti, licem zemlji okrenute, slijepe, nijeme i gluhe. Boravište njihovo bit će Džehennem – kad god mu plamen jenja, pojačat ćemo im oganj.

98. To će im biti kazna zato što u dokaze Naše nisu vjerovali i što su govorili: "Zar kada postanemo kosti i prah, zar ćemo kao nova stvorenja, doista, biti oživljeni?"

99. Zar oni ne znaju da je Allah, Stvoritelj nebesa i Zemlje, kadar stvoriti slične njima i da im je već odredio Čas oživljenja u koji nema sumnje? A nevjernici samo poriču.

100. Reci: "Da vi posjedujete riznice milosti Gospodara moga, i tada biste škrtarili iz straha da ne potrošite – čovjek je uistinu tvrdica.

101. Mi smo Musau devet očevidnih znamenja dali, pa upitaj sinove Israilove kad je precima njihovim došao i kada mu je faraon rekao: "Ja mislim, o Musa, da si ti doista opčinjen." –

102. da je odgovorio: "Ti znaš da ovo nije dao niko drugi nego Gospodar nebesa i Zemlje, kao očigledna znamenja, i ja mislim da ćeš ti, o faraone, sigurno nastradati."

103. I faraon odluči da ih iz zemlje istjera, pa Mi potopismo i njega i one koji su bili s njim – sve.

104. I poslije toga rekosmo sinovima Israilovim: "Naselite se u zemlji,* pa kad Smak svijeta dođe, dovest ćemo vas izmiješane."

105. Mi Kur'an pun mudrosti objavljujemo, i na istinit način se on objavljuje. A tebe smo poslali samo zato da radosne vijesti donosiš i da opominješ.

106. I kao Kur'an, sve dio po dio ga objavljujemo da bi ga ti ljudima malo-pomalo kazivao, i prema potrebi ga objavljujemo.

107. Reci: "Vjerovali u njega ili ne vjerovali, oni kojima je još prije objavljivanja njegova dato znanje padaju licem na tle kad im se on čita,

108. i govore: 'Hvaljen neka je Gospodar naš, obećanje, Gospodara našeg se ispunilo!'"*

109. I padaju licem na tle plačući, i on im uvećava strahopoštovanje.

110. Reci: "Zovite: 'Allah!' ili zovite: 'Milostivi!' – a kako god Ga budete zvali, Njegova su imena najljepša. Ne izgovaraj na sav glas Kur'an kad molitvu obavljaš, a i ne prigušuj ga; traži sredinu između toga."

111. i reci: "Hvaljen neka je Allah, Koji Sebi nije uzeo djeteta i Koji u vlasti nema ortaka, i Kome ne treba zaštitnik zbog nemoći – i hvaleći Ga veličaj!"

SEDŽDA

SURA 18

El-Kehf – Pećina
(Mekka – 110 ajeta)

U ime Allaha, Milostivog, Samilosnog!

1. Hvaljen neka je Allah Koji Svome robu objavljuje Knjigu, i to ne iskrivljenu nego

2. ispravnu, da teškom kaznom, koju će On dati, opomene, a da vjernike koji čine dobra djela divnom nagradom obraduje,

3. u kojoj će vječno boraviti,

4. i da opomene one koji govore: "Allah je Sebi uzeo sina."

5. O tome oni ništa ne znaju, a ni preci njihovi. Kako krupna riječ izlazi iz usta njihovih! Oni ne govore drugo do neistinu!

6. Pa zar ćeš ti za njima od tuge svisnuti, ako oni u govor ovaj neće povjerovati?

7. Sve što je na Zemlji Mi smo kao ukras njoj stvorili da iskušamo ljude ko će se od njih ljepše vladati,

8. a Mi ćemo nju i golom ledinom učiniti.

9. Misliš li ti da su samo stanovnici pećine, čija su imena na ploči napisana, bili čudo među čudima Našim?*

10. Kad se nekoliko momaka u pećini sklonilo pa reklo: "Gospodaru naš, daj nam Svoju milost i pruži nam u ovom našem postupku prisebnost." –

11. Mi smo ih u pećini tvrdo uspavali za dugo godina.

12. Poslije smo ih probudili da bismo pokazali koja će od dvije skupine bolje ocijeniti koliko su vremena proboravili.

13. Ispričat ćemo ti povijest njihovu – onako kako je bilo. To su bili momci, vjerovali su u Gospodara svoga, a Mi smo im ubjeđenje još više učvrstili.

14. Osnažili smo bili njihova srca kad su se digli i rekli: "Gospodar naš – Gospodar je nebesa i Zemlje, mi se nećemo pored Njega drugom bogu klanjati, jer bismo tada ono što je daleko od istine govorili.

15. Narod ovaj naš je mimo Njega druge bogove prihvatio, zašto jasan dokaz nije donio o tome da se treba njima klanjati? A ima li nepravednijeg od onoga koji o Allahu iznosi neistinu?

16. Kad napustite njih i one kojima umjesto Allahu robuju, sklonite se u pećinu, Gospodar vaš će vas milošću Svojom obasuti i za vas će ono što će vam korisno biti pripremiti."

17. I ti si mogao vidjeti kako Sunce, kada se rađa, obilazi pećinu s desne strane, a kada zalazi – zaobilazi je s lijeve strane, a oni su bili u sredini njezinoj. To je dokaz Allahove moći! Kome Allah ukaže na Pravi put, on će Pravim putem ići, a koga u zabludi ostavi, ti mu nećeš naći zaštitnika koji će ga na Pravi put uputiti.

18. I pomislio bi da su budni, ali oni su spavali. I Mi smo ih prevrtali sad na desnu, sad na lijevu stranu, a pas njihov, opruženih prednjih šapa, na ulazu je ležao – da si ih vidio, od njih bi pobjegao i strah bi te uhvatio.

19. I Mi smo ih, isto tako, probudili da bi jedni druge pitali. "Koliko ste ovdje ostali?" – upita jedan od njih. "Ostali smo dan ili dio dana." – odgovoriše. "Gospodar vaš najbolje zna koliko ste ostali." – rekoše. "Pošaljite, jednog od vas, s ovim srebrenjacima vašim, u grad, pa nek vidi u koga je najčistije jelo i neka vam od njega donese hrane i neka bude ljubazan i neka nikome ne govori ništa o vama,

20. jer ako oni doznaju za vas, kamenovat će vas ili će vas na silu u svoju vjeru obratiti, i tada nikada nećete ono što želite postići!"

21. I Mi smo, isto tako, učinili da oni za njih saznaju, da bi se uvjerili da je istinito Allahovo obećanje i da u Čas oživljenja nema nikakve sumnje,* kada su se između sebe o njima raspravljali, i rekli: "Sagradite na ulazu u nju ogradu, Gospodar njihov najbolje zna ko su oni." A onda oni do čijih se riječi najviše držalo rekoše: "Napravit ćemo na ulazu u nju bogomolju!"

22. Neki će reći: "Bila su trojica, pas njihov je bio četvrti.", a neki će govoriti: "Bila su peterica, pas njihov je bio šesti.", nagađajući ono što ne znaju – dok će neki reći: "Bila su sedmerica, a pas njihov bio je osmi." Reci: "Gospodaru mome je dobro poznat njihov broj, samo malo njih to zna. Zato ne raspravljaj o njima, osim površno, i ne pitaj o njima od njih nikoga!"

23. I nikako za bilo šta ne reci: "Uradit ću to sigurno sutra!" – ne dodavši:

24. "Ako Bog da!" A kada zaboraviš, sjeti se Gospodara svoga i reci: "Gospodar moj će me uputiti na ono što je bolje i korisnije od ovoga."

25. A oni su ostali u pećini svojoj tri stotine i još devet godina.

26. Reci: "Allah najbolje zna koliko su ostali; tajne nebesa i Zemlje jedino On zna. Kako On sve vidi, kako On sve čuje! Oni nemaju drugog zaštitnika osim Njega, a On ne uzima nikoga u odlukama Svojim kao ortaka."

27. Kazuj iz Knjige Gospodara svoga ono što ti se objavljuje, niko ne može izmijeniti riječi Njegove, pa ni ti; osim kod Njega, nećeš naći utočišta nikakva.

28. Budi čvrsto uz one koji se Gospodaru svome mole ujutro i navečer u želji da naklonost Njegovu zasluže, i ne skidaj očiju svojih s njih iz želje za sjajem u životu na ovome svijetu, i ne slušaj onoga čije smo srce nehajnim prema Nama ostavili, koji strast svoju slijedi i čiji su postupci daleko od razboritosti

29. i reci: "Istina dolazi od Gospodara vašeg, pa ko hoće – neka vjeruje, a ko hoće – neka ne vjeruje!" Mi smo nevjernicima pripremili vatru čiji će ih dim sa svih strana obuhvatiti; ako zamole pomoć, pomoći će im se tekućinom poput rastopljene kovine koja će lica ispeći. Užasna li pića i grozna li boravišta!

30. One koji budu vjerovali i dobra djela činili – Mi doista nećemo dopustiti da propadne nagrada onome koji je dobra djela činio –

31. čekaju sigurno edenski vrtovi, kroz koje će rijeke teći, u njima će se narukvicama od zlata kititi i u zelena odijela od dibe i kadife oblačiti, na divanima će u njima naslonjeni biti. Divne li nagrade i krasna li boravišta!

32. I navedi im kao primjer dva čovjeka; jednom od njih smo dva vrta lozom zasađena dali i palmama ih opasali, a između njih njive postavili.

33. Oba vrta su davala svoj plod, ničega nije manjkalo, a kroz sredinu njihovu smo rijeku proveli.

34. On je i drugog imetka imao. I reče drugu svome, dok je s njim razgovarao: "Od tebe sam bogatiji i jačeg sam roda!"

35. I uđe u vrt svoj nezahvalan Gospodaru svome na blagodatima, govoreći: "Ne mislim da će ovaj ikada propasti,

36. i ne mislim da će ikada Smak svijeta doći; a ako budem vraćen Gospodaru svome, sigurno ću nešto bolje od ovoga naći."

37. I reče mu drug njegov, dok je s njim razgovarao: "Zar ne vjeruješ u Onoga Koji te je od zemlje stvorio, zatim od kapi sjemena, i najzad te potpunim čovjekom učinio?

38. Što se mene tiče, On, Allah, moj je Gospodar i ja Gospodaru svome ne smatram ravnim nikoga.

39. A zašto nisi, kad si u vrt svoj ušao, rekao: 'Mašallah! – Moć je samo u Allaha!' Ako vidiš da je u mene manje blaga i manje roda nego u tebe,

40. pa Gospodar moj može mi bolji vrt od tvoga dati, a na tvoj nepogodu s neba poslati, pa da osvane samo klizava ledina, bez ičega,

41. ili da mu voda u ponor ode, pa da je ne mogneš pronaći nikada."

42. I propadoše plodovi njegovi i on poče kršiti ruke svoje žaleći za onim što je na njega utrošio – a loza se bijaše povaljala po podupiračima svojim – i govoraše: "Kamo sreće da Gospodaru svome nisam smatrao ravnim nikoga!"

43. I nije imao ko bi mu mogao pomoći, osim Allaha, a sam sebi nije mogao pomoći.

44. Tada može pomoći samo Allah, Istiniti, On daje najbolju nagradu i čini da se sve na najbolji način okonča.

45. Navedi im kao primjer da je život na ovome svijetu kao bilje, koje i poslije natapanja vodom, koju Mi s neba spuštamo, ipak postane suho, i vjetrovi ga raznesu. A Allah sve može!

46. Bogatstvo i sinovi su ukras u životu na ovome svijetu, a dobra djela, koja vječno ostaju, bit će od Gospodara tvoga bolje nagrađena i ono u što se čovjek može pouzdati.

47. A na Dan kada planine uklonimo i kad vidiš Zemlju ogoljenu – a njih smo već sakupili, nijednog nismo izostavili,

48. pred Gospodarom tvojim bit će oni u redove poredani: "Došli ste Nam onako kako smo vas prvi put stvorili, a tvrdili ste da vam nećemo vrijeme za oživljenje odrediti."

49. I Knjiga će biti postavljena i vidjet ćete grješnike prestravljene zbog onog što je u njoj. "Teško nama!" – govorit će – "Kakva je ovo Knjiga: ni mali ni veliki grijeh nije propustila, sve je nabrojala!" – i naći će upisano ono što su radili. Gospodar tvoj neće nikome nepravdu učiniti.

50. A kad smo rekli melekima: "Poklonite se Ademu!" – svi su se poklonili osim Iblisa, on je bio jedan od džina i zato se ogriješio o zapovijest Gospodara svoga. Pa zar ćete njega i porod njegov, pored Mene, kao prijatelje prihvatiti, kad su vam oni neprijatelji? Kako je šejtan loša zamjena nevjernicima!

51. Ja nisam uzimao njih za svjedoke prilikom stvaranja nebesa i Zemlje ni neke od njih prilikom stvaranja drugih i za pomagače nisam uzimao one koji na krivi put upućuju.

52. A na Dan kad On rekne: "Pozovite one za koje ste tvrdili da su ortaci Moji!" – i kad ih pozovu, oni im se neće odazvati i Mi ćemo učiniti da iskuse patnju zbog njihovih ranijih veza,

53. i grješnici će ugledati vatru i uvjerit će se da će u nju pasti, i da im iz nje neće povratka biti.

54. U ovom Kur'anu Mi na razne načine objašnjavamo ljudima svakovrsne primjere, ali je čovjek, više nego iko, spreman raspravljati.

55. A ljude, kada im dolazi uputa, odvraća od vjerovanja i od toga da od Gospodara svoga mole oprosta samo to što očekuju sudbinu drevnih naroda ili što čekaju da ih snađe kazna naočigled svega svijeta.

56. Mi šaljemo poslanike samo zato da donose radosne vijesti i da opominju. A nevjernici se raspravljaju, služeći se neistinama, da bi time opovrgli Istinu, i rugaju se dokazima Mojim i Mojim opomenama.

57. I ima li nepravednijeg od onoga koji, kad se dokazima Gospodara svoga opominje, za njih ne haje i zaboravlja na posljedice onog što je učinio? Mi na srca njihova pokrivače stavljamo da Kur'an ne shvate, i gluhim ih činimo; i ako ih ti na Pravi put pozoveš oni, kad su takvi, nikada neće Pravim putem poći.

58. Gospodar tvoj mnogo prašta i neizmjerno je milostiv; da ih On za ono što zaslužuju kažnjava, odmah bi ih na muke stavio. Ali, njih čeka određeni čas, od koga neće naći utočišta.

59. A ona sela i gradove* smo razorili zato što stanovnici njihovi nisu vjerovali i za propast njihovu tačno vrijeme bismo odredili.

60. A kada Musa reče momku svome: "Sve ću ići dok ne stignem do mjesta gdje se sastaju dva mora, ili ću dugo, dugo ići."*

61. I kad njih dvojica stigoše do mjesta na kome se ona sastaju, zaboraviše na ribu svoju, pa ona u more kliznu.

^{62.} A kada se udaljiše, Musa reče momku svome: "Daj nam užinu našu, jer smo se od ovog našeg putovanja umorili."

^{63.} "Vidi!" – reče on – "Kad smo se kod one stijene svratili, ja sam zaboravio onu ribu – sam šejtan je učinio da je zaboravim, da ti je ne spomenem – mora da je ona skliznula u more; baš čudnovato!"

^{64.} "E, to je ono što tražimo!" – reče Musa, i njih dvojica se vratiše putem kojim su bili došli,

^{65.} i nađoše jednog Našeg roba kome smo milost Našu darovali i onome što samo Mi znamo naučili.

^{66.} "Mogu li da te pratim," – upita ga Musa – "ali da me poučiš onome čemu si ti ispravno poučen?"

^{67.} "Ti sigurno nećeš moći sa mnom izdržati," – reče onaj –

^{68.} "a i kako bi izdržao ono o čemu ništa ne znaš?"

^{69.} "Vidjet ćeš da ću strpljiv biti, ako Bog da," – reče Musa – "i da ti se neću ni u čemu protiviti."

^{70.} "Ako ćeš me već pratiti," – reče onaj – "onda me ni o čemu ne pitaj dok ti ja o tome prvi ne kažem!"

^{71.} I njih dvojica krenuše. I kad se u lađu ukrcaše, onaj je probuši. "Zar je probuši da potopiš one koji na njoj plove? Učinio si, doista, nešto vrlo krupno!"

^{72.} "Ne rekoh li ja" – reče onaj – "da ti, doista, nećeš moći izdržati sa mnom?"

^{73.} "Ne karaj me što sam zaboravio" – reče – "i ne čini mi poteškoće u ovome poslu mome!"

^{74.} I njih dvojica krenuše. I kad sretoše jednog dječaka pa ga onaj ubi, Musa reče: "Što ubi dijete bezgrješno, koje nije nikoga ubilo! Učinio si, zaista, nešto vrlo ružno!"

75. "Ne rekoh li ja tebi" – reče onaj – "da ti, doista, nećeš moći izdržati sa mnom?"

76. "Ako te i poslije ovoga za bilo šta upitam," – reče – "onda se nemoj sa mnom družiti. Eto sam ti se opravdao!"

77. I njih dvojica krenuše. Kad dođoše do jednog grada, zamoliše stanovnike njegove da ih nahrane, ali oni odbiše da ih ugoste. U gradu njih dvojica naiđoše na jedan zid koji tek što se nije srušio, pa ga onaj prezida i ispravi. "Mogao si" – reče Musa – "uzeti za to nagradu."

78. "Sada se rastajemo ja i ti," – reče onaj – "pa da ti objasnim zbog čega se nisi mogao strpiti:

79. Što se one lađe tiče – ona je vlasništvo siromaha koji rade na moru, i ja sam je oštetio jer je pred njima bio jedan vladar koji je svaku ispravnu lađu otimao;

80. što se onoga dječaka tiče – roditelji njegovi su vjernici, pa smo se pobojali da ih on neće na nasilje i nevjerovanje navratiti,

81. a mi želimo da im Gospodar njihov, umjesto njega, da boljeg i čestitijeg od njega, i milostivijeg;

82. a što se onoga zida tiče – on je dvojice dječaka, siročadi iz grada, a pod njim je zakopano njihovo blago. Otac njihov je bio dobar čovjek i Gospodar tvoj želi, iz milosti Svoje, da oni odrastu i izvade blago svoje. Sve to ja nisam uradio po svome rasuđivanju. Eto, to je objašnjenje za tvoje nestrpljenje!"

83. I pitaju te o Zulkarnejnu.* Reci: "Kazat ću vam o njemu neke vijesti."

84. Mi smo mu dali vlast na Zemlji i omogućili mu da izvrši ono što želi.

85. I on pođe.

86. Kad stiže do mjesta gdje Sunce zalazi, učini mu se kao da zalazi u jedan mutan izvor i nađe u blizini njegovoj jedan narod. "O Zulkarnejne," – rekosmo Mi – "ili ćeš ih kazniti ili ćeš s njima lijepo postupiti?"

87. "Onoga ko ostane mnogobožac," – reče – "kaznit ćemo, a poslije će se svome Gospodaru vratiti, pa će ga i On teškom mukom mučiti.

88. A onome ko bude vjerovao i dobra djela činio – nagrada najljepša, i s njim ćemo blago postupiti."

89. I on opet pođe.

90. I kad stiže do mjesta gdje Sunce izlazi, on nađe da ono izlazi iznad jednog naroda kome Mi nismo dali da se od njega bilo čime zakloni.*

91. I on postupi s njima isto onako kako je s onima prije postupio.

92. I on pođe.

93. Kad stiže između dvije planine, nađe ispred njih narod koji je jedva govor razumijevao.

94. "O Zulkarnejne," – rekoše oni – "Jedžudž i Medžudž čine nered po Zemlji, pa hoćeš li između nas i njih zid podignuti, mi ćemo te nagraditi."

95. "Bolje je ono što mi je Gospodar moj dao." – reče on – "Nego, samo vi pomozite meni što više možete, i ja ću između vas i njih zid podići.

96. Donesite mi velike komade gvožđa!" I kad on izravna dvije strane brda, reče: "Pūšite!" A kad ga usija, reče: "Donesite mi rastopljen mjed* da ga zalijem."

97. I tako oni* nisu mogli niti preći niti su ga mogli prokopati.

98. "Ovo je blagodat Gospodara moga!" – reče on – "A kada se prijetnja Gospodara moga ispuni, On će ga sa zemljom sravniti, a prijetnja Gospodara moga će se, sigurno, ispuniti."

99. I Mi ćemo tada učiniti da se jedni od njih kao talasi sudaraju s drugima. I puhnut će se u rog, pa ćemo ih sve sakupiti,

100. i toga Dana ćemo nevjernicima Džehennem jasno pokazati,

101. onima čije su oči bile koprenom zastrte, da o dokazima Mojim razmisle, onima koji nisu htjeli ništa čuti.

102. Zar nevjernici misle da pored Mene mogu za bogove uzimati robove Moje? Mi smo, doista, za prebivalište nevjernicima pripremili Džehennem.

103. Reci: "Hoćete li da vam kažem čija djela neće nikako priznata biti,

104. čiji će trud u životu na ovome svijetu uzaludan biti, a koji će misliti da je dobro ono što rade?

105. To su oni koji u dokaze Gospodara svoga ne budu vjerovali i koji budu poricali da će pred Njega izići; zbog toga će trud njihov uzaludan biti i na Sudnjem danu im nikakva značaja nećemo dati.

106. Njima će kazna Džehennem biti, zato što su nevjernici bili i što su se dokazima Mojim i poslanicima Mojim rugali."

107. Onima koji budu vjerovali i dobra djela činili – džennetske bašče će prebivalište biti,

108. vječno će u njima boraviti i neće poželjeti da ih nečim drugim zamijene.

109. Reci: "Kad bi more bilo mastilo da se ispišu riječi Gospodara moga, more bi presahlo, ali ne i riječi Gospodara moga, pa i kad bismo se pomogli još jednim sličnim."

110. Reci: "Ja sam čovjek kao i vi, meni se objavljuje da je vaš Bog – jedan Bog. Ko žudi da od Gospodara svoga bude lijepo primljen, neka čini dobra djela i neka, klanjajući se Gospodaru svome, Njemu nikoga ne pridružuje!"

SURA 19

Merjem – Merjema

(Mekka – 98 ajeta)

U ime Allaha, Milostivog, Samilosnog!

1. Kāf Hā Jā Ajīn Sād.

2. Kazivanje o milosti Gospodara tvoga prema robu Njegovu Zekerijjau,

3. kad je on Gospodara svoga tiho zovnuo,

4. i rekao: "Gospodaru moj, kosti su mi oronule i glava osijedjela, a nikada nisam, kad sam Ti, Gospodaru moj, molbu uputio, nesretan ostao.

5. Bojim se rođaka svojih po krvi poslije mene, a žena mi je nerotkinja, zato mi pokloni od Sebe sina

6. da naslijedi mene i porodicu Jakubovu, i učini, Gospodaru moj, da budeš njime zadovoljan."

7. "O Zekerijja, javljamo ti radosnu vijest da će ti se dječak roditi, ime će mu Jahja biti, nikome prije njega to ime nismo htjeli dati."

8. "Gospodaru moj," – reče on – "kako ću imati sina kad mi je žena nerotkinja, a već sam duboku starost doživio?"

9. "Eto tako!" – reče. "Gospodar tvoj je rekao: 'To je Meni lahko, i tebe sam ranije stvorio, a nisi ništa bio.'"

10. "Gospodaru moj," – reče – "daj mi neki znak!" "Znak će ti biti to što tri noći nećeš s ljudima razgovarati, a zdrav ćeš biti."

11. I on iziđe iz hrama u narod svoj i znakom im dade na znanje: "Hvalite Ga ujutro i navečer!"

12. "O Jahja, prihvati Knjigu odlučno!" – a dadosmo mu mudrost još dok je dječak bio

13. i nježnost i čednost, i čestit je bio,

14. i roditeljima svojima bio je dobar, i nije bio drzak i nepristojan.

15. I neka je mir njemu na dan kada se rodio i na dan kada je umro i na Dan kad bude iz mrtvih ustao!

16. I spomeni u Knjizi Merjemu: kada se od ukućana svojih na istočnu stranu povukla

17. i jedan zastor da se od njih zakloni uzela, Mi smo k njoj meleka Džibrila poslali i on joj se prikazao u liku savršeno stvorenog muškarca.

18. "Utječem se Milostivom od tebe, ako se Njega bojiš!" – uzviknu ona.

19. "A ja sam upravo izaslanik Gospodara tvoga" – reče on – "da ti poklonim dječaka čista!"

20. "Kako ću imati dječaka" – reče ona – "kad me nijedan muškarac dodirnuo nije, a ja nisam nevaljalica!"

21. "To je tako!" – reče on. "Gospodar tvoj je rekao: 'To je Meni lahko.' – i zato da ga učinimo znamenjem ljudima i znakom milosti Naše. Tako je unaprijed određeno!"

22. I ona zanese i bremenita se skloni daleko negdje.

23. I porođajni bolovi prisiliše je da dođe do stabla jedne palme. "Kamo sreće da sam ranije umrla i da sam potpuno u zaborav pala!" – uzviknu ona.

24. I melek je, koji je bio niže nje, zovnu: "Ne žalosti se, Gospodar tvoj je dao da niže tebe potok poteče.

25. Zatresi palmino stablo, posut će po tebi datule svježe,

26. pa jedi i pij i budi vesela! A ako vidiš čovjeka kakva, ti reci: 'Ja sam se zavjetovala Milostivom da ću šutjeti, i danas ni s kim neću govoriti.'"

27. I dođe ona s njim porodici svojoj, noseći ga. "O Merjemo," – rekoše oni – "učinila si nešto nečuveno!

28. Ej ti koja u čednosti ličiš Harunu, otac ti nije bio nevaljao, a ni mati tvoja nije bila nevaljalica!"

29. A ona im na njega pokaza. "Kako da govorimo djetetu u bešici?" – rekoše.

30. "Ja sam Allahov rob," – ono reče – "meni će On Knjigu dati i vjerovjesnikom me učiniti

31. i učinit će me, gdje god budem, blagoslovljenim, i naredit će mi da dok sam živ molitvu obavljam i milostinju udjeljujem,

32. i da majci svojoj budem dobar, a neće mi dopustiti da budem drzak i nepristojan.

33. I neka je mir nada mnom na dan kada sam se rodio i na dan kada budem umro i na Dan kada budem iz mrtvih ustajao!"

34. To je Isa, sin Merjemin – to je prava istina o njemu – onaj u koga oni sumnjaju.

35. Nezamislivo je da Allah ima dijete, hvaljen neka je On! Kad nešto odluči, On za to samo rekne: "Budi!" – i ono bude.

36. Allah je, uistinu, i moj i vaš Gospodar, zato se klanjajte samo Njemu! To je Pravi put.

37. I sljedbenici Knjige su se o njemu u mišljenju podvojili, pa teško onima koji ne vjeruju kada budu na Danu velikom prisutni!

38. Kako će dobro čuti i kako će dobro vidjeti onoga Dana kad pred Nas stanu! A nevjernici su sada u očitoj zabludi!

39. I opomeni ih na Dan tuge kada će biti s polaganjem računa završeno, a oni su ravnodušni bili i nisu vjerovali.

40. Mi ćemo Zemlju i one koji žive na njoj naslijediti i Nama će se oni vratiti.

41. Spomeni u Knjizi Ibrahima! On je bio istinoljubiv, vjerovjesnik.

42. Kada je rekao ocu svome: "O oče moj, zašto se klanjaš onome koji niti čuje niti vidi, niti ti može od ikakve koristi biti?

43. O oče moj, meni dolazi znanje, a ne tebi,* zato mene slijedi, i ja ću te na Pravi put uputiti.

44. O oče moj, na klanjaj se šejtanu, šejtan je Milostivome uvijek neposlušan.

45. O oče moj, bojim se da te od Milostivog ne stigne kazna, pa da budeš šejtanu drug." –

46. otac njegov je rekao: "Zar ti mrziš božanstva moja, o Ibrahime? Ako se ne okaniš, zbilja ću te kamenjem potjerati, zato me za dugo vremena napusti!"

47. "Mir tebi!" – reče Ibrahim – "Molit ću Gospodara svoga da ti oprosti, jer On je vrlo dobar prema meni.

48. I napustit ću i vas i sve one kojima se mimo Allaha klanjate i klanjat ću se Gospodaru svome; nadam se da neću biti nesretan u klanjanju Gospodaru svome."

49. I pošto napusti njih i one kojima su se, mimo Allaha klanjali Mi mu Ishaka i Jakuba darovasmo, i obojicu vjerovjesnicima učinismo

50. i darovasmo im svako dobro i učinismo da budu hvaljeni i po dobru spominjani.

51. I spomeni u Knjizi Musaa! On je bio iskren i bio je poslanik, vjerovjesnik.

52. Mi smo ga s desne strane Tura zovnuli i Sebi ga približili da čuje riječi Naše,

53. i darovali smo mu milošću Našom kao vjerovjesnika brata njegova Haruna.

54. I spomeni u Knjizi Ismaila! On je ispunjavao dato obećanje i bio poslanik, vjerovjesnik,

55. i tražio je od čeljadi svoje da molitvu obavljaju i da milostinju udjeljuju, i Gospodar njegov je bio njima zadovoljan.

56. I spomeni u Knjizi Idrisa! On je bio istinoljubiv i vjerovjesnik,

57. i Mi smo ga na visoko mjesto digli.

58. To su ti vjerovjesnici koje je Allah milošću Svojom obasuo, potomci Ademovi i onih koje smo sa Nuhom nosili, i potomci Ibrahimovi i Israilovi, i onih koje smo uputili i odabrali. Kad bi im se ajeti Milostivog čitali, oni bi licem na tle padali i plakali.

SEDŽDA

59. A njih smijeniše zli potomci, koji molitvu napustiše i za požudama pođoše – oni će sigurno zlo proći –

60. ali oni koji su se pokajali, i vjerovali, i dobro činili njima se neće nikakva nepravda učiniti, oni će u Džennet ući,

61. u edenske vrtove koje je Milostivi robovima Svojim obećao zato što su u njih vjerovali, a nisu ih vidjeli – a obećanje Njegovo će se doista ispuniti –

62. u njima prazne besjede neće slušati, već samo: "Mir!", i u njima će i ujutro i navečer opskrbljeni biti.

63. Dat ćemo da takav Džennet naslijedi onaj od robova Naših koji se bude grijeha klonio.

64. "Mi smo u Džennet ušli samo dobrotom Gospodara tvoga, On je vladar svega, On zna budućnost našu i prošlost našu i ono što je između toga." – govorit će. Gospodar tvoj ne zaboravlja.

65. On je Gospodar nebesa i Zemlje i onoga što je između njih, zato se samo Njemu klanjaj i u tome budi ustrajan! Znaš li da ime Njegovo ima iko!?

66. Čovjek kaže: "Zar ću, kad umrem, zbilja biti oživljen?"

67. A zar se čovjek ne sjeća da smo ga još prije stvorili, a da nije bio ništa?

68. I tako Mi Gospodara tvoga, Mi ćemo i njih i šejtane sakupiti, zatim ćemo ih dovesti da oko Džehennema na koljenima kleče,

69. a onda ćemo iz svake skupine izdvojiti one koji su prema Milostivome najdrskiji bili,

70. jer Mi dobro znamo one koji su najviše zaslužili da u njemu gore.

71. I svaki od vas će do njega stići! Gospodar tvoj se, sigurno, tako obavezao!

72. Zatim ćemo one koji su se grijeha klonili spasiti, a nevjernike ćemo da u njemu na koljenima kleče ostaviti.

73. Kad su im se Naši jasni ajeti kazivali, onda su oni koji nisu vjerovali govorili onima koji su vjerovali: "Ili smo mi ili vi u boljem položaju i ko ima više pobornika?"*

74. A koliko smo Mi prije njih naroda uništili koji su blagom i izgledom divljenje izazivali!

75. Reci: "Onome ko je u zabludi, neka Milostivi dug život da!"* Ali kad takvi dožive da se opomene ostvare - bilo kazna, bilo Smak svijeta – zbilja će saznati ko je u gorem položaju i ko ima pobornika manje,

76. i Allah će pomoći onima koji su na Pravome putu! A dobra djela koja vječno ostaju – od Gospodara tvoga bit će bolje nagrađena i ljepše uzvraćena.

77. Zar nisi vidio onoga koji u dokaze Naše ne vjeruje i govori: "Zacijelo će mi biti dato bogatstvo i djeca!"

78. Ili je on budućnost prozreo ili je od Milostivog obećanje primio?

79. Nijedno! Mi ćemo ono što on govori zapisati i patnju mu veoma produžiti,

80. a ono što smo mu dali naslijediti, i sam samcat će Nam se vratiti.

81. Oni kao zagovornike nekakva božanstva, a ne Allaha, uzimaju.

82. A ne valja tako! Božanstva ta će poreći da su im se klanjali, i bit će im protivnici.

83. Zar ne vidiš da Mi nevjernike šejtanima prepuštamo da ih što više na zlo navraćaju?

84. Zato ne traži da što prije stradaju, Mi im polahko dane odbrajamo!

85. Onoga Dana kada čestite kao uzvanike pred Milostivim sakupimo,

86. a kad u Džehennem žedne grješnike potjeramo,

87. niko se ni za koga neće moći zauzimati, osim onoga kome Milostivi dopusti.

88. Oni govore: "Milostivi je uzeo dijete!"

89. Vi, doista, nešto odvratno govorite!

90. Gotovo da se nebesa raspadnu, a Zemlja provali i planine zdrobe

91. što Milostivom pripisuju dijete.

92. Nezamislivo je da Milostivi ima dijete –

93. ta svi će oni, i oni na nebesima i oni na Zemlji, kao robovi u Milostivog tražiti utočište!

94. On ih je sve zapamtio i tačno izbrojio,

95. i svi će Mu na Sudnjem danu doći pojedinačno.

⁹⁶· One koji su vjerovali i dobra djela činili Milostivi će, sigurno, voljenim učiniti.

⁹⁷· Mi smo Kur'an učinili lahkim, na tvom jeziku, da bi njime one koji se Allaha boje i grijeha klone obradovao, a inadžije nepopustljive opomenuo.

⁹⁸· A koliko smo samo naroda prije njih uništili! Da li ijednog od njih vidiš i da li i najslabiji glas njihov čuješ?

SURA 20

Tā-Hā – Taha

(Mekka – 135 ajeta)

U ime Allaha, Milostivog, Samilosnog!

¹· Tā Hā.

²· Ne objavljujemo Kur'an da se mučiš,

³· već da bude pouka onome koji se boji –

⁴· objavljuje ga Stvoritelj Zemlje i nebesa visokih,

⁵· Milostivi, Koji upravlja svemirom svim.

⁶· Njegovo je što je na nebesima i što je na Zemlji i što je između njih i što je pod zemljom!

⁷· Ako se ti glasno moliš – pa On zna i šta drugom tajno rekneš i što samo pomisliš!

⁸· Allah, drugog boga osim Njega nema, najljepša imena ima!

⁹· A da li je do tebe doprla vijest o Musau,

¹⁰· kada je vatru ugledao, pa čeljadi svojoj rekao: "Ostanite vi tu, ja sam vatru vidio, možda ću vam nekakvu glavnju donijeti ili ću pored vatre naći nekoga ko će mi put pokazati."

¹¹· A kad do nje dođe, neko ga zovnu: "O Musa,

¹²· Ja sam, uistinu, Gospodar tvoj! Izuj, zato, obuću svoju, ti si, doista, u blagoslovljenoj dolini Tuva.

13. Tebe sam izabrao, zato ono što ti se objavljuje slušaj!

14. Ja sam, uistinu, Allah, drugog boga, osim Mene, nema; zato se samo Meni klanjaj i molitvu obavljaj – da bih ti uvijek na umu bio!

15. Čas oživljenja će sigurno doći – od svakog ga tajim – kad će svaki čovjek prema trudu svome nagrađen ili kažnjen biti.

16. I neka te zato nikako ne odvrati od vjerovanja u njega onaj koji u njega ne vjeruje i koji slijedi strast svoju, pa da budeš izgubljen.

17. A šta ti je to u desnoj ruci, o Musa?"

18. "Ovo je moj štap" – odgovori on – "kojim se poštapam i kojim lišće ovcama svojim skidam, a služi mi i za druge potrebe."

19. "Baci ga, o Musa!" – reče On.

20. I on ga baci, kad on – zmija koja mili.

21. "Uzmi je i ne boj se!" – reče On – "Mi ćemo je vratiti u ono što je bila prije.

22. I uvuci ruku pod pazuho svoje, ruka će se pojaviti bijela, ali ne bolesna; i eto – znamenje drugo,

23. da ti pokažemo neka od Naših velikih čuda.

24. Idi faraonu jer je u zlu svaku mjeru prevršio!"

25. "Gospodaru moj," – reče Musa – "učini prostranim prsa moja*

26. i olakšaj zadatak moj;

27. odriješi uzao sa jezika moga

28. da bi razumjeli govor moj;

29. i podaj mi za pomoćnika iz porodice moje

30. Haruna, brata mog;

31. osnaži me njime

32. i učini drugom u zadatku mome,

33. da bismo Te mnogo hvalili

34. i da bismo Te mnogo spominjali.

35. Ti, uistinu, znaš za nas."

36. "Udovoljeno je molbi tvojoj, o Musa!" – reče On –

37. "A ukazali smo ti milost Svoju još jednom,

38. kada smo majku tvoju nadahnuli* onim što se samo nadahnućem stječe:

39. 'Metni ga u sanduk i u rijeku baci, rijeka će ga na obalu izbaciti, pa će ga i Moj i njegov neprijatelj prihvatiti.' I Ja sam učinio da te svako voli i da rasteš pod okom Mojim.

40. Kada je sestra tvoja otišla i rekla: 'Hoćete li da vam pokažem onu koja će se o njemu brinuti?' – Mi smo te majci tvojoj povratili da se raduje i da više ne tuguje. A ti si ubio jednog čovjeka, pa smo te Mi brige oslobodili i iz raznih nevolja te spasili. I ti si ostao godinama među stanovnicima Medjena, zatim si, o Musa, u pravo vrijeme došao

41. i Ja sam te za Sebe izabrao.

42. Idite ti i brat tvoj, sa dokazima Mojim, i neka sam vam Ja uvijek na pameti.

43. Idite faraonu, on se, doista, osilio,

44. pa mu blagim riječima govorite, ne bi li razmislio ili se pobojao!"

45. "Gospodaru naš," – rekoše oni – "bojimo se da nas odmah na muke ne stavi ili da svaku mjeru zla ne prekorači."

46. "Ne bojte se!" – reče On – "Ja sam s vama, Ja sve čujem i vidim.

47. Idite k njemu i recite: 'Mi smo poslanici Gospodara tvoga, pusti sinove Israilove da idu s nama i nemoj ih mučiti! Donijeli smo ti dokaz od Gospodara tvoga, a nek živi u miru onaj koji Pravi put slijedi!

48. Nama se objavljuje da će, sigurno, stići kazna onoga koji ne povjeruje i glavu okrene.'"

49. "Pa ko je Gospodar vaš, o Musa?" – upita faraon.

50. "Gospodar naš je Onaj Koji je svemu onom što je stvorio dao ono što mu je potrebno, zatim ga kako da se time koristi nadahnuo."

51. "A šta je sa narodima davnašnjim?" – upita on.

52. "O njima zna sve Gospodar moj, u Knjizi je, Gospodaru mome ništa nije skriveno i On ništa ne zaboravlja.

53. On je za vas Zemlju posteljom učinio i po njoj vam prolaze utro, i On spušta s neba kišu!" – Samo Mi dajemo da uz njenu pomoć u parovima niče bilje raznovrsno.

54. Jedite i napasajte stoku svoju! To su dokazi za one koji pameti imaju.

55. Od zemlje vas stvaramo i u nju vas vraćamo i iz nje ćemo vas po drugi put izvesti.

56. I Mi smo faraonu sve dokaze Naše pokazali, ali je on ipak porekao i da povjeruje odbio.

57. "Zar si došao da nas pomoću vradžbine svoje iz zemlje naše izvedeš, o Musa?" – upitao je.

58. "I mi ćemo tebi vradžbinu sličnu ovoj doista pripremiti! Zakaži nam ročište koga ćemo se i mi i ti pridržavati, onako kako odgovara i nama i tebi!"

59. "Neka ročište bude za praznik" – reče Musa – "i nek se narod izjutra sakupi."

60. I faraon ode, sakupi čarobnjake svoje i poslije dođe.

61. "Teško vama!" – reče im Musa – "Ne iznosite laži o Allahu, pa da vas On kaznom uništi; a, sigurno, neće uspjeti onaj koji laži iznosi!"

62. I oni se, tiho šapćući, stadoše o svome poslu između sebe raspravljati.

63. "Ova dvojica su čarobnjaci," – rekoše jedni drugima – "hoće vas vradžbinama svojim iz zemlje vaše izvesti i uništiti vjeru vašu prelijepu;

64. zato lukavstvo svoje pametno pripremite, a onda u red stanite. Ko danas pobijedi, sigurno će postići šta želi!"

65. "O Musa," – rekoše oni – "hoćeš li ti ili ćemo najprije mi baciti?"

66. "Bacite vi!" – reče on. I odjednom mu se pričini da konopi njihovi i štapovi njihovi, zbog vradžbine njihove, kreću,

67. i Musa u sebi osjeti zebnju.

68. "Ne boj se!" – rekosmo Mi – "Ti ćeš, doista, pobijediti!

69. Samo baci to što ti je u desnoj ruci, progutat će ono što su oni napravili, jer je ono što su oni napravili samo varka čarobnjaka, a čarobnjak neće, ma gdje došao, uspjeti."

70. I čarobnjaci se baciše licem na tle govoreći: "Mi vjerujemo u Musaova i Harunova Gospodara!"

71. "Vi ste mu povjerovali" – viknu faraon – "prije nego što sam vam ja dopustio! On je učitelj vaš, on vas je vradžbini naučio i ja ću vam, zacijelo, unakrst ruke i noge vaše odsijeći i po stablima palmi vas razapeti i sigurno ćete saznati ko je od nas u mučenju strašniji i istrajniji."

72. "Mi nećemo tebe staviti iznad jasnih dokaza koji su nam došli, tako nam Onoga Koji nas je stvorio," – odgovoriše oni – "pa čini što hoćeš! To možeš učiniti samo u životu na ovome svijetu!

73. Mi vjerujemo u Gospodara našeg da bi nam grijehe naše oprostio i vradžbine na koje si nas ti primorao. A Allah bolje nagrađuje i kažnjava trajnije."

74. Onoga koji pred Gospodara svoga kao nevjernik iziđe čeka Džehennem, u njemu neće ni umrijeti ni živjeti.

75. A one koji pred Njega iziđu kao vjernici, a koji su dobra djela činili – njih sve čekaju visoki stepeni,

76. edenski vrtovi kroz koje će rijeke teći, u njima će oni vječno ostati, i to će biti nagrada za one koji se budu od grijeha očistili.

77. I Mi objavismo Musau: "Noću izvedi robove Moje i s njima suhim putem kroz more prođi, ne strahujući da će te oni stići i da ćeš se utopiti."

78. A faraon je za njima s vojskama svojim krenuo, ali su ih talasi mora prekrili;

79. faraon je narod svoj u zabludu doveo, a nije na Pravi put izveo.

80. O sinovi Israilovi, Mi smo vas od neprijatelja vašeg izbavili, i na desnu stranu Tura vas doveli, i manu i prepelice vam slali.

81. "Jedite ukusna jela kojima vas opskrbljujemo i ne budite u tome obijesni da vas ne bi snašla srdžba Moja; a koga snađe srdžba Moja – nastradao je!

82. Ja ću sigurno oprostiti onome koji se pokaje i uzvjeruje i dobra djela čini i koji zatim na Pravome putu istraje."

83. "A zašto si prije naroda svoga požurio, o Musa?"*

84. "Evo ide za mnom," – odgovori on – "a požurio sam k Tebi, Gospodaru moj, da budeš zadovoljan."

85. "Mi smo narod tvoj poslije tvog odlaska u iskušenje doveli," – reče On – "njega je zaveo Samirija."

86. I Musa se narodu svome vrati srdit i žalostan. "O narode moj," – reče – "zar vam Gospodar vaš nije dao lijepo obećanje? Zar vam se vrijeme oduljilo ili hoćete da vas stigne srdžba Gospodara vašeg, pa se zato niste držali obećanja koje ste mi dali?!"

87. "Nismo prekršili dato ti obećanje od svoje volje." – odgovoriše – "Bili smo natovareni teretima, nakitom narodnim, pa smo to bacili." A to isto uradio je i Samirija,*

88. pa im izlio tele koje je davalo glas kao da mūče,* i oni su onda rekli: "Ovo je vaš bog i Musaov bog, on ga je zaboravio!"

89. Zar oni nisu vidjeli da im ono ni riječi ne odgovara i da od njih ne može nikakvu nevolju otkloniti niti im ikakvu korist pribaviti?

90. A njima je Harun još prije govorio: "O narode moj, vi ste njime samo u iskušenje dovedeni. Gospodar vaš je Milostivi, zato slijedite mene i slušajte naređenje moje!"

91. "Mi ćemo mu se klanjati sve dok nam se ne vrati Musa." – odgovorili su oni.

92. "O Harune," – povika Musa – "šta te je spriječilo, kad si ih vidio da su zalutali,

93. da za mnom nisi pošao? Zašto nisi naređenje moje poslušao?"

94. "O sine majke moje," – reče Harun – "ne hvataj me za bradu i za kosu moju! Ja sam se plašio da ti ne rekneš: 'Razdor si među sinovima Israilovim posijao i nisi postupio onako kako sam ti rekao.'"

95. "A šta si to ti htio, o Samirija?" – upita Musa.

96. "Ja sam vidio ono što oni nisu vidjeli," – odgovori on – "pa sam šaku zemlje ispod izaslanikove stope uzeo i to bacio – i eto tako je u mojoj duši ponikla zla misao."

97. "E onda se gubi!" – reče Musa – "Čitavog svog života ćeš govoriti: 'Neka me niko ne dotiče!' – a čeka te još i određeni čas koji te neće mimoići. Pogledaj samo ovog tvog 'boga' kojem si se klanjao; mi ćemo ga, sigurno, spaliti i po moru mu prah rasuti.

98. Vaš Bog je – Allah, drugog boga, osim Njega, nema! On sve zna!"

99. I tako, eto, kazujemo ti neke vijesti o onima koji su bili i nestali, i objavljujemo ti od Sebe Kur'an.

100. Ko za njega ne bude mario, na Sudnjem danu će doista teško breme ponijeti,

101. vječno će u muci ostati, a jeziv tovar će im na Sudnjem danu biti,

102. na Dan kada će se u rog puhnuti. Toga Dana ćemo nevjernike modre sakupiti

103. i jedan drugom će tiho govoriti: "Niste ostali više od deset dana."

104. Mi dobro znamo o čemu će oni govoriti kad najrazboritiji između njih rekne: "Ostali ste samo dan jedan!"

105. A pitaju te o planinama, pa ti reci: "Gospodar moj će ih u prah pretvoriti i razasuti,

106. a mjesta na kojima su bile ravnom ledinom ostaviti,

107. ni udubinā ni uzvisinā na Zemlji nećeš vidjeti."

108. Toga Dana će se oni glasniku odazvati, morat će ga slijediti i pred Milostivim glasovi će se stišati i ti ćeš samo šapat čuti.

109. Toga Dana će biti od koristi posredovanje samo onoga kome Milostivi dopusti i dozvoli da za nekoga govori.

110. On zna šta su radili i šta ih čeka, a oni znanjem ne mogu Njega obuhvatiti.

111. Ljudi će se Živom i Vječnom pokoriti, onaj koji Mu je druge ravnim smatrao svaku nadu će izgubiti,

112. a onaj ko je dobra djela činio, a vjernik bio, neće se nepravde ni zakidanja nagrade plašiti.

113. I eto tako, Mi Kur'an na arapskom jeziku objavljujemo i u njemu opomene ponavljamo da bi se oni grijeha klonili ili da bi ih na poslušnost pobudio.

114. Neka je uzvišen Allah, Vladar Istiniti! I ne žuri s čitanjem Kur'ana prije nego što ti se objavljivanje njegovo ne završi, i reci: "Gospodaru moj, Ti znanje moje proširi!"

115. A Ademu smo odmah u početku naredili, ali on je zaboravio i nije odlučan bio.

116. A kad smo melekima rekli: "Sedždu učinite Ademu!" – svi su sedždu učinili, samo Iblis nije htio.

117. "O Ademe," – rekli smo – "ovaj je doista neprijatelj tebi i tvojoj ženi, zato nikako ne dozvoli da on bude uzrok vašem izlasku iz Dženneta, pa da se onda mučiš.

118. U njemu nećeš ni ogladnjeti, ni go biti,

119. u njemu nećeš ni ožednjeti, ni žegu osjetiti."

120. Ali šejtan mu poče bajati i govoriti: "O Ademe, hoćeš li da ti pokažem drvo besmrtnosti i carstvo koje neće nestati?"

121. I njih dvoje pojedoše s njega i ukazaše im se stidna mjesta njihova pa počeše po njima lišće džennetsko stavljati – tako Adem nije Gospodara svoga poslušao i s Puta je skrenuo.

122. Poslije ga je Gospodar njegov izabranikom učinio, pa mu oprostio i na Pravi put ga uputio.

123. "Izlazite iz njega svi," – reče On – "jedni drugima ćete neprijatelji biti!" Od Mene će vam uputa dolaziti, i onaj ko bude slijedio uputu Moju neće zalutati i neće nesretan biti.

124. A onaj ko okrene glavu od Knjige Moje, taj će teškim životom živjeti i na Sudnjem danu ćemo ga slijepim oživiti.

125. "Gospodaru moj," – reći će – "zašto si me slijepa oživio kada sam vid imao?"

126. "Evo zašto:" – reći će On – "dokazi Naši su ti dolazili, ali si ih zaboravljao, pa ćeš danas ti isto tako biti zaboravljen."

127. I tako ćemo Mi kazniti sve one koji se pohotama previše odaju i u dokaze Gospodara svoga ne vjeruju. A patnja na Onome svijetu bit će, uistinu, bolnija i vječna.

128. Zar njima nije poznato koliko smo naroda prije njih uništili, onih po čijim nastambama oni hode! To su, zaista, dokazi za ljude pametne.

129. I da nije ranije izrečene riječi Gospodara tvoga, kazna bi već bila neminovna.

130. Zato otrpi njihove riječi i obavljaj molitvu, hvaleći Gospodara svoga, prije izlaska Sunca i prije zalaska njegova, i obavljaj je u noćnim satima, i na krajevima dana – da bi bio zadovoljan.

131. I nikako ne gledaj dugo ljepote ovoga svijeta koje Mi kao užitak raznim sortama nevjernika pružamo da ih time na kušnju stavimo, ta nagrada Gospodara tvoga je bolja i vječna.

132. Naredi čeljadi svojoj da namaz obavljaju i istraj u tome! Mi ne tražimo od tebe da se sam hraniš, Mi ćemo te hraniti! A samo one koji se budu Allaha bojali i grijeha klonili čeka lijep svršetak.

133. Mnogobošci govore: "Zašto nam ne donese kakvo čudo od Gospodara svoga?" A zar im ne dolazi objašnjenje o onome što ima u davnašnjim listovima?

134. A da smo ih kakvom kaznom prije njega uništili, sigurno bi rekli: "Gospodaru naš, zašto nam nisi poslanika poslao, pa bismo riječi Tvoje slijedili prije nego što smo poniženi i osramoćeni postali?"

135. Reci: "Svi mi čekamo, pa čekajte i vi, a sigurno ćete saznati ko su bili sljedbenici prave vjere i ko je bio na Pravome putu."

SURA 21

El-Enbijā' – Vjerovjesnici

(Mekka – 112 ajeta)

U ime Allaha, Milostivog, Samilosnog!

1. Ljudima se bliži čas polaganja računa njihova, a oni, bezbrižni, ne mare za to.

2. I ne dođe im nijedna nova opomena od Gospodara njihova kojoj se, slušajući je, ne podsmjehuju

DŽUZ' XVII

3. srca rasijanih. A mnogobošci govore šapatom: "Da li je ovaj nešto drugo do čovjek kao i vi? Zar ćete slijediti vradžbinu, a vidite da jest?"

4. "Gospodar moj zna" – reče on – "šta se govori i na nebu i na Zemlji. – On sve čuje i sve zna!"

5. Oni, čak, govore: "To su samo smušeni snovi, on ga izmišlja, on je pjesnik, neka nam donese kakvo čudo kao i prijašnji poslanici!"

6. Nijedan grad koji smo Mi prije njih uništili nije u čudo povjerovao, pa zar će ovi vjerovati?

7. I prije tebe smo samo ljude slali kojima smo objavljivali, zato pitajte sljedbenike Knjige ako ne znate vi!

8. Mi ih nismo stvarali kao bića koja žive bez hrane, ni oni nisu besmrtni bili.

9. Poslije smo im obećanje ispunjavali i njih, i one koje smo htjeli, spašavali, a one koji su nevaljali bili uništavali.

10. Mi vam Knjigu objavljujemo u kojoj je slava vaša, pa zašto se ne opametite?

11. A koliko je bilo nevjerničkih sela i gradova koje smo uništili i poslije kojih smo druge narode podigli!

12. I čim bi silu Našu osjetili, kud koji bi se iz njih razbježali.

13. "Ne bježite, vratite se uživanjima vašim i domovima vašim, možda će vas neko što upitati."

14. "Teško nama," – oni bi govorili – "mi smo, zaista, nevjernici bili!"

15. I kukali bi tako sve dok ih ne bismo učinili, kao žito požnjeveno, nepomičnim.

16. Mi nismo stvorili nebo i Zemlju i ono što je između njih da se zabavljamo.

17. Da smo se htjeli zabavljati, zabavljali bismo se onako kako Nama dolikuje, ali Mi to ne činimo,

18. nego istinom suzbijamo laž, istina je uguši i laži nestane – a teško vama zbog onoga što o Njemu iznosite!

19. Njegovo je ono što je na nebesima i na Zemlji! A oni koji su kod Njega ne zaziru da Mu se klanjaju, i ne zamaraju se,

20. hvale Ga noću i danju, ne malaksavaju.

21. Zar će kumiri, koje oni od zemlje prave, mrtve oživiti?

22. Da Zemljom i nebesima upravljaju drugi bogovi, a ne Allah, poremetili bi se. Pa nek je uzvišen Allah, Gospodar svemira, od onoga što Mu pripisuju!

23. On neće biti pitan za ono što radi, a oni će biti pitani.

24. Zar da pored Njega oni uzimaju bogove!? Reci: "Dokažite!" Ova Knjiga je pouka za moje sljedbenike, a bilo je Knjiga i za one koji su prije mene bili i nestali. Međutim, većina njih ne zna Istinu, pa zato glave okreću.

25. Prije tebe nijednog poslanika nismo poslali, a da mu nismo objavili: "Nema boga osim Mene, zato se Meni klanjajte!"

26. Oni govore: "Milostivi ima dijete!" Hvaljen neka je On! A meleki su samo robovi poštovani.*

27. Oni ne govore dok On ne odobri i postupaju onako kako On naredi.

28. On zna šta su radili i šta će uraditi, i oni će se samo za onoga kojim On bude zadovoljan zauzimati, a oni su i sami, iz strahopoštovanja prema Njemu, brižni.

29. A onoga od njih koji bi rekao: "Ja sam, doista, pored Njega, bog!" – kaznili bismo Džehennemom, jer Mi tako kažnjavamo mnogobošce.

30. Zar ne znaju nevjernici da su nebesa i Zemlja bili jedna cjelina, pa smo ih Mi raskomadali, i da Mi od vode sve živo stvaramo? I zar neće vjerovati?

31. Mi smo po Zemlji nepomične planine razmjestili da ih ona ne potresa, i po njima smo staze i bogaze stvorili da bi oni kuda žele stizali.

32. I to što je nebeski svod osiguran Naše je djelo, a oni se ipak okreću od znamenja koja su na njemu.

33. I noć i dan Njegovo su djelo, i Sunce i Mjesec, i svi oni nebeskim svodom plove.

34. Nijedan čovjek prije tebe nije bio besmrtan; ako ti umreš, zar će oni dovijeka živjeti?

35. Svako živo biće smrt će okusiti! Mi vas stavljamo na kušnju i u zlu i u dobru i Nama ćete se vratiti.

36. Kada te vide nevjernici, samo ti se rugaju: "Je li to onaj koji vaše bogove huli?" A oni sami ne vjeruju kada se spomene Milostivi.

37. Čovjek je stvoren od žurbe. Pokazat ću Ja vama, doista, dokaze Svoje, zato Me ne požurujte!

38. Oni govore: "Kada će već jednom ta prijetnja, ako istinu govorite?"

39. A da nevjernici znaju da tada neće moći otkloniti vatru od lica svojih i leđa svojih, i da im niko neće moći pružiti pomoć,

40. nego će im nenadano doći i zaprepastiti ih i neće je moći nazad vratiti i neće im se vremena dati!

41. I prije tebe su poslanike ruglu izvrgavali, pa je one koji su im se rugali stiglo baš ono čemu su se rugali.

42. Reci: "Ko će vas od Milostivog noću i danju štititi?" Niko! Pa ipak oni od Kur'ana glave okreću.

43. Zar će ih njihova božanstva, a ne Mi, odbraniti? Ta ona sama sebi ne mogu pomoći, i niko nevjernike od Naše kazne ne može pod okrilje uzeti!

44. Mi smo ovima, a i precima njihovim, dali da uživaju, pa su im dani radosti dugi. A zar oni ne vide da Mi u zemlju njihovu dolazimo i da je s krajeva njezinih umanjujemo, pa kako bi oni bili pobjednici!?

45. Reci: "Ja vas opominjem Objavom!" – ali gluhi ne čuju poziv kad se opominju.

46. A da ih samo dašak kazne Gospodara tvoga dotakne, sigurno bi povikali: "Teško nama, doista smo sami sebi nepravdu učinili!"

47. Mi ćemo na Sudnjem danu ispravne terazije postaviti, pa se nikome krivo neće učiniti. Ako nešto bude teško koliko zrno gorušice,* Mi ćemo za to kazniti ili nagraditi. A dosta je to što ćemo Mi račune ispitivati.

48. Mi smo Musau i Harunu dali Tevrat, svjetlo i pouku za one koji se budu grijeha klonili,

49. za one koji se Gospodara svoga budu bojali i kad ih niko ne vidi, i koji od Časa oživljenja budu strepjeli.

50. A i ovaj Kur'an je blagoslovljena pouka koju objavljujemo, pa zar da ga vi poričete?

51. Mi smo još prije Ibrahimu razboritost dali i dobro smo ga poznavali.

52. Kad on ocu svome i narodu svome reče: "Kakvi su ovo kumiri kojima se i dan i noć klanjate?" –

53. oni odgovoriše: "I naši preci su im se klanjali."

54. "I vi ste, a i preci vaši su bili u očitoj zabludi." – reče.

55. "Govoriš li ti to ozbiljno ili se samo šališ?" – upitaše oni.

56. "Ne!" – reče – "Gospodar vaš je Gospodar nebesa i Zemlje, On je njih stvorio, i ja ću vam to dokazati.

57. Tako mi Allaha, ja ću, čim se udaljite, vaše kumire udesiti!"

58. I porazbija ih on u komade, osim onog najvećeg, da bi se njemu obratili.

59. "Ko uradi ovo sa bogovima našim," – povikaše oni – "zaista je nasilnik?"

60. "Čuli smo jednog momka kako ih huli," – rekoše – "ime mu je Ibrahim."

61. "Dovedite ga da ga ljudi vide," – rekoše – "da posvjedoče."

62. "Jesi li ti uradio ovo s bogovima našim, o Ibrahime?" – upitaše.

63. "To je učinio ovaj najveći od njih, pitajte ih ako umiju govoriti." – reče on.

64. I oni se zamisliše, pa sami sebi rekoše: "Vi ste, zaista, nepravedni!"

65. Zatim glave oboriše i rekoše: "Ta ti znaš da ovi ne govore!"

66. "Pa zašto se onda, umjesto Allahu, klanjate onima koji vam ne mogu ni koristiti niti od vas kakvu štetu otkloniti?" – upita on.

67. "Teško vama i onima kojima se, umjesto Allahu, klanjate! Zašto se ne opametite?"

68. "Spalite ga i bogove vaše osvetite, ako hoćete išta učiniti!" – povikaše.

69. "O vatro," – rekosmo Mi – "postani hladna i spas Ibrahimu!"

70. I oni mu htjedoše postaviti zamku, ali ih Mi onemogućismo

71. i spasismo i njega i Luta u zemlju koju smo za ljude blagoslovili,

72. i poklonismo mu Ishaka, i Jakuba, kao unuka, i sve ih učinismo dobrim,

73. i učinismo ih vjerovjesnicima da upućuju prema zapovijedi Našoj, i objavismo im da čine dobra djela, i da molitve obavljaju, i da milostinju udjeljuju, a samo su se Nama klanjali.

74. I Lutu mudrost i znanje dadosmo i iz grada ga, u kom su stanovnici njegovi odvratne stvari činili, izbavismo – to, uistinu, bijaše narod razvratan i zao –

75. i u milost Našu ga uvedosmo; on je doista od onih dobrih.

76. I Nuhu se, kad u davno vrijeme zavapi, odazvasmo i njega i čeljad njegovu od jada velikog spasismo

77. i od naroda ga, koji je smatrao neistinitim dokaze Naše, zaštitismo. To bijahu opaki ljudi, pa ih sve potopismo.

78. I Davudu i Sulejmanu, kada su sudili o usjevu što su ga noću ovce nečije opasle – i Mi smo bili svjedoci suđenju njihovu –

79. i učinismo da Sulejman pronikne u to, a obojici smo mudrost i znanje dali. I potčinismo planine i ptice da s Davudom Allaha hvale – to smo Mi bili kadri učiniti.*

80. I naučismo ga da izrađuje pancire* za vas da vas štite u borbi s neprijateljem – pa zašto niste zahvalni?

81. A Sulejmanu vjetar jaki poslušnim učinismo, po zapovijedi njegovoj je puhao prema zemlji koju smo blagoslovili,* a Mi sve dobro znamo.

82. I šejtane neke da zbog njega rone, a radili su i poslove druge, i nad njima smo Mi bdjeli.

83. I Ejjubu se – kada je Gospodaru svome zavapio: "Mene je nevolja snašla, a Ti si od milostivih najmilostiviji!" –

84. odazvasmo i nevolju mu koja ga je morila otklonismo i vratismo mu, milošću Našom, čeljad njegovu i uz njih još toliko i da bude pouka onima koji se Nama klanjaju.

85. I Ismailu, i Idrisu, i Zulkiflu – a svi su oni bili strpljivi.

86. I obasusmo ih milošću Našom, oni doista bijahu dobri.

87. I Zunnunu* se, kada srdit ode i pomisli da ga nećemo kazniti – pa poslije u tminama zavapi: "Nema boga, osim Tebe, hvaljen neka si, a ja sam se zaista ogriješio prema sebi!" –

88. odazvasmo i tegobe ga spasismo; eto, tako Mi spašavamo vjernike.

89. I Zekerijjau se – kada zamoli Gospodara svoga: "Gospodaru moj, ne ostavljaj me sama, a Ti si jedini vječan!"* –

90. odazvasmo i, izliječivši mu ženu, Jahjaa mu poklonismo. Oni su se trudili da što više dobra učine i molili su Nam se u nadi i strahu, i bili su prema Nama ponizni.

91. A i onu koja je sačuvala djevičanstvo svoje, u njoj život udahnusmo* i nju i sina njezina znamenjem svjetovima učinismo.

92. Ova vaša vjera – jedina je prava vjera, a Ja sam vaš Gospodar, zato se samo Meni klanjajte!

93. I oni su se između sebe u vjeri podvojili, a svi će se Nama vratiti.

94. Ko bude dobra djela činio i uz to vjernik bio, trud mu neće lišen nagrade ostati, jer smo mu ga, sigurno, Mi pribilježili.

95. A nezamislivo je da se stanovnici bilo kojeg naselja koje smo Mi uništili neće Nama vratiti.

96. I kada se otvore Jedžudž i Medžudž i kada se ljudi budu niz sve strmine žurno spuštali

97. i približi se istinita prijetnja, tada će se pogledi nevjernika ukočiti. "Teško nama, mi smo prema ovome ravnodušni bili, mi smo sami sebi nepravdu učinili!"

98. I vi, i oni kojima se, pored Allaha, klanjate bit ćete gorivo u Džehennemu, a u njega ćete doista ući.

99. Da su oni bogovi, ne bi u njega ušli, i svi će u njemu vječno boraviti,

100. u njemu će prigušeno uzdisati, u njemu ništa radosno neće čuti.

101. A oni kojima smo još prije lijepu nagradu obećali, oni će od njega daleko biti,

102. huku njegovu neće čuti, i vječno će u onome što im budu duše željele uživati,

103. neće ih brinuti najveći užas, nego će ih meleki dočekivati: "Evo ovo je vaš dan, vama obećan!" –

104. onoga Dana kada smotamo nebesa kao što se smota list papira za pisanje. Onako kako smo prvi put iz ničega stvorili, tako ćemo ponovo iz ništa stvoriti - to je obećanje Naše, Mi smo doista kadri to učiniti.

105. Mi smo u Zeburu, poslije Tevrata, napisali da će Zemlju Moji čestiti robovi naslijediti.

106. U ovome je doista pouka za ljude koji se budu Allahu klanjali,

107. a tebe smo samo kao milost svjetovima poslali.

108. Reci: "Meni se objavljuje da je vaš Bog – jedan Bog, zato se samo Njemu klanjajte!"

109. I ako oni leđa okrenu, ti reci: "Ja sam vas sve, bez razlike, opomenuo, a ne znam da li je blizu ili daleko ono čime vam se prijeti.

110. On zna glasno izgovorene riječi, zna i ono što krijete,

111. a ja ne znam da nije to vama iskušenje i pružanje uživanja još za izvjesno vrijeme."

112. "Gospodaru moj, presudi onako kako su zaslužili!" – reče on – "A od Gospodara našeg, Milostivog, treba tražiti pomoć protiv onoga što vi iznosite."

SURA 22

El-Hadždž – Hadž

(Medina – 78 ajeta)

U ime Allaha, Milostivog, Samilosnog!

1. O ljudi, Gospodara svoga se bojte! Zaista će potres, kada Smak svijeta nastupi, veliki događaj biti!

2. Na Dan kad ga doživite svaka dojilja će ono što doji zaboraviti, a svaka trudnica će svoj plod pobaciti, i ti ćeš vidjeti ljude pijane, a oni neće pijani biti, već će tako izgledati zato što će Allahova kazna strašna biti.

3. Ima ljudi koji se bez ikakva znanja prepiru o Allahu i koji slijede svakog šejtana prkosnoga,

4. za koga je već određeno da će svakog onog ko ga uzme za zaštitnika na stranputicu zavesti i u patnju ga ognjenu dovesti.

5. O ljudi, kako možete sumnjati u oživljenje – pa Mi vas stvaramo od zemlje, zatim od kapi sjemena, potom od ugruška, zatim od grude mesa vidljivih i nevidljivih udova da vam pokažemo moć Našu! A u materice smještamo šta hoćemo, do roka određenog, zatim činimo da se kao dojenčad rađate i da poslije do muževnog doba uzrastate; jedni od vas umiru, a drugi duboku starost doživljavaju, pa začas zaboravljaju ono što saznaju. I ti vidiš zemlju kako je zamrla, ali kad na nju kišu spustimo, ona ustrepće i uzbuja, i iz nje iznikne svakovrsno bilje prekrasno,

6. zato što Allah postoji, i što je On kadar mrtve oživiti, i što On sve može.

7. I što će Čas oživljenja, u to nema sumnje, doći i što će Allah one u grobovima oživiti.

8. Ima ljudi koji se o Allahu prepiru bez ikakva znanja i bez ikakva nadahnuća i bez Knjige svjetilje,

9. hodeći nadmeno da bi s Allahova puta odvraćali; njih na ovome svijetu čeka poniženje, a na Onome svijetu dat ćemo im da iskuse patnju u ognju.

10. "Eto to je zbog djela ruku tvojih, jer Allah nije nepravedan prema robovima Svojim."

11. Ima ljudi koji se Allahu klanjaju, ali bez pravog uvjerenja. Ako ga prati sreća, on je smiren; a ako zapadne i u najmanje iskušenje, vraća se nevjerstvu – pa tako izgubi i ovaj i Onaj svijet. To je, uistinu, očiti gubitak.

12. On se, pored Allaha, klanja onome koji od njega ne može nikakvu štetu otkloniti niti mu može bilo kakvu korist pribaviti – to je, zaista, velika zabluda –

13. klanja se onome čije će mu klanjanje prije nauditi nego od koristi biti; a takav je, doista, loš zaštitnik i zao drug!

14. Allah će one koji vjeruju i čine dobra djela, zaista, uvesti u džennetske bašče kroz koje će rijeke teći. – Allah radi ono što hoće!

15. Onaj ko misli da Poslaniku Allah neće pomoći ni na ovome ni na Onome svijetu, neka rastegne uže do tavanice i neka razmisli da li će njegov postupak, ako se objesi, otkloniti ono zbog čega se on ljuti.

16. I tako, eto, Mi ga u vidu jasnih ajeta objavljujemo, a Allah će onome kome On hoće na Pravi put ukazati.

17. Allah će na Sudnjem danu odvojiti vjernike od jevreja, Sabijaca, kršćana, poklonika vatre i mnogobožaca. Allah je, zaista, o svemu obaviješten.

18. Zar ne znaš da se i oni na nebesima i oni na Zemlji Allahu klanjaju, a i Sunce, i Mjesec, i zvijezde, i planine, i drveće, i životinje, i mnogi ljudi, a mnogi kaznu i zaslužuju. A koga Allah ponizi, niko ga ne može poštovanim učiniti. – Allah ono što hoće radi.

SEDŽDA

19. Ova dva protivnička tabora spore se oko Gospodara svoga. Onima koji ne budu vjerovali bit će odijela od vatre skrojena, a ključala voda bit će na glave njihove ljevana;

20. od nje će se istopiti ono što je u trbusima njihovim, i koža,

21. a gvozdenim maljevima bit će mlaćeni;

22. kad god pokušaju zbog teškog jada iz nje izići, bit će u nju vraćeni: "Iskusite patnju u užasnoj vatri!"

23. A one koji budu vjerovali i dobra djela činili Allah će sigurno uvesti u džennetske bašče, kroz koje će rijeke teći, u njima će se narukvicama od zlata i biserom kititi, a odjeća će im svilena biti.

24. Oni su bili nadahnuti da govore lijepe riječi i bili su nadahnuti na Put Onoga Koji je hvale dostojan.

25. Nevjernicima i onima koji odvraćaju od Allahova puta i Časnoga hrama – a Mi smo ga namijenili svim ljudima, kako za mještanina tako i za došljaka – i onome ko u njemu bilo kakvo nasilje učini dat ćemo da patnju nesnosnu iskusi.

26. I kada smo kao pribježište Ibrahimu pokazali mjesto gdje je Hram, rekli smo: "Ne smatraj Nama nikoga ravnim, i očisti ovaj Hram Moj za one koji će ga obilaziti, koji će tu u blizini njegovoj stanovati, i koji će molitvu obavljati

27. i oglasi ljudima hadž!" – dolazit će ti pješke i na kamilama iznurenim; dolazit će iz mjesta dalekih

28. da bi koristi imali i da bi u određene dane, prilikom klanja kurbana, kojim ih je Allah opskrbio, Njegovo ime spominjali. Jedite meso njihovo, a nahranite i siromaha ubogog!

29. Zatim, neka sa sebe prljavštinu uklone, neka svoje zavjete ispune i neka oko Hrama drevnoga obilaze.

30. Eto toliko! A ko poštuje Allahove svetinje, uživat će milost Gospodara svoga. A dozvoljena vam je stoka, osim one o kojoj vam je rečeno – pa budite što dalje od kumira poganih i izbjegavajte što više govor neistiniti,

^{31.} budite iskreno Allahu odani, ne smatrajte nikoga Njemu ravnim! A onaj ko bude smatrao da Allahu ima iko ravan – bit će kao onaj koji je s neba pao i koga su ptice razgrabile, ili kao onaj kojeg je vjetar u daleki predio odnio.

^{32.} Eto toliko! Pa ko poštiva Allahove propise – znak je čestita srca.

^{33.} Vama one služe do određenog roka, a poslije, njihovo mjesto je kraj Drevnoga hrama.*

^{34.} Svakoj vjerskoj zajednici propisali smo klanje kurbana da bi spominjali Allahovo ime prilikom klanja stoke koju im On daje. Vaš Bog je jedan Bog, zato se samo Njemu iskreno predajte! A radosnom viješću obraduj poslušne,

^{35.} čija srca, kad se Allah spomene, strah obuzme, i one koji strpljivo podnose nevolje koje ih zadese, i one koji molitvu obavljaju i koji, od onoga što im Mi dajemo, udjeljuju.

^{36.} A kamile smo vam učinili jednim od Allahovih obreda hadža, i vi od njih imate koristi, zato spominjite Allahovo ime kada budu u redove poređane. A kad padnu na zemlju, jedite ih, a nahranite i onoga koji ne prosi, a i onoga koji prosi – tako smo vam ih potčinili da biste zahvalni bili.

^{37.} Do Allaha neće doprijeti meso njihovo i krv njihova, ali će Mu stići iskreno učinjena dobra djela vaša; tako vam ih je potčinio da biste Allaha veličali zato što vas je uputio – i obraduj one koji dobra djela čine!

^{38.} Allah doista štiti vjernike, Allah sigurno ne voli nijednog izdajnika, nezahvalnika.

39. Dopušta se odbrana onima koje drugi napadnu, zato što im se nasilje čini – a Allah ih je, doista, kadar pomoći*

40. onima koji su ni krivi ni dužni iz zavičaja svoga prognani samo zato što su govorili: "Gospodar naš je Allah!" A da Allah ne suzbija neke ljude drugima, do temelja bi bili porušeni manastiri, i crkve, i havre, a i džamije u kojima se mnogo spominje Allahovo ime. A Allah će sigurno pomoći one koji vjeru Njegovu pomažu – ta Allah je zaista moćan i silan –

41. one koji će, ako im damo vlast na Zemlji, molitvu obavljati i milostinju udjeljivati i koji će tražiti da se čine dobra djela, a odvraćati od nevaljalih. – A Allahu se na kraju sve vraća.

42. A to što te oni smatraju lažnim – pa i prije njih su narod Nuhov, i Ad, i Semud poslanike smatrali lažnim,

43. i narod Ibrahimov, i narod Lutov,

44. i stanovnici Medjena; a lažnim je smatran i Musa. I Ja sam nevjernicima vremena davao, zatim sam ih kažnjavao, i kakva je samo bila kazna Moja!

45. I koliko smo naselja uništili, čiji su žitelji grješni bili, i ona su opustjela, samo su ruševine ostale! I koliko bunareva ima zapuštenih i koliko visokih palata ima praznih!

46. Zašto oni po svijetu ne putuju pa da srca njihova shvate ono što trebaju shvatiti i da uši njihove čuju ono što trebaju čuti, ali oči nisu slijepe, već srca u grudima.

47. Oni od tebe traže da ih kazna što prije stigne, a Allah će ispuniti prijetnju Svoju; samo jedan dan u Gospodara tvoga traje koliko hiljadu godina, po vašem računanju.

48. I koliko je bilo naselje čiji su žitelji bili nepravedni, kojima sam Ja kaznu odlagao, da bih ih najzad kaznio! A Meni se sve vraća.

49. Reci: "O ljudi, ja sam tu da vas javno opomenem:

50. one koji budu vjerovali i dobra djela činili čeka oproštaj i opskrba plemenita;

51. a oni koji se budu trudili da dokaze Naše poreknu, uvjereni da će Nam umaći, bit će stanovnici Džehennema."

52. Prije tebe Mi nijednog poslanika i vjerovjesnika nismo poslali, a da šejtan nije, kad bi on što kazivao, u kazivanje njegovo nešto ubacio. Allah bi ono što bi šejtan ubacio uklonio, a zatim bi riječi Svoje učvrstio – Allah sve zna i mudar je –

53. da bi ono što je šejtan ubacio učinio iskušenjem za one čija su srca bolesna i za one čija su svirepa – a nevjernici su, zaista, u beskrajnoj neslozi –

54. i da bi oni koji su znanjem obdareni spoznali da je Kur'an istina od Gospodara tvoga, pa u njega povjerovali i da mu srca njihova budu sklona. A Allah će vjernike, doista, na Pravi put izvesti.

55. A nevjernici neće prestati u njega sumnjati, sve dok im iznenada smrt ne dođe ili dok ne osjete patnju na Onome svijetu.

56. Tog Dana vlast će samo Allah imati, On će im suditi: vjernici i oni koji su dobra djela činili bit će u džennetskim baščama uživanja,

57. a nevjernici oni koji su ajete Naše poricali, oni će u patnji sramnoj boraviti.

58. Allah će zaista lijepo nagraditi one koji su svoj rodni kraj napustili da bi se na Allahovu putu borili, pa zatim poginuli ili umrli – jer Allah najbolje nagrađuje.

59. On će ih u mjesto kojim će oni biti zadovoljni doista uvesti! – A Allah sve zna i blag je.

60. Eto tako! A onome ko istom mjerom uzvrati za učinjeno zlo i kome opet nepravda bude učinjena, Allah će, sigurno, pomoći. – Allah je Onaj Koji grijehe poništava i Koji ih prašta.

61. Eto tako! A Allah smjenjuje noć danom, a dan noću, i Allah je Onaj Koji sve čuje i sve vidi.

62. To je zato što Allah postoji, a oni kojima se oni, pored Allaha, klanjaju ne postoje, i zato što je Allah Uzvišen i Veliki.

63. Zar ne vidiš da Allah s neba spušta kišu od koje zemlja zazeleni? – Allah je zaista dobar i Sveznajući,

64. Njegovo je ono što je na nebesima i ono što je na Zemlji! Allah, doista, nije ni o kome ovisan, i On je jedini hvale dostojan!

65. Zar ne vidiš da je Allah sve što je na Zemlji vama podredio, pa i lađe koje, voljom Njegovom, morem plove? On drži ono što je na nebu da ne bi palo na Zemlju, osim ako On to dopusti. – Allah je, uistinu, prema ljudima blag i milostiv.

66. On vam daje život i zatim će vam ga oduzeti i poslije vas opet oživiti – a čovjek je, zaista, nezahvalan!

67. Svakoj vjerskoj zajednici propisali smo vjerozakon prema kojem se trebala vladati, i ne dozvoli, nikako, da se s tobom o tome raspravljaju. Ti pozivaj svome Gospodaru, jer ti si, uistinu, na Pravome putu.

68. A ako se oni budu s tobom prepirali, reci: "Allah dobro zna ono što vi radite!"

69. Allah će vam na Sudnjem danu presuditi o onome u čemu se razilazite.

70. Zar ne znaš da je Allahu poznato sve što je na nebu i na Zemlji? To je sve u Knjizi. To je, uistinu, Allahu lahko!

71. Mnogobošci se, pored Allaha, klanjaju onima za koje im On nije poslao nikakav dokaz, i o njima sami ništa ne znaju. A mnogobošcima neće niko pomoći.

72. A kad im se Naši jasni ajeti kazuju, ti primjećuješ veliko negodovanje na licima onih što ne vjeruju, koji umalo da ne nasrnu na one koji im riječi Naše kazuju. Reci: "Hoćete li da vam kažem što će vam biti mrže od toga? – Vatra kojom Allah nevjernicima prijeti, a grozno će ona prebivalište biti."

73. O ljudi, evo jednog primjera, pa ga poslušajte: "Oni kojima se vi, pored Allaha, klanjate ne mogu nikako ni mušicu stvoriti, makar se radi nje sakupili. A ako bi mušica nešto ugrabila, oni to ne bi mogli od nje izbaviti; nejak je i onaj koji se klanja, a i onaj kome se klanja!"

74. Oni ne poznaju Allaha kako treba. – A Allah je, uistinu, moćan i silan.

75. Allah odabire poslanike među melekima i ljudima. – Allah sve čuje i sve vidi.

76. On zna šta su uradili i šta će uraditi. – A Allahu se sve vraća.

77. O vjernici, molitvu obavljajte i Gospodaru svome se klanjajte, i dobra djela činite da biste postigli ono što želite,

SEDŽDA

78. i borite se, Allaha radi, onako kako se treba boriti! On vas je izabrao i u vjeri vam nije ništa teško propisao, u vjeri pretka vašeg Ibrahima. Allah vas je odavno muslimanima nazvao, i u ovom Kur'anu, da bi Poslanik bio svjedok protiv vas i da biste vi bili svjedoci protiv ostalih ljudi. Zato, molitvu obavljajte i zekat dajte i u Allaha se pouzdajte. On je Gospodar vaš, i to kakav Gospodar i kakav zaštitnik!

SURA 23

El-Mu'minūn – Vjernici

(Mekka – 118 ajeta)

U ime Allaha, Milostivog, Samilosnog!

1. Ono što žele vjernici će postići,

2. oni koji molitvu svoju ponizno obavljaju,

3. i koji ono što ih se ne tiče izbjegavaju,

4. i koji milostinju udjeljuju,

5. i koji stidna mjesta svoja čuvaju –

DŽUZ'
XVIII

6. osim od žena svojih ili onih koje su u posjedu njihovu, oni, doista, prijekor ne zaslužuju,

7. a oni koji i pored toga traže, oni u zlu sasvim pretjeruju –

8. i koji o povjerenim im amanetima i obavezama svojim brigu brinu,

9. i koji molitve svoje na vrijeme obavljaju –

10. oni su dostojni nasljednici,

11. koji će Džennet naslijediti, oni će u njemu vječno boraviti.

12. Mi čovjeka od biti zemlje stvaramo,

13. zatim ga kao kap sjemena na sigurno mjesto stavljamo,

14. pa onda kap sjemena ugruškom učinimo, zatim od ugruška grudu mesa stvorimo, pa od grude mesa kosti napravimo, a onda kosti mesom zaodjenemo, i poslije ga, kao drugo stvorenje, oživimo – pa neka je uzvišen Allah, najljepši Stvoritelj!

15. Vi ćete, poslije toga, pomrijeti,

16. zatim ćete, na Onome svijetu, oživljeni biti.

17. Mi smo sedam nebesa iznad vas stvorili, i Mi bdijemo nad onim što smo stvorili.

18. Mi s neba s mjerom kišu spuštamo, i u zemlji je zadržavamo – a kadri smo je i odvesti –

19. i pomoću nje bašče za vas podižemo od palmi i loze vinove – u njima mnogo voća imate, i vi ga jedete –

20. i drvo koje na Sinajskoj gori raste, koje zejtin daje i začin je onima koji jedu.

21. I stoka vam je pouka: Mi vam dajemo da pijete ono što se nalazi u utrobama njezinim, i vi od nje mnogo koristi imate i vi se njome hranite,

22. i na njima, i na lađama se vozite.

23. Mi smo poslali Nuha narodu njegovu, i on je govorio: "O narode moj, Allahu se samo klanjajte, vi drugog boga osim Njega nemate; zar se ne bojite?"

24. Ali su glavešine naroda njegova, koje nisu vjerovale, govorile: "Ovo je samo čovjek kao i vi, samo hoće da je od vas ugledniji. Da je Allah htio, meleke bi poslao; ovako nešto nismo čuli od naših predaka davnih,

25. on je lud čovjek, pa pustite ga neko vrijeme!"

26. "Gospodaru moj," – reče on – "pomozi mi, oni me u laž utjeruju!"

27. I Mi mu objavismo: "Gradi lađu pod Našom pažnjom i prema Našem nadahnuću, pa kad zapovijed Naša dođe i voda na površinu zemlje izbije, ti u nju ukrcaj od svake vrste po par, mužjaka i ženku, i čeljad svoju, ali ne one o kojima je već sud donesen, i ne obraćaj Mi se za nevjernike, jer će, doista, biti potopljeni."

28. Pa kad se smjestiš u lađu, ti i oni koji su uz tebe, reci: "Hvala Allahu Koji nas je spasio naroda koji ne vjeruje!"

29. I reci: "Gospodaru moj, iskrcaj me na blagoslovljeno mjesto, Ti to najbolje umiješ!"

30. U tome su, zaista, pouke, a Mi smo doista stavljali na kušnju.

31. Poslije njih smo druga pokoljenja stvarali,

32. i jednog između njih bismo im kao poslanika poslali: "Allahu se samo klanjajte, vi drugog boga osim Njega nemate, zar se ne bojite?"

33. Ali bi glavešine naroda njegova, koje nisu vjerovale, koje su poricale da će na Onome svijetu biti oživljene i kojima smo dali da u životu na ovome svijetu raskošno žive, govorile: "On je čovjek kao i vi – jede ono što i vi jedete, i pije ono što i vi pijete –

34. i ako se budete pokoravali čovjeku kao što ste vi, sigurno ćete biti izgubljeni.

35. Zar vama on da prijeti da ćete, pošto pomrete i zemlja i kosti postanete, doista oživljeni biti?

36. Daleko je, daleko ono čime vam se prijeti!

37. Postoji samo život na ovome svijetu, mi živimo i umiremo, a oživljeni nećemo biti!

38. On je čovjek koji o Allahu iznosi laži, i mi mu ne vjerujemo."

39. "Gospodaru moj," – zamolio bi on – "pomozi mi, oni me u laž utjeruju!"

40. "Uskoro će se oni pokajati!" – odgovorio bi On.

41. I zasluženo bi ih pogodio strašan glas, i Mi bismo ih kao što je nanos riječni učinili – stradao bi narod nasilnički!

42. A zatim bismo, poslije njih, druga pokoljenja stvarali –

43. nijedan narod ne može ubrzati ni usporiti vrijeme propasti svoje –

44. i poslanike, jedne za drugim slali. Kad bi jednom narodu došao njegov poslanik, u laž bi ga utjerivali, i Mi smo ih zato jedne drugima smjenjivali, i samo u pričama o njima spomen sačuvali – daleko bili ljudi koji nisu vjerovali!

45. Poslije smo poslali Musaa i brata mu Haruna sa znamenjima Našim i dokazom očiglednim

46. faraonu i glavešinama njegovim, ali su se oni uzoholili, bili su to ljudi nadmeni.

47. "Zar da povjerujemo dvojici ljudi koji su isti kao i mi, a narod njihov je roblje naše?" – govorili su.

48. I njih dvojicu su lažljivcima proglasili, pa su zato uništeni bili.

49. Musau smo onda Knjigu dali da bi sinovi Israilovi Pravim putem išli.

50. I sina Merjemina i majku njegovu smo znakom učinili. Mi smo njih na jednoj visoravni sa tekućom vodom nastanili.

51. "O poslanici, dozvoljenim i lijepim jelima se hranite i dobra djela činite, jer Ja dobro znam šta vi radite!

52. Ova vaša vjera – jedina je prava vjera, a Ja sam Gospodar vaš, pa Me se pričuvajte!"

53. A oni su se u pitanjima vjere svoje podijelili na skupine, svaka stranka radosna onim što ispovijeda,

54. zato ostavi ove u zabludi njihovoj još neko vrijeme!

55. Misle li oni – kad ih imetkom i sinovima pomažemo –

56. da žurimo da im neko dobro učinimo? Nikako, ali oni ne opažaju.

57. Oni koji iz bojazni prema Gospodaru svome strahuju,

58. i oni koji u dokaze Gospodara svoga vjeruju,

59. i oni koji druge Gospodaru svome ravnim ne smatraju,

60. i oni koji od onoga što im se daje udjeljuju, i čija su srca puna straha zato što će se vratiti svome Gospodaru –

61. oni hitaju da čine dobra djela, i radi njih druge pretiču.

62. Mi nikoga ne opterećujemo preko njegovih mogućnosti. U Nas je Knjiga koja istinu govori, i nikome se nepravda neće učiniti.

63. Ali, srca nevjernika su prema ovom sasvim ravnodušna, a pored toga i ružna djela stalno čine.

64. A kada smo na muke stavili one među njima koji su raskošnim životom živjeli, oni su odmah zapomagali.

65. "Sada ne zapomažite, Mi vam nećemo pomoć ukazati!

66. Vama su ajeti Moji kazivani, ali vi ste uzmicali –

67. dičeći se Hramom i sijeleći – vi ste ružne riječi govorili!"

68. Zašto oni o Kur'anu ne razmisle? Zar im dolazi nešto što nije dolazilo njihovim precima davnim?

69. Ili oni ne poznaju Poslanika svoga, pa ga zato poriču?

70. Kako govore: "Džini su u njemu!" Međutim, on im Istinu donosi, ali većina njih prezire Istinu.

71. Da se Allah za prohtjevima njihovim povodi, sigurno bi nestalo poretka na nebesima i na Zemlji i u onom što je na njima. Mi smo im dali Kur'an, slavu njihovu, ali oni za slavu svoju ne haju.

72. Ili od njih tražiš nagradu? Ta nagrada Gospodara tvoga bolja je, On najbolje nagrađuje.

73. Ti njih pozivaš na Pravi put,

74. ali oni koji u Onaj svijet neće da vjeruju s Pravog puta, doista, skreću.

75. I kad bismo im se smilovali i nevolje ih oslobodili, opet bi oni u zabludi svojoj jednako lutali.

76. Mi smo ih na muke stavljali, ali se oni Gospodaru nisu pokorili, niti su molitve upućivali,

77. tek kad im kapiju teške patnje otvorimo, oni će nadu izgubiti i u očajanje zapasti.

78. On vam daje sluh, i vid, i pamet – a kako malo vi zahvaljujete!

79. On vas na Zemlji stvara, i pred Njim ćete se sakupiti,

80. On život i smrt daje i samo od Njega zavisi izmjena noći i dana, pa zašto ne shvatite?

81. Ali, oni govore kao što su govorili oni prije njih.

82. Govorili su: "Zar kada pomremo i kad prah i kosti postanemo, zar ćemo, zaista, biti oživljeni?

83. I nama i još davno precima našim time se prijetilo, ali to su samo izmišljotine naroda drevnih."

84. Upitaj: "Čija je Zemlja i sve ono što je na njoj, znate li?"

85. "Allahova!" – odgovorit će, a ti reci: "Pa zašto onda ne dođete sebi?"

86. Upitaj: "Ko je Gospodar sedam nebesa i ko je Gospodar svemira veličanstvenog?"

87. "Allah!" – odgovorit će, a ti reci: "Pa zašto se onda ne bojite?"

88. Upitaj: "U čijoj je ruci vlast nad svim, i ko uzima u zaštitu, i od koga niko ne može zaštićen biti, znate li?"

89. "Od Allaha!" – odgovorit će, a ti reci: "Pa zašto onda dopuštate da budete zavedeni?"

90. Da, Mi im Istinu donosimo, a oni su zaista lažljivci:

91. Allah nije uzeo Sebi sina, i s Njim nema drugog boga! Inače, svaki bi bog, s onim što je stvorio, radio što bi htio, i jedan drugog bi pobjeđivao. – Hvaljen neka je Allah Koji je daleko od onoga što oni iznose,

92. Koji zna i nevidljivi i vidljivi svijet i On je vrlo visoko iznad onih koje Njemu ravnim smatraju!

93. Reci: "Gospodaru moj, ako mi hoćeš pokazati ono čime se njima prijeti,

94. onda me, Gospodaru moj, ne ostavi s narodom nevjerničkim!"

95. A Mi ti zaista možemo pokazati ono čime im prijetimo.

96. Ti lijepim zlo uzvrati, Mi dobro znamo šta oni iznose,

97. i reci: "Tebi se ja, Gospodaru moj, obraćam za zaštitu od priviđenja šejtanskih,

98. i Tebi se, Gospodaru moj, obraćam da me od njihova prisustva zaštitiš!"

99. Kad nekome od njih smrt dođe, on uzvikne: "Gospodaru moj, povrati me

100. da uradim kakvo dobro u onome što sam ostavio!" – Nikada! To su riječi koje će on uzalud govoriti – pred njima će prepreka biti sve do Dana kada će oživljeni biti.

101. Pa kad se u Rog puhne, tada rodbinskih veza među njima neće biti i jedni druge neće ništa pitati.

102. Oni čija dobra djela budu teška, oni će želje svoje ostvariti,

103. a oni čija dobra djela budu lahka, oni će posve izgubljeni biti, u Džehennemu će vječno boraviti,

104. vatra će im lica pržiti i iskeženih zuba će u njemu ostati.

105. "Zar vam ajeti Moji nisu kazivani, a vi ste ih poricali?"

106. "Gospodaru naš," – reći će – "naši prohtjevi su bili od nas jači, te smo postali narod zalutali.

107. Gospodaru naš, izbavi nas iz nje. Ako bismo ponovo zlo radili, sami bismo sebi nepravdu učinili."

108. "Ostanite u njoj prezreni i ništa Mi ne govorite!" – reći će On.

109. "Kad su neki robovi Moji govorili: 'Gospodaru naš, mi vjerujemo, zato nam oprosti i smiluj nam se, jer Ti si najmilostiviji!' –

110. vi ste im se toliko rugali da ste zbog toga na Mene zaboravljali i uvijek ste ih ismijavali.

111. Njih sam Ja danas nagradio za ono što su trpjeli, oni su, doista, postigli ono što su željeli."

112. "A koliko ste godina na Zemlji proveli?" – upitat će On.

113. "Proveli smo dan ili samo dio dana," – odgovorit će – "pitaj one koji su brojali."

114. "Pa da, kratko ste proveli" – reći će On – "da ste samo znali!

115. Zar ste mislili da smo vas uzalud stvorili i da Nam se nećete povratiti?"

116. I neka je uzvišen Allah, Vladar istiniti, nema drugog Boga osim Njega, Gospodara svemira veličanstvenog!

117. A onaj koji se, pored Allaha, moli drugom bogu, bez ikakva dokaza o njemu, pred Gospodarom svojim će račun polagati, i nevjernici ono što žele neće postići.

118. I reci: "Gospodaru moj, oprosti i smiluj se, Ti si najmilostiviji!"

SURA 24

En-Nūr – Svjetlost

(Medina – 64 ajeta)

U ime Allaha, Milostivog, Samilosnog!

1. Objavljujemo suru i njezine propise činimo obaveznim! U njoj objavljujemo jasne dokaze da biste pouku primili.

2. Bludnicu i bludnika izbičujte sa stotinu udaraca bičem, svakog od njih, i neka vas pri vršenju Allahovih propisa ne obuzima prema njima nikakvo sažaljenje, ako u Allaha i u Onaj svijet vjerujete, i neka kažnjavanju njihovu jedna skupina vjernika prisustvuje!

3. Bludnik se ne treba ženiti osim bludnicom ili mnogoboškinjom, a bludnica ne treba biti poželjna osim bludniku ili mnogobošcu – to je zabranjeno vjernicima.

4. One koji okrive poštene žene, a ne dokažu to s četiri svjedoka, sa osamdeset udaraca bičem izbičujte i nikada više svjedočenje njihovo ne primajte – to su nečasni ljudi,

5. osim onih koji se poslije toga pokaju i poprave, jer i Allah prašta i samilostan je!

6. A oni koji okrive svoje žene, a ne budu imali drugih svjedoka, nego su samo oni svjedoci, potvrdit će svoje svjedočenje zakletvom Allahom, i to četiri puta da zaista govore istinu,

7. a peti put da ih pogodi Allahovo prokletstvo ako lažu!

8. A ona će kazne biti pošteđena, ako se četiri puta Allahom zakune da on, doista, laže,

9. a peti put da je stigne Allahova srdžba, ako on govori istinu!

10. A da nije Allahove dobrote prema vama i milosti Njegove i da Allah ne prima pokajanje i da Mudar nije.

11. Među vama je bilo onih koji su iznosili potvoru.* Vi ne smatrajte to nekim zlom po vas. Ne, to je dobro po vas. Svaki od njih bit će kažnjen prema grijehu koji je zaslužio, a onoga od njih koji je to najviše činio čeka patnja velika.

12. Zašto, čim ste to čuli, nisu vjernici i vjernice jedni o drugima dobro pomislili i rekli: "Ovo je očita potvora!"

13. Zašto nisu četvericu svjedoka doveli? A pošto svjedoke nisu doveli, oni su onda kod Allaha lažljivci.

14. A da nije Allahove dobrote prema vama i milosti Njegove i na ovome i na Onome svijetu, već bi vas stigla teška kazna zbog onoga u što ste se upustili

15. kad ste to jezicima svojim prepričavati stali i kad ste na sva usta govorili ono o čemu niste ništa znali, a vi ste to sitnicom smatrali, ali je ono Allahu krupno.

16. Zašto niste, čim ste to čuli, rekli: "Ne dolikuje nam da o tome govorimo, hvaljen neka si Ti! To je velika potvora!"

17. Allah vam naređuje da više nikad tako nešto ne ponovite, ako ste vjernici,

18. i Allah vam propise objašnjava. – A Allah sve zna i mudar je.

19. One koji vole da se o vjernicama šire bestidne glasine čeka teška kazna i na ovome i na Onome svijetu. – Allah sve zna, a vi ne znate.

20. A da nije Allahove dobrote prema vama i milosti Njegove i da Allah nije blag i milostiv.

21. O vjernici, ne idite šejtanovim stopama! Onoga ko bude išao šejtanovim stopama on će na razvrat i odvratna djela navoditi. A da nije Allahove dobrote prema vama i milosti Njegove, nijedan se od vas ne bi nikad od grijeha očistio; ali Allah čisti onoga koga On hoće. – Allah sve čuje i sve zna.

22. Neka se čestiti i imućni među vama ne zaklinju da više neće pomagati rođake i siromahe, i one koji su na Allahovu putu rodni kraj svoj napustili; neka im oproste i ne zamjere! Zar vam ne bi bilo drago da i vama Allah oprosti? – A Allah prašta i samilostan je.

23. Oni koji obijede čestite, bezazlene vjernice, neka budu prokleti i na ovome i na Onome svijetu; njih čeka patnja nesnosna

24. na Dan kada protiv njih budu svjedočili jezici njihovi, i ruke njihove, i noge njihove za ono što su radili.

25. Toga Dana Allah će ih kazniti kaznom koju su zaslužili i oni će saznati da je Allah, doista, Očigledna Istina.

26. Nevaljale žene su za nevaljale muškarce, a nevaljali muškarci su za nevaljale žene; čestite žene su za čestite muškarce, a čestiti muškarci su za čestite žene. Oni nisu krivi za ono što o njima govore, njih čeka oprost i veliko obilje.

27. O vjernici, u tuđe kuće ne ulazite dok dopuštenje ne dobijete i dok ukućane ne pozdravite – to vam je bolje, poučite se!

28. A ako u njima nikoga ne nađete, ne ulazite u njih dok vam se ne dopusti; a ako vam se rekne: "Vratite se!" – vi se vratite, bolje vam je, a Allah zna ono što radite.

29. Nije vam grijeh da ulazite u nenastanjene zgrade, u kojima se nalaze stvari vaše, a Allah zna ono što javno pokazujete i ono što krijete.

30. Reci vjernicima neka obore poglede svoje i neka vode brigu o stidnim mjestima svojim; to im je bolje, jer Allah, uistinu, zna ono što oni rade.

31. A reci vjernicama neka obore poglede svoje i neka vode brigu o stidnim mjestima svojim; i neka ne dozvole da se od ukrasa njihovih vidi išta osim onoga što je ionako spoljašnje, i neka vela svoja spuste na grudi svoje; neka ukrase svoje ne pokazuju drugima, to mogu samo muževima svojim, ili očevima svojim, ili očevima muževa svojih, ili sinovima svojim, ili sinovima muževa svojih, ili braći svojoj ili sinovima braće svoje, ili sinovima sestara svojih, ili prijateljicama svojim, ili robinjama svojim, ili muškarcima kojima nisu potrebne žene, ili djeci koja još ne znaju koja su stidna mjesta žena; i neka ne udaraju nogama svojim da bi se čuo zveket nakita njihova koji pokrivaju. I svi se Allahu pokajte, o vjernici, da biste postigli ono što želite.

³². Udavajte neudate i ženite neoženjene, i čestite robove i robinje svoje; ako su siromašni, Allah će im iz obilja Svoga dati. – Allah je neizmjerno dobar i sve zna.

³³. I neka se suzdrže oni koji se nemaju mogućnosti oženiti, dok im Allah iz obilja Svoga ne pomogne! A s onima u posjedu vašem koji se žele otkupiti, ako su u stanju to učiniti, o otkupu se dogovorite. I dajte im nešto od imetka koji je Allah vama dao. I ne nagonite robinje svoje da se bludom bave – a one žele biti čestite – da biste stekli prolazna dobra ovoga svijeta. A ako ih neko na to prisili, Allah će im, zato što su bile primorane, oprostiti i prema njima samilostan biti.

³⁴. Mi vam objavljujemo jasne ajete i primjere iz života onih koji su prije vas bili i nestali i pouku onima koji se budu Allaha bojali.

³⁵. Allah je izvor svjetlosti nebesa i Zemlje! Primjer svjetlosti Njegove je udubina u zidu u kojoj je svjetiljka. Svjetiljka je u kandilju, a kandilj je kao zvijezda blistava koja se užiže blagoslovljenim drvetom maslinovim, i istočnim i zapadnim, čije ulje gotovo da sija kad ga vatra i ne dotakne – sama svjetlost nad svjetlošću! Allah vodi ka svjetlosti Svojoj onoga koga On hoće. Allah navodi primjere ljudima, Allah sve dobro zna.

³⁶. U džamijama koje se Allahovom voljom podižu i u kojima se spominje Njegovo ime – hvale Njega, ujutro i navečer,

37. ljudi koje kupovina i prodaja ne ometaju da Allaha spominju i koji molitvu obavljaju i milostinju udjeljuju, i koji strepe od Dana u kom će srca i pogledi biti uznemireni,

38. da bi ih Allah lijepom nagradom za djela njihova nagradio i da bi im od dobrote Svoje i više dao. A Allah daje kome hoće, bez računa.

39. A djela nevjernika su kao varka u ravnici u kojoj žedan vidi vodu, ali kad do tog mjesta dođe, ništa ne nađe – a zateći će da ga čeka kraj njega Allahova kazna i On će mu potpuno isplatiti račun njegov jer Allah veoma brzo obračunava –

40. ili su kao tmine nad dubokim morem koje prekrivaju talasi sve jedan za drugim, iznad kojih su oblaci, sve tmine jedna iznad drugih, prst se pred okom ne vidi – a onaj kome Allah ne da svjetlo neće svjetla ni imati.

41. Zar ne znaš da Allaha hvale svi koji su na nebesima i na Zemlji, a i ptice širenjem krila svojih; svi znaju kako će Mu se moliti i kako će Ga hvaliti. A Allah dobro zna ono što oni rade.

42. Samo je Allahova vlast na nebesima i na Zemlji, i Allahu se sve vraća!

43. Zar ne vidiš da Allah razgoni oblake, i onda ih spaja i jedne nad drugima gomila, pa ti vidiš kišu kako iz njih pada. On s neba, iz oblaka veličine brda, spušta grad, pa njime koga hoće pogodi, a koga hoće poštedi – blijesak munje Njegove gotovo da oduzme vid.

44. On čini da noć i dan naizmjenice nastupaju i u tome je, doista, pouka za one koji pameti imaju.

45. Allah sve životinje stvara od vode, neke od njih na trbuhu puze, neke idu na dvije noge, a neke, opet, hode na četiri. – Allah stvara što hoće, jer Allah sve može.

46. Mi objavljujemo ajete jasne. A Allah ukazuje na Pravi put onome kome On hoće.

47. A licemjeri govore: "Mi vjerujemo u Allaha i Poslanika i pokoravamo se." – zatim neki od njih glave okreću, nisu oni vjernici.

48. Kad budu pozvani Allahu i Poslaniku Njegovu da im On presudi, neki od njih odjednom leđa okrenu;

49. samo ako znaju da je pravda na njihovoj strani, dolaze mu poslušno.

50. Da li su im srca bolesna, ili sumnjaju, ili strahuju da će Allah i Poslanik Njegov prema njima nepravedno postupiti? Nijedno, nego žele drugima nepravdu učiniti.

51. Kad se vjernici Allahu i Poslaniku Njegovu pozovu, da im on presudi, samo reknu: "Slušamo i pokoravamo se!" – Oni će uspjeti.

52. Oni koji se Allahu i Poslaniku Njegovu budu pokoravali, koji se Allaha budu bojali i koji od Njega budu strahovali – oni će postići ono što budu željeli.

53. Licemjeri se zaklinju Allahom, najtežom zakletvom, da će sigurno ići u boj ako im ti narediš. Reci: "Ne zaklinjite se, zna se šta se od vas traži, Allah dobro zna ono što vi radite."

54. Reci: "Pokoravajte se Allahu i pokoravajte se Poslaniku!" A ako ne htjednete, on je dužan raditi ono što se njemu naređuje, a vi ste dužni raditi ono što se vama naređuje, pa ako mu budete poslušni, bit ćete na Pravom putu – a Poslanik je jedino dužan jasno obznaniti.

55. Allah obećava da će one među vama koji budu vjerovali i dobra djela činili sigurno namjesnicima na Zemlji postaviti, kao što je postavio namjesnicima one prije njih, i da će im zacijelo vjeru njihovu učvrstiti, onu koju im On želi, i da će im sigurno strah sigurnošću zamijeniti; oni će se samo Meni klanjati, i neće druge Meni ravnim smatrati. A oni koji i poslije toga budu nezahvalni – oni su pravi grješnici.

56. A vi molitvu obavljajte i zekat dajte i Poslaniku poslušni budite da bi vam se ukazala milost.

57. Nikako ne misli da će nevjernici umaći Njemu na Zemlji; njihovo boravište bit će vatra, a ona je, zaista, grozno prebivalište!

58. O vjernici, neka od vas u tri slučaja zatraže dopuštenje da vam uđu oni koji su u posjedu vašem i koji još nisu spolno zreli: prije jutarnje molitve i kad u podne odložite odjeću svoju, i poslije obavljanja noćne molitve. To su tri doba kada niste obučeni, a u drugo doba nije ni vama ni njima grijeh, ta vi jedni drugima morate ulaziti. Tako vam Allah objašnjava propise! A Allah sve zna i mudar je.

⁵⁹· A kada djeca vaša dostignu spolnu zrelost, neka onda uvijek traže dopuštenje za ulazak, kao što su tražili dopuštenje oni stariji od njih – tako vam Allah objašnjava propise Svoje! A Allah sve zna i mudar je.

⁶⁰· A starim ženama koje više ne žude za udajom nije grijeh da odlože ogrtače svoje, ali ne pokazujući ona mjesta na kojima se ukrasi nose; a bolje im je da budu krjeposne. – Allah sve čuje i zna.

⁶¹· Nije grijeh slijepcu, niti je grijeh hromu, niti je grijeh bolesnu, a ni vama samima jesti u kućama vašim, ili kućama očeva vaših, ili u kućama matera vaših, ili u kućama braće vaše, ili u kućama sestara vaših, ili u kućama amidža vaših, ili u kućama tetaka vaših po ocu, ili u kućama daidža vaših, ili u kućama tetaka vaših po materi, ili u onih čiji su ključevi u vas ili u prijatelja vašeg – nije vam grijeh jesti zajednički ili pojedinačno. A kad ulazite u kuće, vi ukućane njene pozdravite pozdravom od Allaha propisanim, blagoslovljenim i uljudnim. Tako vam Allah objašnjava propise, da biste se opametili!

62. Pravi vjernici su samo oni koji u Allaha i Njegova Poslanika vjeruju, a koji se, kad su s njim na kakvom odgovornom sastanku, ne udaljuju dok od njega dopuštenje ne dobiju. Oni koji od tebe traže dopuštenje, u Allaha i Poslanika Njegova, doista, vjeruju. I kad oni zatraže dopuštenje od tebe zbog kakva posla svoga, dopusti kome hoćeš od njih, i zamoli Allaha da im oprosti jer Allah prašta i On je milostiv.

63. Ne smatrajte Poslanikov poziv upućen vama kao poziv koji vi jedni drugima upućujete; Allah sigurno zna one među vama koji se kradom izvlače. Neka se pripaze oni koji postupaju suprotno naređenju Njegovu da ih iskušenje kakvo ne stigne ili da ih patnja bolna ne snađe.

64. Allahovo je sve što je na nebesima i na Zemlji, On sigurno zna kakvi ste vi, i On će ih obavijestiti o svemu što su radili na Dan kad se budu Njemu vratili. – A Allah sve dobro zna!

SURA 25

El-Furkān – Furkan

(Mekka – 77 ajeta)

U ime Allaha, Milostivog, Samilosnog!

1. Neka je uzvišen Onaj Koji robu Svome objavljuje Kur'an da bi svjetovima bio opomena,

2. Onaj Kome pripada vlast na nebesima i na Zemlji, Koji nema djeteta, Koji u vlasti nema ortaka i Koji je sve stvorio i kako treba uredio!

3. Neki pored Njega prihvaćaju božanstva koja ništa ne stvaraju, a koja su sama stvorena, koja nisu u stanju od sebe neku štetu otkloniti ni sebi kakvu korist pribaviti i koja nemaju moći život oduzeti, život dati niti oživjeti.

4. Oni koji ne vjeruju govore: "Ovo nije ništa drugo do velika laž koju on izmišlja, a u tome mu i drugi ljudi pomažu." – i čine nepravdu i potvoru

5. i govore: "To su izmišljotine naroda drevnih, on traži da mu se prepisuju i ujutro i navečer da mu ih čitaju."

6. Reci: "Objavljuje ih Onaj Kome su poznate tajne nebesa i Zemlje, On mnogo prašta i samilostan je."

7. I oni govore: "Šta je ovom 'poslaniku', on hranu uzima i po trgovima hoda; trebao mu se jedan melek poslati da zajedno sa njim opominje,

8. ili da mu se spusti kakvo blago ili da ima vrt iz kojeg bi se hranio?" I nevjernici još govore: "Vi samo začarana čovjeka slijedite!"

9. Vidi šta o tebi oni govore, pa onda lutaju i Pravi put ne mogu naći.

10. Neka je uzvišen Onaj Koji ti, ako hoće, može dati bolje od toga: vrtove kroz koje rijeke teku i dvorove.

11. Oni, čak, i Čas oživljenja poriču, a Mi smo za one koji Čas oživljenja poriču pripremili vatru razbuktalu –

12. kad od njih bude udaljena toliko da je mognu vidjeti, čut će kako gnjevna ključa i od bijesa huči,

13. a kad budu bačeni u nju, u tjesnac, vezanih ruku, propast će tamo prizivati.

14. "Ne prizivajte danas jednu propast, nego prizivajte mnoge propasti!"

15. Reci: "Da li je bolje to ili vječni Džennet koji je obećan onima koji se budu Allaha bojali? On će im nagrada i prebivalište biti,

16. u njemu će dovijeka sve što zažele imati – to je obećanje Gospodara tvoga – oni će imati pravo to iskati od Njega.

17. A na Dan kada ih On sakupi, a i one kojima su pored Allaha robovali, te upita: "Jeste li vi ove robove Moje u zabludu zaveli ili su oni sami s Pravoga puta zalutali?" –

18. oni će reći: "Hvaljen nek si Ti, nezamislivo je da smo mi pored Tebe ikakve zaštitnike uzimali, nego Ti si ovima i precima njihovim dao da uživaju, pa su zaboravili da Te se sjećaju; oni su propast zaslužili!"

19. Oni će poreći to što vi govorite, a vi nećete biti u mogućnosti mučenje otkloniti niti pomoć naći. A onome od vas koji je Njemu druge ravnim smatrao dat ćemo da patnju veliku iskusi.

20. Mi prije tebe nismo poslali nijednog poslanika koji nije jeo i po trgovima hodao. Mi činimo da jedni druge u iskušenje dovodite, pa izdržite! A Gospodar tvoj vidi sve.

21. Oni koji ne vjeruju da će pred Nas stati govore: "Zašto nam se ne pošalju meleki ili zašto Gospodara svoga ne vidimo?" Oni su, zaista, u dušama svojim oholi, a u nepravičnosti su sve granice prešli.

22. Onoga Dana kada ugledaju meleke, grješnici se neće radovati i uzviknut će: "Sačuvaj nas, Bože!"

23. I Mi ćemo pristupiti djelima njihovim koja su učinili i u prah i pepeo ih pretvoriti.

24. Stanovnici Dženneta će tog Dana najbolje prebivalište i najljepše odmaralište imati.

25. A na Dan kada se nebo rastvori i samo tanak oblak pojavi i kada se meleki sigurno spuste,

DŽUZ' XIX

26. toga Dana će istinska vlast biti samo u Milostivoga, a bit će to mučan dan za nevjernike.

27. Na Dan kada nevjernik prste svoje bude grizao govoreći: "Kamo sreće da sam se uz Poslanika Pravoga puta držao,

28. kamo sreće, teško meni, da toga i toga za prijatelja nisam uzeo,

29. on me je od Kur'ana odvratio nakon što mi je priopćen bio!" – a šejtan čovjeka uvijek ostavlja na cjedilu.

30. Poslanik je rekao: "Gospodaru moj, narod moj ovaj Kur'an izbjegava!"

31. Isto tako smo Mi dali da svakom vjerovjesniku nevaljalci neprijatelji budu. A tebi je Gospodar tvoj dovoljan kao vodič i kao pomagač!

32. Oni koji ne vjeruju govore: "Trebalo je da mu Kur'an bude objavljen čitav, i to odjednom!" A tako se objavljuje da bismo njime srce tvoje učvrstili, i Mi ga sve ajet po ajet objavljujemo.

33. Oni ti neće nijedan prigovor postaviti, a da ti Mi nećemo odgovor i najljepše objašnjenje navesti.

34. Oni koji budu lica okrenutih zemlji u Džehennem vučeni bit će u najgorem položaju i u najvećoj nevolji.

35. Mi smo Musau Knjigu dali i brata mu Haruna pomoćnikom učinili,

36. pa rekli: "Otiđite vas dvojica narodu koji dokaze Naše poriče." – i poslije smo taj narod potpuno uništili.

37. A i narod Nuhov smo, kad su poslanike u laž utjerivali, potopili i ljudima ih poučnim primjerom učinili, a nevjernicima smo patnju bolnu pripremili,

38. i Adu i Semudu i stanovnicima Ressa i mnogim narodima između njih –

39. svima smo primjere za pouku navodili, i sve smo poslije sasvim uništili.

40. A ovi prolaze* pored grada na koji se sručila kobna kiša – zar ga ne vide? – pa ipak ne očekuju proživljenje.

41. Kad te vide,* rugaju ti se: "Je li ovo onaj kojeg je Allah kao poslanika poslao?

42. Umalo da nas od božanstava naših nije odvratio, ali mi im vjerni ostadosmo." A kad dožive patnju, saznat će ko je dalje s Pravoga puta bio skrenuo.

43. Kaži ti Meni, hoćeš li ti biti čuvar onome koji je strast svoju za boga svoga uzeo?

⁴⁴· Misliš li ti da većina njih hoće da čuje ili da nastoji shvatiti? Kao stoka su oni, čak su još dalje s Pravog puta skrenuli.

⁴⁵· Zar ne vidiš kako Gospodar tvoj sjenu rasprostire – a da hoće, ostavio bi je da miruje – i kako smo uredili da na nju Sunce utječe,

⁴⁶· a poslije je malo-pomalo Sebi privlačimo.

⁴⁷· On vam je noć učinio pokrivkom, san vam je učinio počinkom, a dan da se krećete.

⁴⁸· I On šalje vjetrove kao radosnu vijest, kao prethodnicu milosti Svoje; i Mi s neba čistu vodu spuštamo

⁴⁹· da njome već mrtav predio oživimo i da mnogu stoku i mnoge ljude koje smo stvorili napojimo.

⁵⁰· Mi smo im o ovome često govorili da bi razmislili, ali većina ljudi poriče blagodati.

⁵¹· Da hoćemo, u svaki grad bismo poslali nekoga da opominje;

⁵²· zato ne čini nevjernicima ustupke i Kur'anom se svim silama protiv njih bori.

⁵³· On je dvije vodene površine jednu pored druge ostavio – jedna je pitka i slatka, druga slana i gorka – a između njih je pregradu i nevidljivu branu postavio.

⁵⁴· On od vode stvara ljude i čini da su rod po krvi i po tazbini. – Gospodar tvoj je kadar sve.

⁵⁵· Umjesto Allahu, oni se klanjaju onima koji im nisu u stanju neku korist pribaviti, ni od njih kakvu štetu otkloniti. Nevjernik je šejtanov saučesnik protiv njegovog Gospodara,

56. a Mi smo tebe poslali samo zato da radosne vijesti donosiš i da opominješ.

57. Reci: "Za ovo od vas ne tražim druge nagrade, već da onaj koji hoće pođe Putem koji vodi njegovu Gospodaru."

58. Ti se pouzdaj u Živog, Koji ne može umrijeti, i veličaj Ga, i hvali! A dovoljno je to što grijehe robova Svojih zna

59. Onaj Koji je za šest vremenskih razdobalja nebesa i Zemlju i ono što je među njima stvorio, a onda cijelim svemirom zavladao. On je Milostivi i upitaj o Njemu onoga koji zna.

60. A kad im se rekne: "Padajte ničice pred Milostivim!" – oni pitaju: "A ko je Milostivi? Zar da padamo ničice samo zato što nam ti naređuješ?" I još se više otuđuju.

SEDŽDA

61. Neka je uzvišen Onaj Koji je na nebu sazviježđa stvorio i u njima dao svjetiljku i Mjesec koji sija.

62. On čini da se noć i dan smjenjuju, to je pouka za onoga koji hoće razmisliti i želi biti blagodaran.

63. A robovi Milostivoga su oni koji po Zemlji mirno hodaju, a kada ih bestidnici oslove, odgovaraju: "Mir vama!"

64. i oni koji provode noći pred Gospodarom svojim na tlo padajući i stojeći

65. i oni koji govore: "Gospodaru naš, poštedi nas patnje u Džehennemu, jer je patnja u njemu, doista, propast neminovna,

66. on je ružno prebivalište i boravište."

67. i oni koji, kad udjeljuju, ne rasipaju i ne škrtare, već se u tome drže sredine

68. i oni koji se mimo Allaha drugom bogu ne klanjaju i koji, one koje je Allah zabranio, ne ubijaju, osim kada pravda zahtijeva i koji ne bludniče; a ko to radi, iskusit će kaznu,

69. patnja će mu na Onome svijetu udvostručena biti i vječno će u njoj ponižen ostati.

70. Ali onima koji se pokaju i uzvjeruju i dobra djela čine, Allah će njihova hrđava djela u dobra promijeniti, a Allah prašta i samilostan je.

71. A onaj ko se bude pokajao i dobra djela činio, on se, uistinu, Allahu iskreno vratio.

72. I oni koji ne svjedoče lažno i koji, prolazeći pored onoga što ih se ne tiče, prolaze dostojanstveno;

73. i oni koji, kada budu opomenuti dokazima Gospodara svoga, ni gluhi ni slijepi ne ostanu;

74. i oni koji govore: "Gospodaru naš, podari nam u ženama našim i djeci našoj radost i učini da se čestiti na nas ugledaju!" –

75. oni će biti, za ono što su trpjeli, odajama džennetskim nagrađeni i u njima će pozdravom i blagoslovom biti susretani,

76. u njima će vječno ostati, a kako su one divno prebivalište i boravište!

77. Reci: "Allah vam poklanja pažnju samo zbog vaše molitve, a pošto ste vi poricali, neminovno vas čeka patnja."

SURA 26

Eš-Šu'arā' – Pjesnici

(Mekka – 227 ajeta)

U ime Allaha, Milostivog, Samilosnog!

1. Tā Sīn Mīm.

2. Ovo su ajeti Knjige jasne!

3. Zar ćeš ti sebe uništiti zato što ovi neće da postanu vjernici?

4. Kad bismo htjeli, Mi bismo im s neba jedan znak poslali pred kojim bi oni šije svoje sagnuli.

5. I njima ne dođe nijedna nova opomena od Milostivoga, a da se od nje ne okrenu.

6. Oni poriču – pa stići će ih sigurno posljedice onoga čemu se izruguju.

7. Zar oni ne vide kako činimo da iz zemlje niče svakovrsno bilje plemenito?

8. To je doista dokaz, ali većina njih ne vjeruje.

9. A Gospodar tvoj je zaista silan i milostiv.

10. A kad je Gospodar tvoj Musaa zovnuo: "Idi narodu koji se prema sebi ogriješio,

11. narodu faraonovu, ne bi li se Allaha pobojao." –

12. on je rekao: "Gospodaru moj, bojim se da me oni u laž ne utjeraju,

13. da mi ne postane teško u duši i da mi se jezik ne saplete – zato podaj poslanstvo i Harunu.

14. A ja sam njima i odgovoran,* pa se plašim da me ne ubiju."

15. "Neće!" – reče On – "Idite obojica sa dokazima Našim, Mi ćemo s vama biti i slušati.

16. Otiđite faraonu i recite: 'Mi smo poslanici Gospodara svjetova,

17. dopusti da sinovi Israilovi pođu s nama!'"

18. "Zar te među nama nismo gojili dok si dijete bio i zar među nama tolike godine života svoga nisi proveo?" – reče faraon –

19. "I uradio si nedjelo koje si uradio i još si nezahvalnik?"

20. "Ja sam onda ono uradio nehotice," – reče –

21. "a od vas sam pobjegao zato što sam vas se bojao, pa mi je Gospodar moj mudrost darovao i poslanikom me učinio.

22. A dobročinstvo koje mi prebacuješ – da nije to što si sinove Israilove robljem učinio?"

23. "A ko je Gospodar svjetova?" – upita faraon.

24. "Gospodar nebesa i Zemlje i onoga što je između njih, ako vjerujete." – odgovori on.

25. "Čujete li?" – reče onima oko sebe faraon.

26. "Gospodar vaš i Gospodar vaših davnih predaka." – reče Musa.

27. "Poslanik koji vam je poslan, uistinu, je lud." – reče faraon.

28. "Gospodar istoka i zapada i onoga što je između njih, ako pameti imate." – reče Musa.

29. A faraon reče: "Ako budeš kao boga nekog drugog osim mene priznavao, sigurno ću te u tamnicu baciti!"

30. "Zar i onda kad ti budem očigledan dokaz donio?" – upita on.

31. "Pa daj ga, ako istinu govoriš!" – reče faraon.

32. I Musa baci štap svoj, kad on – zmija prava.

33. A onda izvadi ruku iz njedara, kad ona, onima koji su gledali – bijela.

34. "Ovaj je zaista vješt čarobnjak," – reče glavešinama oko sebe faraon –

35. "hoće da vas čarolijom svojom iz zemlje vaše izvede. Pa šta savjetujete?"

36. "Ostavi njega i brata njegova!" – rekoše – "A u gradove pošalji da sakupljaju,

37. sve čarobnjake vješte će ti dovesti."

38. I čarobnjaci se u određeno vrijeme i označenog dana sabraše,

39. a narodu bi rečeno: "Hoćete li se iskupiti

40. da budemo uz čarobnjake, ako oni budu pobjednici?"

41. A kad dođoše, čarobnjaci faraona upitaše: "Da li će nama, doista, pripasti nagrada ako mi budemo pobjednici?"

42. "Hoće!" – odgovori on – "Bit ćete tada sigurno meni najbliži."

43. Musa im reče: "Bacite ono što želite baciti!"

44. I oni pobacaše konope svoje i štapove svoje i rekoše: "Tako nam dostojanstva faraonova, mi ćemo svakako pobijediti!"

45. Zatim Musa baci svoj štap, koji, odjednom, proguta ono što su oni lažno izveli.

46. Čarobnjaci se onda na tle baciše

47. i rekoše: "Mi vjerujemo u Gospodara svjetova,

48. Gospodara Musaova i Harunova!"

49. "Da povjerujete njemu prije dopuštenja moga!?" – viknu faraon – "On je vaš učitelj, on vas je čarobnjaštvu naučio – a vi ćete zapamtiti! Poodsijecat ću vam ruke i noge vaše unakrst i sve ću vas porazapinjati!"

50. "Ništa strašno!" – rekoše oni – "Mi ćemo se Gospodaru svome vratiti.

51. Mi se nadamo da će nam Gospodar naš grijehe naše oprostiti zato što smo prvi vjernici."

52. I Mi objavismo Musau: "Kreni noću s robovima Mojim, ali bit ćete gonjeni."

53. I faraon posla po gradovima sakupljače:

54. "Ovih je zaista malo

55. i rasrdili su nas,

56. a mi smo svi budni!"

57. I Mi ih izvedosmo iz vrtova i rijeka,*

58. iz riznica i dvoraca divnih.

59. Eto tako je bilo, i Mi dadosmo da to naslijede sinovi Israilovi.

60. I oni ih, kad se sunce rađalo, sustigoše.

61. Pa kad jedni druge ugledaše, drugovi Musaovi povikaše: "Samo što nas nisu stigli!"

62. "Neće!" – reče on – "Gospodar moj je sa mnom, On će mi put pokazati."

63. I Mi objavismo Musau: "Udari štapom svojim po moru!" – i ono se rastavi i svaki bok njegov bijaše kao veliko brdo;

64. i Mi onda tamo one druge približismo* –

65. a Musaa i sve one koji bijahu s njim spasismo –

66. i one druge potopismo.

67. To je zaista pouka, a većina njih nisu bili vjernici,

68. a Gospodar tvoj je doista silan i milostiv.

69. I kaži im vijest o Ibrahimu

70. kada je oca svoga i narod svoj upitao: "Čemu se vi klanjate?" –

71. a oni odgovorili: "Klanjamo se kumirima i povazdan im se molimo."

72. On je rekao: "Da li vas oni čuju kad se molite

73. ili da li vam mogu koristiti ili naškoditi?"

74. "Ne," – odgovoriše – "ali mi smo upamtili pretke naše kako tako postupaju."

75. "A da li ste razmišljali" – upita on – "da su oni kojima se klanjate

76. vi i kojima su se klanjali davni preci vaši,

77. doista, neprijatelji moji? Ali, to nije Gospodar svjetova,

78. Koji me je stvorio i na Pravi put uputio,

79. i Koji me hrani i poji,

80. i Koji me, kad se razbolim, liječi,

81. i Koji će mi život oduzeti, i Koji će me poslije oživiti,

82. i Koji će mi, nadam se, pogreške moje na Sudnjem danu oprostiti!

83. Gospodaru moj, podari mi znanje i uvrsti me među one koji su dobri

84. i učini da me po lijepom spominju oni što će poslije mene doći,

85. i učini me jednim od onih kojima ćeš džennetske blagodati darovati –

86. i ocu mome oprosti, on je jedan od zalutalih –

87. i ne osramoti me na Dan kad će ljudi oživljeni biti,

88. na Dan kada neće nikakvo blago, a ni sinovi od koristi biti,

89. samo će onaj koji Allahu srca čista dođe spašen biti."

90. I Džennet će se čestitima približiti,

91. a Džehennem zalutalima ukazati,

92. i reći će im se: "Gdje su oni kojima ste se klanjali,

93. a niste Allahu, mogu li vam oni pomoći, a mogu li i sebi pomoći?" –

94. pa će i oni i oni koji su ih u zabludu doveli u njega biti bačeni,

95. i vojske Iblisove – svi zajedno.

96. I oni će, svađajući se u njemu, govoriti:

97. "Allaha nam, bili smo, doista, u očitoj zabludi

98. kad smo vas s Gospodarom svjetova izjednačavali,

99. a na stranputicu su nas naveli zlikovci,

100. pa nemamo ni zagovornika,

101. ni prisna prijatelja –

102. da nam je samo da se povratimo, pa da postanemo vjernici!"

103. U tome je pouka, ali većina ovih nisu vjernici,

104. a Gospodar tvoj je, zaista, silan i milostiv.

105. I Nuhov narod je smatrao lažnim poslanike.

106. Kad im brat njihov Nuh reče: "Kako to da se Allaha ne bojite?

107. Ja sam vam, sigurno, poslanik pouzdani,

108. zato se bojte Allaha i budite poslušni meni!

109. Za ovo od vas ne tražim nikakve nagrade, mene će Gospodar svjetova nagraditi,

110. zato se bojte Allaha i budite poslušni meni!" –

111. oni rekoše: "Kako da te poslušamo, kad te slijede oni koji su najmizerniji?"

112. "Ne znam ja šta su oni radili," – reče on –

113. "svi će pred Gospodarom mojim, da znate, račun polagati,

114. a ja vjernike neću otjerati,

115. ja samo javno opominjem!"

116. "Ako se ne okaniš, o Nuhu," – rekoše oni – "bit ćeš sigurno kamenovan!"

117. "Gospodaru moj," – reče on – "narod moj me u laž utjeruje,

118. pa Ti meni i njima presudi i mene i vjernike koji su sa mnom spasi!"

119. I Mi smo njega i one koji su bili uz njega u lađi krcatoj spasili,

120. a ostale potopili.

121. To je pouka, ali većina ovih nisu vjernici,

122. a Gospodar tvoj je zaista silan i milostiv.

123. I Ad je smatrao lažnim poslanike.

124. Kad im brat njihov Hud reče: "Kako to da se Allaha ne bojite?

125. Ja sam vam, sigurno, poslanik pouzdani,

126. zato se bojte Allaha i budite poslušni meni!

127. Za ovo od vas ne tražim nikakve nagrade, mene će Gospodar svjetova nagraditi.

128. Zašto na svakoj uzvišici palate zidate, druge ismijavajući,

129. i podižete utvrde kao da ćete vječno živjeti,

130. a kad kažnjavate – kažnjavate kao silnici?

131. Bojte se Allaha i meni budite poslušni!

132. Bojte se Onoga Koji vam daruje ono što znate:

133. daruje vam stoku i sinove,

134. i bašče i izvore.

135. Ja se, doista, bojim za vas na Velikom danu patnje." –

136. rekoše oni: "Nama je svejedno savjetovao ti ili ne bio savjetnik,

137. ovako su i narodi davnašnji vjerovali,

138. i mi nećemo biti mučeni."

139. I oni su ga nastavili u laž utjerivati, pa smo ih Mi uništili. To je pouka, ali većina ovih neće da vjeruje,

140. a Gospodar tvoj je, zaista, silan i milostiv.

141. I Semud je smatrao lažnim poslanike.

142. Kad im brat njihov Salih reče: "Kako to da se Allaha ne bojite?

143. Ja sam vam, sigurno, poslanik pouzdani,

144. zato se bojte Allaha i budite poslušni meni!

145. Za ovo od vas ne tražim nikakve nagrade, mene će Gospodar svjetova nagraditi.

146. Zar mislite da ćete ovdje biti ostavljeni sigurni,

147. u vrtovima i među izvorima,

148. u usjevima i među palmama sa plodovima zrelim?

149. Vi u brdima vrlo spretno kuće klešete

150. zato se bojte Allaha i poslušni meni budite

151. i ne slušajte naredbe onih koji u zlu pretjeruju,

152. koji na Zemlji ne zavode red već nered uspostavljaju." –

153. rekoše oni: "Ti si samo opčinjen –

154. ti si čovjek, kao i mi – zato nam donesi jedno čudo ako je istina to što govoriš!"

155. "Evo, to je kamila." – reče on – "U određeni dan ona će piti, a u poznati dan vi.

156. I ne učinite joj nikakvo zlo da vas ne bi stigla patnja na Velikom danu!"

157. Ali, oni je zaklaše i potom se pokajaše.

158. I stiže ih kazna. To je pouka, ali većina ovih neće da vjeruje,

159. a Gospodar tvoj je, zaista, silan i milostiv.

160. I Lutov narod je smatrao lažnim poslanike.

161. Kad im njihov brat Lut reče: "Kako to da se ne bojite?

162. Ja sam vam, sigurno, poslanik pouzdani,

163. zato se bojte Allaha i budite poslušni meni!

164. Za ovo od vas ne tražim nikakve nagrade, mene će Gospodar svjetova nagraditi.

165. Zašto vi, mimo svog svijeta, sa muškarcima općite,

166. a žene svoje, koje je za vas Gospodar vaš stvorio, ostavljate? Vi ste ljudi koji svaku granicu zla prelazite." –

167. rekoše oni: "Ako se ne okaniš, o Lute, bit ćeš sigurno prognan."

168. "Ja se gnušam toga što vi radite!" – reče on –

169. "Gospodaru moj, sačuvaj mene i porodicu moju kazne za ono što oni rade!"

170. I Mi smo sačuvali njega i porodicu njegovu – sve,

171. osim starice koja je ostala sa onima koji su kaznu iskusili,

172. a zatim smo ostale uništili

173. spustivši na njih kišu – a strašne li kiše za one koji su opomenuti bili!

174. To je pouka, ali većina ovih neće da vjeruje.

175. A Gospodar tvoj je, zaista, silan i milostiv.

176. I stanovnici Ejke su u laž ugonili poslanike.

177. Kad im Šuajb reče: "Kako to da se ne bojite?

178. Ja sam vam, sigurno, poslanik pouzdani,

179. zato se bojte Allaha i budite poslušni meni!

180. Za ovo od vas ne tražim nikakve nagrade, mene će Gospodar svjetova nagraditi.

181. Pravo mjerite na litru i ne zakidajte,

182. a na kantaru ispravnom mjerom mjerite.

183. I ljudima prava njihova ne umanjujte i zlo po Zemlji, nered praveći, ne činite,

184. i Onoga Koji je stvorio vas i narode davnašnje bojte se." –

185. rekoše oni: "Ti si samo opčinjen –

186. i ti si samo čovjek kao i mi – za nas si ti, doista, lažac pravi;

187. zato spusti na nas kaznu s neba, ako istinu govoriš!"

188. "Gospodar moj dobro zna šta vi radite." – reče on.

189. I oni su nastavili utjerivati ga u laž, pa ih je stigla kazna iz oblaka – a to je bila kazna jednog strašnog dana.

190. To je pouka, ali većina ovih neće da vjeruje,

191. a Gospodar tvoj je, zaista, silan i milostiv.

192. I Kur'an je, sigurno, objava Gospodara svjetova –

193. donosi ga povjerljivi Džibril

194. na srce tvoje, da opominješ

195. na jasnom arapskom jeziku –

196. on je spomenut u knjigama poslanika prijašnjih,

197. zar ovima nije dokaz to što za njega znaju učeni ljudi sinova Israilovih?

198. A da ga objavljujemo i nekom nearapu,

199. pa da im ga on čita, opet u njega ne bi povjerovali.

200. Eto, tako ga Mi u srca grješnika uvodimo,

201. oni u njega neće vjerovati dok ne dožive patnju nesnosnu,

202. koja će im iznenada doći, kad je najmanje budu očekivali,

203. pa će reći: "Hoće li nam se imalo vremena dati?"

204. Zašto oni kaznu Našu požuruju!?

205. Šta ti misliš, ako im Mi dopuštamo da godinama uživaju,

206. i naposljetku ih snađe ono čime im se prijeti –

207. zar će imati šta od slatkog života koji su provodili?

208. Mi nijedan grad nismo razorili prije nego su im došli oni koji su ih opominjali

209. da bi pouku primili, Mi nismo nepravedni bili.

210. Kur'an ne donose šejtani,

211. nezamislivo je da to oni čine, oni to nisu kadri,

212. oni ga nikako ne mogu prisluškivati.

213. Zato se, mimo Allaha, ne moli drugom bogu da ne bi bio jedan od onih koji će biti mučeni!

214. I opominji rodbinu svoju najbližu

215. i budi ljubazan prema vjernicima koji te slijede!

216. A ako te ne budu poslušali, ti reci: "Ja nemam ništa s tim što vi radite."

217. I pouzdaj se u Silnoga i Milostivoga,

218. Koji te vidi kada ustaneš

219. da sa ostalima molitvu obaviš,

220. jer On, doista, sve čuje i sve zna.

221. Hoću li vam kazati kome dolaze šejtani?

222. Oni dolaze svakome lašcu, grješniku,

223. oni prisluškuju i većinom oni lažu.

224. A zavedeni slijede pjesnike.

225. Zar ne znaš da oni svakom dolinom blude

226. i da govore ono što ne rade,

227. tako ne govore samo oni koji vjeruju i dobra djela čine, i koji često Allaha spominju, i koji uzvraćaju kad ih ismijavaju. A mnogobošci će, sigurno, saznati u kakvu će se muku uvaliti.

SURA 27

En-Neml – Mravi

(Mekka – 93 ajeta)

U ime Allaha, Milostivog, Samilosnog!

1. Tā Sīn. Ovo su ajeti Kur'ana i Knjige jasne,

2. Upute i Radosne vijesti onima koji vjeruju,

3. koji molitvu obavljaju i milostinju udjeljuju i koji u Onaj svijet čvrsto vjeruju.

4. Onima koji u Onaj svijet ne vjeruju Mi prikazujemo kao lijepe postupke njihove – zato oni lutaju;

5. njih čeka zla kob, a na Onome svijetu će biti posve izgubljeni,

6. a ti, zaista, primaš Kur'an od Mudrog i Sveznajućeg!

7. Kada Musa reče čeljadi svojoj: "Vidio sam vatru, donijet ću vam otuda vijest kakvu ili ću vam donijeti razgorjelu glavnju da biste se ogrijali." –

8. neko ga, kada joj se približi, zovnu: "Neka su blagoslovljeni oni koji se nalaze na mjestu na kojem je vatra i oni oko nje, i neka je hvaljen Allah, Gospodar svjetova!

9. O Musa, Ja sam Allah, Silni i Mudri!

10. Baci svoj štap!" Pa kad ga vidje da se, kao da je hitra zmija, kreće, on uzmače i ne vrati se. "O Musa, ne boj se! Poslanici se kod Mene ne trebaju ničega bojati.

11. A onome koji grijeh počini, a onda zlo dobrim djelom zamijeni – Ja ću, uistinu, oprostiti i samilostan biti.

12. Uvuci ruku svoju u njedra svoja, pojavit će se bijela, ali neće biti bolesna – bit će to jedno od devet čuda faraonu i narodu njegovu; oni su, doista, narod nevjernički."

13. I kad im očito dođoše znamenja Naša, oni rekoše: "Ovo je prava čarolija!"

14. I oni ih, nepravedni i oholi, porekoše, ali su u sebi vjerovali da su istinita, pa pogledaj kako su skončali smutljivci.

15. Davudu i Sulejmanu smo znanje dali i oni su govorili: "Hvala Allahu Koji nas je odlikovao iznad mnogih vjernika, robova Svojih!"

16. I Sulejman naslijedi Davuda i reče: "O ljudi, dato nam je da razumijemo ptičije glasove i svašta nam je dato – ovo je, zaista, prava blagodat!"

17. I sakupiše se Sulejmanu vojske njegove – džini, ljudi i ptice, sve četa do čete, postrojeni –

18. i kad stigoše do mravlje doline, jedan mrav reče: "O mravi, ulazite u stanove svoje da vas ne izgazi Sulejman i vojske njegove, a da to i ne primijete!"

19. I on se nasmija* glasno riječima njegovim i reče: "Gospodaru moj, omogući mi da budem zahvalan na blagodati Tvojoj, koju si ukazao meni i roditeljima mojim, i da činim dobra djela na zadovoljstvo Tvoje, i uvedi me, milošću Svojom, među dobre robove Svoje!"

20. I on izvrši smotru ptica, pa reče: "Zašto ne vidim pupavca, da nije odsutan?

21. Ako mi ne donese valjano opravdanje, teškom ću ga kaznom kazniti ili ću ga zaklati!"

22. I ne potraja dugo, a on dođe, pa reče: "Doznao sam ono što ti ne znaš, iz Sabe* ti donosim pouzdanu vijest.

23. Vidio sam da jedna žena njima vlada i da joj je svega i svačega dato, a ima i prijesto veličanstveni;

24. vidio sam da se i ona i narod njezin Suncu klanjaju, a ne Allahu – šejtan im je prikazao lijepim postupke njihove i od Pravoga puta ih odvratio, te oni ne umiju naći Pravi put

SEDŽDA

25. pa da se klanjaju Allahu Koji izvodi ono što je skriveno na nebesima i u Zemlji i Koji zna ono što krijete i ono što na javu iznosite.

26. Allah je, nema boga osim Njega, Gospodar svega što postoji!"

27. "Vidjet ćemo" – reče Sulejman – "da li govoriš istinu ili ne.

28. Odnesi ovo moje pismo pa im ga baci, a onda se od njih malo izmakni i pogledaj šta će jedni drugima reći!"

29. "O velikaši," – reče ona – "meni je dostavljeno jedno poštovanja vrijedno pismo

30. od Sulejmana i glasi: 'U ime Allaha, Milostivog, Samilosnog!

31. Ne pravite se većim od mene i dođite da mi se pokorite!'

32. O velikaši," – reče ona – "savjetujte mi šta trebam u ovom slučaju uraditi, ja bez vas neću ništa odlučiti!"

33. "Mi smo vrlo jaki i hrabri," – rekoše oni – "a ti se pitaš! Pa, gledaj šta ćeš narediti!"

34. "Kad carevi osvoje neki grad," – reče ona – "oni ga razore, a ugledne stanovnike njegove učine poniženim – eto, tako oni rade.

35. Poslat ću im jedan dar i vidjet ću sa čim će se izaslanici vratiti."

36. I kad on pred Sulejmana iziđe, ovaj mu reče: "Zar da blagom mene pridobijete? Ono što je Allah meni dao bolje je od onoga što je dao vama. Vi se onome što vam se daruje radujete!

37. Vrati se njima! Mi ćemo im dovesti vojske kojima se neće moći oduprijeti i istjerat ćemo ih iz Sabe ponižene i pokorene."

38. "O dostojanstvenici, ko će mi od vas donijeti njezin prijesto prije nego što oni dođu da mi se pokore?"

39. "Ja ću ti ga donijeti" – reče Ifrit, jedan od džina – "prije nego iz ove sjednice svoje ustaneš, ja sam za to snažan i pouzdan."

40. "A ja ću ti ga donijeti" – reče onaj koji je učio iz Knjige – "prije nego što okom trepneš." I kad Sulejman vidje da je prijesto već pored njega postavljen, uzviknu: "Ovo je blagodat Gospodara moga Koji me iskušava da li ću zahvalan ili nezahvalan biti! A ko je zahvalan – u svoju je korist zahvalan, a ko je nezahvalan – pa Gospodar moj je neovisan i plemenit.

41. Promijenite izgled njezina prijestolja da vidimo hoće li ga ili neće prepoznati!"

42. I kad ona dođe, bi joj rečeno: "Je li ovakav prijesto tvoj?" "Kao da je on!" – uzviknu ona. "A nama je prije nego njoj dato znanje, i mi smo muslimani."

43. A da nije ispravno vjerovala, nju su omeli oni kojima se ona, mimo Allaha, klanjala, jer je ona narodu nevjerničkom pripadala.

44. "Uđi u dvoranu!" – bi joj rečeno. I kad ona pogleda, pomisli da je duboka voda, pa zadiže haljinu uz noge svoje. "Ova je dvorana uglačanim staklom popločana!" – reče on. "Gospodaru moj," – uzviknu ona – "ja sam se prema sebi ogriješila i u društvu sa Sulejmanom predajem se Allahu, Gospodaru svjetova!"

45. A Semudu smo poslali brata njihova Saliha da se klanjaju jedino Allahu – a oni se podijeliše u dvije skupine koje su se međusobno prepirale.

46. "O narode moj," – govorio im je on – "zašto tražite da vas stigne kazna prije nego što se pokajete? Zašto od Allaha ne tražite oprosta da bi vam se ukazala milost?"

47. "Mi smatramo hrđavim predznakom tebe i one koji su s tobom!" – rekoše oni. "Od Allaha vam je i dobro i zlo," – reče on – "vi ste narod koji je stavljen u iskušenje."

48. U gradu je bilo devet osoba koje su ne red nego nered činile.

49. "Zakunite se najtežom zakletvom" – rekoše – "da ćemo noću njega i porodicu njegovu ubiti, a onda njegovom najbližem krvnom srodniku reći: 'Mi nismo prisustvovali pogibiji porodice njegove, mi zaista istinu govorimo.'"

50. I smišljali su spletke, ali Mi smo ih kaznili onda kad se nisu nadali.

51. Pa pogledaj kakva je bila posljedica spletkarenja njihova: uništili smo sve, i njih i narod njihov,

52. eno kuća njihovih, puste su zbog nepravde koju su činili – to je zaista pouka narodu koji zna –

53. a spasili smo one koji su vjerovali i koji su se grijeha klonili.

54. I Luta, kada reče narodu svome: "Zašto činite razvrat naočigled jedni drugih?

55. Zar zbilja sa strašću općite sa muškarcima umjesto sa ženama? Vi ste, uistinu, bezumnici."

56. A odgovor naroda njegova je glasio: "Istjerajte Lutovu porodicu iz grada vašeg, oni su ljudi-čistunci!"

57. I Mi smo spasili njega i porodicu njegovu, sve osim žene njegove. Mi smo odredili da ona ostane s onima koji će kaznu iskusiti,

58. i pustili smo na njih kišu – a strašne li kiše za one koji su bili opomenuti!

59. Reci: "Hvala Allahu i mir robovima Njegovim koje je On odabrao!" Šta je bolje: Allah ili oni koje Njemu ravnim smatraju?

DŽUZ'
XX

60. Onaj Koji je nebesa i Zemlju stvorio i Koji vam spušta s neba kišu pomoću koje Mi dajemo da ozelene bašče prekrasne – nemoguće je da vi učinite da izraste drveće njihovo. Zar pored Allaha postoji drugi bog? Ne postoji, ali su oni narod koji druge s Njim izjednačuje.

61. Onaj Koji je Zemlju prebivalištem učinio i kroz nju rijeke proveo i na njoj brda nepomična postavio i dva mora pregradio. Zar pored Allaha postoji drugi bog? Ne postoji, nego većina njih u neznanju živi.

62. Onaj Koji se nevoljniku, kad Mu se obrati, odaziva, i Koji zlo otklanja i Koji vas na Zemlji namjesnicima postavlja. Zar pored Allaha postoji drugi bog? Kako nikako pouku vi da primite!

63. Onaj Koji vam u tminama, na kopnu i na moru, put pokazuje i Koji vjetrove kao radosnu vijest ispred milosti Svoje šalje. Zar pored Allaha postoji drugi bog? Kako je Allah visoko iznad onih koji druge Njemu ravnim smatraju!

64. Onaj Koji sve iz ničega stvara, Koji će zatim to ponovo učiniti i Koji vam opskrbu s neba i iz zemlje daje. Zar pored Allaha postoji drugi bog? Reci: "Dokažite, ako istinu govorite!"

65. Reci: "Niko, osim Allaha, ni na nebu ni na Zemlji, ne zna šta će se dogoditi; i oni ne znaju kada će oživljeni biti.

66. Zar oni o Onome svijetu da što znaju! Ništa! Oni u njega sumnjaju, oni su slijepi prema njemu."

67. Nevjernici govore: "Zar ćemo, kada postanemo zemlja, i mi i preci naši, zaista, biti oživljeni?

68. Ovim nam se već odavno prijeti, i nama i precima našim, a ovo su samo izmišljotine naroda drevnih."

69. Reci: "Putujte po svijetu i vidite kako su završili grješnici!"

70. I ne žalosti se zbog njih i neka ti nije u duši teško zbog spletki njihovih.

71. "Kad će se već jednom obistiniti ta prijetnja, ako istinu govorite?" – pitaju oni.

72. Reci: "Stići će vas sigurno nešto od onoga što požurujete!"

73. A Gospodar tvoj je neizmjerno dobar ljudima, ali većina njih nije zahvalna.

74. Gospodar tvoj dobro zna ono što grudi njihove taje i ono što oni na javu iznose.

75. Nema ničeg skrivenog ni na nebu ni na Zemlji, a da nije u Knjizi jasnoj.

76. Ovaj Kur'an sinovima Israilovim kazuje najviše o onome u čemu se oni razilaze

77. i on je, uistinu, putokaz i milost svakom onom koji vjeruje.

78. Gospodar tvoj će im po pravdi Svojoj presuditi – On je Silni i Sveznajući,

79. zato se pouzdaj u Allaha, jer ti, doista, slijediš pravu istinu!

80. Ti ne možeš mrtve dozvati ni gluhe dovikati kada se leđima okrenu,

81. niti možeš slijepe od zablude njihove odvratiti. Možeš jedino dozvati one koji u riječi Naše vjeruju, oni će se odazvati.

82. I kad dođe vrijeme da oni budu kažnjeni, Mi ćemo učiniti da iz zemlje iziđe jedna životinja koja će im reći da ljudi u dokaze Naše nisu uvjereni.

83. A na Dan kada od svakog naroda sakupimo gomilu onih koji su dokaze Naše poricali – oni će biti zadržani –

84. i kad dođu, On će upitati: "Jeste li vi dokaze Moje poricali ne razmišljajući o njima ili šta ste to radili?"

85. I njih će stići kazna zato što su mnogobošci bili, pa neće moći ni riječ izustiti.

86. Zar nisu vidjeli da smo učinili noć da u njoj otpočinu, a dan vidnim? – To su, zaista, dokazi za narod koji vjeruje.

87. A na Dan kad se u Rog puhne, pa se smrtno istrave i oni na nebesima i oni na Zemlji, izuzev onih koje Allah poštedi, svi će Mu ponizno doći.

88. Ti vidiš planine i misliš da su nepomične, a one promiču kao što promiču oblaci – to je Allahovo djelo Koji je sve savršeno stvorio. – On, doista, zna ono što radite.

89. Ko učini dobro djelo, dobit će veliku nagradu za njega i bit će straha na Sudnjem danu pošteđen.

90. A oni koji budu zlo činili, u vatru će naglavačke biti gurnuti. "Zar se već kažnjavate za ono što ste radili?"

91. Ja sam primio zapovijest da se klanjam jedino Gospodaru ovoga grada* koji je On učinio svetim – a Njemu sve pripada – i naređeno mi je da budem poslušan

92. i da Kur'an kazujem. Onaj ko bude išao Pravim putem, na Pravome putu je za svoje dobro; a onome ko je u zabludi ti reci: "Ja samo opominjem."

93. I reci: "Hvala Allahu, On će vam znamenja Svoja pokazati, pa ćete ih vi poznati!" A Gospodar tvoj motri na ono što radite.

SURA 28

El-Kasas – Kazivanje

(Mekka – 88 ajeta)

U ime Allaha, Milostivog, Samilosnog!

1. Tā Sīn Mīm.

2. Ovo su ajeti Knjige jasne!

3. Mi ćemo ti kazati neke vijesti o Musau i faraonu, onako kako je bilo, i to za one ljude koji vjeruju.

4. Faraon se u zemlji bio ponio i stanovnike njezine na stranke bio izdijelio; jedne je tlačio, mušku im djecu klao, a žensku u životu ostavljao, doista je smutljivac bio.

5. A Mi smo htjeli da one koji su na Zemlji tlačeni milošću obaspemo i da ih vođama i nasljednicima učinimo,

6. i da im na Zemlji vlast darujemo, a da faraonu i Hamanu i vojskama njihovim damo da dožive baš ono zbog čega su od njih strahovali.*

7. I Mi nadahnusmo Musaovu majku: "Doji ga, a kad se uplašiš za njegov život, baci ga u rijeku, i ne strahuj i ne tuguj, Mi ćemo ti ga, doista, vratiti i poslanikom ga učiniti."

8. I nađoše ga faraonovi ljudi, da im postane dušmanin i jad; zaista su faraon i Haman i vojske njihove uvijek griješili.

9. I žena faraonova reče: "On će biti radost i meni i tebi! Ne ubijte ga, možda će nam od koristi biti, a možemo ga i posiniti." A oni ništa ne predosjetiše.

10. I srce Musaove majke ostade prazno, umalo ga ne prokaza, da Mi srce njeno nismo učvrstili i vjernicom je učinili.

11. I ona reče sestri njegovoj: "Idi za njim!" I ona ga ugleda izdaleka, a oni nisu bili ništa primijetili.

12. A Mi smo mu već bili zabranili dojilje, pa ona reče: "Hoćete li da vam ja pokažem porodicu koja će vam se o njemu brinuti i koja će mu dobro željeti?"*

13. I vratismo ga majci njegovoj da se raduje i da ne tuguje, i da se uvjeri da je Allahovo obećanje istinito – ali većina njih ne zna.

14. I kad se on opasa snagom i stasa, dadosmo mu mudrost i znanje; tako Mi nagrađujemo one koji dobra djela čine.

15. I on uđe u grad neopažen od stanovnika njegovih i u njemu zateče dvojicu ljudi kako se tuku – jedan je pripadao njegovu, a drugi neprijateljskom narodu – pa ga zovnu u pomoć onaj iz njegova naroda protiv onog iz neprijateljskog naroda, i Musa ga udari šakom i usmrti. "Ovo je šejtanov posao!" – uzviknu – "On je, zaista, otvoreni neprijatelj koji u zabludu dovodi!"

16. "Gospodaru moj," – reče onda – "ja sam sam sebi zlo nanio, oprosti mi!" I On mu oprosti, On, uistinu, prašta i On je milostiv.

17. "Gospodaru moj," – reče – "tako mi blagodati koju si mi ukazao, više nikada nevjernicima neću biti od pomoći!"

18. I Musa u gradu osvanu prestrašen, očekujući šta će biti, kad ga onaj isti od jučer pozva ponovo u pomoć. "Ti si, zbilja, u pravoj zabludi!" – reče mu Musa.

19. I kad htjede ščepati zajedničkog im neprijatelja, reče mu onaj: "O Musa, zar ćeš ubiti i mene kao što si jučer ubio čovjeka? Ti hoćeš na Zemlji silu provoditi, a ne želiš miriti."

20. I jedan čovjek s kraja grada dotrča: "O Musa," – reče – "glavešine se dogovaraju da te ubiju; zato bježi, ja sam ti zbilja iskren savjetnik."

21. I Musa iziđe iz grada, ustrašen, iščekujući šta će se desiti. "Gospodaru moj," – reče – "spasi me naroda koji ne vjeruje!"

22. I kad se uputi prema Medjenu, on reče: "Gospodar moj će mi pokazati Pravi put!"

23. A kad stiže do vode medjenske, zateče oko nje mnoge ljude kako napajaju stoku, a malo podalje od njih ugleda dvije žene koje su je od vode odbijale. "Šta vi radite?" – upita on. "Mi ne napajamo dok čobani ne odu," – odgovoriše one – "a otac nam je veoma star."

24. I on im je napoji, a onda ode u hladovinu i reče: "Gospodaru moj, ma kakvu mi hranu dao, zaista mi je potrebna!"

25. I jedna od njih dvije dođe mu, poslije, idući stidljivo i reče: "Otac moj te zove da te nagradi zato što si nam stoku napojio!" I kad mu on dođe i kaza mu šta je doživio, on reče: "Ne strahuj, spasio si se naroda koji ne vjeruje!"

26. "O oče moj," – reče jedna od njih – "uzmi ga u najam, najbolje da unajmiš snažna i pouzdana."

27. "Ja te želim oženiti jednom od ove dvije kćeri moje," – reče on – "ali trebaš me osam godina služiti. A ako deset napuniš, bit će dobra volja tvoja, a ja te ne želim na to siliti. Ti ćeš vidjeti, ako Bog da, da sam dobar."

28. "Neka bude tako između mene i tebe!" – reče Musa – "Koji god od ta dva roka ispunim, nema mi se šta prigovoriti, a Allah je jamac za ono što smo utanačili."

29. I kad Musa ispuni ugovoreni rok i krenu sa čeljadi svojom, on ugleda vatru na jednoj strani brda. "Pričekajte!" – reče čeljadi svojoj – "Vidio sam vatru, možda ću vam od nje kakvu vijest donijeti ili zapaljenu glavnju, da se ogrijete."

30. A kad dođe do vatre, neko ga zovnu s desne strane doline, iz stabla, u blagoslovljenom kraju: "O Musa, Ja sam Allah, Gospodar svjetova!

31. Baci štap svoj!" I kad vidje da se poput hitre zmije kreće, on uzmače i ne vrati se. "O Musa, priđi i ne boj se, sigurno ti se nikakvo zlo dogoditi neće!

32. Uvuci svoju ruku u njedra svoja, pojavit će se bijela, a bez mahane, i priberi se tako od straha! To su dva dokaza od Gospodara tvoga faraonu i glavešinama njegovim; oni su, zaista, narod raskalašeni."

33. "Gospodaru moj," – reče – "ja sam ubio jednog njihovog čovjeka, pa se bojim da i oni mene ne ubiju.

34. A moj brat Harun je rječitiji od mene, pa pošalji sa mnom i njega kao pomoćnika da potvrđuje riječi moje, jer se bojim da me ne nazovu lašcem."

35. "Pomoći ćemo te bratom tvojim" – reče On – "i obojici ćemo vlast dati, pa vam se oni neće usuditi prići. S Našim znamenjima vas dvojica i oni koji vas budu slijedili postat ćete pobjednici."

36. I kada im Musa donese Naše jasne dokaze, oni povikaše: "Ovo je samo smišljena čarolija, nismo čuli da se ovako nešto dešavalo u doba predaka naših!"

37. "Gospodar moj dobro zna onoga koji donosi uputstvo od Njega," – reče Musa – "onoga koji će na kraju pobijediti – a nevjernici doista neće uspjeti!"

38. "O velikaši," – reče faraon – "ja ne znam da vi imate drugog boga osim mene. A ti, o Hamane, peci mi opeke i sagradi mi toranj da se popnem k Musaovu Bogu, jar ja mislim da je on, zaista, lažac!"

39. A on i vojske njegove bijahu se bez ikakva osnova ponijeli na Zemlji i mislili su da Nam neće biti vraćeni,

40. pa Mi dohvatismo i njega i vojske njegove i u more ih bacismo; pogledaj kako su skončali nevjernici!

41. A bili smo ih učinili vođama koji su pozivali u ono zbog čega se ide u vatru – a na Sudnjem danu niko im neće pomoći –

42. i popratismo ih prokletstvom na ovome svijetu, a na Onome svijetu bit će od svakog dobra udaljeni.

43. I Mi smo Musau Knjigu dali, nakon što smo drevne narode uništili, da bude svjetlo ljudima i uputstvo i milost da bi sebi došli.

44. Ti nisi bio na Zapadnoj Strani* kada smo Musau poslanstvo povjerili, a nisi bio ni njegov savremenik.

45. Mi smo mnoge narode podigli i oni su dugo živjeli. A ti nisi boravio među stanovnicima Medjena da im kazuješ riječi Naše, nego ti Mi o njima kazujemo vijesti.

46. Ti nisi bio pored brda kad smo Musaa pozvali, ali Mi smo te poslali kao milost Gospodara tvoga da opominješ ljude kojima prije tebe nije došao niko ko bi ih opomenuo, da bi se opametili,

47. i da ne reknu kad ih kazna stigne zbog onoga što su počinili: "Gospodaru naš, zašto nam nisi poslao poslanika, pa da dokaze Tvoje slijedimo i vjernici budemo?"

48. A kad im dolazi Istina od Nas, oni govore: "Zašto mu nije dato onako isto kao što je dato Musau?" A zar oni još davno nisu porekli ono što je Musau dato? Oni govore: "Dvije čarolije, jedna drugu podržava."* i govore: "Mi ni u jednu ne vjerujemo."

49. Reci: "Pa donesite vi od Allaha Knjigu koja bolje nego ove dvije na Pravi put upućuje, nju bih slijedio, ako istinu govorite!"

50. Pa ako ti se ne odazovu, onda znaj da se oni povode jedino za strastima svojim. A zar je iko gore zalutao od onoga koji slijedi strast svoju, a ne Allahovu uputu? Allah, doista, neće ukazati na Pravi put narodu koji sam sebi nepravdu čini.

51. A Mi objavljujemo sve riječ po riječ, da bi razmislili.

52. Oni kojima smo dali Knjigu prije Kur'ana, vjeruju u njega.

53. A kad im se kazuje, govore: "Mi vjerujemo u njega, on je istina od Gospodara našeg, mi smo i prije bili muslimani."

54. Oni će dobiti dvostruku nagradu zato što trpe i što lijepim zlo uzvraćaju i što od onoga što im dajemo udjeljuju.

55. A kada čuju besmislicu kakvu, od nje se okrenu i reknu: "Nama naša djela, a vama vaša djela – mir vama! Mi ne želimo društvo neukih."

56. Ti, doista, ne možeš uputiti na Pravi put onoga koga ti želiš uputiti. Allah ukazuje na Pravi put onome kome On hoće i On dobro zna one koji će Pravim putem poći.

57. Oni govore: "Ako s tobom budemo Pravi put slijedili, bit ćemo brzo iz rodnog kraja protjerani." Zar im Mi ne pružamo priliku da borave u svetom i sigurnom mjestu gdje se, kao Naš dar, slivaju plodovi svakovrsni; međutim, većina njih ne zna.

58. A koliko smo Mi sela i gradova uništili čiji su stanovnici u životu obijesni bili! Eno domova njihovih, malo ko, poslije njih, navrati u njih, Nama su ostali.

59. A Gospodar tvoj nikada nije naselja uništavao dok u njihov glavni grad poslanika ne bi poslao, koji im je dokaze Naše kazivao. I Mi smo samo onda naselja uništavali kad su stanovnici njihovi nasilnici bili.

60. Sve što vam je darovano samo su naslade i ukrasi u životu na ovome svijetu, a ono što je u Allaha bolje je i trajno je. Zašto se ne opametite?

61. Kako može biti jednak onaj kome smo lijepu nagradu obećali, i koju će dobiti, i onaj kome smo dali da se naslađuje u životu na ovom svijetu, a koji će, poslije, na Onome svijetu u vatru ubačen biti?

62. A na Dan kad ih On pozove i upita: "Gdje su oni koje ste Meni ravnim smatrali?" –

63. reći će oni na kojima će se riječ obistiniti: "Gospodaru naš, ove što smo na stranputicu naveli – naveli smo zato što smo i sami na stranputici bili; mi ih se pred Tobom odričemo, oni se nama nisu klanjali."

64. "Pozovite božanstva vaša!" – reći će im se, pa će ih oni pozivati, ali im se ona neće odazvati, i patnju će doživjeti i zažalit će što na Pravom putu nisu bili.

65. A na Dan kad ih On pozove i upita: "Šta ste poslanicima odgovorili?" –

66. toga Dana oni neće znati šta će odgovoriti, pa ni jedan drugog neće ništa pitati.

67. A onaj koji se bude pokajao, i koji bude vjerovao, i koji bude dobra djela činio – on će postići šta je želio.

68. Gospodar tvoj stvara šta hoće, i On odabira. Oni nemaju pravo birati. Hvaljen neka je Allah i vrlo visoko iznad onih koje s Njim izjednačuju!

69. Gospodar tvoj zna ono što srca njihova kriju i ono što oni iskazuju.

70. On je Allah, drugog boga osim Njega nema; Njemu neka je hvala i na ovome i na Onome svijetu! Samo On sudi i Njemu ćete se vratiti.

71. Reci: "Kažite vi meni – ako bi Allah dao da vam noć potraje vječno, do Sudnjega dana – koji bog bi vam, osim Allaha, svjetlo dao? Zar ne čujete?"

72. Reci: "Kažite vi meni – ako bi Allah dao da vam dan potraje vječno, do Sudnjega dana – koji bog bi vam, osim Allaha, noć dao da u njoj otpočinete? Zar ne vidite?

73. Iz milosti Svoje On vam je dao noć i dan; da se u njoj odmarate, a da iz dobara Njegovih privređujete i da zahvalni budete."

74. A na Dan kada ih On pozove i upita: "Gdje su oni koje ste Meni ravnim smatrali?" –

75. iz svakog naroda dovest ćemo svjedoka i reći: "Dajte svoj dokaz!" i oni će saznati da je Bog jedino Allah, a neće im biti onih koje su izmišljali.

76. Karun je iz Musaova naroda bio, pa ih je tlačio, a bili smo mu dali toliko blaga da mu je ključeve od njega teško mogla nositi gomila snažnih ljudi. "Ne budi obijestan, jer Allah ne voli one koji su obijesni!" – govorili su mu ljudi iz naroda njegova –

77. "i nastoj time što ti je Allah dao steći Onaj svijet, a ne zaboravi ni svoj udio na ovome svijetu i čini drugima dobro, kao što je Allah tebi dobro učinio, i ne čini nered po Zemlji, jer Allah ne voli one koji nered čine."

78. "Ovo što imam stekao sam znanjem svojim, tako ja mislim." – govorio je on. A zar nije znao da je Allah prije njega uništio neke narode koji su bili od njega jači i koji su bili više nakupili – a zločinci neće o grijesima svojim ni ispitivani biti.

79. I iziđe on pred narod svoj u svom sjaju. "Ah, da je i nama ono što je dato Karunu!" – govorili su oni koji su čeznuli za životom na ovom svijetu – "On je, uistinu, presretan."

80. "Teško vama!" – govorili su učeni – "Onome koji vjeruje i čini dobra djela bolja je Allahova nagrada, a bit će samo strpljivima pružena."

81. I Mi smo i njega i dvorac njegov u zemlju utjerali, i niko ga od Allahove kazne nije mogao odbraniti, a ni sam sebi nije mogao pomoći.

82. A oni koji su ranije priželjkivali da su na njegovom mjestu, stadoše govoriti: "Zar ne vidite da Allah daje obilje onome od robova Svojih kome On hoće, a i da uskraćuje! Da nam Allah nije milost Svoju ukazao, i nas bi u zemlju utjerao. Zar ne vidite da nezahvalnici nikad neće uspjeti?"

83. Taj Drugi svijet dat ćemo onima koji se ne žele na Zemlji oholiti i nered činiti, a one koji se Allaha boje čeka sretan kraj.

84. Onaj ko učini dobro djelo dobit će deseterostruku nagradu za njega, a onaj ko uradi zlo – pa oni koji budu zlo radili bit će tačno prema zasluzi kažnjeni.

85. Onaj Koji ti objavljuje Kur'an sigurno će te vratiti na Onaj svijet. Reci: "Gospodar moj dobro zna ko je na Pravome putu i ko je u očitoj zabludi."

86. Ti nisi očekivao da će ti Knjiga biti objavljena, ali ona ti je objavljena kao milost Gospodara tvoga – zato nikako ne budi nevjernicima saučesnik!

87. I neka te oni nikako ne odvrate od Allahovih riječi, kada ti se objave, i pozivaj Gospodaru svome i nikako ne budi od onih koji druge Njemu smatraju ravnim!

88. I ne klanjaj se, pored Allaha, drugom bogu! Nema boga osim Njega! Sve će, osim Njega, propasti! On će suditi, i Njemu ćete se povratiti!

SURA 29

El-'Ankebūt – Pauk

(Mekka – 69 ajeta)

U ime Allaha, Milostivog, Samilosnog!

1. Elif Lām Mīm.

2. Misle li ljudi da će biti ostavljeni na miru ako kažu: "Mi vjerujemo!" i da u iskušenje neće biti dovedeni?

3. A Mi smo u iskušenje dovodili i one prije njih, da bi Allah sigurno ukazao na one koji govore istinu i na one koji lažu.

4. Zar misle oni koji zla djela rade da će Nama umaći? – Loše prosuđuju!

5. Onaj ko se boji susreta sa Allahom – pa doći će, sigurno, Dan obećani. – A On sve čuje i sve zna!

6. A onaj ko se bori – bori se samo za sebe, jer Allah sigurno može bez svih svjetova biti.

7. Onima koji vjeruju i dobra djela čine preći ćemo sigurno preko hrđavih postupaka njihovih i za ono što su radili doista ćemo ih najljepšom nagradom nagraditi.

8. Mi smo svakog čovjeka zadužili da bude dobar prema roditeljima svojim. Ali, ako te oni budu nagovarali da Meni nekoga ravnim smatraš, o kome ti ništa ne znaš, onda ih ne slušaj. Meni ćete se vratiti, pa ću vas Ja o onome što ste radili obavijestiti.

9. One koji vjeruju i dobra djela čine sigurno ćemo među one koji su dobri uvrstiti.

10. Ima ljudi koji govore: "Vjerujemo u Allaha." – a kad neki Allaha radi bude na muke stavljen, on drži da je ljudsko mučenje isto što i Allahova kazna. A ako pobjeda dođe od Gospodara tvoga, sigurno će oni reći: "Bili smo uz vas!" A zar Allah ne zna dobro ono što je u grudima čijim?

11. Allah dobro zna one koji vjeruju i dobro zna one koji su dvolični.

12. Nevjernici govore vjernicima: "Slijedite naš put, a mi ćemo nositi grijehe vaše!" – a ne bi ponijeli nijedan grijeh njihov, oni samo lažu,

13. ali će, sigurno, vlastito breme i breme onih koje su u zabludu odveli nositi, i za laži koje su iznosili, doista, će na Sudnjem danu odgovarati.

14. Mi smo Nuha narodu njegovu poslali i on je među njima ostao hiljadu manje pedeset godina, pa ih je potom zadesio potop, zato što su Allahu druge ravnim smatrali.

15. I Mi smo njega i one što su bili u lađi spasili, i poučnim primjerom svjetovima je učinili.

16. A i Ibrahima. "Allahu se jedino klanjate" – govorio je on narodu svome – "i Njega se bojte, to vam je bolje, da znate.

17. Vi se, mimo Allaha, kumirima klanjate i laži smišljate. Oni kojima se vi, mimo Allaha, klanjate ne mogu vas nikakvom hranom nahraniti. Vi hranu od Allaha tražite i Njemu se klanjajte i Njemu zahvalni budite! Njemu ćete se vratiti.

18. Ako vi smatrate lažnim mene, pa smatrali su lažnim svoje poslanike i narodi prije vas; a poslanik je jedino dužan jasno obznaniti."

19. Zar ovi ne vide kako Allah sve iz ničega stvara? On će to opet učiniti; Allahu je to, zaista, lahko.

20. Reci: "Putujte po svijetu da vidite šta je On iz ničega stvorio. I, Allah će to, poslije, po drugi put stvoriti. Allah, zaista, sve može;

21. On kažnjava onoga koga On hoće i milost ukazuje onome kome On hoće, i Njemu ćete se vratiti.

22. Njegovoj kazni nećete umaći ni na Zemlji ni na nebu, a nemate, mimo Allaha, ni zaštitnika ni pomagača.

23. A onima koji neće da vjeruju u Allahove dokaze i u susret s Njime, njima nije stalo do Moje milosti – njih čeka patnja nesnosna."

24. Odgovor naroda njegova bijaše: "Ubijte ga ili spalite!" – ali Allah ga je iz vatre izbavio. To su, uistinu, dokazi za narod koji vjeruje.*

25. "Vi ste" – reče on – "mimo Allaha kumire prihvatili da biste u životu na ovome svijetu međusobne prijateljske odnose održavali, a poslije, na Sudnjem danu, jedni drugih ćete se odricati i jedni druge ćete proklinjati, vatra će vaše boravište biti i niko vam u pomoć neće moći priteći."

26. I Lut mu jedini povjerova! A Ibrahim reče: "Ja se selim onamo kuda mi je Gospodar moj naredio, jer je On, uistinu, silan i mudar."

27. I Mi smo mu Ishaka i Jakuba poklonili i potomcima njegovim vjerovjesništvo i Knjigu dali, a njemu na ovom svijetu lijep spomen sačuvali, a na Onome će, doista, jedan od onih dobrih biti.

28. I Luta. Kada narodu svome reče: "Vi činite takav razvrat kakav prije vas niko na svijetu nije činio:

29. s muškarcima općite, po drumovima presrećete i na skupovima svojim najodvratnije stvari činite." – odgovor naroda njegova bijaše: "Učini da nas Allahova kazna stigne, ako istinu govoriš!"

30. "Gospodaru moj," – reče on – "pomozi mi protiv naroda grješnog!"

31. I kad izaslanici Naši Ibrahimu radosnu vijest donesoše: "Mi ćemo uništiti stanovnike onoga grada, jer su njegovi stanovnici nevjernici."

32. "U njemu je Lut." – reče Ibrahim. "Mi dobro znamo ko je u njemu." – rekoše oni – "Mi ćemo njega i porodicu njegovu sigurno spasiti, osim žene njegove, ona će ostati s onima koji će kaznu iskusiti."

33. I kad izaslanici Naši dođoše Lutu, on se zbog njih sneveseli i uznemiri. "Ne boj se i ne brini se." – rekoše oni – "Mi ćemo tebe i porodicu tvoju spasiti, osim žene tvoje – ona će ostati s onima koji će kaznu iskusiti.

34. A na stanovnike ovoga grada spustit ćemo strašnu kaznu s neba zbog toga što su razvratnici."

35. I od njega smo ostavili vidljive ostatke ljudima koji budu pameti imali.*

36. A u Medjen brata njihova Šuajba: "O narode moj," – govorio je on – "Allahu se jedino klanjajte i činite ono za što ćete dobiti nagradu na Onome svijetu, a po Zemlji, nered praveći, zlo ne radite!"

37. Ali mu oni ne povjerovaše, pa ih zadesi strašan potres i oni osvanuše u zemlji svojoj mrtvi, nepomični.

38. A i Ada i Semuda – ostaci domova njihovih su vam vidljivi – šejtan im je lijepim njihove postupke predočio, pa ih, iako su razumni bili, od Pravog puta odvratio;

39. I Karuna i faraona i Hamana; Musa im je jasne dokaze donio, ali su se oni na Zemlji oholo ponijeli i kaznu nisu izbjegli.

40. I sve smo prema grijesima njihovim kaznili: na neke vjetar pun pijeska poslali, a neke strašnim glasom uništili; neke u zemlju utjerali, a neke potopili. – Allah im nije učinio nepravdu, sami su sebi nepravdu nanijeli.

41. Oni koji, mimo Allaha, zaštitnike uzimaju slični su pauku koji sebi isplete kuću – a najslabija je kuća, uistinu, paukova kuća, neka znaju!

42. Allah dobro zna da ovi kojima se oni, pored Njega, klanjaju ništa ne predstavljaju; On je Silni i Mudri!

43. To su primjeri koje Mi ljudima navodimo, ali ih samo učeni shvaćaju.

44. Allah je nebesa i Zemlju s razlogom stvorio; to je, doista, pouka onima koji vjeruju.

45. Kazuj Knjigu koja ti se objavljuje i obavljaj molitvu. Molitva, zaista, odvraća od razvrata i od svega što je ružno, obavljanje molitve je najveća poslušnost! – A Allah zna šta radite.

46. I sa sljedbenicima Knjige raspravljajte na najljepši način, ali ne i sa onima među njima koji su nepravedni, i recite: "Mi vjerujemo u ono što se objavljuje nama i u ono što je objavljeno vama, a naš Bog i vaš Bog jeste – jedan, i mi se Njemu pokoravamo."

47. Kao i njima, Mi tebi objavljujemo Knjigu. A neki od onih kojima smo već dali Knjigu i u ovu vjeruju, a i od ovih neki u nju vjeruju, a dokaze Naše samo nevjernici osporavaju.

DŽUZ'
XXI

48. Ti prije nje nijednu knjigu nisi čitao, a nisi je ni desnom rukom svojom pisao, inače posumnjali bi oni što laži govore.

49. A to su ajeti jasni, u srcima su onih kojima je razum dat; a Naše ajete samo nepravedni osporavaju –

50. i govore: "Zašto mu od Gospodara njegova nisu neka čuda poslana?" Reci: "Čuda su jedino u Allaha, a ja samo jasno opominjem."

51. A zar im nije dosta to što Mi tebi objavljujemo Knjigu koja im se kazuje; u njoj je, doista, blagodat i pouka narodu koji vjeruje.

52. Reci: "Allah je dovoljan svjedok meni i vama, On zna sve što je na nebesima i na Zemlji. A oni koji u kumire vjeruju, a u Allaha ne vjeruju, oni su izgubljeni.

53. Oni traže od tebe da ih što prije stigne kazna. A da nije određenog roka za to, kazna bi im došla, a doći će im, sigurno, iznenada, oni neće predosjetiti.

54. Oni traže od tebe da ih što prije stigne kazna, a Džehennem će sigurno sve nevjernike obuhvatiti

55. na Dan kad ih patnja i odozgo i odozdo obuzme, a melek rekne: "Ispaštajte za ono što ste radili!"

56. O robovi Moji koji vjerujete, Moja je Zemlja prostrana, zato se samo Meni klanjajte!

57. Svako živo biće će smrt okusiti, i Nama ćete se poslije vratiti.

58. One koji budu vjerovali i dobra djela činili smjestit ćemo u džennetske odaje, ispred kojih će rijeke teći, u njima će vječno boraviti. Kako će divna biti nagrada onima koji su se trudili,

59. onima koji su trpjeli i u Gospodara svoga se uzdali!

60. A koliko ima životinja koje ne sakupljaju hranu sebi, Allah ih hrani, a i vas! On sve čuje i sve zna.

61. A da ih upitaš: "Ko je nebesa i Zemlju stvorio i ko je Sunce i Mjesec potčinio?" – sigurno bi rekli: "Allah!" Pa kuda se onda odmeću?

62. Allah u izobilju daje hranu onome kome hoće od robova Svojih, a nekome i uskraćuje. – Allah, zaista, zna sve.

63. A ako ih upitaš: "Ko s neba kišu spušta i njome mrtvu zemlju oživljava?" – sigurno će reći: "Allah!" A ti reci: "Hvala Allahu!" – ali većina njih ne shvaća.

64. Život na ovome svijetu nije ništa drugo do zabava i igra, a samo Onaj svijet je život, kad bi samo oni znali!

65. Kad se u lađe ukrcaju, iskreno se mole Allahu. A kad ih On do kopna dovede, odjednom druge Njemu ravnim smatraju

66. da bi pokazali nezahvalnost prema onome što im Mi dajemo i da bi uživali. A znat će oni!

67. Zar ne vide da smo Harem* svetim i sigurnim učinili, dok se svuda okolo njih otima i pljačka? I zar u laž vjeruju, a na Allahovim blagodatima su nezahvalni?

68. I ima li onda nepravednijeg od onoga koji o Allahu izmišlja laži ili poriče Istinu koja mu dolazi? I zar nevjernicima nije mjesto u Džehennemu?

69. One koji se budu zbog Nas borili Mi ćemo, sigurno, putevima koji Nama vode uputiti. – A Allah je, zaista, na strani onih koji dobra djela čine!

SURA 30

Er-Rūm – Bizantinci

(Mekka – 60 ajeta)

U ime Allaha, Milostivog, Samilosnog!

1. Elif Lām Mīm.

2. Bizantinci su pobijeđeni*

3. u susjednoj zemlji, ali oni će, poslije poraza svoga, sigurno pobijediti

4. za nekoliko godina – i prije i poslije, Allahova je odluka – i tada će se vjernici radovati

5. Allahovoj pomoći – On pomaže kome hoće, On je Silni i Samilosni –

6. obećanje je Allahovo, a Allah će obećanje Svoje ispuniti, ali većina ljudi ne zna.

7. Oni znaju samo spoljašnju stranu života na ovome svijetu, a prema Onome svijetu su ravnodušni.

8. A zašto ne razmisle sami o sebi? Allah je stvorio nebesa i Zemlju i ono što je između njih sa ciljem i do roka određenog. A mnogi ljudi ne vjeruju da će pred Gospodara svoga doista izaći.

9. Zašto ne putuju po svijetu pa da vide kako su završili oni prije njih? Oni su bili od njih jači, i zemlju su orali i obrađivali je više nego što je obrađuju ovi, i poslanici su im donosili jasne dokaze. Allah im nije učinio nepravdu, sami su sebi nepravdu nanijeli.

10. Oni koji su zlo činili završit će najužasnijom patnjom, zato što su Allahove riječi poricali i što su ih ruglu izvrgavali.

11. Allah iz ničega stvara, On će to ponovo učiniti i na kraju Njemu ćete se vratiti.

12. Na Dan kad nastupi Čas, mnogobošci će svaku nadu izgubiti:

13. božanstva njihova neće im biti zagovornici, a zbog božanstava svojih bili su nevjernici.

14. Na Dan kad nastupi Čas oživljenja, ljudi će se razdvojiti:

15. oni koji su vjerovali i dobra djela činili u džennetskom perivoju će se radovati,

16. a oni koji nisu vjerovali i koji su ajete Naše i susret na Sudnjem danu poricali u trajnoj će muci biti.

17. Pa hvaljen neka je Allah kad god omrknete i kad god osvanete –

18. Njemu neka je pohvala i na nebesima i na Zemlji – i predvečer i u podne!

19. On iz neživog stvara živo i živo pretvara u neživo. On oživljava zemlju nakon mrtvila njezina – isto tako ćete i vi biti oživljeni.

20. Jedan od dokaza Njegovih je to što vas od zemlje stvara, i odjednom vas, ljudi, svuda ima razasutih.

21. I jedan od dokaza Njegovih je to što za vas, od vrste vaše, stvara žene da se uz njih smirite, i što između vas uspostavlja ljubav i samilost – to su, zaista, pouke za ljude koji razmišljaju.

22. I jedan od dokaza Njegovih je stvaranje nebesa i Zemlje, i raznovrsnost jezika vaših i boja vaših – to su, zaista, pouke za one koji znaju.

23. I jedan od dokaza Njegovih je san vaš noću i po danu, i nastojanje vaše da steknete nešto iz obilja Njegova – to su, zaista, pouke za ljude koji čuju.

24. I jedan od dokaza Njegovih je to što vam pokazuje munju, da se pobojite i ponadate, i to što spušta s neba kišu i oživljava njome zemlju poslije mrtvila njezina – to su, zaista, pouke za ljude koji razumiju.

25. I jedan od dokaza Njegovih je i to što nebo i Zemlja postoje voljom Njegovom. Zatim to što ćete, čim vas On samo jednom iz zemlje pozove, brzo ustati.

26. Njemu pripada sve što je na nebesima i na Zemlji, sve je Njemu poslušno.

27. On je Taj Koji iz ničega stvara i On će to ponovo učiniti, to je Njemu lahko. On je uzvišen i na nebesima i na Zemlji. – On je silan i mudar.

28. On vam kao primjer navodi vas same: da li su oni koji su u posjedu vašem izjednačeni s vama u onome što vam Mi dajemo, pa ste u tome isti, i da li ih se bojite kao što se vi jedni drugih bojite? – Eto, tako Mi, podrobno, izlažemo dokaze Naše ljudima koji razmišljaju.

29. Ali, nevjernici lahkomisleno slijede strasti svoje – a ko će na Pravi put uputiti onoga koga je Allah u zabludi ostavio? – njima neće moći niko u pomoć priteći.

30. Ti upravi lice svoje vjeri, kao pravi vjernik, djelu Allahovu, prema kojoj je On ljude načinio – ne treba se mijenjati Allahova vjera, jer to je prava vjera, ali većina ljudi to ne zna –

31. obraćajući Mu se predano! Bojte se Njega i obavljajte molitvu, i ne budite od onih koji Mu druge ravnim smatraju,

32. od onih koji su vjeru svoju razbili i u stranke se podijelili; svaka stranka zadovoljna onim što ispovijeda.

33. A kad ljude nevolja snađe, oni se Gospodaru svome pokajnički obraćaju, a poslije, kad im On dâ da okuse milost Njegovu, odjednom neki od njih Gospodaru svome druge ravnim smatraju

34. da bi bili nezahvalni na onome što im Mi dajemo. "Pa uživajte, a saznat ćete!"

35. Zar smo im Mi poslali kakav dokaz koji govori u prilog onih koje Njemu ravnim smatraju?

36. Kad dopustimo ljudima da se blagodatima naslađuju, oni im se obraduju, a kad ih pogodi nevolja, zbog onoga što su ruke njihove činile, odjednom očajavaju.

37. Zar oni ne znaju da Allah u obilju daje hranu onome kome On hoće i da uskraćuje? To su, uistinu, dokazi za ljude koji vjeruju.

38. Zato podaj bližnjemu pravo njegovo, i siromahu i putniku! To je bolje za one koji se nastoje Allahu umiliti – ti će postići šta žele.

39. A novac koji dajete da se uveća novcem drugih ljudi neće se kod Allaha uvećati, a za milostinju koju udijelite da biste se Allahu umilili – takvi će dobra djela svoja umnogostručiti.

40. Allah vas stvara, i opskrbljuje. On će vam život oduzeti i na kraju vas oživiti. Postoji li ijedno božanstvo vaše koje bilo šta od toga čini? Hvaljen neka je On i vrlo visoko iznad onih koje Njemu smatraju ravnim!

41. Zbog onoga što ljudi rade, pojavio se metež i na kopnu i na moru, da im On dâ da iskuse kaznu zbog onoga što rade, ne bi li se popravili.

⁴². Reci: "Putujte po svijetu pa pogledajte kako su oni prije završili; većinom su oni mnogobošci bili."

⁴³. Zato ti upravi lice svoje prema pravoj vjeri, prije nego što Allahovom voljom nastupi Dan koji niko neće moći odbiti. Toga Dana On će ih razdvojiti:

⁴⁴. oni koji nisu vjerovali – na svoju štetu nisu vjerovali, a oni koji su dobra djela činili – sebi su Džennet pripremili,

⁴⁵. da On iz obilja Svoga nagradi one koji su vjerovali i dobra djela činili. – A On, zaista, ne voli nevjernike.

⁴⁶. Jedan od dokaza Njegovih je to što On šalje vjetrove kao nosioce radosnih vijesti da vam dâ da milost Njegovu osjetite i da lađe voljom Njegovom plove i da iz obilja Njegova stječete i da biste zahvalni bili.

⁴⁷. I prije tebe smo poslanike narodima njihovim slali i oni su im prave dokaze donosili, pa smo one koji su griješili kažnjavali – a dužnost Nam je bila vjernike pomoći.

⁴⁸. Allah je Taj Koji vjetrove šalje, pa oni oblake tjeraju, i On ih po nebu, kako On hoće, rasprostire i na komade dijeli, pa ti vidiš kišu kako iz njih pada, i kad je On na robove Svoje na koje želi prolije, oni se odjednom radošću ispune,

⁴⁹. iako su bili očajni prije nego što se spustila na njih.

⁵⁰. Zato pogledaj tragove Allahove milosti – kako On oživi zemlju nakon mrtvila njezina! On će, uistinu, i mrtve oživjeti, On sve može.

⁵¹· A da pošaljemo vjetar i da oni vide da je sve požutjelo, oni bi, i poslije toga, blagodati poricali.

⁵²· Ti ne možeš mrtve dozvati, ni gluhe, kad se od tebe okrenu, dovikati,

⁵³· niti možeš slijepe od zablude njihove odvratiti. Možeš jedino dozvati one koji u ajete Naše vjeruju, jedino oni će se odazvati.

⁵⁴· Allah je Taj Koji vas nejakim stvara i onda vam, poslije nejakosti, snagu daje, a poslije snage iznemoglost i sijede vlasi. On stvara što hoće. On sve zna i sve može.

⁵⁵· A na Dan kad nastupi Čas oživljenja, zločinci će se zaklinjati da su u grobovima samo jedan čas ostali, a i prije su istinu izbjegavali.

⁵⁶· A reći će oni kojima je dato znanje i vjerovanje: "Vi ste ostali, prema Allahovoj odredbi, sve do Dana oživljenja – a ovo je Dan oživljenja, samo što vi niste znali."

⁵⁷· Toga Dana neće ničem poslužiti pravdanja onima koji su se prema sebi ogriješili i neće se od njih tražiti da se Allahu umile.

⁵⁸· U ovom Kur'anu Mi navodimo ljudima svakovrsne primjere. A kad bi im ti kakvo god čudo donio, opet bi rekli oni koji neće da vjeruju: "Vi samo iznosite laži!"

⁵⁹· Eto tako Allah pečati srca onih koji neće da znaju.

⁶⁰· A ti budi strpljiv! Allahovo obećanje je, zaista, istina i neka te nikako ne obmanu oni koji čvrsto ne vjeruju.

SURA 31

Lukmān – Lukman

(Mekka – 34 ajeta)

U ime Allaha, Milostivog, Samilosnog!

1. Elif Lām Mīm.

2. Ovo su ajeti mudre Knjige,

3. upute i milosti onima koji budu dobro činili,

4. onima koji molitvu budu obavljali i zekat davali i koji u Onaj svijet budu čvrsto vjerovali –

5. njima će Gospodar njihov na Pravi put ukazati i oni će želje svoje ostvariti.

6. Ima ljudi koji kupuju priče za razonodu da bi, ne znajući koliki je to grijeh, s Allahova puta odvodili i da bi ga predmetom za ismijavanje uzimali. Njih čeka sramna kazna.*

7. Kad se nekom od njih ajeti Naši kazuju, on oholo glavu okreće, kao da ih nije ni čuo, kao da je gluh – zato mu navijesti patnju nesnosnu.

8. One koji budu vjerovali i dobra djela činili doista čekaju bašče uživanja,

9. u njima će vječno boraviti – obećanje je Allahovo istinito, a On je Silan i Mudar.

10. Nebesa je, vidite ih, bez stubova stvorio, a po Zemlji planine nepomične razbacao da vas ne trese i po njoj životinje svih vrsta razasuo. Mi s neba kišu spuštamo i činimo da po njoj niču svakovrsne plemenite biljke.

11. To je Allahovo djelo, a pokažite Mi šta su drugi, mimo Njega, stvorili? Ništa! Mnogobošci su u pravoj zabludi.

12. A Mi smo Lukmanu mudrost darovali: "Budi zahvalan Allahu! Ko je zahvalan, čini to u svoju korist, a ko je nezahvalan – pa Allah je, zaista, neovisan i hvale dostojan."

13. Kada Lukman reče sinu svome, savjetujući ga: "O sinko moj, ne smatraj druge Allahu ravnim, mnogoboštvo je, zaista, velika nepravda."

14. Mi smo naredili čovjeku da bude poslušan roditeljima svojim. Majka ga nosi, a njeno zdravlje trpi, i odbija ga u toku dvije godine. Budi zahvalan Meni i roditeljima svojim, Meni će se svi vratiti.

15. A ako te budu nagovarali da drugog Meni ravnim smatraš, onoga o kome ništa ne znaš, ti ih ne slušaj i prema njima se, na ovome svijetu, velikodušno ponašaj, a slijedi put onoga koji se iskreno Meni obraća. Meni ćete se poslije vratiti i Ja ću vas o onome što ste radili obavijestiti.

16. "O sinko moj, dobro ili zlo, teško koliko zrno gorušice, bilo u stijeni ili na nebesima ili u zemlji, Allah će na vidjelo iznijeti, jer Allah zna najskrivenije stvari, On je Sveznajući.

17. O sinko moj, obavljaj molitvu i traži da se čine dobra djela, a odvraćaj od hrđavih i strpljivo podnosi ono što te zadesi – dužnost je tako postupiti.

18. I, iz oholosti, ne okreći od ljudi lice svoje i ne idi zemljom nadmeno, jer Allah ne voli ni gordog ni hvalisavog.

19. U hodu budi odmjeren, a u govoru ne budi grlat – ta najneprijatniji glas je revanje magarca!"

20. Kako ne vidite da vam je Allah omogućio da se koristite svim onim što postoji na nebesima i na Zemlji i da vas darežljivo obasipa milošću Svojom, i vidljivom i nevidljivom? A ima ljudi koji raspravljaju o Allahu bez ikakva znanja, bez ikakve upute i bez knjige svjetilje.

21. A kad im se govori: "Slijedite ono što vam Allah objavljuje!" – odgovaraju: "Ne, mi slijedimo ono što smo zapamtili od predaka naših." Zar i onda kad ih šejtan poziva na patnju u Ognju!?

22. Onaj ko se sasvim preda Allahu, a uz to čini dobra djela, uhvatio se za najčvršću vezu. Allahu se na koncu sve vraća.

23. A onaj koji ne vjeruje, pa neka te ne zabrinjava nevjerovanje njegovo. Nama će se svi vratiti i Mi ćemo ih o onome šta su radili obavijestiti. – Allahu su, uistinu, poznate svačije misli.

24. Mi im dajemo da kratko uživaju, a onda ćemo ih natjerati u patnju neizdržljivu.

25. A da ih upitaš: "Ko je stvorio nebesa i Zemlju?" – sigurno bi rekli: "Allah!" A ti reci: "Hvaljen neka je Allah!" – samo što većina njih ne zna.

26. Allahovo je sve na nebesima i na Zemlji! Allah je, uistinu, nezavisan i hvale dostojan.

27. Da su sva stabla na Zemlji pisaljke, a da se u more, kad presahne, ulije još sedam mora, ne bi se ispisale Allahove riječi. – Allah je, uistinu, silan i mudar.

28. Stvoriti sve vas i sve vas oživiti isto je kao stvoriti i oživiti jednoga čovjeka. – Allah, zaista, sve čuje i sve vidi.

29. Kako ne vidiš da Allah uvodi noć u dan i uvodi dan u noć, i da je potčinio Sunce i Mjesec – svako se kreće do roka određenog – i da Allah dobro zna ono što radite?

30. To zato što je Allah – Istina, a oni kojima se, pored Njega, oni mole – neistina, i što je Allah Uzvišen i Velik.

31. Zar ne vidiš da lađe Allahovom milošću morem plove da bi vam pokazao neke dokaze Svoje? To su, zaista, pouke za sve strpljive i zahvalne.

32. A kad ih talas, kao oblak, prekrije, mole se Allahu iskreno Mu vjeru ispovijedajući; a čim ih On do kopna dovede, samo Mu neki zahvalni ostaju. A dokaze Naše samo izdajnik, nezahvalnik poriče.

33. O ljudi, bojte se Gospodara svoga i strahujte od Dana kad roditelj djetetu svome neće moći nimalo pomoći, niti će dijete moći svome roditelju imalo pomoći! Allahova prijetnja je istinita, pa neka vas nikako život na ovome svijetu ne zavara i neka vas u Allaha šejtan ne pokoleba.

34. Samo Allah zna kad će Smak svijeta nastupiti, samo On spušta kišu i samo On zna šta je u matericama, a čovjek ne zna šta će sutra zaraditi i ne zna čovjek u kojoj će zemlji umrijeti. – Allah, uistinu, sve zna i o svemu je obaviješten.

SURA 32

Es-Sedžde – Padanje ničice

(Mekka – 30 ajeta)

U ime Allaha, Milostivog, Samilosnog!

1. Elif Lām Mīm.

2. Knjigu objavljuje, u to nema sumnje, Gospodar svjetova,

3. a oni govore: "On je izmišlja!" Ne, ona je istina od Gospodara tvoga da opominješ narod kojem prije tebe nije došao niko da ga opominje, da bi išao Pravim putem.

4. Allah je nebesa i Zemlju i ono što je između njih u šest vremenskih razdoblja stvorio, a onda svemirom zagospodario. Vi, osim Njega, ni zaštitnika ni posrednika nemate, pa zašto se ne urazumite?

5. On upravlja svima, od neba do Zemlje, a onda se sve to Njemu vraća u Danu koji, prema vašem računanju vremena, hiljadu godina traje.

6. To je Onaj Koji zna i nevidljivi i vidljivi svijet, Silni i Milostivi,

7. Koji sve savršeno stvara, Koji je prvog čovjeka stvorio od ilovače –

8. a potomstvo njegovo stvara od kapi hude tekućine,

9. zatim mu savršeno udove uobliči i život mu udahne – i On vam i sluh i vid i pamet daje – a kako vi malo zahvaljujete!

10. Oni govore: "Zar ćemo, kad nestanemo pod zemljom, ponovo stvoreni biti?" Oni ne vjeruju da će pred Gospodara svoga izići.

11. Reci: "Melek smrti, koji vam je za to određen, duše će vam uzeti, a poslije ćete se Gospodaru svome vratiti."

12. A da ti je vidjeti grješnike kako će, oborenih glava pred Gospodarom svojim, reći: "Gospodaru naš, vidjeli smo i čuli smo, pa nas povrati da dobra djela činimo, mi doista čvrsto vjerujemo!"

13. A kad bismo htjeli, svakog čovjeka bismo na Pravi put uputili, ali Ja sam već istinu rekao: "Napunit ću, zaista, Džehennem džinima i ljudima zajedno!"

14. Pa trpite zato što ste zaboravljali da ćete ovaj Dan doživjeti – i Mi ćemo vas zaboraviti – i vječnu patnju trpite zbog onoga što ste radili.

15. U Naše riječi vjeruju samo oni koji, kad se njima opomenu, licem na tle padaju i koji Gospodara svoga veličaju i hvale i koji se ne ohole.

SEDŽDA

16. Bokovi njihovi se postelja lišavaju i oni se Gospodaru svome iz straha i želje klanjaju, a dio onog što im Mi dajemo udjeljuju.

17. I niko ne zna kakve ih, kao nagrada za ono što su činili, skrivene radosti čekaju.

18. Zar da vjerniku bude isto kao grješniku? Ne, njima neće biti isto:

19. one koji su vjerovali i dobra djela činili čekaju džennetske bašče u kojima će boraviti, kao nagrada za ono što su radili;

20. a one koji nisu vjerovali čeka vatra u kojoj će prebivati – kad god pokušaju iz nje izići, bit će u nju vraćeni i bit će im rečeno: "Trpite kaznu u vatri koju ste poricali."

21. I Mi ćemo učiniti da blažu kaznu iskuse, prije one najveće, ne bi li se pokajali.

22. A ima li nepravednijeg od onoga koji, opomenut riječima Gospodara svoga, njima leđa okrene? Mi ćemo, zaista, kazniti zlikovce!

23. Musau smo Mi Knjigu dali – ne sumnjaj nimalo u to da je on nije primio – i putokazom je sinovima Israilovim učinili.

24. Između njih smo Mi vođe određivali i oni su, odazivajući se zapovijedi Našoj, na Pravi put upućivali, jer su strpljivi bili i u dokaze Naše čvrsto vjerovali.

25. Gospodar tvoj će među njima na Sudnjem danu presuditi u onome oko čega su se razilazili.

26. Zar ovima nije jasno koliko smo Mi prije njih naroda uništili, po čijim oni nastambama hodaju? To su zaista dokazi, pa zašto neće da čuju?

27. Kako oni ne vide da Mi gonimo kišu u ogoljelu zemlju i činimo da, uz pomoć njenu, niče rastinje kojim se hrani stoka njihova, a i oni sami – pa zašto neće da vide!?

28. I oni govore: "Kad će već jednom ta pobjeda, ako istinu govorite?"

29. Reci: "Na Sudnjem danu, kada nevjernicima neće nikako koristiti to što će tada vjerovati i kad im se nimalo vremena neće dati."

30. Zato se ti okreni od njih i čekaj, i oni doista čekaju!

SURA 33

El-Ahzāb – Saveznici

(Medina – 73 ajeta)

U ime Allaha, Milostivog, Samilosnog!

1. O Vjerovjesniče, Allaha se boj, a nevjernike i licemjere ne slušaj – Allah, uistinu, sve zna i mudar je –

2. i slijedi ono što ti Gospodar tvoj objavljuje – Allah dobro zna ono što vi radite –

3. i u Allaha se pouzdaj, Allah je zaštitnik dovoljan!

4. Allah nijednom čovjeku dva srca u njedrima njegovim nije dao, a ni žene vaše, od kojih se ziharom rastavljate, materama vašim nije učinio,* niti je posinke vaše sinovima vašim učinio. To su samo vaše riječi, iz usta vaših, a Allah istinu govori i na Pravi put izvodi.

5. Zovite ih po očevima njihovim, to je kod Allaha ispravnije.* A ako ne znate imena očeva njihovih, pa braća su vaša po vjeri i štićenici su vaši. Nije grijeh ako u tome pogriješite, grijeh je ako to namjerno učinite. – A Allah prašta i samilostan je.

6. Vjerovjesnik treba biti preči vjernicima nego oni sami sebi, a žene njegove su kao majke njihove. A srodnici po Allahovoj Knjizi preči su jedni drugima od ostalih vjernika i muhadžira. Prijateljima svojim možete oporukom nešto ostaviti. To u Knjizi piše.

7. Mi smo od vjerovjesnikā zavjet njihov uzeli, i od tebe, i od Nuha, i od Ibrahima, i od Musaa, i od Isaa, sina Merjemina, smo čvrst zavjet uzeli

8. da bi On mogao pozvati na odgovornost vjerovjesnike za ono što su govorili. A nevjernicima je On pripremio bolnu patnju.

9. O vjernici, sjetite se Allahove milosti prema vama kada su do vas vojske došle, pa smo Mi protiv njih vjetar poslali, a i vojske koje vi niste vidjeli* – a Allah dobro vidi šta vi radite –

10. kad su vam došle i odozgo i odozdo,* a duša došla do grkljana, i kad ste o Allahu svašta pomišljali –

11. tada su vjernici bili u iskušenje stavljeni i ne mogu biti gore uznemireni,

12. kad su licemjeri i oni bolesna srca govorili: "Allah i Poslanik Njegov su nas samo obmanjivali kad su nam obećavali!" –

13. kad su neki među njima rekli: "O stanovnici Jesriba,* ovdje vam nema stanka, zato se vratite!", a drugi među njima su tražili dopuštenje od Vjerovjesnika i govorili: "Kuće su naše nezaštićene!" – a nisu bile nezaštićene, već su se oni htjeli izvući.

14. A da su im sa raznih strana prodrli i da su potom od njih zatražili da opet postanu mnogobošci, oni bi to, ne dvomeći se oko toga, brzo učinili,

15. a bili su se još prije Allahu obavezali da neće uzmicati – a za Allahu datu obavezu će se odgovarati!

16. Reci: "Ako bježite od smrti ili pogibije, bježanje vam neće pomoći, opet ćete samo kratko uživati."

17. Reci: "Ko će vas od Allaha zaštititi ako On hoće da vas zlo snađe ili ko vam može nauditi ako vam On želi milost ukazati?" Osim Allaha, oni neće naći sebi ni zaštitnika ni pomagača.

18. Allah dobro zna one među vama koji su druge zadržavali i prijateljima svojim govorili: "Priključite se nama!" – a samo su neki u boj išli

19. ne želeći da vam pomognu. A kad zavlada strah, vidiš ih kako gledaju u tebe kolutajući svojim očima kao pred smrt onesviješćeni; čim strah mine, oni vas psuju svojim oštrim jezicima, škrti da učine bilo kakvo dobro. Oni ne vjeruju, i zato će Allah djela njihova poništiti – a to je Allahu lahko.

20. Oni misle da saveznici još nisu otišli. A kad bi saveznici opet došli, najdraže bi im bilo da su među beduinima u pustinji i da se raspituju za vas; a da s vama ostanu, malo bi se borili.

21. Vi u Allahovom Poslaniku imate divan uzor za onoga koji se nada Allahovoj milosti i nagradi na Onome svijetu i koji često Allaha spominje.

22. A kad su vjernici saveznike ugledali, rekli su: "Ovo je ono što su nam Allah i Poslanik Njegov obećali, i Allah i Poslanik Njegov su istinu govorili!" – i to im je samo učvrstilo vjerovanje i predanost.

23. Ima vjernika koji ispunjavaju zavjet dat Allahu, ima ih koji su poginuli i ima ih koji to očekuju – nisu ništa izmijenili

24. da Allah nagradi iskrene za njihovu iskrenost, a da, ako hoće, stavi na muke licemjere ili da im oprosti. – Allah zaista prašta i samilostan je.

25. Allah je nevjernike pune srdžbe odbio, nisu nimalo uspjeli, i vjernike je Allah borbe poštedio – Allah je, uistinu, moćan i silan –

26. a sljedbenike Knjige, koji su ih pomagali, iz utvrda njihovih je izveo i strah u srca njihova ulio, pa ste jedne pobili, a druge kao sužnje uzeli,

27. i dao vam je da naslijedite zemlje njihove i domove njihove i bogatstva njihova, i zemlju kojom prije niste hodali. – Allah sve može.

28. O Vjerovjesniče, reci ženama svojim: "Ako želite život na ovome svijetu i njegov sjaj, onda se odlučite, dat ću vam pristojnu otpremu i lijepo ću vas otpustiti.*

29. A ako želite Allaha, i Poslanika Njegova, i Onaj svijet – pa Allah je, doista, onima među vama koji čine dobra djela pripremio nagradu veliku."

30. O žene Vjerovjesnikove, ako bi koja od vas očit grijeh učinila, kazna bi joj udvostručena bila, a to je Allahu lahko.

31. A onoj koja se bude Allahu i Poslaniku Njegovu pokoravala i dobra djela činila – dat ćemo nagradu dvostruku i pripremit ćemo joj opskrbu plemenitu.

32. O žene Vjerovjesnikove, vi niste kao druge žene! Ako se Allaha bojite, na sebe pažnju govorom ne skrećite, pa da u napast dođe onaj čije je srce bolesno, i neusiljeno govorite!

33. U kućama svojim boravite i ljepotu svoju, kao u davno pagansko doba, ne pokazujte, i molitvu obavljajte i zekat dajte, i Allaha i Poslanika Njegova slušajte! Allah želi od vas, o porodico Poslanikova, grijehe odstraniti i potpuno vas očistiti.

DŽUZ'
XXII

34. I pamtite Allahove ajete i mudrost, koja se kazuje u domovima vašim. – Allah je, uistinu, dobar i sve zna.

35. Muslimanima i muslimankama, i vjernicima i vjernicama, i poslušnim muškarcima i poslušnim ženama, i iskrenim muškarcima i iskrenim ženama, i strpljivim muškarcima i strpljivim ženama, i poniznim muškarcima i poniznim ženama, i muškarcima koji dijele zekat i ženama koje dijele zekat i muškarcima koji poste i ženama koje poste, i muškarcima koji o svojim stidnim mjestima vode brigu i ženama koje o svojim stidnim mjestima vode brigu, i muškarcima koji često spominju Allaha i ženama koje često spominju Allaha – Allah je, doista, za sve njih oprost i veliku nagradu pripremio.

36. Kada Allah i Poslanik Njegov nešto odrede, onda ni vjernik ni vjernica nemaju pravo po svome nahođenju postupiti. A ko Allaha i Njegova Poslanika ne posluša, taj je sigurno skrenuo s Pravoga puta.*

37. A kad ti reče onome kome je Allah milost darovao, a kome si i ti dobro učinio: "Zadrži ženu svoju i boj se Allaha!" – u sebi si skrivao ono što će Allah objelodaniti i ljudi si se bojao, a preče je da se Allaha bojiš. I pošto je Zejd s njom živio i od nje se razveo, Mi smo je za tebe udali kako se vjernici više ne bi ustručavali ženiti se ženama posinaka svojih kad se oni od njih razvedu – kako Allah odredi, onako treba biti.*

38. Vjerovjesniku nije teško činiti ono što mu Allah odredi, jer takav je bio Allahov propis i za one koji su prije bili i nestali – a Allahova zapovijed je odredba konačna –

39. za one koji su Allahove poslanice dostavljali i od Njega strahovali, i koji se nikoga, osim Allaha, nisu bojali. A dovoljno je to što će se pred Allahom račun polagati!

40. Muhammed nije roditelj nijednom od vaših ljudi,* nego je Allahov poslanik i posljednji vjerovjesnik. – A Allah sve dobro zna.

41. O vjernici, često Allaha spominjite i hvalite,

42. i ujutro i navečer Ga veličajte,

43. On vas blagosilja, a i meleki Njegovi, da bi vas iz tmina na svjetlo izveo – On je prema vjernicima samilostan –

44. a na Dan kad oni pred Njega stanu, On će ih pozdravljati sa: "Mir vama!" – i On im je pripremio nagradu plemenitu.

45. O Vjerovjesniče, Mi smo te poslali kao svjedoka i kao donosioca radosnih vijesti i kao poslanika koji opominje,

46. da – po Njegovom naređenju – pozivaš k Allahu, i kao svjetiljku koja sija.

47. I obraduj vjernike da će Allah na njih veliku milost prosuti,

48. a ne slušaj nevjernike i licemjere, i na uvrede njihove pažnju ne obraćaj i u Allaha se pouzdaj, Allah je dovoljan kao zaštitnik.

49. O vjernici, kad se vjernicama oženite, a onda ih, prije stupanja u bračni odnos, pustite, one nisu dužne čekati određeno vrijeme koje ćete vi brojati, već ih darujte i lijepo ih otpremite.

50. O Vjerovjesniče, Mi smo ti dozvolili da budu žene tvoje one kojima si dao vjenčane darove njihove, i one u vlasti tvojoj koje ti je Allah dao iz plijena, i kćeri amidža tvojih, i kćeri tetaka tvojih po ocu, i kćeri daidža tvojih, i kćeri tetaka tvojih po materi koje su se s tobom iselile, i samo tebi, a ne ostalim vjernicima – ženu vjernicu koja sebe pokloni Vjerovjesniku, ako se Vjerovjesnik hoće njome oženiti – da ti ne bi bilo teško. Mi znamo šta smo propisali vjernicima kada je riječ o ženama njihovim i o onima koje su u vlasništvu njihovu. – A Allah prašta i samilostan je.

51. Možeš zanemariti one među njima koje hoćeš i možeš pozvati sebi onu koju hoćeš, a možeš zatražiti onu koju si udaljio nijedno od toga nije tvoj grijeh. Najlakše će tako one radosne biti i neće se žalostiti i tako će sve onim što im ti daješ zadovoljne biti – a Allah zna šta je u srcima vašim. Allah zna sve i blag je.

52. Odsada ti nisu dopuštene druge žene, ni da umjesto njih neku drugu uzmeš, makar te i zadivila ljepota njihova, osim onih koje postanu robinje tvoje. – A Allah na sve motri.

53. O vjernici, ne ulazite u sobe Vjerovjesnikove, osim ako vam se dopusti radi jela, ali ne da čekate da se ono zgotovi. Tek kad budete pozvani onda uđite i, pošto jedete, raziđite se ne upuštajući se jedni sa drugima u razgovor. To smeta Vjerovjesniku, a on se stidi da vam to rekne, a Allah se ne stidi istine. A ako od njih nešto tražite, tražite to od njih iza zastora. To je čistije i za vaša i za njihova srca. Vama nije dopušteno da Allahova Poslanika uznemirujete niti da se ženama njegovim poslije smrti njegove ikada oženite. To bi, uistinu, kod Allaha, bio velik grijeh!

54. Iznosili vi o tome šta u javnost ili to u sebi krili – pa Allah sve zna.

55. Njima nije grijeh da budu otkrivene pred očevima svojim, i sinovima svojim, i braćom svojom, i sinovima braće svoje, i sinovima sestara svojih, i ženama vjernicama, i pred onima koje su u vlasništvu njihovu. I Allaha se bojte, jer Allahu, doista, nije skriveno ništa.

56. Allah i meleki Njegovi blagosiljaju Vjerovjesnika. O vjernici, blagosiljajte ga i vi i šaljite mu pozdrav!

57. One koji Allaha i Poslanika Njegova budu vrijeđali Allah će i na ovome i na Onome svijetu prokleti, i sramnu im patnju pripremiti.

58. A oni koji vjernike i vjernice vrijeđaju, a oni to ne zaslužuju, tovare na sebe klevetu i pravi grijeh.

59. O Vjerovjesniče, reci ženama svojim, i kćerima svojim, i ženama vjernika neka spuste haljine svoje niza se. Tako će se najlakše prepoznati pa neće napastvovane biti. A Allah prašta i samilostan je.

60. Ako se licemjeri i oni čija su srca bolesna i oni koji po Medini šire laži ne okane toga, Mi ćemo ti vlast nad njima prepustiti i oni će samo kratko vrijeme kao susjedi tvoji u njoj ostati –

61. prokleti neka su! Gdje god da se nađu, neka budu uhvaćeni i ubijeni

62. prema Allahovom zakonu koji je vrijedio za one koji su bili i nestali! A ti nećeš u Allahovu zakonu izmjene naći.

63. Ljudi te pitaju o Smaku svijeta, reci: "To jedino Allah zna!" A ti ne znaš, možda je Smak svijeta blizu!

64. Allah je nevjernike prokleo i za njih oganj razbuktali pripremio,

65. u njemu će vječno i zauvijek boraviti, ni zaštitnika ni pomagača neće naći.

66. Na Dan kad se njihova lica u vatri budu prevrtala, govorit će: "Kamo sreće da smo se Allahu pokoravali i da smo Poslanika slušali!"

67. I govorit će: "Gospodaru naš, mi smo prvake naše i starješine naše slušali, pa su nas oni s Pravoga puta odveli.

68. Gospodaru naš, podaj im dvostruku patnju i prokuni ih prokletstvom velikim!"

69. O vjernici, ne budite kao oni koji su Musaa uznemiravali, pa ga je Allah oslobodio onoga što su govorili, i on kod Allaha ugled uživa.

70. O vjernici, bojte se Allaha i govorite samo istinu,

71. On će vas za vaša dobra djela nagraditi i grijehe vam vaše oprostiti. A onaj ko se Allahu i Poslaniku Njegovu bude pokoravao – postići će ono što bude želio.

72. Mi smo nebesima, Zemlji i planinama ponudili emanet, pa su se ustegli i pobojali da ga ponesu, ali ga je preuzeo čovjek – a on je, zaista, prema sebi nepravedan i lahkomislen –

73. da bi Allah licemjere i licemjerke, i mnogobošce i mnogoboškinje kaznio, a vjernicima i vjernicama oprostio. – A Allah prašta i samilostan je.

SURA 34

Sebe' – Saba

(Mekka – 54 ajeta)

U ime Allaha, Milostivog, Samilosnog!

1. Neka je hvaljen Allah, Čije je sve ono na nebesima i sve ono na Zemlji! Hvaljen neka bude i na Onome svijetu! On je Mudri i Sveznajući.

2. On zna šta u zemlju ulazi, a šta iz nje izlazi, i šta se s neba spušta, a šta se na njega uspinje; On je samilostan i On prašta grijehe.

3. A nevjernici govore: "Čas oživljenja nam neće doći!" Reci: "Hoće, tako mi Gospodara moga, Koji zna i ono što je skriveno, zacijelo će vam doći." Njemu ne može ništa, ni trunčica jedna ni na nebesima ni na Zemlji, izmaći, i ne postoji ništa, ni manje ni veće od toga, što nije u jasnoj Knjizi

4. da nagradi one koji vjeruju i dobra djela čine – njih čeka oprost i opskrba plemenita –

5. a da kazni najbolnijom patnjom one koji se protiv dokaza Naših bore, nastojeći ih onemogućiti.

6. Oni kojima je dato znanje dobro znaju da je ono što ti se objavljuje od Gospodara tvoga istina i da vodi na put Silnoga i Hvaljenoga,

7. dok oni koji ne vjeruju govore: "Hoćete li da vam pokažemo čovjeka koji vam predskazuje da ćete, kada se sasvim raspadnete, zaista ponovo stvoreni biti?

8. Iznosi li on o Allahu laži ili je lud?" Nijedno, već će oni koji u Onaj svijet neće da vjeruju na muci biti i u zabludi su velikoj.

9. Kako ne vide nebo i Zemlju, ono što je iznad njih i ono što je ispod njih!? Kad bismo htjeli, u zemlju bismo ih utjerali, ili komade neba na njih sručili. To je, zaista, pouka svakome robu koji je odan.

10. Mi smo Davudu Našu milost ukazali – "O brda, ponavljajte zajedno s njim hvalu, i vi ptice!" – i učinili da mu mehkano gvožđe bude.

11. "Pravi široke pancire i čestito ih pleti!" – i činite dobro, jer Ja vidim šta radite vi.

12. A Sulejmanu – vjetar, ujutro je prevaljivao rastojanje od mjesec dana, a i navečer rastojanje od mjesec dana; i učinili smo da mu iz izvora rastopljen bakar teče i da džini, voljom njegova Gospodara, pred njim rade; a kad bi neki od njih otkazao poslušnost naređenju Našem, učinili bismo da ognjenu patnju osjeti.

13. Oni su mu izrađivali što god je htio: hramove i spomenike, i zdjele kao čatrnje, i kotlove nepokretne.* "Trudite se i budite zahvalni, o čeljadi Davudova!" – A malo je zahvalnih među robovima Mojim.

14. A kad smo odredili da umre, crv koji je bio rastočio štap njegov – upozorio ih je da je umro, i kad se on srušio, džini shvatiše da ne bi na muci sramnoj ostali da su budućnost prozreti mogli.*

15. Stanovnici Sabe imali su dokaz u mjestu u kome su živjeli: vrtove zdesna i slijeva. "Jedite hranu Gospodara svoga i budite Mu zahvalni; kakav divan kraj i Gospodar Koji mnogo prašta!"

16. Ali oni su nezahvalni postali, pa smo na njih poplavu pustili, popuštanjem brana nastalu, i zamijenili im njihove vrtove drugim vrtovima sa plodovima gorkim i tamariskom i neznatnim lotosom divljim.

17. Kaznili smo ih tako zato što su bili nezahvalni, a da li Mi kažnjavamo ikoga drugog do nevjernika, nezahvalnika!?

18. A između njih* i gradova koje smo blagoslovili izgradili smo bili naselja povezana i odredili im potrebnu udaljenost. "Putujte kroz njih i po noći i po danu, sigurni!"

19. Ali oni rekoše: "Gospodaru naš, učini veće rastojanje prilikom putovanja naših!" – i ogriješiše se prema sebi, i Mi učinismo da se o njima samo priča, a njih kud koje raselismo. To su, zaista, pouke za svakog strpljivog i zahvalnog.

20. I Iblis se uvjerio da je o njima ispravno mislio, i oni su se poveli za njim, osim nekolicine vjernika

21. nad kojima nikakve vlasti nije imao. Mi smo htjeli ukazati na onoga ko vjeruje u Onaj svijet, a ko u njega sumnja. – A Gospodar tvoj bdi nad svim.

22. Reci: "Zovite one koje, pored Allaha, bogovima smatrate. Oni ništa nemaju, ni koliko trun jedan, ni na nebesima ni na Zemlji; oni u njima nemaju nikakva udjela i On nema od njih nikakve pomoći."

23. Kod Njega će se moći zauzimati za nekoga samo onaj kome On dopusti. I kad iz srca njihovih nestane straha, oni će upitati: "Šta je to rekao Gospodar vaš?" "Istinu." – odgovorit će. On je Uzvišen i Velik.

24. Upitaj: "Ko vas opskrbljuje i iz neba i iz zemlje?" – i odgovori: "Allah!" Da li smo onda mi ili vi na Pravome putu ili u očitoj zabludi?"

25. Reci: "Vi nećete odgovarati za grijehe koje mi počinimo niti ćemo mi odgovarati za ono što uradite vi."

26. Reci: "Gospodar naš će nas sabrati i onda nam pravedno presuditi. On je sudija Pravedni, Sveznajući."

27. Reci: "Pokažite mi one koje smatrate Njemu ravnim!" – Nema ih, postoji samo Allah, Silni i Mudri!

28. Mi smo te poslali svim ljudima da radosne vijesti donosiš i da opominješ, ali većina ljudi ne zna.

29. I govore: "Kad će već jednom ta prijetnja, ako istinu govorite?"

30. Reci: "Dan vam je već određen, ne možete ga ni za čas jedan zaustaviti niti ubrzati."

31. A oni koji ne vjeruju govore: "Mi nećemo vjerovati u ovaj Kur'an niti u one prije njega!" A kada bi samo vidio kad oni koji su učinili zlo pred Gospodarom svojim budu zadržani i kad stanu među sobom razgovarati: "Da vâs nije bilo, sigurno bismo bili vjernici." – reći će oni koji su bili tlačeni onima koji su bili oholi.

32. "A zar smo vas mi od Pravoga puta odvratili nakon što vam je bilo na njega ukazano? Ne, sami ste vi grješnici bili." – reći će oni koji su bili oholi onima koji su bili tlačeni.

33. "Nije bilo tako," – odgovorit će oni koji su bili tlačeni onima koji su bili oholi – "nego ste danju i noću spletkarili kad ste od nas tražili da u Allaha ne vjerujemo i da Mu druge jednakim smatramo." I svi će prikriti tugu kad vide da će kažnjeni biti, a Mi ćemo na vratove nevjernika sindžire staviti. Zar će biti kažnjeni drukčije nego prema onome kako su radili?

34. Mi ni u jedan grad nismo poslanika poslali, a da nisu rekli oni koji su na raskošan život bili navikli: "Ne vjerujemo mi u ono što je po vama poslano!"

35. i da nisu govorili: "Imamo više imetka i djece – mi nećemo biti mučeni!"

36. Reci: "Gospodar moj daje obilnu opskrbu onome kome hoće, a i uskraćuje, ali većina ljudi ne zna.

37. Ni bogatstva vaša ni djeca vaša neće vas učiniti Nama bliskim. Samo one koji budu vjerovali i dobra djela činili čeka višestruka nagrada za ono što su radili, i oni će u visokim odajama biti sigurni.

38. A oni koji se budu trudili da se dokazima Našim suprotstave, da ih onemoguće, oni će biti kažnjeni."

39. Reci: "Gospodar moj daje obilnu opskrbu onome kome hoće od robova Svojih, a kome hoće uskraćuje. Što god vi udijelite, On će to nadoknaditi, On najbolje opskrbljuje."

40. A na Dan kad ih sve sabere, pa meleke upita: "Zar su se ovi vama klanjali?" –

41. oni će odgovoriti: "Hvaljen neka si, Ti si Gospodar naš, između nas i njih nije bilo prijateljstva; oni su se džinima pokoravali i većina njih je vjerovala u njih."

42. Toga Dana jedni drugima nećete moći ni koristiti ni nauditi, a Mi ćemo onima koji su se prema sebi ogriješili reći: "Trpite patnju u vatri koju ste poricali!"

43. Kad im se Naši jasni ajeti kazuju, oni govore: "Ovaj čovjek vas samo hoće odvratiti od onoga čemu su se vaši preci klanjali." i govore: "Ovo nije ništa drugo nego izmišljena laž!" A oni koji ne vjeruju govore o Istini kada im dolazi: "Ovo nije ništa drugo nego očito vračanje!"

44. A Mi im nismo dali nikakve knjige da ih izučavaju i Mi im, prije tebe, nismo bili poslali nekoga ko bi ih opominjao.

45. A i oni prije njih su poslanike u laž ugonili, a ovi nisu postigli ni deseti dio onoga što smo onima bili dali, pa su ipak poslanike Moje lažnim smatrali, i kakva je samo bila kazna Moja!

46. Reci: "Ja vam savjetujem samo jedno: ustanite iskreno prema Allahu, dvojica po dvojica, ili jedan po jedan, pa zatim razmislite da drug vaš nije lud. On vas samo prije teške patnje opominje."

47. Reci: "Kakvu god nagradu da zatražim od vas, nek ostane vama, mene će nagraditi Allah, On nad svim bdi."

48. Reci: "Gospodar moj pobjeđuje istinom, On dobro zna i sve ono što je veoma skriveno."

49. Reci: "Došla je istina, a laži je nestalo!"

50. Reci: "Ako zalutam, zalutao sam na svoju štetu. A ako sam na Pravome putu, to je zbog onoga što mi Gospodar moj objavljuje. – On zaista sve čuje i blizu je."

51. A da ti je vidjeti kad ih strava uhvati – umaći neće moći, izbliza bit će sčepani –

52. i kada reknu: "Vjerujemo u Poslanika!" A šta će im biti od koristi kad je život na Zemlji bio i prošao!

53. U njega oni nisu prije vjerovali, govorili su ono što nije poznato, što je od istine daleko;*

54. i između njih i onoga što budu željeli bit će prepreka postavljena kao što je prije bilo učinjeno sa njima sličnim, jer su svi oni, doista, mnogo sumnjali.

SURA 35

Fātir – Stvoritelj

(Mekka – 45 ajeta)

U ime Allaha, Milostivog, Samilosnog!

1. Hvaljen neka je Allah, Stvoritelj nebesa i Zemlje, Koji meleke sa po dva, tri i četiri krila čini izaslanicima. On onome što stvara dodaje što hoće. – On, uistinu, sve može.

2. Milost koju Allah podari ljudima niko ne može uskratiti, a ono što On uskrati niko ne može, poslije Njega, dati. – On je Silan i Mudar.

3. O ljudi, sjetite se milosti kojom vas Allah obasipa. Postoji li, osim Allaha, ikakav drugi stvoritelj koji vas sa neba i iz zemlje opskrbljuje? Osim Njega nema drugog boga, pa kuda se onda odmećete?

4. Ako te oni u laž utjeruju, pa i prije tebe su poslanike u laž utjerivali. – A Allahu će se sve vratiti.

5. O ljudi, Allahova prijetnja je zaista istina, pa neka vas nikako život na ovome svijetu ne zaslijepi i neka vas šejtan u Allaha ne pokoleba.

6. Šejtan je, uistinu, vaš neprijatelj, pa ga takvim i smatrajte! On poziva pristaše svoje da budu stanovnici u vatri.

7. One koji ne vjeruju čeka patnja teška, a one koji vjeruju i dobra djela čine oprost i nagrada velika.

8. Kako mogu biti isti: onaj kome su njegova ružna djela prikazana lijepim, a i on ih smatra lijepim? Allah u zabludi ostavlja onoga koga hoće, a na Pravi put ukazuje onome kome hoće, pa ne izgaraj od žalosti za njima. – Allah, doista, dobro zna sve što oni rade.

9. Allah šalje vjetrove koji pokreću oblake, a Mi ih onda u mrtve predjele upravljamo i njima zemlju oživljavamo, koja je mrtva bila – takvo će biti i oživljenje.

10. Ako neko želi veličinu, pa u Allaha je sva veličina! K Njemu se dižu lijepe riječi, i dobro djelo On prima. A one koji imaju hrđave namjere čeka patnja nesnosna, i njihovo spletkarenje je rabota bezuspješna.

11. Allah vas stvara od zemlje, zatim od kapi sjemena, i najzad vas čini muškarcima i ženama. I nijedna žena ne zanese niti rodi, a da to On ne zna. I ničiji život se ne produži niti skrati, a da to nije zabilježeno u Knjizi – to je Allahu, uistinu lahko!

12. Ni dva mora nisu jednaka: jedno je slatko i prijatno – voda mu se lahko pije, a drugo je slano i gorko. Vi iz svakog jedete svježe meso i vadite nakit kojim se kitite. Ti vidiš lađe kako po njemu sijeku vodu da stječete iz obilja njegova, da biste bili zahvalni.

13. On uvodi noć u dan i uvodi dan u noć, On je potčinio Sunce i Mjesec – svako plovi do roka određenog. To vam je, eto, Allah. Gospodar vaš, carstvo je Njegovo! A oni kojima se, pored Njega, klanjate ne posjeduju ništa.

14. Ako im se molite, ne čuju vašu molbu. A da i čuju, ne bi vam se odazvali. Na Sudnjem danu će poreći da ste ih Njemu ravnim smatrali. I niko te neće obavijestiti kao Onaj Koji zna.

15. O ljudi, vi ste siromasi, vi trebate Allaha, a Allah je nezavisan i hvale dostojan.

16. Ako hoće, uklonit će vas i nova stvorenja dovesti,

17. to Allahu nije teško.

18. I nijedan grješnik neće grijehove drugog nositi. Ako grijehovima pretovareni pozove da mu se ponesu, niko mu ih neće ponijeti, pa ni rođak. A ti ćeš opomenuti samo one koji se Gospodara svoga boje, iako ih niko ne vidi, i koji obavljaju molitvu – onaj ko se očisti, očistio se za svoje dobro. – A Allahu se sve vraća.

19. Nisu nikako isti slijepac i onaj koji vidi,

20. ni tmine ni svjetlo,

21. ni hladovina i vjetar vrući,

22. i nisu nikako isti živi i mrtvi. Allah će učiniti da čuje onaj koga On hoće, a ti ne možeš one u grobovima dozvati,

23. tvoje je samo da opominješ.

24. Mi smo te poslali s Istinom da radosne vijesti donosiš i da opominješ. A nije bilo naroda kome nije došao onaj koji ga je opominjao.

25. Ako te oni u laž utjeruju – pa i oni prije njih su poslanike u laž utjerivali, a oni su im očigledna čuda donosili, i listove, i Knjigu svjetilju.*

26. I Ja sam onda kažnjavao one koji nisu vjerovali, a kakva je samo bila kazna Moja!

27. Zar ne znaš da Allah s neba spušta vodu i da Mi pomoću nje stvaramo plodove različitih vrsta. A postoje brda bijelih i crvenih staza, različitih boja, i sasvim crnih.

28. I ljudi i životinja i stoke ima, isto tako, različitih vrsta. A Allaha se boje od robova Njegovih učeni. Allah je doista silan i On prašta.

29. Oni koji Allahovu Knjigu čitaju i molitvu obavljaju i od onoga čime ih Mi opskrbljujemo udjeljuju, i tajno i javno, mogu se nadati nagradi koja neće nestati:

30. da ih On prema onome što su radili nagradi i još im iz obilja Svoga da, jer On mnogo prašta i blagodaran je.

31. A ono što ti iz Knjige objavljujemo sušta je istina, ona potvrđuje da su istinite i one prije nje. – Allah, zaista, o robovima Svojim sve zna i On sve vidi.

32. Mi ćemo učiniti da Knjigu poslije naslijede oni Naši robovi koje Mi izaberemo. Bit će onih koji će se prema sebi ogriješiti, bit će onih čija će dobra i loša djela podjednako teška biti, i bit će i onih koji će, Allahovom voljom, svojim dobrim djelima druge nadmašiti – za to će veliku nagradu dobiti:

33. edenske perivoje u koje će ući, u kojima će se zlatnim narukvicama, biserom ukrašenim, kititi, a haljine će im, u njima, od svile biti.

34. "Hvaljen neka je Allah" – govorit će – "Koji je od nas tugu odstranio – Gospodar naš, zaista, mnogo prašta i blagodaran je –

35. Koji nam je, od dobrote Svoje, vječno boravište darovao, gdje nas umor neće doticati i u kome nas klonulost neće snalaziti."

36. A nevjernike čeka vatra džehennemska, oni neće biti na smrt osuđeni, i neće umrijeti, i neće im se patnja u njemu ublažiti – eto tako ćemo svakog nevjernika kazniti –

37. oni će u njemu jaukati: "Gospodaru naš, izbavi nas, činit ćemo dobra djela, drugačija od onih koja smo činili." "A zar vas nismo ostavili da živite dovoljno dugo da bi onaj koji je trebao razmisliti imao vremena razmisliti, a bio vam je došao i onaj koji opominje? Zato iskusite patnju, nevjernicima nema pomoći!"

38. Allah sigurno zna tajne nebesa i Zemlje, On dobro zna svačije misli.

39. On čini da se smjenjujete na Zemlji. Ko ne bude vjerovao, nevjerovanje njegovo je na njegovu štetu. Nevjernicima će njihovo nevjerovanje kod Gospodara njihova samo povećati odvratnost i nevjernicima će njihovo nevjerovanje povećati propast.

40. Reci: "Kažite vi meni koji su dio Zemlje stvorila božanstva vaša kojima se, umjesto Allahu, klanjate, i recite mi imaju li oni u stvaranju nebesa ikakva udjela, ili smo mnogobošcima Mi dali Knjigu, pa imaju u njoj dokaz za to? Nijedno, već nevjernici jedni druge obmanjuju.

41. Allah brani da se ravnoteža nebesa i Zemlje poremeti. A da se poremete, niko ih drugi osim Njega ne bi zadržao. – On je zaista blag i prašta grijehe.

42. Oni su se zaklinjali Allahom, najtežom zakletvom, da će se, bolje nego bilo koji narod, držati Pravoga puta – samo ako im dođe onaj koji će ih opominjati. I kad im je došao onaj koji opominje, njegov dolazak im je samo povećao otuđenje:

43. oholost na Zemlji i ružno spletkarenje, a spletke će pogoditi upravo one koji se njima služe. Zar oni mogu očekivati nešto drugo već ono što je zadesilo narode drevne? U Allahovim zakonima ti nikad nećeš naći promjene, u Allahovim zakonima ti nećeš naći odstupanja.

44. Zašto oni ne putuju po svijetu da vide kako su završili oni prije njih, koji su bili jači od njih? – Allahu ne može ništa umaći ni na nebesima ni na Zemlji. On, uistinu, sve zna i sve može.

45. Da Allah kažnjava ljude prema onome što zasluže, ništa živo na Zemljinoj površini ne bi ostavio, ali On ih ostavlja do roka određenog. I kad im rok dođe – pa Allah dobro zna robove Svoje.

SURA 36

Jā Sīn – Jasin

(Mekka – 83 ajeta)

U ime Allaha, Milostivog, Samilosnog!

1. Jā Sīn.
2. Tako Mi Kur'ana mudrog,
3. ti si, uistinu, Poslanik,
4. na Pravome putu,
5. po objavi Silnoga i Samilosnoga,
6. da opominješ narod čiji preci nisu bili opominjani, pa je ravnodušan!
7. O većini njih se već obistinila Riječ – zato oni neće vjerovati.
8. Mi smo učinili da budu kao oni na čije smo vratove sindžire stavili sve do podbradaka – zato su oni glava uzdignutih –
9. i kao oni ispred kojih i iza kojih smo pregradu metnuli i na oči im koprenu stavili. Zato oni ne vide,
10. i njima je svejedno opominjao ih ti ili ne opominjao, oni neće vjerovati.
11. Tvoja opomena će koristiti samo onome koji Kur'an slijedi i Milostivoga se boji, iako Ga ne vidi – njega obraduj oprostom i nagradom lijepom!
12. Mi ćemo, zaista, mrtve oživiti i Mi smo zapisali ono što su uradili i djela koja su iza sebe ostavili – sve smo Mi to u Knjizi jasno pobrojali.

13. Navedi im kao pouku stanovnike jednog grada kad su im došli poslanici.

14. Kad im Mi poslasmo dvojicu, ali im oni ne povjerovaše, i pojačasmo trećim, pa rekoše: "Mi smo vama poslani!"

15. "Vi ste ljudi kao i mi." – oni odgovoriše – "Milostivi nije objavio ništa, vi neistinu govorite!"

16. "Gospodar naš zna da smo, doista, vama poslani" – rekoše oni –

17. "i dužni smo samo jasno obznaniti."

18. Oni rekoše: "Mi slutimo da nam nesreću donosite. Ako se ne okanite, kamenovat ćemo vas i stići će vas, zaista, bolna patnja od nas."

19. "Uzrok vaše nesreće je s vama!" – rekoše oni. "Zar zato što ste opomenuti? Ta vi ste narod koji svaku granicu zla prelazi."

20. I s kraja grada žurno dođe jedan čovjek i reče: "O narode moj, slijedi one koji su poslani,

21. slijedite one koji od vas ne traže nikakvu nagradu, a na Pravom su putu!

22. Zašto da se ne klanjam Onome Koji me je stvorio, a Njemu ćete se vratiti?

23. Zašto da prihvaćam druge bogove mimo Njega? Ako Milostivi hoće da me snađe neko zlo, njihovo posredovanje neće mi biti ni od kakve koristi i oni me neće moći spasiti,

24. a ja bih tada bio u pravoj zabludi;

25. ja vjerujem u Gospodara vašeg, čujte mene!"

26. I reći će se: "Uđi u Džennet!" A on će reći: "Kamo sreće da narod moj zna

27. zašto mi je Gospodar moj oprostio i lijep mi prijem priredio!"

28. I protiv naroda njegova, poslije njega, Mi nismo vojsku s neba poslali, niti smo to ikada činili;

29. samo bi se čuo jedan užasan krik, i oni bi odjednom svi pomrli.

30. O kako su ljudi jadni! Nijedan poslanik im nije došao, a da mu se nisu narugali.

31. Kako oni ne znaju koliko smo prije njih naroda uništili od kojih im se niko vratio nije,

32. a svi oni bit će zajedno pred Nas dovedeni.

DŽUZ'
XXIII

33. Dokaz im je mrtva zemlja: Mi joj život dajemo i iz nje niče žito koje oni jedu;

34. Mi po njoj stvaramo bašče, palmike i vinograde, i činimo da iz nje izvori izviru -

35. da oni jedu plodove njihove i od onoga što ruke njegove privrijede, pa zašto neće da budu zahvalni?

36. Neka je hvaljen Onaj Koji u svemu stvara spol: u onome što iz zemlje niče, u njima samima, i u onome što oni ne znaju!

37. I noć im je dokaz: Mi uklanjamo dnevnu svjetlost i oni ostaju u mraku.

38. I Sunce se kreće do svoje određene granice, to je odredba Silnoga i Sveznajućega.

39. I Mjesecu smo odredili položaj, i on se uvijek ponovo vraća kao stari savijeni palmin prut.

40. Nit' Sunce može Mjesec dostići nit' noć dan prestići, svi oni u svemiru plove.

41. Dokaz im je i to što potomke njihove u lađama krcatim prevozimo

42. i što za njih, slične njima, stvaramo one na kojima se voze.

43. I ako želimo, Mi ih potopimo. I neće im spasa biti, neće se izbaviti,

44. osim ako im se ne smilujemo, da bi do roka određenog uživali.

45. A kad im se rekne: "Bojte se onoga što se prije vas dogodilo i onoga što vas čeka da biste pomilovani bili!"

46. I ne dođe im nijedan dokaz od Gospodara njihova kojem oni leđa ne okrenu.

47. A kad im se kaže: "Udjeljujte od onoga što vam Allah daje." – onda nevjernici govore vjernicima: "Zar da hranimo onoga koga je Allah, da je htio, mogao nahraniti? Vi ste, uistinu, u pravoj zabludi!"

48. I govore: "Kad će već jednom ta prijetnja, ako istinu govorite?"

49. A ne čekaju drugo do strašan glas koji će ih, dok se budu jedni s drugima prepirali, obuzeti,

50. pa neće moći ništa oporučiti, niti se čeljadi svojoj vratiti.

51. I puhnut će se u rog, pa će oni iz grobova prema Gospodaru svome pohrliti,

52. govoreći: "Teško nama! Ko nas iz naših grobova oživi?" "Eto ostvaruje se prijetnja Milostivog, poslanici su istinu govorili!"

53. Bit će to samo jedan glas i oni će se svi pred Nama obresti.

54. Danas se neće nikome nepravda učiniti i vi ćete, prema onom kako ste radili, nagrađeni biti:

55. stanovnici Dženneta uživat će toga Dana u blagodatima veseli i radosni,

56. oni i žene njihove bit će u hladovini na ukrašenim divanima naslonjeni,

57. u njemu će imati voća, i ono što budu željeli.

58. "Mir vama!" – bit će riječi Gospodara Milostivog –

59. "A vi, o grješnici, danas se odvojite!"

60. O sinovi Ademovi, zar vam nisam naredio: "Ne klanjajte se šejtanu, on vam je neprijatelj otvoreni,

61. već se klanjate Meni – to je Put pravi.

62. On je mnoge od vas u zabludu odveo, kako niste pameti imali!?

63. Ovo je Džehennem kojim vam se prijetilo,

64. pržite se sada u njemu zato što niste vjerovali!"

65. Danas ćemo im usta zapečatiti, njihove ruke će Nam govoriti, a noge njihove će o onome što su radili svjedočiti.

66. Da smo htjeli, mogli smo ih vida njihova lišiti, pa kad bi na put pošli, kako bi vidjeli?

67. A da smo htjeli, mogli smo ih na mjestu na kome su zgriješili u nešto pretvoriti, pa ne bi mogli nikuda otići niti se vratiti.

68. Onome kome dug život damo, Mi mu izgled nagore izmijenimo. Zar oni ne razumiju?

69. Mi poslanika nismo pjesništvu učili, to mu ne priliči. Ovo je samo pouka – Kur'an jasni,

70. da opominje onoga ko ima pameti, i da zasluže kaznu nevjernici.

71. Kako oni ne vide da Mi samo zbog njih stoku stvaramo i da oni njome raspolažu kao vlasnici,

72. i da smo im dali da se njome služe – na nekim jašu, a nekima se hrane,

73. i drugih koristi od nje imaju, i mlijeko, pa zašto nisu zahvalni,

74. već pored Allaha druge bogove prihvaćaju u nadi da će im oni na pomoći biti;

75. oni im, međutim, neće moći pomoći, a oni su njima poslušna vojska?

76. I nek te ne žaloste riječi njihove. Mi, doista, znamo i ono što kriju i ono što pokazuju.

77. Kako čovjek ne vidi da ga Mi od kapi sjemena stvaramo, i opet je otvoreni protivnik

78. i Nama navodi primjer, a zaboravlja kako je stvoren, i govori: "Ko će oživjeti kosti kad budu truhle?"

79. Reci: "Oživjet će ih Onaj Koji ih je prvi put stvorio, On dobro zna sve što je stvorio.

80. Onaj Koji vam iz zelenog drveća vatru stvara i vi njome potpaljujete."

81. Zar Onaj Koji je stvorio nebesa i Zemlju nije kadar stvoriti njima slične? Jeste, On sve stvara i On je Sveznajući.

82. Kada nešto hoće, On samo za to rekne: "Budi!" – i ono bude.

83. Pa neka je hvaljen Onaj u Čijoj je Ruci vlast nad svim, Njemu ćete se vratiti!

SURA 37
Es-Sāffāt – Redovi
(Mekka – 182 ajeta)

U ime Allaha, Milostivog, Samilosnog!

1. Tako Mi onih u redove poredanih*
2. i onih koji odvraćaju*
3. i onih koji opomenu čitaju –
4. vaš Bog je, uistinu, Jedan,
5. Gospodar nebesa i Zemlje i onoga što je između njih i Gospodar istokā!
6. Mi smo nebo najbliže vama sjajnim zvijezdama okitili
7. i čuvamo ga od svakog šejtana prkosnoga
8. da ne prisluškuje meleke uzvišene. Njih sa svih strana gađaju
9. da ih otjeraju, njih čeka patnja neprekidna,
10. a onoga koji što ugrabi – stigne svjetlica blistava.
11. Upitaj ih da li je teže njih stvoriti ili sve ostalo što smo stvorili? – Njih stvaramo od ljepljive ilovače.
12. Ti se diviš, a oni se rugaju,
13. a kada im se savjeti upućuju oni ih ne prihvaćaju,
14. i kad dokaz vide, oni jedni druge na ismijavanje podstiču,
15. i govore: "Ovo nije ništa drugo do prava čarolija!
16. Zar kada poumiremo i kada kosti i zemlja postanemo, zar ćemo mi, zaista, biti oživljeni
17. i naši preci davni?"
18. Reci: "Da, a bit ćete i poniženi!"
19. To će biti samo glas jedan, i svi će odjednom progledati
20. i reći: "Teško nama, ovo je Sudnji dan!"
21. Da, ovo je Dan strašnoga suda u koji vi niste vjerovali!
22. Sakupite nevjernike i one koji su se s njima družili i one kojima su se klanjali
23. mimo Allaha, i pokažite im put koji u Džehennem vodi
24. i zaustavite ih, oni će biti pitani:

25. "Šta vam je, zašto jedni drugima ne pomognete?"

26. Ali, toga Dana oni će se sasvim prepustiti

27. i jedni drugima prebacivati:

28. "Vi ste nas varali."

29. "Nismo," – odgovorit će – "nego vi niste htjeli vjerovati.

30. A mi nikakve vlasti nad vama nismo imali, obijestan narod ste bili.

31. I riječ Gospodara našeg da ćemo, doista, kaznu iskusiti na nama se ispunila.

32. A u zabludu smo vas pozivali jer smo i sami u zabludi bili."

33. I oni će toga Dana zajedno na muci biti,

34. jer Mi ćemo tako sa mnogobošcima postupiti.

35. Kad im se govorilo: "Samo je Allah Bog!" – oni su se oholili

36. i govorili: "Zar da napustimo božanstva naša zbog jednog ludog pjesnika?"

37. A nije tako, on Istinu donosi i tvrdi da su svi poslanici istinu donosili,

38. a vi ćete sigurno bolnu patnju iskusiti –

39. kako ste radili, onako ćete kažnjeni biti!

40. A Allahovi iskreni robovi

41. posebnu će opskrbu imati,

42. razno voće, i bit će poštovani

43. u džennetskim baščama nasladā,

44. na divanima, jedni prema drugima,

45. bit će posluženi pićem – iz izvora koji će stalno teći –

46. bistrim i prijatnim onima koji budu pili,

47. od njega neće glava boljeti i od njega se neće pamet gubiti.

48. Pored njih će biti one koje će preda se gledati, očiju prekrasnih,

49. kao da su one jaja pokrivena.*

50. I oni će jedan s drugim razgovarati,

51. i jedan od njih će reći: "Imao sam druga jednoga

52. koji je govorio: 'Zar i ti vjeruješ

53. da ćemo, kada poumiremo i zemlja i kosti postanemo, doista račun polagati?'"

54. "Hoćete li pogledati?"

55. I oni će pogledati, i toga usred Džehennema ugledati.

56. "Allaha mi," – reći će – "zamalo me nisi upropastio!

57. Da nije bilo milosti Gospodara moga, i ja bih se sada mučio."

58. "A mi, je l' de, više nećemo umirati?

59. Jednom smo umrli – više nećemo biti mučeni,

60. to će, zaista, uspjeh veliki biti!"

61. Za ovako nešto neka se trude trudbenici!

62. A da li je bolja ta gozba ili drvo Zekkum

63. koje smo nevjernicima kao kaznu odredili?

64. To je drvo koje će usred Džehennema rasti,

65. plod će mu poput glava šejtanskih biti.

66. Oni će se njime hraniti i trbuhe svoje njime puniti,

67. zatim će to s ključalom vodom izmiješati,

68. a potom će se, sigurno, opet u Džehennem vratiti.

69. Oni su očeve svoje u zabludi zatekli,

70. pa i oni stopama njihovim nastavili.

71. A i prije njih su većinom drevni narodi u zabludi bili,

72. iako smo im Mi slali one koji su ih opominjali.

73. Zato pogledaj kakav je bio kraj onih koji su bili opomenuti,

74. samo nije bilo tako s Allahovim robovima iskrenim.

75. A kada Nas je Nuh zovnuo, Mi smo se lijepo odazvali:

76. njega i porodicu njegovu nevolje teške smo spasili

77. i samo potomke njegove u životu ostavili,

78. i u naraštajima kasnijim mu spomen sačuvali:

79. "Mir Nuhu od svjetova svih!"

80. Eto tako Mi nagrađujemo one koji dobra djela čine.

81. On je bio rob Naš, vjernik,

82. a ostale smo poslije potopili.

83. Iste vjere kao i on bio je i Ibrahim,

84. kad je Gospodaru svome iskrena srca došao,

85. kad je ocu svome i narodu svome rekao: "Čemu se to vi klanjate?

86. Zar lažna božanstva umjesto Allaha hoćete?

87. I šta o Gospodaru svjetova mislite?"

88. I on baci pogled na zvijezde,

89. pa reče: "Ja ću se, evo, razboljeti!" –

90. i oni ga napustiše, uzmaknuvši,

91. a on se kumirima njihovim prikrade, pa reče: "Zašto ne jedete?

92. Šta vam je što ne govorite?" –

93. i krišom im priđe desnom rukom ih udarajući,

94. pa mu narod trkom dođe.

95. "Kako se možete klanjati onima koje sami klešete" – upita –

96. "kad Allah stvara i vas i ono što napravite?"

97. "Pripremite za njega lomaču," – povikaše – "pa ga u vatru bacite!"

98. I htjedoše ga na muke staviti, ali Mi njih učinismo poniženim.

99. "Idem onamo gdje mi je Gospodar moj naredio." – reče – "On će me kuda treba uputiti.

100. Gospodaru moj, daruj mi porod čestit!" –

101. i Mi smo ga obradovali dječakom blage naravi.

102. I kad on odraste toliko da mu poče u poslu pomagati, Ibrahim reče: "O sinko moj, u snu sam vidio da te trebam zaklati, pa šta ti misliš?" "O oče moj," – reče – " postupi onako kako ti se naređuje. Vidjet ćeš, ako Bog da, da ću sve izdržati."

103. I njih dvojica poslušaše. I kad ga on čelom prema zemlji položi,

104. Mi ga zovnusmo: "O Ibrahime,

105. ti si se Objavi u snu odazvao, a Mi ovako nagrađujemo one koji dobra djela čine

106. to je, zaista, bilo pravo iskušenje!"

107. I kurbanom velikim ga iskupismo,

108. i u naraštajima kasnijim mu spomen sačuvasmo:

109. "Nek je u miru Ibrahim!"

110. Eto tako Mi nagrađujemo one koji dobra djela čine,

111. a on je, doista, bio rob Naš, vjernik.

112. I obradovali smo ga Ishakom, vjerovjesnikom i čovjekom dobrim.

113. I blagoslovili smo i njega i Ishaka, a među potomcima njihovim ima vjernika i nevjernika očitih.

114. I Musau i Harunu smo milost ukazali,

115. pa i njih i narod njihov nevolje velike spasili,

116. i pomogli im da pobijede,

117. i Knjigu im jasnu dali,

118. i obojicu na Pravi put uputili,

119. i u naraštajima kasnijim im spomen sačuvali.

120. "Nek su u miru Musa i Harun!"

121. Eto tako Mi nagrađujemo one koji dobra djela čine,

122. a njih dvojica su, uistinu, bili robovi Naši, vjernici.

123. I Il'jas je bio poslanik.

124. Kad on reče narodu svome: "Zar se ne bojite?

125. Što se Balu klanjate, a najljepšeg Stvoritelja ostavljate,

126. Allaha, Gospodara svoga i Gospodara vaših predaka drevnih?" –

127. oni ga lašcem nazvaše i zato će, sigurno, u vatru svi oni biti bačeni,

128. samo neće oni Allahovi robovi koji su Mu bili odani.

129. I sačuvasmo mu spomen u naraštajima kasnijim:

130. "Nek je u miru Il'jas!"

131. Eto tako Mi nagrađujemo one koji dobra djela čine,

132. a on je bio rob Naš, vjernik.

133. I Lut je bio poslanik.

134. Mi smo njega i čitavu njegovu porodicu spasili,

135. osim starice, ona je nastradala s onima koji su nastradali.

136. A ostale smo uništili.

137. I vi pored nastambi njihovih prolazite i danju

138. i noću, pa zašto se ne urazumite?

139. I Junus je bio poslanik.

140. I on pobježe na jednu lađu prepunu*

141. i baci kocku i kocka na njega pade.

142. I riba ga proguta, a bio je zaslužio prijekor.

143. I da nije bio jedan od onih koji Allaha hvale,

144. sigurno bi ostao u utrobi njenoj do Dana kad će svi biti oživljeni.

145. I Mi ga izbacismo na jedno pusto mjesto, a on je bio bolan,

146. i učinismo da iznad njega izraste vriježa jedne tikve.

147. I poslasmo ga stotini hiljada ljudi, i više,

148. i oni povjerovaše, i njima dadosmo da do roka određenog požive.

149. A upitaj ih: "Zar su za Gospodara tvoga kćeri, a za njih sinovi?

150. Zar smo u njihovu prisustvu meleke kao žene stvorili?"

151. Eto, oni, zbog toga što lažu, doista govore:

152. "Allah je rodio." – oni su, zaista, lažljivci.

153. Zar je On kćeri sinovima pretpostavio?

154. Šta vam je, kako rasuđujete!?

155. Zašto ne razmislite?

156. Ili, gdje vam je dokaz očiti?

157. Donesite Knjigu svoju, ako istinu govorite!

158. Mnogobošci između njega i džina srodstvo uspostavljaju, a džini odavno znaju da će oni koji tako govore u vatru biti bačeni –

159. hvaljen neka je Allah i daleko od onoga kako Ga oni predstavljaju!

160. Allahovi iskreni robovi nisu za to krivi.

161. Ali, ni vi, sa onima kojima se klanjate,

162. ne možete o njima nikoga u zabludu zavesti,

163. možete samo onoga koji će ionako u vatri gorjeti.

164. "Svakome od nas mjesto je određeno,

165. mi smo u redove poredani,

166. i samo Njega hvalimo!"*

167. A oni su sigurno govorili:

168. "Da smo mi Knjigu imali kao što su je imali narodi prijašnji,

169. sigurno bismo bili Allahovi robovi iskreni!"

170. Ali u Kur'an ne htjedoše povjerovati, i znat će oni!

171. A riječ Naša je davno rečena o robovima Našim, o poslanicima:

172. "Oni će biti, doista, potpomognuti

173. i vojska Naša će zacijelo pobijediti!"

174. Zato se okreni od njih za neko vrijeme

175. i posmatraj ih, i oni će posmatrati!

176. Zar oni kaznu Našu da požuruju?

177. Kad ih ona stigne, zlo će jutro osvanuti onima koji su bili opomenuti!

178. Zato se okreni od njih za neko vrijeme

179. i posmatraj, i oni će posmatrati!

180. Veličanstven je Gospodar tvoj, Dostojanstveni, i daleko od onoga kako Ga predstavljaju oni!

181. I mir poslanicima

182. i hvaljen neka je Allah, Gospodar svjetova!

SURA 38

Sād – Sad

(Mekka – 88 ajeta)

U ime Allaha, Milostivog, Samilosnog!

1. Sād. Tako Mi Kur'ana slavnog,

2. doista su bahati i inadžije oni koji neće da vjeruju!

3. Koliko smo Mi naroda prije njih uništili. I oni su za pomoć vapili, ali je bilo kasno!

4. Oni se čude što im je jedan od njih došao da ih opominje. I govore nevjernici: "Ovo je čarobnjak, lažov!

5. Zar on da bogove svede na Boga Jednog? To je, zaista, nešto veoma čudno!"

6. I oni ugledni između njih krenuše: "Idite i ostanite pri klanjanju bogovima svojim, ovima se, uistinu, nešto veliko hoće!

7. Za ovo nismo čuli u vjeri predaka naših, ovo nije ništa drugo već namještena laž.

8. Zašto baš njemu, između nas, da bude poslana Opomena!?" Ali, oni u Opomenu Moju sumnjaju zato što kaznu Moju nisu iskusili.

9. Zar su u njih riznice milosti Gospodara tvoga, Silnoga i Darežljivoga?

10. Zar oni imaju vlast na nebesima i na Zemlji i nad onim što je između njih? – Neka se, onda, uz ljestve popnu.

11. Oni predstavljaju neznatnu urotničku vojsku koja će tamo biti poražena.

12. I prije njih su narod Nuhov, i Ad, i faraon – vlasnik građevina ogromnih – poricali,

13. i Semud, i Lutov narod, i stanovnici Ejke – oni su se protiv poslanika urotili –

14. svi su oni poslanike u laž utjerivali i kaznu Moju zaslužili.

15. A i ovi ne čekaju do jedan zvuk Roga koji neće biti potrebno ponoviti.

16. I govore: "Gospodaru naš, požuri, kazni nas, prije Dana u kojem će se račun polagati!"

17. Ti otrpi ono što oni govore i sjeti se roba Našeg Davuda, čvrstog u vjeri, koji se uvijek Allahu obraćao.

18. Mi smo brda potčinili da zajedno s njim hvale Allaha prije nego što Sunce zađe i poslije pošto grane,

19. a i ptice okupljene – svi su oni zbog njegova hvaljenja hvalu ponavljali.

20. I učvrstili smo carstvo njegovo i dali mu vjerovjesništvo i sposobnost da rasuđuje.

21. A da li je do tebe doprla vijest o parničarima kada su preko zida Hrama prešli,

22. kad su Davudu upali, pa se on njih uplašio. "Ne boj se," – rekli su – "mi smo dvojica parničara, jedan drugom smo nažao učinili, pa nam po pravdi presudi. Ne budi pristrasan, i na Pravi put nas uputi.

23. Ovaj prijatelj moj ima devedeset i devet ovaca, a ja samo jednu, i on mi reče: 'Daj ti nju meni!' – i u prepirci me pobijedi."

24. "Učinio ti je, doista, krivo!" – reče Davud – "Time što je tražio da tvoju ovcu doda ovcama svojim. Mnogi ortaci čine nepravdu jedni drugima, ne čine jedino oni koji vjeruju i rade dobra djela; a takvih je malo." I Davud se uvjeri da smo Mi baš njega na kušnju stavili, pa oprost od Gospodara svoga zamoli, pade licem na tle i pokaja se.*

SEDŽDA

25. I Mi smo mu to oprostili, i on je, doista, blizak Nama i divno prebivalište ga čeka.

26. O Davude, Mi smo te namjesnikom na Zemlji učinili, zato sudi ljudima po pravdi i ne povodi se za strašću da te ne odvede s Allahova puta. One koji skreću s Allahova puta čeka teška patnja na Onome svijetu zato što su zaboravljali na Dan u kome će se račun polagati.

27. Mi nismo uzalud stvorili nebo i Zemlju i ono što je između njih. Tako misle nevjernici, pa teško nevjernicima kad budu u Vatri!

28. Zar ćemo postupiti s onima koji vjeruju i čine dobro kao s onima koji prave nered na Zemlji ili zar ćemo postupiti s onima koji se grijeha klone isto kao i s grješnicima?

29. Knjiga koju ti objavljujemo blagoslovljena je da bi oni o riječima njezinim razmislili i da bi oni koji su razumom obdareni pouku primili.

30. Mi smo Davudu poklonili Sulejmana, divan je on rob bio i mnogo se kajao!

31. Kad su jedne večeri pred njega bili izvedeni punokrvni konji koji su na tri noge stajali, a četvrtom jedva zemlju doticali,

32. on reče: "Umjesto da mislim na Gospodara svoga, ja pokazujem ljubav prema blagu!" – i oni se izgubiše iz vida.

33. "Vratite mi ih!" – i on ih poče gladiti po nogama i vratovima.

34. Mi smo Sulejmana u iskušenje doveli i njegovo bolesno tijelo na prijestolju zadržali, ali je poslije ozdravio.

35. "Gospodaru moj," – rekao je – "oprosti mi i daruj mi vlast kakvu niko, osim mene, neće imati! Ti uistinu bogato daruješ!"

36. I Mi smo dali da mu služe: vjetar – koji je prema zapovijedi njegovoj blago puhao onamo kuda je on htio –

37. i šejtani, sve graditelji i gnjurci,

38. i drugi u bukagije okovani.

39. "Ovo je Naš dar, pa ti oslobodi ili zadrži, nećeš zbog toga odgovarati!"

40. On je, doista, blizak Nama i čeka ga krasno prebivalište.

41. I sjeti se roba Našeg Ejjuba kada je Gospodaru svome zavapio: "Šejtan me na zlo navraća i misli lažne mi uliva!"

42. "Udri nogom o zemlju – eto hladne vode za kupanje i piće!" –

43. i Mi smo mu iz milosti Naše čeljad njegovu darovali i još toliko uz njih, da bude pouka za one koji imaju pameti.*

44. "I uzmi rukom svojom snop i njime udari, samo zakletvu ne prekrši!" Mi smo znali da je on izdržljiv; divan je rob on bio i mnogo se kajao!*

45. I sjeti se robova Naših Ibrahima i Ishaka i Jakuba, sve u vjeri čvrstih i dalekovidih.

46. Mi ih posebno obdarismo vrlinom jednom: da im je uvijek bio na umu Onaj svijet.

47. I oni su, zaista, u Nas od onih odabranih dobrih ljudi.

48. I sjeti se Ismaila i El'jesea i Zulkifla – svi su oni bili dobri.

49. Ovo je lijep spomen! A one koji se grijeha budu klonili čeka divno prebivalište:

50. edenski vrtovi, čije će kapije biti za njih otvorene,

51. u kojima će se odmarati i raznovrsno voće i piće tražiti.

52. Pored njih će biti hurije, istih godina, koje će preda se gledati.

53. "To je ono što vam se obećava za Dan u kome će se račun polagati;

54. to će, doista, blagodat Naša biti, koja nikada neće prestajati!"

55. Eto toliko! A one koji budu zlo činili čeka najgore prebivalište:

56. Džehennem, u kojem će gorjeti – a grozne li postelje!

57. Eto toliko! Pa neka okušaju vodu ključalu i kapljevinu smrdljivu

58. i druge slične ovima muke, mnogostruke.

59. "Ova gomila će zajedno s vama tiskajući se u Džehennem ući!" "Ne bilo im prostrano! U vatri će oni, doista, gorjeti!"

60. "Vama ne bilo prostrano!" – reći će oni – "Vi ste nam ovo pripremili, a grozna li boravišta!"

61. "Gospodaru naš," – reći će – "udvostruči patnju u Vatri onima koji su nam ovo priredili!"

62. I govorit će: "Zašto ne vidimo ljude koje smo u zle ubrajali
63. i koje smo ismijavali? Da nam se nisu iz vida izgubili?"
64. Istina je, sigurno, da će se stanovnici Džehennema među sobom raspravljati.
65. Reci: "Ja samo opominjem: nema boga osim Allaha, Jedinoga i Moćnoga,
66. Gospodara nebesa i Zemlje i onoga što je između njih, Silnoga, Onoga Koji prašta."
67. Reci: "Ovo je vijest velika,
68. a vi od nje glave okrećete.
69. Ja nisam ništa znao o melekima uzvišenim kada su se prepirali –
70. meni se objavljuje samo da jasno opominjem."
71. I kad je melekima Gospodar tvoj rekao: "Stvorit ću čovjeka od ilovače.
72. Pa kad mu savršen oblik dam i život u njega udahnem, vi mu se poklonite!"
73. Meleki su se, svi do posljednjeg, zajedno poklonili,
74. osim Iblisa – on se uzoholio i postao nevjernik.
75. "O Iblisu," – rekao je On – "šta te navelo da se ne pokloniš onome koga sam Sobom stvorio? Jesi li se uzoholio ili misliš da si uzvišen?"
76. "Bolji sam od njega," – rekao je on – "mene si stvorio od vatre a njega od ilovače."
77. "E, izlazi onda iz Dženneta!" – reče On – "Proklet da si!
78. Moje prokletstvo će te do Sudnjeg dana pratiti!"
79. "Gospodaru moj," – reče on – "daj mi vremena do Dana kada će oni oživljeni biti!"
80. "Dajem ti" – reče On –
81. "do Dana već određenog."
82. "E, tako mi dostojanstva Tvoga," – reče – "sigurno ću ih sve na stranputicu navesti,
83. osim Tvojih među njima robova iskrenih!"

84. "Istinom se kunem i istinu govorim," – reče Allah –

85. "sigurno ću svima, tobom i onima koji se budu poveli za tobom, Džehennem napuniti!"

86. Reci: "Ne tražim ja od vas za ovo nikakvu nagradu i ja nisam izvještačen,

87. Kur'an je doista svijetu cijelome opomena –

88. i vi ćete uskoro saznati njegovu poruku!"

SURA 39

Ez-Zumer – Skupovi

(Mekka – 75 ajeta)

U ime Allaha, Milostivog, Samilosnog!

1. Knjigu objavljuje Allah, Silni i Mudri!

2. Mi ti, doista, objavljujemo Knjigu, pravu istinu, zato se klanjaj samo Allahu iskreno Mu ispovijedajući vjeru!

3. Iskreno ispovijedanje vjere dug je prema Allahu! A onima koji pored Njega uzimaju zaštitnike: "Mi im se klanjamo samo zato da bi nas što više Allahu približili." – Allah će njima, zaista, presuditi o onome u čemu su se oni razilazili. Allah nikako neće ukazati na Pravi put onome ko je lažljivac i nevjernik.

4. Da je Allah htio imati dijete, izabrao bi, između onih koje je stvorio, onoga koga bi On htio. Hvaljen neka je On – On je Allah, Jedini i Svemoćni!

5. Nebesa i Zemlju je sa ciljem stvorio. On noću zavija dan i danom zavija noć, On je Sunce i Mjesec potčinio, svako se kreće do roka određenog. On je Silni, On mnogo prašta!

6. On vas od jednog čovjeka stvara – a od njega je drūgu njegovu stvorio – i On vam je dao osam vrsta stoke. On vas stvara u utrobama matera vaših, dajući vam likove, jedan za drugim, u tri tmine. To vam je, eto, Allah, Gospodar vaš, Njegova je vlast, nema boga osim Njega – pa kuda se onda odmećete?

7. Ako vi budete nezahvalni – pa Allah od vas ne zavisi, ali On nije zadovoljan, ako su robovi Njegovi nezahvalni, a zadovoljan je vama ako budete zahvalni. A nijedan grješnik neće nositi grijehe drugoga! Poslije ćete se Gospodaru svome vratiti, pa će vas On o onom šta ste radili obavijestiti, jer On dobro zna svačije misli.

8. Kad čovjeka nevolja snađe, Gospodaru svome se moli, Njemu se obraća, a onda, pošto mu Allah milost svoju daruje, zaboravi Onoga Kome se prije molio, i druge Njemu jednakim smatra, da bi s puta Njegova na stranputicu odvodio. Reci: "Uživaj neko vrijeme u nevjerovanju svome, bit ćeš, sigurno, stanovnik u Vatri!"

9. Zar je takav onaj koji u noćnim sahatima u molitvi vrijeme provodi, padajući licem na tle i stojeći, strahujući od Onoga svijeta i nadajući se milosti Gospodara svoga? Reci: "Zar su isti oni koji znaju i oni koji ne znaju? Samo oni koji pameti imaju pouku primaju!"

10. Reci: "O robovi Moji koji vjerujete, bojte se Gospodara svoga! One koji na ovome svijetu dobra djela budu činili čeka nagrada, a Allahova zemlja je prostrana – samo oni koji budu strpljivi bit će bez računa nagrađeni."

11. Reci: "Meni se naređuje da se klanjam Allahu, iskreno Mu ispovijedajući vjeru

12. i naređuje mi se da budem prvi musliman."

13. Reci: "Ja se bojim patnje na Velikom danu, ako budem Gospodaru svome neposlušan."

14. Reci: "Samo se Allahu klanjam, iskreno Mu ispovijedajući vjeru svoju,

15. a vi se, pored Njega, klanjajte kome hoćete!" Reci: "Stradat će, uistinu, oni koji na Sudnjem danu izgube i sebe i porodice svoje. Eto, to je pravo stradanje!"

16. Nad njima će biti naslage vatre, a i ispod njih naslage – time Allah straši robove Svoje. "O robovi Moji, bojte se Mene!"

17. Za one koji izbjegavaju da se kumirima klanjaju i koji se Allahu obraćaju – njima su namijenjene radosne vijesti, zato obraduj robove Moje

18. koji Kur'an slušaju i slijede ono najljepše u njemu; njima je Allah na Pravi put ukazao i oni su pametni.

19. Zar ti da spasiš onoga koji je zaslužio kaznu, onoga koji će biti u Vatri?

20. A one koji se Gospodara svoga boje čekaju odaje, sve jedne iznad drugih sagrađene, ispred kojih će rijeke teći – obećanje je Allahovo, a Allah neće obećanje prekršiti.

21. Zar ne vidiš da Allah spušta s neba kišu pa je u izvore u zemlji razvodi, a onda pomoću nje raznobojno bilje izvodi, zatim se ono osuši i ti ga vidiš požutjela, i najzad ga skrši. To je, doista, pouka za one koji su pametni.

22. Zar je isti onaj čije je srce Allah učinio sklonim islamu, pa on slijedi svjetlo Gospodara svoga? Teško onima čija su srca neosjetljiva kad se spomene Allah, oni su u pravoj zabludi!

23. Allah objavljuje najljepši govor, Knjigu sličnu po smislu, čije se poruke ponavljaju, zbog kojih podilazi jeza one koji se Gospodara svoga boje, a kada spomene ime Allahovo, kože njihove i srca njihova se smiruju. Ona je Allahov Pravi put na koji On ukazuje onome kome On hoće. A onoga koga Allah ostavi u zabludi niko na Pravi put neće moći uputiti.

24. Zar je isti onaj koji će se na Sudnjem danu licem svojim zaklanjati od strahovite patnje? "Trpite ono što ste zaslužili!" – mnogobošcima će se reći.

25. Oni prije njih koji su poricali, pa ih je stigla kazna odakle nisu očekivali.

26. Allah je dao da osjete poniženje u životu na ovome svijetu, a patnja na Drugome svijetu bit će, zaista, još gora – kad bi oni samo znali!

27. Mi u ovom Kur'anu navodimo ljudima svakojake primjere da bi pouku primili,

28. u Kur'anu na arapskom jeziku, u kome nema nikakve protivrječnosti, da bi se Gospodara svoga pobojali.

29. Allah navodi kao primjer čovjeka koji je u vlasti ortākā oko koga se oni otimaju i čovjeka koji je u vlasti samo jednog čovjeka – da li je položaj njih dvojice isti? Hvaljen neka je Allah, nije, ali većina njih ne zna.

30. Ti ćeš, zacijelo, umrijeti, a i oni će, također, pomrijeti,

31. i poslije, na Sudnjem danu, pred Gospodarom svojim ćete se jedan s drugim prepirati.

32. Ima li nepravednijeg od onoga koji o Allahu govori laži i smatra da je laž Istina kada mu ona dolazi? Zar u Džehennemu prebivalište za nevjernike neće biti?

33. A onaj koji donosi Istinu i oni koji u nju vjeruju, oni su bogobojazni,

34. sve što zažele u Gospodara svoga će naći – to će biti nagrada onima koji su dobra djela činili,

35. da bi Allah preko ružnih postupaka njihovih prešao, i da bi ih za lijepa djela koja su radili nagradio.

DŽUZ' XXIV

36. Zar Allah sam nije dovoljan robu Svome? A oni te plaše onima kojima se, pored Njega, klanjaju. Onoga koga Allah ostavi u zabludi niko ne može na Pravi put uputiti,

37. a onoga koga On na Pravi put uputi niko ne može u zabludu dovesti. Zar Allah nije silan i strog?

38. Ako ih upitaš ko je stvorio nebesa i Zemlju, sigurno će reći: "Allah!" – a ti reci: "Mislite li vi da bi oni kojima se, pored Allaha, klanjate mogli otkloniti štetu, ako Allah hoće da im je učini ili da bi mogli zadržati milost Njegovu, ako On hoće da im je podari?" Reci: "Meni je dovoljan Allah, u Njega se pouzdaju oni koji se pouzdavaju."

39. Reci: "O narode moj, ti postupaj onako kako postupaš, a i ja ću postupati, pa ćete znati

40. koga će stići patnja koja će ga poniziti, i koga će patnja vječna snaći."

41. Mi ti objavljujemo Knjigu zbog svih ljudi – samu istinu. Onaj ko bude išao Pravim putem sebi će koristiti, a onaj ko bude išao stranputicom sebi će nauditi, ti nisi njima tutor.

42. Allah uzima duše u času njihove smrti, a i onih koji spavaju, pa zadržava one kojima je odredio da umru, a ostavlja one druge do roka određenog. To su, zaista, dokazi za one koji razmišljaju.

43. Oni bez Allahova odobrenja posrednike uzimaju. Reci: "Zar i onda kada su bez ikakve moći i kada ništa ne razumiju!"

44. Reci: "Niko ne može bez Njegove volje posredovati, vlast na nebesima i na Zemlji Njegova je, a poslije Njemu ćete se vratiti."

45. Kad se Allah samo spomene, grče se srca onih koji u Onaj svijet ne vjeruju, a kada se spomenu oni* kojima se oni pored Njega klanjaju, odjednom ih radost obuzme.

46. Reci: "Allahu, Stvoritelju nebesa i Zemlje, Ti Koji znaš nevidljivi i vidljivi svijet, Ti ćeš robovima Svojim presuditi u onome oko čega su se razilazili!"

47. Kad bi mnogobošci imali sve što je na Zemlji, i još toliko, na Sudnjem danu oni bi sve to dali da bi se teške patnje iskupili. A Allah će ih kazniti kaznom kakvu nisu mogli ni naslutiti

48. i predočit će im se hrđava djela njihova koja su radili i snaći će ih baš ono čemu su se izrugivali.

49. Kad čovjeka kakva nevolja snađe, Nama se moli; a kad mu Mi poslije blagodat pružimo, onda govori: "Ovo mi je dato zato što sam to zaslužio." A nije tako, to je samo kušnja, ali većina njih ne zna.

50. Tako su govorili i oni prije njih, pa im nije koristilo ono što su bili stekli,

51. i stigla ih je kazna za ono što su radili. A i one među ovima koji nepravdu čine – stići će kazna za ono što čine, oni neće umaći.

52. Kako ne znaju da Allah daje obilje onome kome hoće, i da ga uskraćuje – to su, zaista, pouke narodu koji vjeruje.

53. Reci: "O robovi Moji koji ste se prema sebi ogriješili, ne gubite nadu u Allahovu milost! Allah će, sigurno, sve grijehe oprostiti. On, doista, mnogo prašta i On je milostiv."

54. I povratite se Gospodaru svome i pokorite Mu se prije nego što vam kazna dođe – poslije vam niko neće u pomoć priskočiti.

55. I slijedite ono najljepše, ono što vam Gospodar vaš objavljuje, prije nego što vam iznenada kazna dođe, za čiji dolazak nećete znati,

56. da čovjek ne bi uzviknuo: "Teško meni, koliko sam samo dužnosti prema Allahu propustio, čak sam se i izrugivao!"

57. ili da ne bi rekao: "Da me je Allah Pravim putem uputio, sigurno bih se Njegove kazne sačuvao."

58. ili da ne bi rekao kad doživi patnju: "Da mi se samo vratiti – dobra djela bih činio!"

59. "Nikada! Dolazile su ti pouke Moje, pa si ih poricao i oholio se, i nevjernik si bio."

60. Na Sudnjem danu vidjet ćeš pocrnjela lica onih koji su o Allahu laži govorili. A zar u Džehennemu neće biti boravište oholih?

61. Allah će spasiti one koji su njegova naređenja izvršavali, a Njegovih se zabrana klonili, i oni će postići ono što su željeli; zlo ih se neće doticati i oni neće tugovati.

62. Allah je Stvoritelj svega i On upravlja svim,

63. u Njega su ključevi nebesa i Zemlje! A oni koji u Allahove dokaze ne vjeruju, oni će biti izgubljeni!

64. Reci: "Zar od mene tražite da se nekome drugom, osim Allahu, klanjam, o neznalice!?"

65. A tebi, i onima prije tebe objavljeno je: "Ako budeš druge Allahu ravnim smatrao, tvoja djela će sigurno propasti, a ti ćeš izgubljen biti."

66. Nego, Allahu se jedino klanjaj i budi zahvalan!

67. Oni ne veličaju Allaha onako kako Ga treba veličati, a čitava Zemlja će na Sudnjem danu u vlasti Njegovoj biti, a nebesa će u moći Njegovoj smotana ostati. Hvaljen neka je On i vrlo visoko iznad onih koje Njemu smatraju ravnim!

68. I u Rog će se puhnuti, i umrijet će oni na nebesima i oni na Zemlji, ostat će samo oni koje bude Allah odabrao. Poslije će se u Rog po drugi put puhnuti i oni će, odjednom, ustati i čekati.

69. I Zemlja će svjetlošću Gospodara svoga zasjati i Knjiga će se postaviti, vjerovjesnici i svjedoci će se dovesti, i po pravdi će im se svima presuditi, nikome se neće nepravda učiniti –

70. svako će dobiti ono što je zaslužio, jer On dobro zna šta je ko radio.

71. Oni koji nisu vjerovali u gomilama će u Džehennem biti natjerani. I kad do njega dođu, kapije njegove će se pootvarati i čuvari njegovi će ih upitati: "Zar vam nisu dolazili vaši poslanici, koji su vam ajete Gospodara vašeg kazivali i opominjali vas da ćete ovaj vaš Dan doživjeti?" "Jesu," – reći će oni – "ali još je davno određeno da će nevjernici kažnjeni biti."

72. I reći će se: "Ulazite na džehennemske kapije, vječno ćete u njemu boraviti!" Grozna li prebivališta onima koji su se oholili!

73. A oni koji su se Gospodara svoga bojali u povorkama će u Džennet biti povedeni. I kad do njega dođu – a kapije njegove već širom otvorene – čuvari njegovi će im reći: "Mir vama, od grijeha ste čisti, zato uđite u njega, u njemu ćete vječno boraviti!"

74. I oni će reći: "Hvala Allahu Koji nam je obećanje Svoje ispunio i u Džennetu nam mjesto darovao, da se u njemu nastanimo gdje hoćemo!" Divne li nagrade onima koji su se trudili!

75. I vidjet ćeš meleke kako Prijesto okružuju, veličajući i hvaleći Gospodara svoga. I svima će se po pravdi presuditi i reći će se: "Hvaljen neka je Allah, Gospodar svjetova!"

SURA 40

El-Mu'min – Vjernik

(Mekka – 85 ajeta)

U ime Allaha, Milostivog, Samilosnog!

1. Ha Mīm.

2. Knjigu objavljuje Allah, Silni i Sveznajući,

3. Koji oprašta grijehe i prima pokajanje, Koji strahovito kažnjava i obilno nagrađuje. Drugog boga osim Njega nema, Njemu se sve vraća.

4. O Allahovim ajetima raspravljaju samo oni koji ne vjeruju, pa neka te ne obmanjuje to što se oni po svijetu kreću.

5. I Nuhov narod je prije njih poricao, a i poslije njega oni koji su se bili protiv poslanika urotili. Svaki narod nastojao je domoći se svoga poslanika i trudio se neistinom ugušiti istinu, pa sam ga Ja kažnjavao – a kakva je bila kazna Moja!

6. I tako će se riječ Gospodara tvoga ispuniti da će oni koji nisu htjeli vjerovati – stanovnici u vatri biti.

7. Meleki koji drže Prijesto i oni koji su oko njega veličaju i hvale Gospodara svoga i vjeruju u Njega i mole se da budu oprošteni grijesi vjernicima: "Gospodaru naš, Ti sve obuhvaćaš milošću i znanjem, zato oprosti onima koji su se pokajali i koji slijede Tvoj put i sačuvaj ih patnje u Vatri!

8. Gospodaru naš, uvedi ih u edenske vrtove, koje si im obećao, i pretke njihove i žene njihove i potomstvo njihovo – one koji su bili dobri. – Ti si, uistinu, Silan i Mudar.

9. I poštedi ih kazne zbog ružnih djela, jer koga Ti toga Dana poštediš kazne zbog ružnih djela – Ti si mu se smilovao, a to će, zaista, veliki uspjeh biti!"

10. Onima koji nisu vjerovali doviknut će se: "Allahova odvratnost prema vama kad ste, pozivani da vjerujete, ostali nevjernici bila je, doista, veća od vaše odvratnosti sada prema sebi."

11. "Gospodaru naš," – reći će oni – "dva puta si nas usmrtio i dva puta si nas oživio. Mi priznajemo grijehe naše, pa ima li ikakva načina da se iziđe?"

12. "To vam je zato što niste vjerovali kad se pozivalo Allahu Jedinom, a vjerovali ste ako bi Mu se neko drugi smatrao jednakim! Odluka pripada jedino Allahu, Uzvišenom i Velikom."

13. On vam pokazuje znamenja Svoja i spušta vam opskrbu s neba, a pouku će prihvatiti samo onaj koji se Njemu obraća.

14. Klanjajte se zato Allahu, iskreno Mu ispovijedajući vjeru – pa makar to nevjernicima bilo mrsko –

15. Onome najuzvišenijem Koji svemirom vlada, Koji šalje Objavu, riječi Svoje, kome hoće od robova Svojih da upozori na Dan susreta međusobnog,

16. na Dan kad će se oni pojaviti, kada Allahu neće o njima ništa skriveno biti. "Ko će imati vlast toga Dana? Allah, Jedini i Svemoćni!"

17. Svaki čovjek će toga Dana prema zasluzi kažnjen ili nagrađen biti. Toga Dana neće biti nepravde! Allah će, zaista, brzo obračunati.

18. I upozori ih na bliski Sudnji dan kada će srca do grkljana doprijeti i popriječiti se, kada nevjernici ni prisna prijatelja ni posrednika neće imati koji će uslišen biti.

19. On zna poglede koji kriomice u ono što je zabranjeno gledaju, a i ono što grudi kriju.

20. Allah će po pravdi presuditi, a oni kojima se oni, pored Njega, klanjaju neće ni po čemu suditi. Allah, zaista, sve čuje i sve vidi.

21. Zašto oni ne putuju po svijetu pa da vide kako su završili oni prije njih? Bili su od njih moćniji i više spomenika su na Zemlji ostavili, ali ih je Allah, zbog grijehova njihovih, kaznio i niko ih od Allahove kazne nije odbranio.

22. Allah ih je kaznio zato što su poricali jasne dokaze koje su im poslanici njihovi donosili, On je zaista Moćan, On strahovito kažnjava.

23. Mi smo poslali Musaa, sa znamenjima Našim i dokazom jasnim,

24. faraonu i Hamanu i Karunu, ali su oni rekli: "Čarobnjak i lažov!"

25. A kada im je on donio Istinu od Nas, rekli su: "Ubijajte opet mušku djecu onih koji vjeruju u ono što on govori, a ostavljajte u životu njihovu žensku djecu!" Ali, lukavstva nevjernika su uvijek uzaludna.

26. "Pustite vi mene" – reče faraon – "da ubijem Musaa, a on neka traži pomoć od Gospodara svoga, jer se bojim da vam on vjeru vašu ne izmjeni ili da u zemlji nered ne izazove."

27. Musa reče: "Molim Gospodara svoga i Gospodara vašega da me zaštiti od svakog oholog koji ne vjeruje u Dan u kome će se račun polagati!"

28. A jedan čovjek, vjernik, iz porodice faraonove, koji je krio vjerovanje svoje, reče: "Zar da ubijete čovjeka zato što govori: 'Gospodar moj je Allah!', onoga koji vam je donio jasne dokaze od Gospodara vašeg? Ako je lažov, njegova laž će njemu nauditi, a ako govori istinu, onda će vas stići barem nešto od onoga čime vam prijeti – jer Allah neće ukazati na Pravi put onome koji u zlu pretjeruje i koji mnogo laže.

29. O narode moj, danas vama pripada vlast i vi ste na vrhovima u zemlji, ali ko će nas odbraniti od Allahove kazne ako nas ona stigne?" A faraon reče: "Savjetujem vam samo ono što mislim, a na Pravi put ću vas samo ja izvesti."

30. A onda onaj vjernik reče: "O narode moj, bojim se da i vas ne stigne ono što je stiglo narode koji su se protiv poslanika bili urotili,

31. kao što je to bilo sa Nuhovim narodom i Adom i Semudom i onima poslije njih. – A Allah nije nepravedan robovima Svojim.

32. O narode moj, plašim se šta će biti s vama na Dan kada budete jedni druge dozivali,

33. na Dan kada budete uzmičući bježali, kada vas od Allaha neće moći niko odbraniti. A onoga koga Allah u zabludi ostavi, toga neće niko uputiti.

34. Jusuf vam je, još davno, donio jasne dokaze, ali ste vi stalno sumnjali u ono što vam je donio. A kad je on umro, vi ste rekli: 'Allah više neće poslije njega poslati poslanika!' Eto tako Allah ostavlja u zabludi svakoga ko u zlu pretjeruje i sumnja,

35. one koji o Allahovim znamenjima raspravljaju, iako im nikakav dokaz nije došao, pa izazivaju još veću Allahovu mržnju i mržnju vjernika. Tako Allah pečati srce svakog oholog i nasilnog."

36. "O Hamane," – reče faraon – "sagradi mi jedan toranj ne bih li stigao do staza,

37. staza nebeskih, ne bih li se popeo do Musaova Boga – a ja smatram da je on, zaista, lažac." I eto tako su se faraonu njegova ružna djela učinila lijepim i on je bio odvraćen od Pravog puta, a lukavstvo faraonovo se završilo na njegovu štetu.

38. I onda onaj vjernik reče: "O narode moj, ugledajte se na mene, ja ću vam na Pravi put ukazati!

39. O narode moj, život na ovome svijetu samo je prolazno uživanje, a Onaj svijet je, zaista, Kuća vječna.

40. Ko učini zlo, bit će prema njemu kažnjen, a ko učini dobro – bio muškarac ili žena, a vjernik je – u Džennet će; u njemu će imati u obilju svega, bez računa.

41. O narode moj, šta je ovo!? Ja vas pozivam da vas spasim, a vi mene pozivate u Vatru:

42. pozivate me da ne vjerujem u Allaha i da prihvatim Njemu ravnim onoga o kome baš ništa ne znam, a ja vas pozivam Silnome, Onome Koji mnogo prašta.

43. Nema nimalo sumnje u to da se oni kojima me pozivate neće nikome ni na ovome ni na Onome svijetu odazvati i da ćemo se Allahu vratiti i da će mnogobošci stanovnici u Ognju biti.

44. Tada ćete se sigurno mojih riječi sjetiti! A ja Allahu prepuštam svoj slučaj. Allah, uistinu, robove Svoje vidi."

45. I Allah ga je sačuvao nevolje koju su mu oni snovali, a faraonove ljude zla kob zadesi.

46. Oni će se ujutro i navečer u vatri pržiti. A kada nastupi Čas: "Uvedite faraonove ljude u patnju najtežu!"

47. I kada se u vatri budu prepirali, pa oni koji su bili potlačeni reknu glavešinama svojim: "Mi smo se za vama povodili, možete li nas makar malo vatre osloboditi?" –

48. onda će glavešine reći: "Evo nas, svi smo u njoj, jer Allah je presudio robovima Svojim."

49. I oni koji će u vatri biti govorit će stražarima džehennemskim: "Zamolite Gospodara svoga da nam bar jedan dan patnju ublaži!"

50. "A zar vam poslanici vaši nisu jasne dokaze donosili?" – upitat će oni. "Jesu!" – odgovorit će. "Molite onda vi!" – reći će oni. Ali će molba onih koji nisu vjerovali uzaludna biti.

51. Mi ćemo, doista, pomoći poslanike Naše i vjernike u životu na ovome svijetu, a i na Dan kad se dignu svjedoci,

52. na Dan kada krivcima pravdanja njihova neće od koristi biti – njih će prokletstvo i najgore prebivalište čekati.

53. Mi smo Musau uputstvo dali i sinovima Israilovim u nasljedstvo Knjigu ostavili

54. da bude putokaz i opomena onima koji pameti budu imali.

55. Zato ti budi strpljiv – Allahovo obećanje je istina – i moli da ti budu oprošteni tvoji grijesi, i Gospodara svoga krajem i početkom dana veličaj i hvali!

56. Oni koji o Allahovim znamenjima raspravljaju, iako im nikakav dokaz nije došao, u srcima njihovim je samo oholost koja ih neće dovesti do cilja željenog, zato moli od Allaha zaštitu, jer On uistinu sve čuje i sve vidi.

57. Stvaranje nebesa i Zemlje je sigurno veće nego stvaranje roda ljudskog, ali većina ljudi ne zna.

58. Nisu jednaki slijepac i onaj koji vidi, nisu jednaki vjernici koji dobra djela čine i zlotvori. – Kako vas malo prima pouku!

59. Doći će Čas oživljenja, u to nema nimalo sumnje, ali većina ljudi neće da vjeruje.

60. Gospodar vaš je rekao: "Pozovite Me i zamolite, Ja ću vam se odazvati! Oni koji iz oholosti neće da Mi se klanjaju – ući će, sigurno, u Džehennem poniženi."

61. Allah vam je dao noć da se u njoj odmarate, a dan da vidite. Allah je neizmjerno dobar prema ljudima, ali većina ljudi neće da zahvaljuje.

62. To vam je, eto, Allah, Gospodar vaš, Stvoritelj svega, drugog boga osim Njega nema, pa kuda se onda odmećete?

63. Tako su se odmetali i oni koji su Allahove dokaze poricali.

64. Allah vam je učinio Zemlju prebivalištem, a nebo zdanjem, i On vam obličje daje i likove vaše čini lijepim, i jelima vas opskrbljuje ukusnim. To je Allah, Gospodar vaš, i neka je uzvišen Allah, Gospodar svjetova!

65. On je Živi, nema boga osim Njega, zato se samo Njemu klanjajte, iskreno Mu ispovijedajući vjeru: "Neka je hvaljen Allah, Gospodar svjetova!"

66. Reci: "Meni je zabranjeno, o tome su mi došli jasni dokazi od Gospodara moga, da se klanjam onima kojima se vi, pored Allaha, klanjate, a naređeno mi je da se pokoravam Gospodaru svjetova.

67. On vas stvara od zemlje, zatim od kapi sjemena, zatim od ugruška, zatim čini da se kao dojenčad rađate, i da do muževnog doba stignete, i da starci postanete – a neki od vas umiru prije – i da do suđenoga časa poživite kako biste mogli shvatiti.

68. On život i smrt daje! A kad nešto odluči, samo za to rekne: 'Budi!' – i ono bude."

69. Zar ne vidiš kako se okreću oni koji o Allahovim dokazima raspravljaju?

70. Oni koji poriču Knjigu i ono što smo slali po poslanicima – saznat će posljedice toga

71. kada sa okovima o vratu i sindžirima budu vučeni

72. po ključaloj vodi, a zatim u vatri prženi,

73. i potom upitani: "Gdje su oni kojima ste se klanjali,

74. a ne Allahu?" "Izgubili su nam se iz vida." – odgovorit će – "Ta mi se prije, ustvari, nismo nikome ni klanjali." Eto tako Allah ostavlja u zabludi nevjernike.

75. To vam je zato što ste bez ikakva osnova na Zemlji bahati bili i što ste likovali.

76. Ulazite kroz kapije Džehennema, u njemu ćete vječno ostati – a ružno je prebivalište oholih!

77. Zato ti budi strpljiv, Allahova prijetnja će se, sigurno, obistiniti! Bilo da ti pokažemo dio onoga čime im Mi prijetimo, bilo da ti prije život oduzmemo, Nama će se oni vratiti.

78. I prije tebe smo poslanike slali, o nekima od njih smo ti kazivali, a o nekima ti nismo kazivali. I nijedan poslanik nije mogao učiniti nikakvo čudo bez Allahove volje. A kad se Allahova prijetnja ispuni, bit će presuđeno po pravdi i tada će nevaljali nastradati.

79. Allah je za vas stvorio stoku – da na nekima jašete, a neke da jedete.

80. Vi od njih koristi imate i vi na njima za vas važne potrebe ostvarujete – i na njima i na lađama vi se vozite.

81. On vam pokazuje dokaze moći Svoje, pa koje od Allahovih dokaza ne priznajete?

82. Zašto oni ne putuju po svijetu, pa da vide kako su završili oni prije njih? Oni su bili od njih mnogobrojniji i jači i više spomenika su na Zemlji ostavili, i ništa im nije koristilo ono što su stekli.

83. Kada su im poslanici njihovi jasne dokaze donosili, oni su se znanjem koje su imali dičili i snašlo ih je ono čemu su se stalno rugali.

84. A kad bi kaznu Našu doživjeli, onda bi govorili: "Mi vjerujemo u Allaha, u Njega Jedinog, a odričemo se onih koje smo Njemu ravnim smatrali!"

85. Ali im vjerovanje njihovo, kada bi kaznu Našu doživjeli, ne bi nimalo bilo od koristi, prema Allahovom zakonu koji je vrijedio za sve robove Njegove koji su bili i nestali – i tada bi nevjernici stradali.

SURA 41

Fussilet – Objašnjenje
(Mekka – 54 ajeta)

U ime Allaha, Milostivog, Samilosnog!

1. Hā Mīm.

2. Objava je od Milostivog, Samilosnog,

3. Knjiga čiji su ajeti jasno izloženi, Kur'an na arapskom jeziku za ljude koji znaju,*

4. vjesnik radosnih vijesti i opomena – pa opet većina njih glavu okreće, neće ni da čuje.

5. "Srca naša su" – govore oni – "pod pokrivačima, daleka od onoga čemu nas ti pozivaš, i mi smo gluhi za to, a između nas i tebe je pregrada, pa ti radi, i mi ćemo raditi."

6. Reci: "Ja sam čovjek kao i vi, samo meni se objavljuje da je vaš Bog samo jedan Bog, zato se Njemu iskreno klanjajte i od Njega oprosta tražite! A teško onima koji Njemu druge ravnim smatraju,

7. koji zekat ne daju i koji u Onaj svijet ne vjeruju!

8. One koji vjeruju i dobra djela čine zbilja čeka nagrada neprekidna."

9. Reci: "Zar, zaista, nećete da vjerujete u Onoga Koji je u dva vremenska razdoblja Zemlju stvorio – i još Mu druge ravnim smatrate? To je Gospodar svjetova!"

10. On je nepomična brda po njoj stvorio i blagoslovljenom je učinio i proizvode njezine na njoj odredio, sve to u četiri vremenska razdoblja – ovo je objašnjenje za one koji pitaju –

11. zatim se nebeskim visinama uputio dok je nebo još maglina bilo, pa njemu i Zemlji rekao: "Pojavite se milom ili silom!" "Pojavljujemo se drage volje!" – odgovorili su,

12. pa ih u dva vremenska razdoblja, kao sedam nebesa, stvorio, i odredio šta će se u svakom nebu nalaziti. A nebo najbliže sjajnim zvijezdama smo ukrasili i nad njim Mi bdijemo. To je odredba Silnoga i Sveznajućega.

13. A ako glave okrenu, ti reci: "Opominjem vas munjom onakvom kakva je pogodila Ada i Semuda,

14. kada su im sa svih strana poslanici njihovi dolazili i govorili: "Ne klanjajte se nikome do Allahu!" – a oni odgovarali: "Da je Gospodar naš htio, On bi meleke poslao, mi ne vjerujemo u ono što je po vama poslano."

15. Ad se bez ikakva osnova bio na Zemlji uzoholio. "Ko je od nas jači?" – govorili su. A zar nisu znali da je Allah, Koji ih je stvorio, jači od njih – a i znamenja Naša su poricali.

16. I Mi poslasmo protiv njih, u danima nesretnim, vjetar leden, da bismo im još na ovome svijetu dali da osjete sramnu patnju – patnja na Onom svijetu bit će, zaista, još sramnija – i niko im neće u pomoć priteći.

17. I Semudu smo na Pravi put ukazivali, ali njima je bila milija sljepoća od Pravog puta, pa ih je stigla sramna kazna od munje, prema onome kako su zaslužili,

18. a one koji su vjerovali i Allaha se bojali Mi smo spasili.

19. A na Dan kad Allahovi neprijatelji u vatru budu potjerani – oni prvi bit će zadržani, da bi ih sustigli ostali –

20. i kad dođu do nje, uši njihove, i oči njihove, i kože njihove svjedočit će protiv njih o onome što su radili.

21. "Zašto svjedočite protiv nas!?" – upitat će oni kože svoje. "Allah Koji je dao sposobnost govora svakome biću, obdario je darom govora i nas." – odgovorit će – "On vas je prvi put stvorio i Njemu ste se, evo, vratili.

22. Vi se niste krili zato da ne bi uši vaše i oči vaše i kože vaše protiv vas svjedočile, već zato što ste vjerovali da Allah neće saznati mnogo štošta što ste radili.

23. I to vaše uvjerenje, koje ste o Gospodaru svome imali, upropastilo vas je i sada ste nastradali."

24. Pa i ako budu trpjeli, njihovo boravište će Vatra biti. A ako budu tražili naklonost Allahovu, njihovoj molbi neće se udovoljiti.

25. Mi smo im bili odredili loše drugove koji su im lijepim prikazivali i ono što su uradili i ono što će uraditi. I na njima se obistinilo ono što je rečeno za narode, džine i ljude koji su prije njih bili i nestali - doista su nastradali.

26. Oni koji ne vjeruju govore: "Ne slušajte ovaj Kur'an, nego pravite buku da biste ga nadvikali!"

27. Zato ćemo Mi, sigurno, dati da nevjernici iskuse nesnosnu patnju, i kaznit ćemo ih najgorom kaznom za djela koja su počinili.

28. To je kazna za Allahove neprijatelje, vatra u kojoj će im vječna kuća biti, kao naplata što su dokaze Naše stalno poricali.

29. I nevjernici će reći: "Gospodaru naš, pokaži nam džine i ljude, one koji su nas zaveli, da ih stavimo pod noge naše, neka budu najdonji."

30. Onima koji govore: "Gospodar naš je Allah." pa poslije ostanu pri tome, dolaze meleki: "Ne bojte se i ne žalostite se, i radujte se Džennetu koji vam je obećan.

31. Mi smo zaštitnici vaši u životu na ovome svijetu, a i na Onome. U njemu ćete imati sve ono što duše vaše zažele i što god zatražite imat ćete,

32. bit ćete počašćeni od Onoga Koji prašta i Koji je milostiv."

33. A ko govori ljepše od onoga koji poziva Allahu, koji dobra djela čini i koji govori: "Ja sam doista musliman!"

34. Dobro i zlo nisu isto! Zlo dobrim uzvrati, pa će ti dušmanin tvoj odjednom prisni prijatelj postati.

35. To mogu postići samo strpljivi, to mogu postići samo vrlo sretni.

36. A kad te šejtan pokuša na zle misli navesti, ti zatraži utočište u Allaha, jer On, uistinu, sve čuje i zna sve.

37. Među znamenjima Njegovim su noć i dan, i Sunce i Mjesec. Ne padajte licem na tle ni pred Suncem ni pred Mjesecom, već padajte licem na tle pred Allahom Koji ih je stvorio, ako želite da se samo Njemu Jedinom klanjate.

38. A ako te oni neće poslušati – pa oni koji su kod Gospodara tvoga hvale Ga i noću i danju i ne dosađuju se.

SEDŽDA

39. Jedno od znamenja Njegovih je i to što ti vidiš suhu zemlju, a kad na nju spustimo kišu, ona se pokrene i uzbuja. Onaj Koji njoj daje život oživjet će, sigurno, i umrle, jer je On kadar sve.

40. Oni koji riječi Naše izvrću neće se, doista, od Nas sakriti. Pa da li će biti ugodnije onome koji u Vatru bude bačen ili onome koji na Sudnji dan dođe smiren? Radite šta hoćete, On zaista vidi šta vi radite.

41. Oni koji ne vjeruju u Kur'an, pošto im je objavljen! A on je, zaista, Knjiga zaštićena,

42. laž joj je strana, bilo s koje strane, ona je Objava od Mudroga i Hvale dostojnoga.

43. Tebi se neće reći ništa što već nije rečeno poslanicima prije tebe. Gospodar tvoj zaista prašta, a i bolno kažnjava.

44. A da Kur'an objavljujemo na tuđem jeziku, oni bi, sigurno, rekli: "Trebalo je da su mu ajeti razumljivi. Zar jezik tuđ, a onaj kome se objavljuje je Arap?" Reci: "On je vjernicima uputstvo i lijek. A oni koji neće da vjeruju – i gluhi su i slijepi, kao da se iz daleka mjesta dozivaju."

45. I Musau smo Knjigu dali, pa su se zbog nje podvojili. A da nije Riječi Gospodara tvoga prije izrečene, sa ovima bi bilo već svršeno, jer oni mnogo u Kur'an sumnjaju.

46. Ko čini dobro, u svoju korist čini, a ko radi zlo, na svoju štetu radi. – A Gospodar tvoj nije nepravedan prema robovima Svojim.

47. Samo On zna kada će Smak svijeta nastupiti. A ni plodovi ne izlaze iz cvijetnih čaški svojih i nijedna žena ne zanese i ne rodi, a da On to ne zna. A na Dan kad ih On upita: "Gdje su oni koje ste smatrali Meni ravnim?" – oni će odgovoriti: "Javljamo ti da niko od nas to ne tvrdi."

48. I neće biti onih kojima su se prije klanjali i uvjerit će se da ne mogu nikud umaći.

49. Čovjeku ne dosadi da bogatstvo traži, a kada ga neimaština zadesi, onda zdvaja i nadu gubi.

DŽUZ'
XXV

50. Kad ga obaspemo milošću Našom, poslije nesreće koja ga zadesi, on govori: "Ovo sam i zaslužio i ja ne mislim da će Čas oživljenja doći. A ako budem Gospodaru svome vraćen, kod Njega me čeka Džennet." A Mi ćemo one koji nisu vjerovali, sigurno, o onom što su radili obavijestiti i da iskuse patnju tešku – doista ćemo im dati.

51. Kada čovjeku milost Našu darujemo, postaje nezahvalan i uzoholi se, a kada ga nevolja dotakne, onda se dugo moli.

52. Reci: "Šta mislite, ako je Kur'an od Allaha, a vi u njega nećete da vjerujete – ko je onda u većoj zabludi od onoga koji je u protivrječju dalekom od istine?"

53. Mi ćemo im pružati dokaze Naše u prostranstvima svemirskim, a i u njima samim, dok im ne bude sasvim jasno da je Kur'an istina. A zar nije dovoljno to što je Gospodar tvoj o svemu obaviješten?

54. Oni sumnjaju da će pred Gospodara svoga stati, a On znanjem Svojim obuhvaća sve.

SURA 42

Eš-Šūrā – Dogovaranje

(Mekka – 53 ajeta)

U ime Allaha, Milostivog, Samilosnog!

1. Hā Mīm

2. Ajīn Sīn Kāf.

3. Eto tako Allah Silni i Mudri objavljuje tebi, kao i onima prije tebe.

4. Njegovo je ono što je na nebesima i ono što je na Zemlji, i On je Svevišnji, Veličanstveni!

5. Skoro da se nebesa raspadnu jedna iznad drugih! A meleki veličaju i hvale Gospodara svoga i mole oprosta za one koji su na Zemlji. – Allah je, zaista, Taj Koji prašta i Koji je milostiv.

6. Allah motri na one koje, pored Njega, zaštitnike uzimaju, tebi nije prepušteno da o njima brigu vodiš.

7. Eto tako Mi tebi objavljujemo Kur'an, na arapskom jeziku, da bi opominjao Mekku i one oko nje i upozorio na Dan kada će se sakupiti – u koji nema nikakve sumnje. Jedni će u Džennet, a drugi u Džehennem.

8. A da Allah hoće, učinio bi ih sve pravim vjernicima, ali On u milost Svoju uvodi koga On hoće, a nevjernici nemaju ni zaštitnika ni pomagača.

9. Zar oni da druge, a ne Njega, za zaštitnike uzimaju, a Allah je jedini zaštitnik! On će oživiti umrle, samo je On kadar sve.

10. Ma u čemu se razilazili, presudu treba dati Allah. To vam je, eto, Allah, Gospodar moj – u Njega se ja uzdam i Njemu se obraćam –

11. Stvoritelj nebesa i Zemlje! On vas kao parove stvara – a stvara parove i od stoke – da vas tako razmnožava. Niko nije kao On! On sve čuje i sve vidi.

12. U Njega su ključevi nebesa i Zemlje, On daje obilje kome hoće, a i uskraćuje. – On, uistinu, zna sve.

13. On vam propisuje u vjeri isto ono što je propisao Nuhu i ono što objavljujemo tebi, i ono što smo naredili Ibrahimu i Musau i Isau: "Pravu vjeru ispovijedajte i u tome se ne podvajajte!" Teško je onima koji Allahu druge ravnim smatraju da se tvome pozivu odazovu. Allah odabire za Svoju vjeru onoga koga On hoće i upućuje u nju onoga ko Mu se iskreno obrati.

14. A oni su se podvojili iz zlobe međusobne baš onda kad im je došlo saznanje. I da nije Riječi Gospodara tvoga prije izrečene, da nema kažnjavanja do Dana sudnjega, s njima bi bilo već svršeno. A oni kojima se poslije njih Knjiga u nasljedstvo ostavlja veoma sumnjaju u nju.

15. Zato ti pozivaj i budi ustrajan, onako kako ti se naređuje, a ne povodi se za prohtjevima njihovim, i reci: "Ja vjerujem u sve Knjige koje je Allah objavio, i naređeno mi je da vam pravedno sudim – Allah je i naš i vaš Gospodar, nama naša, a vama vaša djela – nema potrebe da jedni drugima dokaze iznosimo. Allah će nas sve sabrati i Njemu će se svi vratiti."

16. A dokazi onih koji se o Allahovoj vjeri raspravljaju ništavni su kod njihova Gospodara kada su joj se već mnogi odazvali; na njih će pasti gnjev i čeka ih patnja teška.

17. Allah objavljuje Knjigu, samu istinu i pravednost. A šta ti znaš – možda je Smak svijeta blizu!

18. Požuruju ga oni koji u njega ne vjeruju, a oni koji vjeruju zbog njega strahuju i da je istina znaju. O, kako su, doista, daleko zalutali oni koji o Času oživljenja raspravljaju!

19. Allah je dobar prema robovima Svojim, On daje opskrbu kome hoće, i On je moćan i silan.

20. Onome ko bude želio nagradu na Onom svijetu – umnogostručit ćemo mu je, a onome ko bude želio nagradu na ovom svijetu – dat ćemo mu je, ali mu na Onom svijetu nema udjela.

21. Zar oni da imaju bogove koji im propisuju da vjeruju ono što Allah nije naredio? Da nije Riječi prije izrečene, među njima bi već bilo presuđeno. – A nevjernike, doista, čeka patnja nesnosna.

22. Vidjet ćeš nevjernike kako strepe zbog onoga što su činili i kazna će ih stići. A oni koji su vjerovali i dobra djela činili bit će u divnim džennetskim baščama, sve što zažele imat će u Gospodara svoga – bit će to blagodat velika.

23. Na ovaj način Allah šalje radosne vijesti robovima Svojim, onima koji su vjerovali i dobra djela činili. Reci: "Ne tražim za ovo nikakvu drugu nagradu od vas, osim pažnje rodbinske." A umnogostručit ćemo nagradu onome ko učini dobro djelo, jer Allah, zaista, mnogo prašta i blagodaran je.

24. Zar oni da govore: "On izmišlja o Allahu laži!" A Allah će, ako hoće, srce tvoje učiniti nepokolebljivim. Allah poništava neistinu i utvrđuje istinu riječima Svojim – On dobro zna svačije misli,

25. On prima pokajanje od robova Svojih i prašta hrđave postupke i zna šta radite,

26. On se odaziva onima koji vjeruju i čine dobra djela i obasipa ih dobrotom Svojom još više, a nevjernike čeka žestoka patnja.

27. Kad bi Allah svim Svojim robovima davao opskrbu u obilju, oni bi se na Zemlji osilili, ali On je daje s mjerom, onoliko koliko hoće, jer On dobro poznaje i vidi robove Svoje.

28. On šalje kišu kad oni izgube svaku nadu i rasprostire blagoslov Svoj, On je zaštitnik pravi i jedini dostojan hvale.

29. Jedno od znamenja Njegovih je stvaranje nebesa i Zemlje i živih bića koja je rasijao po njima, On je kadar da ih sve sabere kad bude htio.

30. Kakva god vas bijeda zadesi, to je zbog grijehova koje ste zaradili, a On mnoge i oprosti.

31. I vi Mu na Zemlji nećete moći umaći i ne postoji, osim Allaha, ni pomagač ni zaštitnik.

32. Jedno od znamenja Njegovih su lađe nalik na brda koje morima plove.

33. Ako želi, On umiri vjetar i one na površini njegovoj ostaju nepokretne – to su pouke svakom onom ko je strpljiv i zahvalan –

34. ili ih potopi, zbog grijehova koje su zaradili – a mnogima i oprosti –

35. da bi se oni koji poriču dokaze Naše uvjerili da kazni Našoj ne mogu umaći.

36. Sve što vam je dato samo je uživanje u životu na ovom svijetu, a ono što je u Allaha bolje je i trajnije za one koji vjeruju i u Gospodara svoga se uzdaju,

37. za one koji se klone velikih grijeha i razvrata i koji, kad ih ko rasrdi, opraštaju,

38. za one koji se Gospodaru svome odazivaju, i koji molitvu obavljaju, i koji se o poslovima svojim dogovaraju, a dio od onoga čime smo ih opskrbili udjeljuju,

39. i za one koji se odupiru onima koji ih ugnjetavaju.

40. Nepravda se može uzvratiti istom mjerom, a onoga koji oprosti i izmiri se Allah će nagraditi. – On, uistinu, ne voli one koji nepravdu čine.

41. Neće odgovarati onaj koji istom mjerom uzvrati za pretrpljenu nepravdu,

42. a odgovarat će oni koji ljude tlače i bez ikakva osnova red na Zemlji remete – njih čeka bolna patnja.

43. Strpljivo podnositi i praštati – tako treba svaki pametan postupiti.

44. Onaj koga Allah bez podrške ostavi neće poslije Njega imati nikoga da ga podrži. I ti ćeš vidjeti kako će nasilnici, kad dožive patnju, povikati: "Postoji li ikakav način da se povratimo?"

45. I vidjet ćeš kako ih ponižene i klonule vatri izlažu, a oni je ispod oka gledaju. Oni koji su vjerovali, reći će: "Pravi stradalnici su oni koji na Sudnjem danu i sebe i čeljad svoju upropaste!" A zar nevjernici neće neprekidno patiti!

46. Njima neće moći pomoći oni kojima su se pored Allaha klanjali. A onaj koga je Allah bez podrške ostavio, taj Pravog puta nije ni našao.

47. Odazovite se Gospodaru svome prije nego što dođe Dan koji Allah neće zaustaviti. Toga Dana utočišta nećete imati i nećete moći poricati.

48. A ako glave okrenu – pa Mi tebe nismo ni poslali da budeš njihov čuvar, ti si dužan samo obznaniti. Kad čovjeku damo da blagodat Našu osjeti, on joj se obraduje. A kad ga zadesi kakva nesreća zbog onoga što su uradile ruke njegove, onda čovjek blagodati ne priznaje.

49. Allahova je vlast na nebesima i na Zemlji. On stvara šta hoće! On poklanja žensku djecu kome hoće, a kome hoće mušku,

50. ili im daje i mušku i žensku, a koga hoće, učini bez poroda. – On uistinu, sve zna i sve može.

51. Nijednom čovjeku nije dato da mu se Allah obraća osim na jednom od tri načina: nadahnućem, ili iza zastora, ili da pošalje izaslanika koji, Njegovom voljom, objavljuje ono što On želi. – On je, zaista, Uzvišen i Mudar!

52. Na takav način Mi i tebi objavljujemo ono što ti se objavljuje. Ti nisi znao šta je Knjiga niti si poznavao vjerske propise, ali smo je Mi učinili svjetlom pomoću kojeg upućujemo one robove Naše koje želimo. A ti, zaista, upućuješ na Pravi put,

53. na Put Allahov, Kome pripada sve što je na nebesima i sve što je na Zemlji. I, eto, Allahu će se sve vratiti!

SURA 43

Ez-Zuhruf – Ukras

(Mekka – 89 ajeta)

U ime Allaha, Milostivog, Samilosnog!

1. Hā Mīm.

2. Tako Mi Knjige jasne,

3. Mi je objavljujemo kao Kur'an, na arapskom jeziku, da biste razumjeli,

4. a on je u Glavnoj Knjizi, u Nas, cijenjen i pun mudrosti.

5. Zar da vas odustanemo opominjati zato što svaku mjeru zla prelazite?

6. A koliko smo Mi prijašnjim narodima vjerovjesnika poslali;

7. i nijedan im vjerovjesnik nije došao, a da mu se nisu narugali!

8. Zato smo uništavali one koji su od ovih moćniji bili, a ranije su isticane vijesti o narodima drevnim.

9. A ako ih upitaš ko je stvorio nebesa i Zemlju, oni će, sigurno, reći: "Stvorio ih je Allah!" – Da, Silni i Sveznajući,

10. Onaj Koji vam je Zemlju kolijevkom učinio i po njoj vam prolaze stvorio da stignete kuda naumite;

11. Onaj Koji s neba s mjerom spušta vodu, pomoću koje u život vraćamo mrtve predjele – tako ćete i vi biti oživljeni;

12. Onaj Koji stvara stvorenja svake vrste i daje vam lađe i kamile da putujete,

13. da se leđima njihovim služite i da se, kad na njima jahali budete, blagodati Gospodara svoga sjetite i da reknete: "Hvaljen neka je Onaj Koji je dao da nam one služe, mi to sami ne bismo mogli postići,

14. i mi ćemo se, sigurno, Gospodaru svome vratiti!"

15. A oni Njemu od robova Njegovih pripisuju dijete. Čovjek je, zaista, očiti nezahvalnik.

16. Zar da između onih koje On stvara uzima Sebi kćeri, a vas da daruje sinovima?

17. A kad nekog od njih obraduju viješću da mu se rodila ona koju pripisuje Milostivom, lice mu se pomrači i postaje potišten.

18. Zar one koje u ukrasima rastu i koje su u prepirci bespomoćne?

19. Oni meleke, koji su robovi Milostivoga, ženama nazivaju. Zar su oni prisustvovali stvaranju njihovu? Njihova tvrđenja bit će zapisana i oni će odgovarati!

20. "Da Milostivi hoće," – govore oni – "mi im se ne bismo klanjali." Oni o tome ništa ne znaju, oni samo lažu.

21. Zar smo im prije Kur'ana dali Knjigu pa se nje pridržavaju?

22. Oni čak govore: "Mi smo zatekli pretke naše kako ispovijedaju vjeru i prateći ih u stopu mi smo na Pravom putu."

23. I eto tako, prije tebe, Mi ni u jedan grad nismo poslanika poslali, a da oni koji su raskošnim životom živjeli nisu govorili: "Zatekli smo pretke naše kako ispovijedaju vjeru i mi ih slijedimo u stopu."

24. "Zar i onda" – govorio bi on – "kad vam ja donosim bolju od one koju ste od predaka vaših upamtili?" A oni bi odgovarali: "Ne vjerujemo mi u ono što je po vama poslato!"

25. I Mi smo ih kažnjavali, pa vidi kako su skončali oni koji su poslanike u laž ugonili.

26. A kad Ibrahim reče ocu svome i narodu svome: "Nemam ja ništa s onima kojima se vi klanjate,

27. ja se klanjam samo Onome Koji me je stvorio, jer će mi On, doista, na Pravi put ukazati." –

28. on učini riječi tevhida trajnim za potomstvo svoje da bi se dozvali.

29. A ja sam dopustio ovima, a i precima njihovim, da uživaju sve dok im nije došla Istina i Poslanik očevidni.

30. A sada, kada im Istina dolazi, oni govore: "Ovo je vradžbina, i mi u nju nikako ne vjerujemo!"

31. i još kažu: "Trebalo je da ovaj Kur'an bude objavljen kakvom uglednom čovjeku iz jednog od ova dva grada!"

32. Zar oni da raspolažu milošću Gospodara tvoga? Mi im dajemo sve što im je potrebno za život na ovome svijetu i Mi jedne nad drugima uzdižemo po nekoliko stepeni da bi jedni druge služili. – A milost Gospodara tvoga bolja je od onoga što oni gomilaju.

33. A da neće svi ljudi postati nevjernici, Mi bismo krovove kuća onih koji ne vjeruju u Milostivog od srebra učinili, a i stepenice uz koje se penju,

34. i vrata kuća njihovih i divane na kojima se odmaraju,

35. i ukrase od zlata bismo im dali – jer sve je to samo uživanje u životu na ovome svijetu, a Onaj svijet u Gospodara tvoga bit će za one koji budu Njegova naređenja izvršavali, a Njegovih zabrana se klonili.

36. Onome ko se bude slijepim pravio da ne bi Milostivog veličao, Mi ćemo šejtana natovariti, pa će mu on nerazdvojni drug postati;

37. oni će ih od Pravoga puta odvraćati, a ljudi će misliti da su na Pravome putu.

38. I kada koji dođe pred Nas, reći će: "Kamo sreće da je između mene i tebe bila tolika razdaljina kolika je između istoka i zapada! Kako si ti bio zao drug!"

39. Toga Dana vam neće biti od koristi to što ćete u muci zajedno biti, kad je jasno da ste druge Allahu ravnim smatrali.

40. Zar ti da dozoveš gluhe i uputiš slijepe i one koji su u očitoj zabludi!?

41. Ako bismo ti dušu uzeli, njih bismo sigurno kaznili;

42. ili kad bismo ti htjeli pokazati ono čime im prijetimo – pa Mi njih možemo svakom kaznom kazniti.

43. Zato se drži onoga što ti se objavljuje, jer ti si, uistinu, na Pravome putu.

44. "Kur'an je, zaista, čast tebi i narodu tvome." – odgovarat ćete vi.

45. Pogledaj u odredbama objavljenim poslanicima Našim, koje smo prije tebe slali, da li smo naredili da se, mimo Milostivog, klanjaju božanstvima nekakvim.

46. Još davno Mi smo poslali Musaa sa znamenjima Našim faraonu i glavešinama njegovim, i on je rekao: "Ja sam, doista, Gospodara svjetova poslanik!"

47. I pošto im je donio znamenja Naša, oni su ih, odjednom, počeli ismijavati.

48. I Mi smo im dokaze pokazivali, sve jedan veći od drugog, i na muke smo ih stavljali ne bi li se dozvali.

49. "O ti čarobnjače," – govorili su oni – "zamoli Gospodara svoga, u naše ime, na temelju tebi datog obećanja, mi ćemo, sigurno, Pravim putem poći!"

50. A čim bismo ih nevolje oslobodili, začas bi obavezu prekršili.

51. I faraon obznani narodu svome: "O narode moj," – reče on – "zar meni ne pripada carstvo u Misiru i ovi rukavci rijeke koji ispred mene teku, shvaćate li?

52. I zar nisam ja bolji od ovog bijednika koji jedva umije govoriti?

53. Zašto mu nisu stavljene narukvice od zlata ili zašto zajedno sa njim nisu došli meleki?"

54. I on zavede narod svoj, pa mu se pokori. Oni su, doista, bili narod grješni.

55. A kad izazvaše Naš gnjev, Mi ih kaznismo i sve ih potopismo,

56. i učinismo ih primjerom i poukom narodima kasnijim.

57. A kad je narodu tvome kao primjer naveden sin Merjemin, odjednom su oni, zbog toga, zagalamili

58. i rekli: "Da li su bolji naši kumiri ili on?" A naveli su ti ga kao primjer samo zato da bi spor izazvali, jer su oni narod svađalački.

59. On je bio samo rob koga smo Mi poslanstvom nagradili i primjerom za pouku sinovima Israilovim učinili.

60. A da hoćemo, mogli bismo neke od vas u meleke pretvoriti da vas oni na Zemlji naslijede.

61. I Kur'an je predznak Smaka svijeta, zato nikako ne sumnjajte u njega i slijedite uputstvo Moje, to je Pravi put,

62. i neka vas šejtan nikako ne odvrati – ta on vam je, doista, neprijatelj otvoreni.

63. A kad je Isa očita znamenja donio, on je rekao: "Donosim vam mudrost i dolazim vam objasniti ono oko čega se razilazite. Zato se Allaha bojte i meni se pokoravajte,

64. Allah je moj i vaš Gospodar, pa se Njemu klanjajte, to je Pravi put!"

65. Ali su se stranke između sebe podvojile, pa neka iskuse nesnosnu patnju na Dan bolni oni koji su nasilje učinili!

66. Zar ovi čekaju da im Smak svijeta iznenada dođe, a oni bezbrižni?

67. Tog Dana će oni koji su jedni drugima bili prijatelji postati neprijatelji, samo to neće biti oni koji su se Allaha bojali i grijeha klonili:

68. "O robovi Moji, za vas danas straha neće biti, niti ćete za čim tugovati –

69. oni koji su u ajete Naše vjerovali i poslušni bili –

70. uđite u Džennet, vi i žene vaše, radosni!"

71. Oni će biti služeni iz posuda i čaša od zlata, u njemu će biti sve što duše zažele i čime se oči naslađuju, i u njemu ćete vječno boraviti.

72. "Eto, to je Džennet koji vam je darovan kao nagrada za ono što ste radili,

73. u njemu ćete svakovrsnog voća imati od kojeg ćete neko jesti."

^{74.} A nevjernici će u patnji džehennemskoj vječno ostati,

^{75.} ona im se neće ublažiti i nikakve nade u spas neće imati.

^{76.} Nismo im nepravedni bili, oni su sami sebi nepravdu nanijeli.

^{77.} Oni će dozivati: "O Malik, neka Gospodar tvoj učini da umremo!" A on će reći: "Vi ćete tu vječno ostati!"

^{78.} Mi vam Istinu šaljemo, ali većini vam je Istina odvratna.

^{79.} Ako oni pletu zamke, i Mi ćemo zamke njima postaviti.

^{80.} Zar oni misle da Mi ne čujemo šta oni nasamo razgovaraju i kako se među sobom dogovaraju? Čujemo Mi, a izaslanici Naši, koji su uz njih, zapisuju.

^{81.} Reci: "Kad bi Milostivi imao sina, ja bih se prvi klanjao!

^{82.} Neka je uzvišen Gospodar nebesa i Zemlje, Onaj Koji svemirom vlada i Koji je iznad onoga kako Ga oni opisuju!"

^{83.} Zato ih ostavi neka se iživljavaju i zabavljaju dok ne dožive Dan kojim im se prijeti,

^{84.} On je Bog i na nebu i na Zemlji, On je Mudri i Sveznajući!

^{85.} I neka je uzvišen Onaj Čija je vlast na nebesima i na Zemlji, i između njih, On jedini zna kada će Smak svijeta biti, i Njemu ćete se svi vratiti!

^{86.} Oni kojima se oni, pored Njega, klanjaju neće se moći za druge zauzimati. Moći će samo oni koji Istinu priznaju, oni koji znaju.

^{87.} A ako ih zapitaš ko ih je stvorio, sigurno će reći: "Allah!" Pa kuda se onda odmeću?

^{88.} I tako mi Poslanikovih riječi: "Gospodaru moj, ovo su, zaista, ljudi koji neće vjerovati!"

^{89.} Ti se oprosti od njih i reci: "Ostajte u miru!" – ta sigurno će oni zapamtiti!

SURA 44

Ed-Duhān – Dim

(Mekka – 59 ajeta)

U ime Allaha, Milostivog, Samilosnog!

1. Hā Mīm.

2. Tako Mi Knjige jasne,

3. Mi smo počeli da je u Blagoslovljenoj noći objavljujemo – i Mi doista opominjemo –

4. u kojoj se svaki mudri posao riješi

5. po zapovijedi Našoj! Mi smo, zaista, slali poslanike

6. kao milost Gospodara tvoga. – On uistinu sve čuje i sve zna –

7. Gospodara nebesa i Zemlje i onoga što je između njih – ako čvrsto vjerujete –

8. drugog boga osim Njega nema, On život i smrt daje, Gospodara vašeg i Gospodara vaših predaka davnih!

9. Ali ovi sumnjaju i zabavljaju se,

10. zato sačekaj Dan kad će im se činiti da prema nebu vide vidljiv dim

11. koji će ljude prekriti. "Ovo je neizdržljiva patnja!

12. Gospodaru naš, otkloni patnju od nas, mi ćemo, sigurno, vjerovati!"

13. A kako će oni pouku primiti, a već im je došao istiniti Poslanik

14. od koga oni glave okreću i govore: "Poučeni – umnoporemećeni!"

15. Mi ćemo patnju malo-pomalo otklanjati i vi ćete se, sigurno, u mnogobožačku vjeru vratiti;

16. ali onog Dana kada ih svom silom zgrabimo, zbilja ćemo ih kazniti.

17. Još davno prije njih, Mi smo faraonov narod u iskušenje stavili, kada im je bio došao plemeniti poslanik:

18. "Ispunite prema meni ono što ste dužni, o Allahovi robovi, jer ja sam vam poslanik pouzdani,

19. i ne uzdižite se iznad Allaha, ja vam donosim dokaz očevidni –

20. i ja se utječem i svome i vašem Gospodaru da me ne kamenujete.

21. A ako mi ne vjerujete, onda me na miru ostavite!"

22. I on pozva u pomoć Gospodara svoga: "Ovo je, doista, narod nevjernički!"

23. "Izvedi noću robove Moje, za vama će potjera poći

24. i ostavi more nek miruje, oni su vojska koja će, zaista, potopljena biti."

25. I koliko ostaviše bašča i izvora,

26. i njiva zasijanih i dvorova divnih,

27. i zadovoljstava koja su u radosti provodili!

28. Tako to bī, i Mi smo to u nasljedstvo drugima ostavili –

29. ni nebo ih ni Zemlja nisu oplakivali, i nisu pošteđeni bili.

30. A sinove Israilove smo ponižavajuće patnje spasili

31. od faraona – on je bio gord, jedan od onih koji su u zlu svaku mjeru prevršili –

32. i znajući kakvi su, između savremenika smo ih odabrali,

33. i neka znamenja puna očite blagosti smo im dali.

34. A ovi, doista, govore:

35. "Postoji samo naša prva smrt, mi nećemo biti oživljeni.

36. Pretke naše nam dovedite, ako je istina to što govorite!"

37. Da li su silniji oni ili narod Tubba i oni prije njega? Njih smo uništili jer su nevjernici bili.

38. Mi nismo stvorili nebesa i Zemlju i ono što je između njih da bismo se igrali.

39. Mi smo ih stvorili sa ciljem, ali većina ovih ne zna.

40. Dan sudnji će svima njima rok određeni biti,

41. Dan kada bližnji neće nimalo od koristi bližnjem biti i kada sami sebi neće moći pomoći,

42. moći će samo oni kojima se Allah smiluje – jer On je, uistinu, Silan i Milostiv.

43. Drvo Zekkum

44. bit će hrana grješniku,

45. u trbuhu će kao rastopljena kovina vreti,

46. kao što voda ključala vri.

47. "Ščepajte ga i usred Ognja odvucite,

48. a zatim mu, za kaznu, na glavu ključalu vodu izljevajte!"

49. "Okušaj, ta ti si uistinu 'moćni' i 'poštovani',

50. ovo je zaista ono u što ste sumnjali!"

51. A oni koji su se Allaha bojali, oni će na sigurnu mjestu biti,

52. usred bašči i izvora,

53. u dibu i kadifu obučeni i jedni prema drugima.

54. Eto, tako će biti i Mi ćemo ih hurijama, krupnih očiju, ženiti.

55. U njima će moći bezbjedno koju hoće vrstu voća tražiti,

56. u njima, poslije one prve smrti, smrt više neće okusiti i On će ih patnje u Ognju sačuvati,

57. blagodat će to od Gospodara tvoga biti – to će, zaista, biti uspjeh veliki!

58. A Kur'an smo učinili lahkim, na jeziku tvome, da bi oni pouku primili,

59. zato čekaj, i oni će čekati!

SURA 45

El-Džāsija – Oni koji kleče

(Mekka – 37 ajeta)

U ime Allaha, Milostivog, Samilosnog!

1. Hā Mīm.

2. Knjigu objavljuje Allah, Silni i Mudri!

3. Na nebesima i na Zemlji, zaista, postoje dokazi za one koji vjeruju.

4. I stvaranje vas i životinja koje je razasuo dokazi su za ljude koji su čvrsto ubijeđeni.

5. I smjena noći i dana i kiša, koju Allah s neba spušta da pomoću nje zemlju, nakon mrtvila njezina, oživi i promjena vjetrova dokazi su za ljude koji imaju pameti.

6. To su Allahovi dokazi koje ti kao istinu navodimo pa u koje će ako ne u Allahove riječi i dokaze Njegove oni vjerovati?

7. Teško svakom lašcu, velikom grješniku!

8. On čuje Allahove riječi kada mu se kazuju, pa opet ostaje ohol kao da ih čuo nije – njemu patnju neizdržljivu navijesti!

9. A kad sazna za neke Naše ajete, on im se ruga. Takve ponižavajuća patnja čeka.

10. Pred njima je Džehennem, i ni od kakve koristi im neće biti ono što su stekli, ni kumiri koje su, pored Allaha, prihvatili – njih čeka muka golema.

11. Ovaj Kur'an je prava Uputa, a one koji ne vjeruju u dokaze Gospodara svoga čeka patnja nesnosna.

12. Allah vam daje da se morem koristite da bi lađe, voljom Njegovom, po njemu plovile, da biste mogli tražiti blagodati Njegove i da biste bili zahvalni.

13. I daje vam da se koristite onim što je na nebesima i onim što je na Zemlji, sve je od Njega. To su, zaista, pouke za ljude koji razmišljaju.

14. Reci vjernicima da oproste onima koji ne očekuju Allahove dane u kojima će On nagraditi ljude za ono što su radili.

15. Onaj koji čini dobro – sebi ga čini, a onaj ko radi zlo – radi protiv sebe, a na kraju ćete se Gospodaru svome vratiti.

16. Sinovima Israilovim smo Knjigu i vlast i vjerovjesništvo dali i lijepim jelima smo ih bili opskrbili, i iznad svih naroda ih uzdigli,

17. i jasne dokaze o vjeri smo im dali – a oni su se podvojili baš onda kad su do saznanja došli, i to zbog neprijateljstva i međusobne zavisti. Gospodar tvoj će im na Sudnjem danu, sigurno, presuditi o onome oko čega su se razišli.

18. A tebi smo poslije odredili da u vjeri ideš pravcem određenim, zato ga slijedi i ne povodi se za strastima onih koji ne znaju,

19. jer te oni nikako ne mogu od Allahove kazne odbraniti – nevjernici jedni druge štite, a Allah štiti one koji Ga se boje i grijeha klone.

20. Ovaj Kur'an je putokaz ljudima i uputstvo i milost onima koji čvrsto vjeruju.

21. Misle li oni koji čine zla djela, da ćemo s njima postupiti jednako kao sa onima koji vjeruju i dobra djela čine, da će im život i smrt biti isti? Kako loše rasuđuju!

22. A Allah je nebesa i Zemlju mudro stvorio i zato da bi svaki čovjek bio nagrađen ili kažnjen prema onome što je zaslužio, nikome neće biti učinjeno nažao.

23. Reci ti Meni ko će uputiti onoga koji je strast svoju za boga svoga uzeo, onoga koga je Allah, znajući ga, u zabludi ostavio i sluh njegov i srce njegovo zapečatio, a pred oči njegove koprenu stavio? Ko će mu, ako neće Allah, na Pravi put ukazati? Zašto se ne urazumite?

24. "Postoji samo naš život zemaljski, živimo i umiremo, jedino nas vrijeme uništi." – govore oni. A oni o tome baš ništa ne znaju, oni samo nagađaju.

25. A kad im se ajeti Naši jasni kazuju, samo se ovim riječima izgovaraju: "Pretke naše u život povratite, ako je istina to što govorite."

26. Reci: "Allah vam daje život, zatim će učiniti da poumirete, a poslije će vas na Sudnjem danu sabrati, u to nema nikakve sumnje, ali većina ljudi ne zna."

27. Allahova je vlast na nebesima i na Zemlji! A na Dan kada nastupi Čas oživljenja, oni koji su laži slijedili bit će izgubljeni.

28. I vidjet ćeš sve narode kako na koljenima kleče. Svaki narod bit će prozvan prema svojoj Knjizi: "Danas ćete biti nagrađeni ili kažnjeni prema tome kako ste postupali!

29. Ova Knjiga Naša o vama će samo istinu reći, jer smo naredili da se zapiše sve što ste radili."

30. One koji su vjerovali i dobra djela činili, Gospodar njihov će u Džennet Svoj uvesti. To će biti uspjeh očiti.

31. A onima koji nisu vjerovali: "Zar vam ajeti Moji nisu kazivani, ali vi ste se oholili i narod nevjernički postali.

32. Kad se govorilo: 'Allahovo obećanje je, zaista, istina i u Čas oživljenja nema nimalo sumnje!' – vi ste govorili: 'Mi ne znamo šta je Čas oživljenja, mi samo zamišljamo, mi nismo ubijeđeni.'"

33. i ukazat će im se gnusna djela njihova i sa svih strana će ih okružiti ono čemu su se rugali,

34. i reći će se: "Danas ćemo Mi vas zaboraviti kao što ste vi zaboravili da ćete ovaj vaš Dan doživjeti, vatra će vam prebivalište biti i niko vam neće moći pomoći

35. zato što ste se Allahovim riječima rugali i što vas je život na Zemlji bio obmanuo." Od toga Dana ih iz Džehennema niko neće izvući, niti će se od njih tražiti da odobrovolje Allaha.

36. Pa neka je hvaljen Allah, Gospodar nebesa i Gospodar Zemlje, Gospodar svih svjetova!

37. Njemu ponos i dika na nebesima i na Zemlji, On je Silni i Mudri!

DŽUZ'
XXVI

SURA 46
El-Ahkāf – Ahkaf
(Mekka – 35 ajeta)

U ime Allaha, Milostivog, Samilosnog!

1. Hā Mīm.

2. Knjigu objavljuje Allah, Silni i Mudri!

3. Mi smo nebesa i Zemlju i ono što je između njih mudro stvorili i do roka određenog, ali nevjernici okreću glave od onoga čime im se prijeti.

4. Reci: "Kažite vi meni ili pokažite mi šta su stvorili na Zemlji i da li imaju ikakva udjela u nebesima oni kojima se vi, pored Allaha, klanjate? Donesite mi Knjigu objavljenu prije ove ili samo kakav ostatak znanja, ako istinu govorite."

5. Ko je u većoj zabludi od onih koji se, umjesto Allahu, klanjaju onima koji im se do Sudnjeg dana neće odazvati i koji su prema njihovim molbama ravnodušni?

6. Kada ljudi budu sabrani, oni će im biti neprijatelji i poreći će da su im se klanjali.

7. A kad se ovima Naši jasni ajeti kazuju, onda oni koji ne vjeruju govore o Istini čim im dođe: "Ovo je prava čarolija!"

8. Zar oni da govore: "On ga izmišlja!" Reci: "Pa ako ga izmišljam, vi mene od kazne Allahove nećete moći odbraniti. On dobro zna šta o Kur'anu govorite. On je dovoljan svjedok i meni i vama. On prašta i samilostan je."

9. Reci: "Ja nisam prvi poslanik i ne znam šta će biti sa mnom ili s vama. Ja slijedim samo ono što mi se objavljuje i samo sam dužan otvoreno opominjati."

10. Reci: "Kažite vi meni šta će s vama biti ako je Kur'an od Allaha, a vi u njega nećete da vjerujete, i ako je jedan od sinova Israilovih posvjedočio da je i on od Allaha, pa on povjerovao, a vi se uzoholili." Allah, zaista, neće ukazati na Pravi put narodu koji sebi nepravdu čini.

11. I govore nevjernici o vjernicima: "Da je kakvo dobro, nas oni u tome ne bi preptekli." A kako pomoću njega Pravi put nisu našli, sigurno će reći: "Ovo je još davna izmišljotina."

12. Knjiga Musaova je bila putovođa i milost prije njega. A ovo je Knjiga na arapskom jeziku koja nju potvrđuje da bi opomenula one koji rade zlo i obradovala one koji čine dobro.

13. Oni koji govore: "Naš Gospodar je Allah!" i istraju na Pravome putu, neka se ničega ne boje i ni za čim neka ne tuguju!

14. Oni će stanovnici Dženneta biti i u njemu će vječno boraviti, i to će im biti nagrada za ono što su radili.

15. Čovjeka smo zadužili da roditeljima svojim čini dobro. Majka njegova s mukom ga nosi i u mukama ga rađa, nosi ga i doji trideset mjeseci. A kad dospije u muževno doba i kad dostigne četrdeset godina, on rekne: "Gospodaru moj, dozvoli mi da Ti budem zahvalan na blagodati koju si darovao meni i roditeljima mojim, i pomozi mi da činim dobra djela kojima ćeš zadovoljan biti, i učini dobrim potomke moje – ja se, zaista, kajem i odan sam Tebi."

16. Eto, od takvih ćemo Mi dobra djela koja su radili primiti, a preko ružnih postupaka njihovih preći; od stanovnika Dženneta će oni biti, istinito obećanje koje im je dano ćemo ispuniti.

17. A onaj koji roditeljima svojim kaže: "Ih, što mi prijetite da ću biti oživljen kad su prije mene toliki narodi bili i nestali!" – a oni, zazivajući Allaha u pomoć, govore: "Teško tebi, vjeruj, Allahova prijetnja će se, doista, obistiniti!" On odgovara: "To su izmišljotine naroda drevnih!"

18. Na takvima se treba ispuniti Riječ rečena o narodima: džinima i ljudima koji su prije njih bili i nestali, jer oni su, zaista, nastradali.

19. Za sve će biti posebni stepeni, prema tome kako su radili, da ih nagradi ili kazni za djela njihova – nepravda im se neće učiniti.

20. A na Dan kad oni koji nisu vjerovali pred vatrom budu zaustavljeni: "Vi ste u svome životu na Zemlji sve svoje naslade iskoristili i u njima uživali, a danas sramnom patnjom bit ćete kažnjeni zato što ste se na Zemlji, bez ikakva osnova, oholo ponašali i što ste raskalašeni bili."

21. I spomeni brata Adovog, kada je narod svoj u Ahkafu opominjao – a bilo je i prije njega i poslije njega poslanika: "Klanjajte se samo Allahu, ja, zaista, strahujem da ćete biti u mukama na Velikome danu!" –

22. oni su odgovarali: "Zar si nama došao da nas od božanstava naših odvratiš? Neka se, eto, ostvare prijetnje tvoje, ako istinu govoriš!"

23. "Samo Allah zna kad će to biti!" – on bi govorio – "Ja vam kazujem ono što mi se objavljuje, a vi ste, vidim, narod u neznanju ogrezao."

24. I kad ugledaše na obzorju oblak, koji se prema dolinama njihovim kretao, povikaše: "Ovaj nam oblak kišu donosi!" "Ne, to je ono što ste požurivali: vjetar koji vam bolnu patnju nosi,

25. koji, voljom Gospodara svoga, sve ruši." I ujutro su se vidjele samo nastambe njihove – tako Mi kažnjavamo narod grješni.

26. Njima smo dali mogućnosti koje vama nismo dali. I sluh i vid i razum smo im dali, ali im ni sluh njihov ni vid njihov ni razum njihov nisu ni od kakve koristi bili, jer su Allahove dokaze poricali – i sa svih strana ih je okružilo ono čemu su se ismijavali.

27. Neke gradove oko vas još davno smo uništili, a objasnili smo im bili, na razne načine dokaze, ne bi li se pokajali.

28. A zašto im nisu pomogli oni koje su, pored Allaha, prihvatili da im budu posrednici i bogovi? Ali, njih nije bilo. To su bile samo klevete njihove i laži.

29. Kada ti poslasmo nekoliko džina da Kur'an slušaju, kada dođoše da ga čuju, oni rekoše: "Pst!" A kad se završi, vratiše se narodu svome da opominju.

30. "O narode naš," – govorili su – "mi smo slušali Knjigu koja se poslije Musaa objavljuje, koja potvrđuje da su istinite i one prije nje, i koja ka Istini i na Pravi put upućuje.

31. O narode naš, odazovite se Allahovu glasniku i vjerujte u Allaha, On će vam neke grijehe vaše oprostiti i vas od patnje neizdržljive zaštititi!"

32. A oni koji se ne odazovu Allahovu glasniku, takvi Mu na Zemlji neće umaći i mimo Njega zaštitnika neće naći. Oni su u velikoj zabludi.

33. Zar ne znaju da je Allah – Koji je nebesa i Zemlju stvorio i Koji nije, stvarajući ih, iznemogao – kadar oživjeti mrtve? Jeste, On sve može.

34. A na Dan kad oni koji nisu vjerovali pred vatrom budu zaustavljeni: "Zar ovo nije istina?" – odgovorit će: "Jest, Gospodara nam našeg!" "E pa iskusite patnju," – reći će On – "jer ste stalno poricali."

35. Ti izdrži kao što su izdržali odlučni poslanici i ne traži da im kazna što prije dođe! A onoga Dana kada dožive ono čime im se prijeti, učinit će im se da su ostali samo jedan čas dana. I dosta! A zar će ko drugi biti uništen do narod raskalašeni!

SURA 47

Muhammed – Muhammed

(Medina – 38 ajeta)

U ime Allaha, Milostivog, Samilosnog!

1. Allah će poništiti djela onih koji ne vjeruju i od puta Njegova odvraćaju.

2. A onima koji vjeruju i dobra djela čine i vjeruju u ono što se objavljuje Muhammedu – a to je Istina od Gospodara njihova – On će preko hrđavih postupaka njihovih preći i prilike njihove će poboljšati,

3. zato što nevjernici slijede neistinu, a vjernici slijede Istinu od Gospodara svoga. Tako Allah navodi zbog ljudi primjere njihove.

4. Kada se u borbi s nevjernicima sretnete, po šijama ih udarajte sve dok ih ne oslabite, a onda ih vežite, i poslije, ili ih velikodušno sužanjstva oslobodite ili otkupninu zahtijevajte, sve dok borba ne prestane. Tako učinite! Da Allah hoće, On bi im se osvetio, ali On vas želi iskušati jedne pomoću drugih. On neće poništiti djela onih koji na Allahovom putu poginu,

5. i On će ih, sigurno, uputiti i prilike njihove poboljšati,

6. i u Džennet ih uvesti, o kome ih je već upoznao.

7. O vjernici, ako Allaha pomognete, i On će vama pomoći i korake vaše učvrstiti.

8. A onima koji ne vjeruju – propast njima! On neće djela njihova prihvatiti,

9. zato što ne vole ono što Allah objavljuje, i On će djela njihova poništiti.

10. Zašto oni ne idu po svijetu da vide kakav je bio konac onih prije njih? Njih je Allah istrijebio, a to čeka i ostale nevjernike,

11. zato što je Allah zaštitnik onih koji vjeruju i što nevjernici zaštitnika nemaju.

12. Allah će one koji vjeruju i dobra djela čine uvesti u džennetske bašče kroz koje će rijeke teći. A oni koji ne vjeruju – koji se naslađuju i ždēru kao što stoka ždere – njihovo će prebivalište Vatra biti!

13. A koliko smo gradova razorili, mnogo moćnijih od tvoga grada koji te protjerao, i nije bilo nikoga da im pomogne.

14. Zar je onaj koji ima jasnu predstavu o Gospodaru svom kao onaj kojem se lijepim čine ružna djela njegova i koji se za strastima svojim povodi?

15. Zar je Džennet, koji je obećan onima koji se Allaha boje, u kome su rijeke od vode neustajale i rijeke od mlijeka nepromijenjena ukusa, i rijeke od vina, prijatna onima koji piju, i rijeke od meda procijeđenog i gdje ima voća svakovrsnog i oprosta od Gospodara njihova – zar je to isto što i patnja koja čeka one koji će u Vatri vječno boraviti, koji će se uzavrelom vodom pojiti, koja će im crijeva kidati!?

16. Ima onih koji te dolaze slušati, a čim se od tebe udalje, pitaju one kojima je dato znanje: "Šta ono on maloprije reče?" To su oni čija je srca Allah zapečatio i koji se za strastima svojim povode.

17. A one koji su na Pravome putu On će i dalje voditi i nadahnut će ih kako će se vatre sačuvati.

18. Zar oni čekaju da im Smak svijeta iznenada dođe, a već su predznaci njegovi tu? A šta će im koristiti opomena kad im on dođe?

19. Znaj da nema boga osim Allaha! Traži oprosta za svoje grijehe i za vjernike i za vjernice! Allah zna kud se krećete i gdje boravite.

20. A oni koji vjeruju govore: "Zašto se ne objavi jedna sura?" A kad bi objavljena jasna sura i u njoj spomenuta borba, ti si mogao vidjeti one čija su srca pritvorna kako te gledaju pogledom pred smrt onesviješćenog! A bolja bi im bila

21. poslušnost i razuman govor! A kada je borba već propisana, bolje bi im bilo da su prema Allahu iskreni.

22. Zar i vi ne biste, kada bi se vlasti dočepali, nered na Zemlji činili i rodbinske veze kidali!

23. To su oni koje je Allah prokleo i gluhim i slijepim ih učinio.

24. Kako oni ne razmisle o Kur'anu, ili su im na srcima katanci!?

25. One koji su od vjere svoje otpali, pošto im je bio jasan Pravi put, šejtan je na grijeh navodio i lažnu im nadu ulivao.

26. To je zato što su govorili onima koji ne vole ono što Allah objavljuje: "Mi ćemo vam se u nekim stvarima pokoravati." – a Allah dobro zna njihove tajne.

27. A kako će tek biti kada im meleki budu duše uzimali udarajući ih po obrazima i po leđima njihovim!

28. To će biti zato što su ono što izaziva Allahovu srdžbu slijedili, a ono čime je On zadovoljan prezirali; On će djela njihova poništiti.

29. Zar oni bolesnih srca misle da Allah zlobe njihove na vidjelo neće iznijeti?

30. A da hoćemo, Mi bismo ti ih, uistinu, pokazali i ti bi ih, sigurno, po biljezima njihovim poznao. Ali, ti ćeš ih poznati po načinu govora njihova. – A Allah zna postupke vaše.

31. Mi ćemo vas provjeravati sve dok ne ukažemo na borce i postojane među vama, a i vijesti o vama provjeravat ćemo.

32. Oni koji ne vjeruju i od Allahova puta odvraćaju, koji su Poslanikovi protivnici, kad im je već postao jasan Pravi put, zaista neće nimalo Allahu nauditi. On će djela njihova poništiti.

33. O vjernici, pokoravajte se Allahu i pokoravajte se Poslaniku, i ne ništite djela svoja!

34. Onima koji ne vjeruju i od Allahova puta odvraćaju, pa poslije kao nevjernici umiru, Allah, zaista, neće oprostiti.

35. I ne budite kukavice i ne nudite primirje kad ste jači, jer Allah je s vama. On vas neće nagrada za djela vaša lišiti.

36. Život na ovome svijetu je samo igra i zabava! A ako budete vjerovali i grijehe izbjegavali, On će vas nagraditi i imanja vaša od vas neće tražiti.

37. Ako bi ih od vas tražio i prema vama uporan bio, postali biste škrti i On bi učinio vidljivim vaše mržnje.

38. Vi se, eto, pozivate da trošite na Allahovu putu, ali neki od vas su škrti – a ko škrtari, na svoju štetu škrtari, jer Allah je bogat, a vi ste siromašni. A ako glave okrenete, On će vas drugim narodom zamijeniti, koji onda kao što ste vi neće biti.

SURA 48

El-Feth – Pobjeda

(Medina – 29 ajeta)

U ime Allaha, Milostivog, Samilosnog!

1. Mi ćemo ti dati sigurnu pobjedu

2. da bi ti Allah ranije i kasnije krivice oprostio, da bi blagodat Svoju tebi potpunom učinio, da bi te na Pravi put uputio

3. i da bi te Allah pobjedonosnom pomoći pomogao.

4. On uliva smirenost u srca vjernika da bi još više učvrstili vjerovanje koje imaju – a vojske nebesa i Zemlje su Allahove – Allah sve zna i mudar je –

5. da bi vjernike i vjernice uveo u džennetske bašče kroz koje će rijeke teći, u kojima će vječno boraviti, i da bi prešao preko hrđavih postupaka njihovih – a to je u Allaha veliki uspjeh –

6. i da bi kaznio licemjere i licemjerke i mnogobošce i mnogoboškinje koji o Allahu zlo misle – neka zlo njih snađe! Allah se na njih rasrdio i prokleo ih i pripremio im Džehennem, a grozno je on boravište!

7. Allahove su vojske nebesa i Zemlje. – Allah je Silan i Mudar!

8. Mi šaljemo tebe kao svjedoka i kao donosioca radosnih vijesti i kao onoga koji treba opominjati

9. da u Allaha i Poslanika Njegova vjerujete, i da vjeru Njegovu pomognete, i da Ga veličate i da Ga ujutro i navečer hvalite.

10. Oni koji su ti se zakleli na vjernost – zakleli su se, doista, na vjernost samome Allahu, Allahova Ruka je iznad ruku njihovih! Onaj ko prekrši zakletvu – krši je na svoju štetu, a ko ispuni ono na što se obavezao Allahu, On će mu dati veliku nagradu.

11. Govorit će ti beduini koji su izostali: "Zadržala su nas stada naša i porodice naše, pa zamoli za nas oprost!" Oni govore jezicima svojim ono što nije u srcima njihovim. Reci: "Pa ko može promijeniti Allahovu odluku, ako vam On hoće nauditi, ili ako vam hoće kakvo dobro učiniti?" Allah zna ono što radite.

12. Vi ste mislili da se Poslanik i vjernici nikada neće vratiti porodicama svojim; vaša srca su bila zadovoljna zbog toga i vi ste na najgore pomišljali, vi ste narod u duši pokvaren.

13. Onaj ko ne vjeruje u Allaha i Poslanika Njegova – pa Mi smo za nevjernike razbuktali oganj pripremili!

14. Allahova je vlast na nebesima i na Zemlji, On prašta kome On hoće, a kažnjava koga hoće. – Allah mnogo prašta i samilostan je.

15. Oni koji su izostali sigurno će reći kada pođete da plijen uzmete: "Pustite i nas da vas pratimo!" – da bi izmijenili Allahove riječi. Reci: "Vi nas nećete pratiti, to je još prije Allah rekao!" – a oni će reći: "Nije tako, nego, vi nama zavidite." A nije ni to, već oni malo šta razumiju.

16. Reci beduinima koji su izostali: "Bit ćete pozvani da se borite protiv naroda veoma hrabrog i moćnog, sve dok se ne pokori. Pa ako poslušate, Allah će vam lijepu nagradu dati. A ako izbjegnete, kao što ste i do sada izbjegavali, na muke nesnosne će vas staviti."

17. Nije grijeh slijepom, ni hromom, ni bolesnom!* Onoga koji se pokorava Allahu i Poslaniku Njegovu On će u džennetske bašče, kroz koje teku rijeke, uvesti, a onoga ko leđa okrene, patnjom nesnosnom će kazniti.

18. Allah je zadovoljan onim vjernicima koji su ti se pod drvetom na vjernost zakleli.* On je znao šta je u srcima njihovim, pa je spustio smirenost na njih, i nagradit će ih skorom pobjedom

19. i bogatim plijenom koji će uzeti – jer Allah je Silan i Mudar.

20. Allah vam obećava bogat plijen koji ćete uzeti, a s ovim je požurio i ruke ljudi je od vas zadržao – da bi to bio poučan primjer za vjernike i da bi vam na Pravi put ukazao –

21. i drugi, koji niste bili u stanju uzeti – Allah vam ga je dao, jer Allah sve može.*

22. A da su nevjernici s vama borbu zametnuli, sigurno bi se u bijeg dali i poslije ne bi zaštitnika ni pomagača našli –

23. prema Allahovom zakonu, koji odvazda važi, a ti nećeš vidjeti da se Allahov zakon promijeni.

24. On je zadržao ruke njihove od vas i vaše od njih usred Mekke, i to nakon što vam je pružio mogućnost da ih pobijedite. – A Allah dobro vidi ono što vi radite.

25. Oni ne vjeruju i brane vam da pristupite Časnom Hramu, i da kurbani koje vodite sa sobom do mjesta svojih stignu. I da nije bilo bojazni da ćete pobiti vjernike, muškarce i žene, koje ne poznajete, pa tako, i ne znajući, zbog njih sramotu doživjeti – Mi bismo vam ih prepustili. A nismo ih prepustili ni zato da bi Allah u milost Svoju uveo onoga koga hoće. A da su oni bili odvojeni, doista bismo bolnom kaznom kaznili one među njima koji nisu vjerovali.

26. Kad su nevjernici punili svoja srca žarom, žarom paganskim, Allah je spustio smirenost Svoju na Poslanika Svoga i na vjernike i obavezao ih da ispunjavaju ono zbog čega će postati pravi vjernici – a oni i jesu najpreči i najdostojniji za to. – A Allah sve zna.

27. Allah će obistiniti san Poslanika Svoga da ćete, sigurno, u Časni Hram ući sigurni* – ako Allah bude htio – neki obrijanih glava, a neki podrezanih kosa, bez straha. On je ono što vi niste znali znao i zato vam je, prije toga, nedavnu pobjedu dao.

28. On je poslao Poslanika Svoga s Uputom i vjerom istinitom da bi je uzdigao iznad svih vjera. A Allah je dovoljan Svjedok!

29. Muhammed je Allahov poslanik, a njegovi sljedbenici su strogi prema nevjernicima, a samilosni među sobom; vidiš ih kako se klanjaju i licem na tle padaju želeći Allahovu nagradu i zadovoljstvo – na licima su im znaci, tragovi od padanja licem na tle. Tako su opisani u Tevratu. A u Indžilu: oni su kao biljka kad izdanak svoj izbaci pa ga onda učvrsti, i on ojača, i ispravi se na svojoj stabljici izazivajući divljenje sijača – da bi On s vjernicima najedio nevjernike. A onima koji vjeruju i dobra djela čine Allah obećava oprost i nagradu veliku.

SURA 49

El-Hudžurāt – Sobe

(Medina – 18 ajeta)

U ime Allaha, Milostivog, Samilosnog!

1. O vjernici, ne odlučujte se ni za što dok za to ne upitate Allaha i Poslanika Njegova, i bojte se Allaha! Allah, zaista, sve čuje i sve zna.

2. O vjernici, ne dižite glasove svoje iznad Vjerovjesnikova glasa i ne razgovarajte s njim glasno, kao što glasno jedan s drugim razgovarate, da ne bi bila poništena vaša djela, a da vi i ne primijetite.

3. One koji utišaju glasove svoje pred Allahovim Poslanikom – a to su oni čija je srca Allah prekalio u čestitosti – čeka oprost i nagrada velika.

4. Većina onih koji te dozivaju ispred soba nije dovoljno pametna.*

5. A da su se oni strpjeli dok im ti sam iziđeš, bilo bi im bolje. – A Allah prašta i samilostan je.

6. O vjernici, ako vam nekakav nepošten čovjek donese kakvu vijest, dobro je provjerite, da u neznanju nekome zlo ne učinite, pa da se zbog onoga što ste učinili pokajete.

7. I znajte da je među vama Allahov Poslanik – kad bi vas u mnogo čemu poslušao, doista biste nastradali – ali Allah je nekima od vas pravo vjerovanje omilio i u srcima vašim ga lijepim prikazao, a nezahvalnost i raskalašnost vam omrazio. Takvi su na Pravome putu

8. dobrotom i blagodati Allahovom. – A Allah sve zna i mudar je.

9. Ako se dvije skupine vjernika sukobe, izmirite ih. A ako jedna od njih ipak učini nasilje drugoj, onda se borite protiv one koja je učinila nasilje sve dok se Allahovim propisima ne prikloni. Pa ako se prikloni, onda ih nepristrasno izmirite i budite pravedni. – Allah zaista pravedne voli.

10. Vjernici su samo braća, zato pomirite vaša dva brata i bojte se Allaha da bi vam se milost ukazala.

11. O vjernici, neka se muškarci jedni drugima ne rugaju, možda su oni bolji od njih, a ni žene drugim ženama, možda su one bolje od njih. I ne kudite jedni druge i ne zovite jedni druge ružnim nadimcima! O kako je ružno da se vjernici spominju podrugljivim nadimcima! A oni koji se ne pokaju – sami sebi čine nepravdu.

12. O vjernici, klonite se mnogih sumnjičenja, neka sumnjičenja su, zaista, grijeh. I ne uhodite jedni druge i ne ogovarajte jedni druge! Zar bi nekome od vas bilo drago jesti meso umrloga brata svoga – a vama je to odvratno – zato se bojte Allaha. Allah, zaista, prima pokajanje i samilostan je.

13. O ljudi, Mi vas od jednog čovjeka i jedne žene stvaramo i na narode i plemena vas dijelimo da biste se upoznali. Najugledniji kod Allaha je onaj koji Ga se najviše boji. Allah, uistinu, sve zna i nije Mu skriveno ništa.

14. Neki beduini govore: "Mi vjerujemo!" Reci: "Vi ne vjerujete, ali recite: 'Mi se pokoravamo!' – jer u srca vaša prava vjera još nije ušla. A ako Allaha i Njegova Poslanika budete slušali, On vam nimalo neće umanjiti nagradu za djela vaša." – Allah, uistinu, prašta i samilostan je.

15. Pravi vjernici su samo oni koji u Allaha i Poslanika Njegova vjeruju, i poslije više ne sumnjaju, i bore se na Allahovom putu imecima svojim i životima svojim. Oni su iskreni!

16. Reci: "Zar vi da obavještavate Allaha o vjerovanju svome kad Allah zna sve što je na nebesima i na Zemlji! Allah sve zna."

17. Oni ti prebacuju što su primili islam. Reci: "Ne prebacujte mi što ste islam primili. Naprotiv, Allah je vama milost podario time što vas je u pravu vjeru uputio, ako iskreno govorite.

18. Allah, sigurno, zna tajne nebesa i Zemlje i Allah dobro vidi ono što radite."

SURA 50
Kāf – Kaf
(Mekka – 45 ajeta)

U ime Allaha, Milostivog, Samilosnog!

1. Kāf. Tako Mi Kur'ana slavnog,

2. oni se čude što im je došao jedan od njih da ih opominje, pa nevjernici govore: "To je čudna stvar:

3. zar kad pomremo i zemlja postanemo!? Nezamisliv je to povratak!"*

4. Mi znamo šta će od njih zemlja oduzeti, u Nas je Knjiga u kojoj se sve čuva.

5. Oni, međutim, poriču Istinu koja im dolazi i smeteni su.

6. A zašto ne pogledaju nebo iznad sebe – kako smo ga sazdali i ukrasili i kako u njemu nema nereda!?

7. A Zemlju smo rasprostrli i po njoj nepomična brda pobacali i dali da iz nje niče raznovrsno prekrasno bilje,

8. da bi razmislio i opomenuo se svaki rob koji se Gospodaru svome obraća.

9. Mi s neba spuštamo vodu kao blagoslov i činimo da, uz pomoć njenu, niču vrtovi i žito koje se žanje

10. i visoke palme u kojih su zameci nagomilani jedni iznad drugih,

11. kao hranu robovima, i Mi njome oživljavamo mrtav predjel – takvo će biti i oživljenje.

12. Prije njih poricali su narod Nuhov, i stanovnici Ressa, i Semud

13. i Ad, i narod faraonov, i narod Lutov,

14. i stanovnici Ejke i narod Tubba – svi su oni poslanike lažnim smatrali i kaznu Moju zaslužili.

15. Pa zar smo prilikom prvog stvaranja malaksali? Ne, ali oni u ponovno stvaranje sumnjaju.

16. Mi stvaramo čovjeka i znamo šta mu sve duša njegova haje, jer Mi smo njemu bliži od vratne žile kucavice.

17. Kad se dvojica sastanu i sjednu jedan s desne, a drugi s lijeve strane,*

18. on ne izusti ni jednu riječ, a da pored njega nije prisutan onaj koji bdije.

19. Smrtne muke će zbilja doći – to je nešto od čega ne možeš pobjeći –

20. i u Rog će se puhnuti, to je Dan kojim se prijeti,

21. i svako će doći, a s njim i vodič i svjedok.

22. "Ti nisi mario za ovo, pa smo ti skinuli koprenu tvoju, danas ti je oštar vid."

23. A drug njegov će reći:* "Ovaj pored mene je spreman."*

24. "Baci u Džehennem svakog nezahvalnika, inadžiju,

25. koji je branio da se čine dobra djela i koji je nasilnik i podozriv bio,

26. koji je pored Allaha u drugog boga vjerovao – zato ga baci u patnju najtežu!"

27. A drug njegov će reći: "Gospodaru naš, ja ga nisam silom zaveo, sam je u velikoj zabludi bio."

28. "Ne prepirite se preda Mnom!" – reći će On – "Još davno sam vam zaprijetio,

29. Moja Riječ se ne mijenja i Ja nisam prema robovima Svojim nepravičan."

30. Na Dan kada upitamo Džehennem: "Jesi li se napunio?" – on će odgovoriti: "Ima li još?"

31. A Džennet će biti primaknut čestitima, neće biti ni od jednog daleko:

32. "Ovo je ono što vam je obećano, svakome onome koji se kajao i čuvao,

33. koji se Milostivoga bojao, iako Ga nije vidio, i koji je srce odano donio.

34. Uđite u njega, u miru, ovo je Dan vječni!"

35. U njemu će imati što god zažele – a od Nas i više.

36. A koliko smo naroda prije ovih uništili, koji su moćniji od njih bili, pa su po svijetu utočište tražili – od propasti spasa ima li!?

37. U tome je, zaista, pouka za onoga ko razum ima ili ko sluša a priseban je.

38. Mi smo stvorili nebesa i Zemlju i ono što je između njih za šest vremenskih razdoblja, i nije Nas ophrvao nikakav umor.

39. Zato strpljivo podnosi ono što oni govore i veličaj Gospodara svoga i zahvaljuj Mu prije sunčeva izlaska i prije zalaska,

40. i veličaj Ga noću i poslije obavljanja molitvi.

41. I osluškuj! Dan kada će glasnik pozvati iz mjesta koje je blizu,

42. Dan kada će oni čuti istinit glas – to će biti Dan oživljenja.

43. Mi, zaista, dajemo život i dajemo smrt, i sve će se Nama vratiti!

44. A na Dan kada će nad njima zemlja popucati, oni će žurno izići – bit će to oživljenje, za Nas lahko.

45. Mi dobro znamo što oni govore. Ti ih ne možeš prisiliti, nego podsjeti Kur'anom onoga koji se prijetnje Moje boji!

SURA 51

Ez-Zārijāt - Oni koji pûšū

(Mekka – 60 ajeta)

U ime Allaha, Milostivog, Samilosnog!

1. Tako Mi onih koji pûšū snažno,*

2. i onih koji teret nose,*

3. i onih koji plove lahko,*

4. i onih koji naredbe sprovode* –

5. istina je, zaista, ono čime vam se prijeti,

6. nagrada i kazna sigurno će biti!

7. Tako Mi neba punog zvjezdanih puteva,

8. vi govorite nejednako,*

9. od njega se odvraća onaj za kog se znalo da će se odvratiti.

10. Neka prokleti budu lažljivci

11. koji su, utonuli u neznanje, ravnodušni!

12. Oni pitaju: "Kada će Dan sudnji?"

13. Onoga Dana kada se u vatri budu pržili!

14. "Iskusite kaznu svoju – to je ono što ste požurivali!"

15. Oni koji su se Allaha bojali u džennetskim baščama će, među izvorima, boraviti,

16. primat će ono što im Gospodar njihov bude darovao, jer oni su prije toga dobra djela činili:

17. noću su malo spavali

18. i u praskozorje oprost od grijeha molili,

19. a u imecima njihovim bio je udio i za onoga koji prosi i za onoga koji ne prosi.

20. Na Zemlji su dokazi za one koji čvrsto vjeruju,

21. a i u vama samima – zar ne vidite?

22. A na nebu je opskrba vaša i ono što vam se obećava.

23. I tako Mi Gospodara neba i Zemlje to je istina, kao što je istina da govorite!

24. Da li je doprla do tebe vijest o uvaženim gostima Ibrahimovim?

25. Kada mu oni uđoše i rekoše: "Mir vama!" – i on reče: "Mir vama, ljudi neznani!"

26. I on neprimjetno ode ukućanima svojim i donese debelo tele,*

27. i primače im ga: "Zar nećete jesti?" – upita,

28. osjetivši od njih u duši zebnju. "Ne boj se!" – rekoše i obradovaše ga dječakom koji će učen biti.

29. I pojavi se žena njegova uzvikujući i po licu se udarajući, i reče: "Zar ja, stara, nerotkinja!?"*

30. "Tako je odredio Gospodar tvoj." – rekoše oni – "On je Mudar i Sveznajući."

31. "A šta vi hoćete, o izaslanici?" – upita Ibrahim.

32. "Poslani smo narodu grješnom" – rekoše –

33. "da sručimo na njih grumenje od ilovače,

34. svako obilježeno u Gospodara tvoga za one koji su u razvratu svaku mjeru prešli."

35. I Mi iz njega vjernike izvedosmo –

36. a u njemu samo jednu kuću muslimansku nađosmo –

37. i u njemu za sve one koji se boje patnje neizdržljive znak ostavismo.

38. I o Musau, kada ga s očiglednim dokazom faraonu poslasmo,

39. a on, uzdajući se u moć svoju, okrenu glavu i reče: "Čarobnjak je ili lud!"

DŽUZ' XXVII

40. I Mi i njega i vojske njegove dohvatismo, pa ih u more bacismo, jer je bio osudu zaslužio.

41. I o Adu, kada na njih vjetar poslasmo u kome nije bilo nikakva dobra –

42. pored čega god je prošao, ništa nije poštedio, sve je u gnjilež pretvorio.

43. I o Semudu, kad mu bi rečeno: "Uživajte još izvjesno vrijeme!"

44. I oni se oglušiše o naređenje Gospodara svoga, pa ih uništi strašan glas na oči njihove,

45. i ne mogaše se ni dići ni od kazne odbraniti.

46. I o Nuhovu narodu, davno prije – to, zaista, bijaše narod neposlušni!

47. Mi smo nebo moći Svojom sazdali i Mi ga, uistinu, širimo.

48. I Zemlju smo prostrli – tako je divan Onaj Koji je prostro! –

49. i od svega po par stvaramo da biste vi razmislili!

50. "Zato požurite Allahu, ja sam vam od Njega da vas javno upozorim.

51. Ne prihvatajte drugog boga osim Allaha, ja sam vam od Njega da vas jasno opomenem!"

52. I tako je bilo, ni onima prije ovih nije došao nijedan poslanik, a da nisu rekli: "Čarobnjak je!" ili "Lud je!"

53. Zar su to jedni drugima u amanet ostavljali? Nisu, nego su oni ljudi koji su u zlu svaku mjeru bili prevršili,

54. zato ove ostavi, prijekor nećeš zaslužiti,

55. i nastavi savjetovati, savjet će vjernicima, doista, koristiti.

56. Džine i ljude sam stvorio samo zato da Mi se klanjaju.

57. Ja ne tražim od njih opskrbu niti želim da Me hrane.

58. Opskrbu daje jedino Allah, Moćni i Jaki!

59. A nevjernike će stići kazna kao što je stigla i one koji su bili kao oni, i neka Me ne požuruju,

60. jer teško nevjernicima na Dan kojim im se prijeti!

SURA 52

Et-Tūr – Gora

(Mekka – 49 ajeta)

U ime Allaha, Milostivog, Samilosnog!

1. Tako Mi Gore,*

2. i Knjige u retke napisane,

3. na koži razvijenoj,

4. i Hrama poklonika punog,

5. i svoda uzdignutog,

6. i mora napunjenog –

7. kazna Gospodara tvoga sigurno će se dogoditi,

8. niko je neće moći otkloniti

9. na Dan kada se nebo silno uzburka,

10. a planine s mjesta pomaknu!

11. Teško na taj Dan onima koji su poricali,

12. koji su se, ogrezli u laž, zabavljali!

13. Na Dan kada će grubo u vatru džehennemsku biti gurnuti:

14. "Ovo je vatra koju ste poricali,

15. pa je li ovo čarolija ili vi ne vidite?

16. Pržite se u njoj – isto vam je trpjeli ili ne trpjeli – to vam je kazna za ono što ste radili."

17. A čestiti će biti u džennetskim baščama i blaženstvu

18. i u onom što im je Gospodar njihov dao će uživati – njih će Gospodar njihov patnje u ognju sačuvati.

19. "Jedite i pijte i neka vam je prijatno, to je za ono što ste radili!"

20. Bit će naslonjeni na divanima poređanim, a vjenčat ćemo ih hurijama džennetskim.

21. Onima koji su vjerovali i za kojima su se djeca njihova u vjerovanju povela priključit ćemo djecu njihovu, a djela njihova nećemo nimalo umanjiti – svaki čovjek je odgovoran za ono što sam čini –

22. i još ćemo ih darovati voćem i mesom kakvo budu željeli.

23. Jedni drugima će, u njemu, pune čaše dodavati – zbog njih neće biti praznih besjeda i pobuda na grijeh –

24. a služit će ih posluga njihova nalik na biser skriveni,

25. i obraćat će se jedni drugima i jedni druge će pitati:

26. "Prije smo među svojima strahovali," – govorit će –

27. "pa nam je Allah milost darovao i od patnje u ognju nas sačuvao.

28. Mi smo Mu se prije klanjali, On je doista Dobročinitelj i Milostivi."

29. Zato ti opominji, jer ti, milošću Gospodara svoga, nisi ni prorok ni luđak.

30. Zar oni da govore: "On je pjesnik, sačekat ćemo da vidimo šta će mu suđeno biti."

31. "Pa čekajte," – reci ti – "i ja ću zajedno sa vama čekati!"

32. Da li im to dolazi od pameti njihove ili su oni inadžije tvrdoglave?

33. Zar oni da govore: "Izmišlja ga!" – Ne, nego oni neće da vjeruju.

34. Zato neka oni sastave govor sličan Kur'anu, ako istinu govore!

35. Zar su oni bez Stvoritelja stvoreni ili su oni sami sebe stvorili!?

36. Zar su oni nebesa i Zemlju stvorili!? Ne, nego oni neće da vjeruju.

37. Zar je u njih blago Gospodara tvoga ili zar oni vladaju!?

38. Zar oni imaju ljestve, pa na njima prisluškuju? Neka onaj među njima koji tvrdi da je nešto čuo donese potvrdu očitu.

39. Zar da su za Njega kćeri, a za vas da su sinovi!?

40. Zar ti tražiš od njih nagradu, pa su nametom opterećeni!?

41. Zar je u njih iskonska knjiga, pa oni prepisuju!?

42. Zar oni zamke da postavljaju!? Ta u zamku će se uhvatiti baš oni koji ne vjeruju!

43. Zar oni drugog boga osim Allaha da imaju!? Hvaljen neka je Allah, On je iznad onih koje Mu ravnim smatraju!

44. I kad bi vidjeli da komad neba pada, rekli bi: "Oblaci nagomilani!"

45. Zato ih pusti dok se ne suoče sa Danom u kome će pomrijeti,

46. Danom kada im lukavstva njihova nimalo neće koristiti i kada im niko neće pomoći.

47. A za sve nasilnike i druga će kazna prije one biti, ali većina njih ne zna.

48. A ti strpljivo čekaj presudu Gospodara svoga – Mi tebe i vidimo i štitimo – i veličaj i hvali Gospodara svoga kad ustaješ,

49. i noću Ga veličaj i kad se zvijezde gube.

SURA 53
En-Nedžm – Zvijezda
(Mekka – 62 ajeta)
U ime Allaha, Milostivog, Samilosnog!

1. Tako Mi zvijezde kad zalazi,
2. vaš drug* nije s Pravoga puta skrenuo i nije zalutao!
3. On ne govori po hiru svome –
4. to je samo Objava koja mu se obznanjuje.
5. Uči ga jedan ogromne snage,
6. razboriti, koji se pojavio u liku svome
7. na obzorju najvišem,
8. zatim se približio, pa nadnio –
9. blizu koliko dva luka ili bliže –
10. i objavio robu Njegovu ono što je objavio.
11. Srce nije poreklo ono što je vidio,
12. pa zašto se prepirete s njim o onom što je vidio?
13. On ga je i drugi put vidio,
14. kod Sidretul-muntehaa,
15. kod kojeg je džennetsko prebivalište,
16. kad je Sidru pokrivalo ono što je pokrivalo –
17. pogled mu nije skrenuo, nije prekoračio,
18. vidio je najveličanstvenija znamenja svoga Gospodara.
19. Šta kažete o Latu i Uzzau*
20. i Menat, trećoj, najmanje cijenjenoj? –
21. Zar su za vas sinovi, a za Njega kćeri!?
22. To bi tada bila podjela nepravedna.
23. To su samo imena koja ste im vi i preci vaši nadjenuli, Allah o njima nikakav dokaz nije poslao. Oni se povode samo za pretpostavkama i onim za čim duše žude, a već im dolazi od Gospodara njihova prava Uputa.
24. Ne može čovjek ostvariti sve što poželi,
25. Allahu pripada i ovaj i Onaj svijet!
26. A koliko na nebesima ima meleka čije posredovanje nikome neće biti od koristi, sve dok Allah to ne dozvoli onome kome On hoće i u korist onoga kojim je zadovoljan.

27. Oni koji ne vjeruju u Onaj svijet nazivaju meleke imenima ženskim,

28. a o tome ništa ne znaju, slijede samo pretpostavke, a pretpostavka istini baš nimalo ne koristi.

29. Zato se ti okani onoga koji Kur'an izbjegava i koji samo život na ovome svijetu želi –

30. to je vrhunac njihova znanja. Gospodar tvoj dobro zna one koji su skrenuli s Njegova puta i On dobro zna one koji su na Pravome putu.

31. Allahovo je sve što je na nebesima i što je na Zemlji da bi, prema onome kako su radili, kaznio one koji rade zlo, a najljepšom nagradom nagradio one koji čine dobro,

32. one koji se klone velikih grijeha i naročito razvrata, a grijehe bezazlene On će oprostiti jer Gospodar tvoj, zaista, mnogo prašta. On dobro zna sve o vama, otkad vas je stvorio od zemlje i otkad ste bili zameci u utrobama majki vaših – zato se ne hvališite bezgrješnošću svojom. On dobro zna onoga koji se grijeha kloni.

33. Reci ti Meni o onome koji istinu izbjegava

34. i malo udjeljuje, i posve prestane udjeljivati,

35. zna li on ono što je skriveno, pa vidi?

36. Zar on nije obaviješten o onome šta se nalazi u listovima Musaovim

37. i Ibrahimovim – koji je obaveze potpuno ispunjavao –

38. da nijedan grješnik tuđe grijehe neće nositi,

39. i da je čovjekovo samo ono što sam uradi,

40. i da će se trud njegov, sigurno, iskazati,

41. i da će prema njemu u potpunosti nagrađen ili kažnjen biti,

42. i da će se Gospodaru tvome ponovo vratiti,

43. i da On na smijeh i na plač navodi,

44. i da On usmrćuje i oživljava

45. i da On par, muško i žensko, stvara
46. od kapi sjemena kad se izbaci,
47. i da će ih On ponovo oživjeti,
48. i da On daje bogatstvo i moć da stječu,
49. i da je On Sirijusa* Gospodar,
50. i da je On drevni narod Ad uništio,
51. i Semud, i da nikog nije poštedio,
52. i još prije Nuhov narod, koji je najokrutniji i najobjesniji bio,
53. i prevrnuta naselja On je prevrnuo,
54. i snašlo ih je ono što ih je snašlo –
55. pa u koju blagodat Gospodara svoga ti još sumnjaš?
56. Ovaj Kur'an je opomena, kao i prijašnje opomene:
57. Smak svijeta se približava,
58. Allah će ga jedini otkriti!
59. Pa zar se ovom govoru iščuđavate –
60. i smijete se, a ne plačete –
61. gordo dignutih glava?
62. Bolje padajte licem na tle pred Allahom i klanjajte se!

SEDŽDA

SURA 54

El-Kamer – Mjesec

(Mekka – 55 ajeta)

U ime Allaha, Milostivog, Samilosnog!

1. Bliži se Čas i Mjesec se raspolutio!
2. A oni, uvijek kada vide čudo, okreću glave i govore: "Čarolija neprestana!"
3. Oni ne vjeruju i povode se za prohtjevima svojim, a sve je već određeno.
4. I dolaze im vijesti koje ih trebaju odvratiti,
5. mudrost savršena, ali opomene ne koriste –
6. zato se okreni od njih! Na Dan kad ih glasnik pozove na nešto užasno,

7. oni će oborenih pogleda iz grobova izlaziti, kao skakavci rasuti,

8. i netremice gledajući u glasnika i žureći, nevjernici će govoriti: "Ovo je težak dan!"

9. Prije njih Nuhov narod nije vjerovao i roba Našeg je u laž utjerivao, govoreći: "Luđak!" – i Nuh je onemogućen bio.

10. I on je Gospodara svoga zamolio: "Ja sam pobijeđen, Ti se osveti!"

11. I Mi smo kapije nebeske pootvarali vodi koja je neprestano lila,

12. i učinili da iz zemlje izvori provru, i vode su se sastajale kako je određeno bilo,

13. a njega smo nosili na onoj od dasaka i klinaca sagrađenoj

14. koja je plovila pod brigom Našom – nagrada je to bila za onoga ko je odbačen bio.

15. I Mi to ostavismo kao pouku – pa ima li ikoga ko bi pouku primio?

16. I kakve su bile kazna Moja i opomene Moje!

17. A Mi smo Kur'an učinili dostupnim za pouku – pa ima li ikoga ko bi pouku primio?

18. I Ad nije vjerovao – pa kakve su bile kazna Moja i opomene Moje!

19. Jednog kobnog dana, poslali smo na njih leden vjetar koji je neprestano puhao

20. i ljude dizao, kao da su palmina stabla iščupana,

21. i kakve su bile kazna Moja i opomene Moje!

22. A Mi smo Kur'an učinili dostupnim za učenje napamet i pouku – pa ima li ikoga ko bi pouku primio?

23. I Semud u opomene nije vjerovao.

24. "Zar da slijedimo jednog od nas!?" – govorili su – "Tada bismo, uistinu, bili u zabludi i bili bismo ludi.

25. Zar baš njemu, između nas, da bude poslana Objava!? Ne, on je lažljivac oholi!"

26. "Vrlo brzo će oni saznati ko je lažljivac oholi!"

27. Mi ćemo poslati kamilu da bismo ih iskušali, pa pričekaj ih i budi strpljiv.

28. I upozori ih da će se voda između njih i nje dijeliti, svakom obroku pristupit će onaj čiji je red!"

29. Ali oni pozvaše jednog od svojih, pa se on spremi i prekla je –

30. i kakve su bile kazna Moja i opomene Moje:

31. Mi poslasmo na njih jedan jedini krik, i oni postadoše poput zdrobljenog suhog lišća koje sakuplja onaj koji ima tor.

32. A Mi smo Kur'an učinili dostupnim za pouku – pa ima li ikoga ko bi pouku primio?

33. I Lutov narod u opomene nije vjerovao.

34. Na njih vjetar, pun pijeska, poslasmo – samo ne na Lutovu porodicu, nju u svitanje spasismo,

35. iz milosti Naše. Eto, tako Mi nagrađujemo one koji zahvaljuju.

36. A on im je bio prijetio silom Našom, ali su oni u prijetnje sumnjali.

37. Oni su od njega goste njegove tražili, pa smo ih Mi oslijepili: "Iskusite kaznu Moju i prijetnje Moje!"

38. A rano izjutra stiže ih kazna koju će neprestano osjećati.

39. "Iskusite kaznu Moju i prijetnje Moje!"

40. A Mi smo Kur'an učinili dostupnim za učenje napamet i pouku – pa ima li ikoga ko bi pouku primio!?

41. I faraonovim ljudima su opomene došle,

42. ali oni porekoše sve znakove Naše, pa ih Mi kaznismo onako kako kažnjava Silni i Moćni.

43. Da li su nevjernici vaši imalo jači od njih, ili vi u knjigama nebeskim imate kakvu povelju?

44. Zar ovi da govore: "Mi smo skup nepobjedivi!"

45. Skup će, sigurno, poražen biti, a oni će se u bijeg dati!

46. Međutim, Smak svijeta im je rok, a Smak svijeta je užasniji i gorči.

47. Grješnici će, sigurno, stradati i u ognju biti

48. na Dan kada budu u vatru odvučeni, s licima dolje okrenutim: "Iskusite vatru džehennemsku!"

49. Mi sve s mjerom stvaramo,

50. i naređenje Naše je samo jedna riječ – sve bude u tren oka.

51. A Mi smo već slične vama uništili – pa ima li koga ko bi pouku primio!?

52. I sve što su uradili u listovima je,

53. i sve, i malo i veliko, u retke je stavljeno.

54. Oni koji su se Allaha bojali bit će u džennetskim baščama i pored rijeka

55. na mjestu u kome će biti zadovoljni, kod Vladara Svemoćnoga.

SURA 55

Er-Rahmān – Milostivi

(Medina – 78 ajeta)

U ime Allaha, Milostivog, Samilosnog!

1. Milostivi

2. poučava Kur'anu,

3. stvara čovjeka,

4. uči ga govoru.

5. Sunce i Mjesec utvrđenim putanjama plove,

6. i trava i drveće se pokoravaju,

7. a nebo je digao. I postavio je terazije

8. da ne prelazite granice u mjerenju –

9. i pravo mjerite i na teraziji ne zakidajte!

10. A Zemlju je za stvorenja razastro,

11. na njoj ima voća i palmi sa plodom u čaškama

12. i žita sa lišćem i miomirisna cvijeća –

13. pa koju blagodat Gospodara svoga poričete!*

14. On je čovjeka od sasušene ilovače, kao što je grnčarija, stvorio

15. a džine od plamena vatre –

16. pa koju blagodat Gospodara svoga poričete!?

17. Gospodara dva istoka i dva zapada –
18. pa koju blagodat Gospodara svoga poričete!?
19. Pustio je dva mora da se dodiruju,
20. između njih je pregrada i oni se ne miješaju –
21. pa koju blagodat Gospodara svoga poričete!?
22. Iz njih se vadi biser i merdžan –
23. pa koju blagodat Gospodara svoga poričete!?
24. Njegove su i lađe koje se kao brda visoko po moru uzdižu –
25. pa koju blagodat Gospodara svoga poričete!?
26. Sve što je na Zemlji prolazno je,
27. ostaje samo Gospodar tvoj, Veličanstveni i Plemeniti –
28. pa koju blagodat Gospodara svoga poričete!?
29. Njemu se mole oni koji su na nebesima i na Zemlji; svakog časa On se zanima nečim –
30. pa koju blagodat Gospodara svoga poričete!?
31. Polagat ćete Mi račun, o ljudi i džini –
32. pa koju blagodat Gospodara svoga poričete!?
33. O družine džina i ljudi, ako možete preko granica nebesa i Zemlje prodrijeti – prodrite, moći ćete prodrijeti jedino uz veliku moć –
34. pa koju blagodat Gospodara svoga poričete!?
35. Na vas će se ognjen plamen i rastopljeni mjed prolivati, i vi se nećete moći odbraniti –
36. pa koju blagodat Gospodara svoga poričete!?
37. A kad se nebo razdvoji i kao ucvrkan zejtin rumeno postane –
38. pa koju blagodat Gospodara svoga poričete!?
39. Tog Dana ljudi i džini za grijehe svoje neće biti pitani –
40. pa koju blagodat Gospodara svoga poričete!?

41. A grješnici će se po biljezima svojim poznati, pa će za kike i noge ščepani biti –

42. pa koju blagodat Gospodara svoga poričete!?

43. "Evo, to je Džehennem koji su grješnici poricali!"

44. I između vatre i ključale vode oni će kružiti –

45. pa koju blagodat Gospodara svoga poričete!?

46. A za onoga koji se stajanja pred Gospodarom svojim bojao, bit će dva perivoja –

47. pa koju blagodat Gospodara svoga poričete!? –

48. puna stabala granatih –

49. pa koju blagodat Gospodara svoga poričete!? –

50. u kojima će biti dva izvora koja će teći –

51. pa koju blagodat Gospodara svoga poričete!? –

52. u njima će od svakog voća po dvije vrste biti –

53. pa koju blagodat Gospodara svoga poričete!?

54. Naslonjeni na posteljama čije će postave od kadife biti, a plodovi u oba perivoja nadohvat ruke će stajati –

55. pa koju blagodat Gospodara svoga poričete!?

56. U njima će biti one koje preda se gledaju. One koje, prije njih, ni čovjek ni džin nije dodirnuo –

57. pa koju blagodat Gospodara svoga poričete!?

58. Bit će kao rubin i biser –

59. pa koju blagodat Gospodara svoga poričete!?

60. Zar nagrada za dobro učinjeno djelo može biti nešto drugo do dobro!? –

61. pa koju blagodat Gospodara svoga poričete!?

62. Osim ta dva, bit će još dva neznatnija perivoja –

63. pa koju blagodat Gospodara svoga poričete!? –

64. modrozelena –

65. pa koju blagodat Gospodara svoga poričete!? –

66. sa izvorima koji prskaju, u svakom –

67. pa koju blagodat Gospodara svoga poričete!? –

68. u njima će biti voća, i palmi, i šipaka –
69. pa koju blagodat Gospodara svoga poričete!?
70. U njima će biti ljepotica naravi divnih –
71. pa koju blagodat Gospodara svoga poričete!? –
72. hurija u šatorima skrivenih –
73. pa koju blagodat Gospodara svoga poričete!? –
74. koje prije njih ni čovjek ni džin nije dodirnuo –
75. pa koju blagodat Gospodara svoga poričete!?
76. Oni će biti naslonjeni na uzglavlja zelena, prekrivena ćilimima čarobnim i prekrasnim –
77. pa koju blagodat Gospodara svoga poričete!?
78. Neka je uzvišeno ime Gospodara tvoga, Veličanstvenog i Plemenitog!

SURA 56

El-Vāki'a – Događaj

(Mekka – 96 ajeta)

U ime Allaha, Milostivog, Samilosnog!

1. Kada se Događaj dogodi –
2. događanje njegovo niko neće poricati –
3. neke će poniziti, a neke uzvisiti.
4. Kad se Zemlja jako potrese
5. i brda se u komadiće zdrobe,
6. i postanu prašina razasuta –
7. vas će tri vrste biti:
8. Oni sretni – ko su sretni!?
9. I oni nesretni – ko su nesretni!?
10. I oni prvi – uvijek prvi!
11. Oni će Allahu bliski biti
12. u džennetskim baščama naslada –
13. bit će ih mnogo od naroda drevnih,
14. a malo od kasnijih –
15. na divanima izvezenim,
16. jedni prema drugima na njima će naslonjeni biti.

17. Služit će ih vječno mladi mladići,

18. sa čašama i ibricima i peharom punim pića iz izvora tekućeg –

19. od koga ih glava neće boljeti i zbog kojeg neće pamet izgubiti –

20. i voćem koje će sami birati,

21. i mesom ptičijim kakvo budu željeli.

22. U njima će biti i hurije očiju krupnih,

23. slične biseru u školjkama skrivenom –

24. kao nagrada za ono što su činili.

25. U njima neće slušati prazne besjede ni govor grješni,

26. nego samo riječi: "Mir, mir!"

27. A oni sretni – ko su sretni!?

28. Bit će među lotosovim drvećem bez bodlji,

29. i među bananama plodovima nanizanim,

30. i u hladovini prostranoj,

31. pored vode tekuće,

32. i usred voća svakovrsnog

33. kojeg će uvijek imati i koje neće zabranjeno biti,

34. i na posteljama uzdignutim.

35. Stvaranjem novim, Mi ćemo hurije stvoriti

36. i djevicama ih učiniti

37. milim muževima njihovim, i godina istih

38. za one sretne;

39. bit će ih mnogo od naroda drevnih,

40. a mnogo i od kasnijih.

41. A oni nesretni – ko su nesretni!?

42. Oni će biti u vatri užarenoj i vodi ključaloj

43. i u sjeni dima čađavog,

44. u kojoj neće biti svježine ni ikakve dobrine.

45. Oni su prije toga raskošnim životom živjeli

46. i uporno teške grijehe činili

47. i govorili: "Zar kada umremo i zemlja i kosti postanemo – zar ćemo zbilja biti oživljeni,

48. zar i drevni naši preci?"

49. Reci: "I drevni i kasniji,

50. u određeno vrijeme, jednog određenog dana bit će sakupljeni,

51. i tada ćete vi, o zabludjeli, koji poričete oživljenje,

52. sigurno, s drveta Zekkum jesti,

53. i njime ćete trbuhe puniti,

54. pa zatim na to ključalu vodu piti,

55. poput kamila koje ne mogu žeđ ugasiti –

56. to će na Onome svijetu biti gošćenje njihovo!

57. Mi vas stvaramo – pa zašto ne povjerujete?

58. Kažite vi Meni: da li sjemenu koje ubacujete

59. vi oblik dajete ili Mi to činimo?

60. Mi određujemo kada će ko od vas umrijeti, i niko Nas ne može spriječiti

61. da likove vaše izmijenimo i da vas iznova u likovima koje vi ne poznajete stvorimo.

62. Poznato vam je kako ste prvi put stvoreni – pa zašto se ne urazumite?

63. Kažite vi Meni: šta biva sa onim što posijete?

64. Da li mu vi dajete snagu da niče ili to Mi činimo?

65. Ako hoćemo, možemo ga u suho rastinje pretvoriti, pa biste se snebivali:

66. "Mi smo, doista, oštećeni –

67. čak smo svega lišeni!"

68. Kažite vi Meni: vodu koju pijete –

69. da li je vi ili Mi iz oblaka spuštamo?

70. Ako želimo, možemo je slanom učiniti – pa zašto niste zahvalni?

71. Kažite vi Meni: vatru koju palite –

72. da li drvo za nju vi ili Mi stvaramo?

73. Mi činimo da ona podsjeća i bude korisna onima koji konače –

74. zato hvali Gospodara svoga Veličanstvenog!

75. I kunem se časom kad se zvijezde gube,

76. a to je, da znate, zakletva velika,

77. on je, zaista, Kur'an plemeniti

78. u Knjizi brižljivo čuvanoj –

79. dodirnuti ga smiju samo oni koji su čisti,

80. on je Objava od Gospodara svjetova.

81. Pa kako ovaj govor omalovažavate

82. i, umjesto zahvalnosti što vam je hrana darovana, vi u njega ne vjerujete?

83. A zašto vi kad duša do guše dopre,

84. i kad vi budete tada gledali –

85. a Mi smo mu bliži od vas, ali vi ne vidite –

86. zašto je onda kad niste u tuđoj vlasti

87. ne povratite, ako istinu govorite?

88. I ako bude jedan od onih koji su Allahu bliski* –

89. udobnost i opskrba lijepa i džennetske blagodati njemu!

90. A ako bude jedan od onih koji su sretni –

91. pa pozdrav tebi od onih koji su sretni!

92. A ako bude jedan od onih koji su poricali i u zabludi ostali –

93. pa ključalom vodom bit će ugošćen

94. i u ognju pržen.

95. Sama je istina, zbilja, sve ovo –

96. zato hvali ime Gospodara svoga Veličanstvenog!

SURA 57

El-Hadīd – Gvožđe

(Medina – 29 ajeta)

U ime Allaha, Milostivog, Samilosnog!

1. Allaha hvali sve što je na nebesima i na Zemlji, i On je Silni i Mudri.

2. Njegova je vlast na nebesima i na Zemlji. On život i smrt daje i On sve može.

3. On je Prvi i Posljednji, i Vidljivi i Nevidljivi – i On zna sve!

4. U šest vremenskih razdoblja On je nebesa i Zemlju stvorio, i onda svemirom zavladao.* On zna šta u zemlju ulazi i šta iz nje izlazi i šta s neba silazi i šta se prema njemu diže. On je s vama gdje god bili, i sve što radite Allah vidi.

5. Njegova je vlast na nebesima i na Zemlji, i Allahu će se sve vratiti!

6. On uvodi noć u dan i dan u noć, i On zna svačije misli.

7. Vjerujte u Allaha i Poslanika Njegova i udjeljujte iz onoga što vam On stavlja na raspolaganje, jer one od vas koji budu vjerovali i udjeljivali čeka nagrada velika.

8. Šta vam je pa ne vjerujete u Allaha? Poslanik vas zove da vjerujete u Gospodara svoga – a On je od vas već zavjet uzeo – ako želite biti vjernici.

9. On robu Svome objavljuje jasne ajete da bi vas iz tmina na svjetlo izveo. – a Allah je, uistinu, prema vama dobar i milostiv.

10. I šta vam je pa odbijate da trošite na Allahovu putu kada će Allah nebesa i Zemlju naslijediti? Nisu jednaki među vama oni koji su davali priloge prije pobjede i lično se borili – oni su na višem stupnju od onih koji su poslije davali priloge i lično se borili, a Allah svima obećava nagradu najljepšu. – Allah dobro zna ono što radite.

11. Ko će Allahu drage volje zajam dati da bi mu ga On mnogostruko vratio, a uz to i nagradu plemenitu dobio

12. na Dan kada budeš vidio kako se pred vjernicima i vjernicama, i s desne strane njihove, svjetlo njihovo bude kretalo: "Blago vama danas: džennetske bašče kroz koje teku rijeke u kojima ćete vječno boraviti – to je veliki uspjeh!"

13. Na Dan kada će licemjeri i licemjerke vjernicima govoriti: "Pričekajte nas da se svjetlom vašim poslužimo!" "Vratite se natrag, pa drugo svjetlo potražite!" – reći će se. I između njih će se pregrada postaviti koja će vrata imati; unutar nje bit će milost, a izvan nje patnja.

14. "Zar nismo s vama bili?" – dozivat će ih. "Jeste," – odgovarat će – "ali ste se pritvornošću upropastili, i iščekivali ste, i sumnjali ste, i puste želje su vas zavaravale, dok nije došla Allahova odredba, a šejtan vas je o Allahu obmanuo.

15. Nikakva otkupnina se danas od vas neće primiti, a ni od onih koji nisu vjerovali – vatra će biti prebivalište vaše, ona baš vama odgovara, a užasno je ona boravište!"

16. Zar nije vrijeme da se vjernicima srca smekšaju kad se Allah i Istina koja se objavljuje spomene i da oni ne budu kao oni kojima je još davno data Knjiga, pa su srca njihova, zato što je proteklo mnogo vremena, postala nemilosrdna, i mnogi od njih su nevjernici.

17. Znajte da Allah daje život već mrtvoj zemlji! Mi vam objašnjavamo dokaze da biste razumjeli.

18. Onima koji milostinju budu udjeljivali i onima koje je budu udjeljivale, i koji drage volje Allahu budu zajam davali – mnogostruko će se vratiti i njih čeka nagrada plemenita.

19. Oni koji u Allaha i poslanike Njegove budu vjerovali imat će u Gospodara svoga stepen pravednika i šehida i dobit će nagradu kao i oni i svjetlo kao i oni. A oni koji ne budu vjerovali i dokaze Naše budu poricali bit će stanovnici u Vatri.

20. Znajte da život na ovome svijetu nije ništa drugo do igra, i razonoda, i uljepšavanje, i međusobno hvalisanje, i nadmetanje imecima, i brojem djece! Primjer za to je bilje čiji rast poslije kiše oduševljava nevjernike, ono zatim buja, ali ga poslije vidiš požutjela, da bi se na kraju skršilo. A na Onome svijetu je teška patnja i Allahov oprost i zadovoljstvo – život na ovome svijetu je samo varljivo nasljeđivanje.

21. Nadmećite se da u Gospodara svoga zaslužite oprost i Džennet, prostran koliko su nebo i Zemlja prostrani, i pripremljen za one koji u Allaha i poslanike Njegove vjeruju. To je Allahova blagodat koju će dati onome kome On hoće; a u Allaha je blagodat velika.

22. Nema nevolje koja zadesi Zemlju i vas, a koja nije, prije nego što je damo, zapisana u Knjizi – to je Allahu uistinu lahko –

23. da ne biste tugovali za onim što vam je promaklo, a i da se ne biste previše radovali onome što vam On dade. Allah ne voli nikakve razmetljivce, hvalisavce,

24. koji škrtare i od ljudi škrtost traže. A onaj ko neće da udjeljuje – pa Allah je, uistinu, nezavisan i dostojan hvale.

25. Mi smo izaslanike Naše s jasnim dokazima slali i po njima knjige i terazije objavljivali da bi ljudi pravedno postupali – a gvožđe smo stvorili, u kome je velika snaga i koje ljudima koristi – i da bi Allah ukazao na one koji pomažu vjeru Njegovu i poslanike Njegove kad Ga ne vide. – Allah je uistinu Moćan i Silan.

26. Mi smo Nuha i Ibrahima poslali i nekima od potomaka njihovih vjerovjesništvo i objavu dali. Neki od potomaka njihovih su na Pravome putu, a mnogi od njih su nevjernici.

27. Zatim smo, poslije njih, jednog za drugim Naše poslanike slali, dok nismo Isaa, sina Merjemina, poslali, kojem smo Indžil dali, a u srca sljedbenika njegovih smo blagost i samilost ulili, dok su monaštvo oni sami, kao novotariju, uveli – Mi im ga nismo propisali – u želji da steknu Allahovo zadovoljstvo. Ali, oni o njemu ne vode brigu onako kako bi trebalo, pa ćemo one među njima koji budu ispravno vjerovali nagraditi, a mnogi od njih su nevjernici.

28. O vi koji vjerujete, Allaha se bojte i u Poslanika Njegova vjerujte. On će vam dvostruku milost Svoju darovati i dat će vam svjetlo pomoću kog ćete ići i oprostit će vam – jer Allah prašta i samilostan je.

29. I neka sljedbenici Knjige znaju da oni nikakvu Allahovu blagodat neće dobiti, jer je blagodat samo u Allahovoj Ruci – daje je onome kome On hoće; a u Allaha je blagodat najveća.

SURA 58

El-Mudžādele – Rasprava

(Medina – 22 ajeta)

U ime Allaha, Milostivog, Samilosnog!

1. Allah je čuo riječi one koja se s tobom o mužu svome raspravljala i Allahu se jadala – a Allah čuje razgovor vaš međusobni, jer Allah, uistinu, sve čuje i sve vidi.*

2. Oni od vas koji ženama svojim reknu da im nisu više dopuštene, kao što im nisu dopuštene majke njihove – a one nisu majke njihove, majke njihove su samo one koje su ih rodile – oni, zaista, govore ružne riječi i neistinu. – A Allah sigurno briše grijehe i prašta.

DŽUZ' XXVIII

3. Oni koji ženama svojim reknu da im nisu dopuštene, kao što im nisu dopuštene majke njihove, a onda odluče s njima nastaviti živjeti, dužni su, prije nego što jedno drugo dodirnu, jednog roba ropstva osloboditi. To vam se naređuje – a Allah dobro zna ono što vi radite.

4. Onaj koji ne nađe, dužan je dva mjeseca postiti uzastopce prije nego jedno drugo dodirne. A onaj ko ne može, dužan je šezdeset siromaha nahraniti, zato da biste potvrdili da u Allaha i Poslanika Njegova vjerujete – to su vam Allahovi propisi. A nevjernike čeka patnja nesnosna.

5. Oni koji su neposlušni Allahu i Poslaniku Njegovu bit će osramoćeni, kao što su bili osramoćeni i oni prije njih. Mi objavljujemo jasne dokaze, a nevjernike čeka sramna patnja,

6. na Dan kada ih Allah sve oživi, pa ih obavijesti o onome šta su radili. Allah je o tome račun sveo, a oni su to zaboravili. – Allah je svemu svjedok.

7. Zar ne znaš da Allah zna šta je na nebesima i šta je na Zemlji? Nema tajnih razgovora među trojicom, a da On nije četvrti, niti među petericom a da On nije šesti, ni kad ih je manje ni kad ih je više, a da On nije s njima gdje god oni bili. On će ih na Sudnjem danu obavijestiti o onome što su radili, jer Allah sve dobro zna.

8. Zar ne vidiš one kojima je zabranjeno da se sašaptavaju kako se vraćaju onome što im je zabranjeno i sašaptavaju se o grijehu i neprijateljstvu i neposlušnosti prema Poslaniku. A kad ti dolaze, pozdravljaju te onako kako te Allah nikad nije pozdravio, i među sobom govore: "Trebalo bi da nas Allah već jednom kazni za ono što govorimo!" Dovoljan će im biti Džehennem! U njemu će gorjeti, a grozno je on prebivalište!

9. O vjernici, kada među sobom tajno razgovarate, ne razgovarajte o grijehu i neprijateljstvu i neposlušnosti prema Poslaniku, već razgovarajte o dobročinstvu i čestitosti, i bojte se Allaha pred Kojim ćete sakupljeni biti.

10. Sašaptavanje je posao šejtanski, da bi u brigu bacio vjernike, mada to ne može njima nimalo nauditi, osim ako to Allah dopusti. A vjernici neka se samo u Allaha pouzdaju!

11. O vjernici, kad vam se kaže: "Načinite mjesta drugima tamo gdje se sjedi." – vi načinite, pa i vama će Allah mjesto načiniti. A kad vam se rekne: "Dignite se!" – vi se dignite. Allah će na visoke stepene uzdignuti one među vama koji vjeruju i kojima je dato znanje. – A Allah dobro zna ono što radite.

12. O vjernici, kada se hoćete s Poslanikom posavjetovati, prije savjetovanja, milostinju udijelite. To je za vas bolje i čistije. A ako nemate – pa Allah zaista prašta i samilostan je.

13. Zar vas je strah da prije savjetovanja svoga milostinju udijelite? A ako ne udijelite i Allah vam oprosti, onda molitvu obavljajte i zekat dajte i Allaha i Poslanika Njegova slušajte! Allah dobro zna ono što vi radite.

14. Zar ne vidiš one koji prijateljuju s ljudima na koje se Allah rasrdio? Oni nisu ni vaši ni njihovi, a još se svjesno krivo zaklinju.

15. Allah je njima pripremio tešku patnju, jer je zaista ružno ono što rade:

16. zaklanjaju se iza zakletvi svojih, pa odvraćaju od Allahova puta – njih čeka sramna kazna.

17. Ni bogatstva njihova ni djeca njihova im nimalo neće pomoći kod Allaha, oni će biti stanovnici u Vatri, u njoj će vječno boraviti.

18. Na Dan u koji ih Allah sve oživi oni će se Njemu zaklinjati, kao što se vama zaklinju, misleći da će im to nešto koristiti. Oni su, doista, pravi lažljivci!

19. Njima je ovladao šejtan i učinio da zaborave na Allaha. Oni su na šejtanovoj strani, a oni na šejtanovoj strani će, sigurno, nastradati.

20. Oni koji se suprotstavljaju Allahu i Poslaniku Njegovu bit će, sigurno, najgore poniženi.

21. Allah je zapisao: "Ja i poslanici Moji sigurno ćemo pobijediti!" – Allah je, zaista, moćan i silan.

22. Ne trebaju ljudi koji u Allaha i u Onaj svijet vjeruju biti u ljubavi sa onima koji se Allahu i Poslaniku Njegovu suprotstavljaju, makar im oni bili očevi njihovi, ili sinovi njihovi, ili braća njihova, ili rođaci njihovi. Njima je On u srca njihova vjerovanje usadio i svjetlom Svojim ih osnažio, i On će ih uvesti u džennetske bašče kroz koje će rijeke teći, da u njima vječno ostanu. Allah je njima zadovoljan, a i oni će biti zadovoljni Njime. Oni su na Allahovoj strani – a oni na Allahovoj strani će, sigurno, uspjeti.

SURA 59

El-Hašr – Progonstvo

(Medina – 24 ajeta)

U ime Allaha, Milostivog, Samilosnog!

1. Allaha hvali sve što je na nebesima i što je na Zemlji. On je Silni i Mudri!

2. On je prilikom prvog progonstva iz domova njihovih protjerao one sljedbenike Knjige koji nisu vjerovali. Vi niste mislili da će otići, a oni su mislili da će ih utvrde njihove od Allahove kazne odbraniti, ali im je Allahova kazna došla odakle se nisu nadali i On je u srca njihova strah ulio – vlastitim rukama i rukama vjernika svoje domove su rušili. Zato uzmite iz toga pouku, o vi koji ste obdareni!*

3. Da nije bio već odredio da će biti protjerani, Allah bi ih još na ovome svijetu kaznio. Ali njih na Onome svijetu čeka patnja u ognju

4. zato što su se Allahu i Poslaniku Njegovu suprotstavljali – a onoga ko se Allahu suprotstavi Allah će, zaista, strahovito kazniti.

5. To što ste neke palme posjekli ili ih da uspravno stoje ostavili – Allahovom voljom ste učinili, i zato da On nevjernike ponizi.

6. A vi niste kasom tjerali ni konje ni kamile radi onoga što je Allah od njih, kao plijen, darovao Poslaniku Svome, nego Allah prepušta vlast poslanicima Svojim nad onima nad kojima On hoće. – Allah sve može.

7. Plijen od stanovnika sela i gradova koji Allah Poslaniku Svome daruje pripada: Allahu i Poslaniku Njegovu, i bližnjim njegovim, i siročadi, i siromasima, i putnicima namjernicima – da ne bi prelazilo samo iz ruku u ruke bogataša vaših; ono što vam Poslanik kao nagradu da to uzmite, a ono što vam zabrani ostavite; i bojte se Allaha jer Allah, zaista, strahovito kažnjava –

8. i siromašnim muhadžirima koji su iz rodnog kraja svoga protjerani i imovine svoje lišeni, koji žele Allahovu milost i naklonost steći, i Allaha i Poslanika Njegova pomoći – to su zaista pravi vjernici –

9. i onima koji su Medinu za življenje izabrali i domom prave vjere još prije njih je učinili. Oni vole one koji im se doseljavaju i u grudima svojim nikakvu tegobu, zato što im se daje, ne osjećaju, i više vole njima nego sebi, mada im je i samima potrebno. A oni koji se uščuvaju lakomosti, oni će sigurno uspjeti.

10. Oni koji poslije njih dolaze govore: "Gospodaru naš, oprosti nama i braći našoj koja su nas u vjeri pretekla i ne dopusti da u srcima našim bude imalo zlobe prema vjernicima! Gospodaru naš, Ti si zaista dobar i milostiv!"

11. Zar ne vidiš kako licemjeri govore svojim prijateljima, sljedbenicima Knjige koji ne vjeruju: "Ako budete protjerani, mi ćemo, sigurno, s vama poći i, kad se bude ticalo vas, nikada se nikome nećemo pokoriti. A ako budete napadnuti, sigurno ćemo vam u pomoć priteći." – a Allah je svjedok da su oni, zaista, lašci:

12. ako bi bili protjerani, oni ne bi s njima pošli; ako bi bili napadnuti, oni im ne bi u pomoć pritekli; a ako bi im u pomoć pritekli, sigurno bi pobjegli i oni bi bez pomoći ostali.

13. Oni se više boje vas nego Allaha, zato što su oni ljudi nerazumni.

14. Samo u utvrđenim gradovima ili iza zidina, oni se protiv vas smiju skupno boriti. Oni su junaci u međusobnim borbama. Ti misliš da su oni složni, međutim srca njihova su razjedinjena, zato što su oni ljudi koji nemaju pameti.

15. Slični su onima koji su, tu nedavno, svu pogubnost postupaka svojih iskusili – njih čeka nesnosna patnja.

16. Slični su šejtanu kad kaže čovjeku: "Budi nevjernik!" – pa kad on postane nevjernik, on onda rekne: "Ti se mene više ne tičeš, ja se zaista Allaha, Gospodara svjetova, bojim!"

17. Obojicu ih na kraju čeka Vatra, u kojoj će vječno boraviti, a to će biti kazna za sve nevjernike.

18. O vjernici, Allaha se bojte i neka svaki čovjek gleda šta je za sutra pripremio. I Allaha se bojte, jer On dobro zna šta radite.

19. I ne budite kao oni koji su zaboravili Allaha, pa je On učinio da sami sebe zaborave – to su pravi grješnici.

20. Nisu jednaki stanovnici Džehennema i stanovnici Dženneta – stanovnici Dženneta će ono što žele postići.

21. Da ovaj Kur'an kakvom brdu objavimo, ti bi vidio kako je strahopoštovanja puno i kako bi se od straha pred Allahom raspalo. Takve primjere navodimo ljudima da bi razmislili.

22. On je Allah – nema drugog boga osim Njega – On je Poznavalac nevidljivog i vidljivog svijeta, On je Milostivi, Samilosni!

23. On je Allah – nema drugog boga osim Njega, Vladar, Sveti, Onaj Koji je bez nedostataka, Onaj Koji svakoga osigurava, Onaj Koji nad svim bdi, Silni, Uzvišeni, Gordi. Hvaljen neka je Allah, On je vrlo visoko iznad onih koje smatraju Njemu ravnim!

24. On je Allah, Tvorac, Onaj Koji iz ničega stvara, Onaj Koji svemu daje oblik – On ima najljepša imena. Njega hvale oni na nebesima i na Zemlji. On je Silni i Mudri.

SURA 60

El-Mumtehine – Provjerena

(Medina – 13 ajeta)

U ime Allaha, Milostivog, Samilosnog!

1. O vjernici, ako ste pošli da se na putu Mome borite i da naklonost Moju steknete, s Mojim i svojim neprijateljima ne prijateljujte i ljubav im ne poklanjajte – oni poriču Istinu koja vam dolazi i izgone Poslanika i vas samo zato što u Allaha, Gospodara vašeg, vjerujete. Vi im krišom ljubav poklanjate, a Ja znam i ono što tajite i ono što javno činite. Onaj od vas koji to bude činio s Pravog puta je skrenuo.

2. Ako vas se oni domognu, bit će neprijatelji vaši i pružit će prema vama, u zloj namjeri, ruke svoje i jezičine svoje, i jedva će dočekati da postanete nevjernici.

3. Ni rodbina vaša ni djeca vaša neće vam biti od koristi, na Sudnjem danu On će vas razdvojiti. – A Allah dobro vidi ono što radite.

4. Divan uzor za vas je Ibrahim i oni koji su uz njega bili kada su narodu svome rekli: "Mi s vama nemamo ništa, a ni sa onima kojima se, umjesto Allahu, klanjate. Mi vas se odričemo, i neprijateljstvo i mržnja će između nas ostati sve dok ne budete u Allaha, Njega Jedinog, vjerovali!" – ali nisu riječi Ibrahimove ocu svome: "Ja ću se moliti da ti oprosti, ali te ne mogu od Allaha odbraniti. Gospodaru naš, u Tebe se uzdamo i Tebi se obraćamo i Tebi ćemo se vratiti.

5. Ne dopusti, Gospodaru naš, da nas nevjernicima staviš u iskušenje i oprosti nam, Gospodaru naš! Ti si, zaista, Silni i Mudri."

6. Oni su vama divan uzor - onima koji žele Allaha i Onaj svijet. A onaj koji leđa okrene – pa Allah, zaista, nije ni o kome ovisan i On je jedini hvale dostojan!

7. Allah će, sigurno, uspostaviti ljubav između vas i onih s kojima ste u zavadi. Allah je svemoćan. Allah mnogo prašta i On je samilostan.

8. Allah vam ne zabranjuje da činite dobro i da budete pravedni prema onima koji ne ratuju protiv vas zbog vjere i koji vas iz zavičaja vašeg ne izgone – Allah, zaista, voli one koji su pravični –

9. ali vam zabranjuje da prijateljujete sa onima koji ratuju protiv vas zbog vjere i koji vas iz zavičaja vašeg izgone i koji pomažu da budete prognani. Oni koji s njima prijateljuju sami sebi čine nepravdu.

10. O vjernici, kada vam vjernice kao muhadžirke dođu, ispitajte ih – a Allah dobro zna kakvo je vjerovanje njihovo – pa ako se uvjerite da su vjernice, onda ih ne vraćajte nevjernicima: one njima nisu dopuštene, niti su oni njima dopušteni; a njima podajte ono što su potrošili. Nije vam grijeh njima se ženiti kad im vjenčane darove njihove date. U braku mnogoboškinje ne zadržavajte! Tražite ono što ste potrošili, a neka i oni traže ono što su potrošili! To je Allahov sud, On sudi među vama. – A Allah sve zna i mudar je.

11. A ako neka od žena vaših nevjernicima umakne, i ako vi poslije u borbu s njima stupite, onda onima čije su žene umakle vjenčane darove koje su im dali namirite. I bojte se Allaha, u Koga vjerujete!

12. O Vjerovjesniče, kada ti dođu vjernice da ti polože prisegu: da neće Allahu nikoga ravnim smatrati, i da neće krasti, i da neće bludničiti, i da neće djecu svoju ubijati, i da neće muževima tuđu djecu podmetati i da neće ni u čemu što je dobro poslušnost odricati – ti prisegu njihovu prihvati i moli Allaha da im oprosti. Allah, zaista, mnogo prašta, i On je milostiv.

13. O vjernici, ne prijateljujte s ljudima koji su protiv sebe Allahovu srdžbu izazvali. Oni su izgubili nadu da će bilo kakvu nagradu na Onome svijetu imati, isto kao što su izgubili nadu nevjernici da će se njihovi umrli živi vratiti.

SURA 61

Es-Saff – Bojni red

(Medina – 14 ajeta)

U ime Allaha, Milostivog, Samilosnog!

1. Allaha hvali ono što je na nebesima i ono što je na Zemlji, On je Silni i Mudri!

2. O vjernici, zašto jedno govorite a drugo radite?

3. O kako je Allahu mrsko kada govorite riječi koje djela ne prate!

4. Allah voli one koji se na Njegovom putu bore u redovima kao da su bedem čvrsti.

5. Kada Musa reče narodu svome: "O narode moj, zašto me mučite, a dobro znate da sam ja Allahov poslanik vama!" – i kad oni skrenuše u stranu, Allah učini da i srca njihova u stranu skrenu – a Allah neće ukazati na Pravi put narodu koji je ogrezao u grijehu.

6. A kada Isa, sin Merjemin, reče: "O sinovi Israilovi, ja sam vam Allahov poslanik da vam potvrdim prije mene objavljeni Tevrat i da vam donesem radosnu vijest o poslaniku čije je ime Ahmed,* koji će poslije mene doći." – i kad im je on donio jasne dokaze, oni rekoše: "Ovo je prava vradžbina!"

7. A ima li nepravednijeg od onoga koji o Allahu laži iznosi dok se u pravu vjeru poziva? – A Allah neće ukazati na Pravi put narodu koji nepravdu čini.

8. Oni žele utrnuti Allahovo svjetlo ustima svojim, a Allah će učiniti da svjetla Njegova uvijek bude, makar krivo bilo nevjernicima.

9. On po Poslaniku Svome šalje uputstvo i vjeru istinitu da bi je uzdigao iznad svih vjera, makar ne bilo pravo mnogobošcima.

10. O vjernici, hoćete li da vam ukažem na trgovinu, ona će vas spasiti patnje nesnosne:

11. u Allaha i Poslanika Njegova vjerujte i imecima svojim i životima svojim na Allahovu putu se borite – to vam je, da znate, bolje –

12. On će vam grijehe vaše oprostiti i u džennetske bašče vas, kroz koje će rijeke teći, uvesti, i u divne dvorove u edenskim vrtovima – to će biti uspjeh veliki –

13. a dat će vam i drugu blagodat koju jedva čekate: Allahovu pomoć i skoru pobjedu! Zato obraduj radosnom viješću vjernike!

14. O vjernici, pomozite Allahovu vjeru, kao što su učenici rekli: "Mi ćemo pomoći Allahovu vjeru!" – kad ih je Isa, sin Merjemin, upitao: "Hoćete li me pomoći Allaha radi?" I neki od sinova Israilovih su povjerovali, a drugi nisu, pa smo Mi one koji su povjerovali protiv neprijatelja njihova pomogli i oni su pobijedili.

SURA 62

El-Džumu'a – Petak

(Medina – 11 ajeta)

U ime Allaha, Milostivog, Samilosnog!

1. Ono što je na nebesima i ono što je na Zemlji hvali Allaha, Vladara, Svetoga, Silnoga, Mudroga!

2. On je neukima poslao Poslanika, jednog između njih, da im ajete Njegove kazuje i da ih očisti i da ih Knjizi i mudrosti nauči, jer su prije bili u očitoj zabludi,

3. i drugima koji im se još nisu priključili. – On je Silni i Mudri.

4. To je Allahova milost koju On daje onome kome hoće. – A u Allaha je milost velika.

5. Oni kojima je naređeno da prema Tevratu postupaju, pa ne postupaju, slični su magarcu koji knjige nosi. O kako su loši oni koji poriču Allahove ajete! – A Allah neće ukazati na Pravi put narodu koji neće da vjeruje.

6. Reci: "O Jevreji, ako tvrdite da ste vi od ljudi jedini Allahovi miljenici, onda smrt poželite, ako istinu govorite."

7. A zbog onoga što ruke njihove čine, neće je nikad poželjeti. – Allah dobro zna nevjernike.

8. Reci: "Smrt od koje bježite zaista će vas stići. Zatim ćete Onome Koji poznaje i nevidljivi i vidljivi svijet vraćeni biti i On će vas o onome što ste radili obavijestiti."

9. O vjernici, kada se u petak na molitvu pozove, kupoprodaju ostavite i pođite molitvu obaviti – to vam je bolje neka znate!

10. A kad se molitva obavi, onda se po zemlji raziđite i Allahovu blagodat tražite i Allaha mnogo spominjite, da biste postigli što želite.

11. Ali kad oni kakvu robu trgovačku ili veselje ugledaju, pohrle mu i tebe ostave sama da stojiš. Reci: "Ono što je u Allaha bolje je i od veselja i od trgovine." – A Allah najbolju opskrbu daje.*

SURA 63

El-Munāfikūn – Licemjeri

(Medina – 11 ajeta)

U ime Allaha, Milostivog, Samilosnog!

1. Kad ti licemjeri dolaze, oni govore: "Mi tvrdimo da si ti, zaista, Allahov poslanik!" I Allah zna da si ti, zaista, Njegov poslanik, a Allah tvrdi i da su licemjeri pravi lašci.

2. Oni se iza zakletvi svojih zaklanjaju, pa od Allahova puta odvraćaju. Ružno je, doista, kako postupaju!

3. To je zato što su vjernici bili, pa nevjernici postali, i onda su im srca zapečaćena, pa ne shvaćaju.

4. Kad ih pogledaš, njihov izgled te ushićuje; a kad progovore, ti slušaš riječi njihove. Međutim, oni su kao šuplji naslonjeni balvani, i misle da je svaki povik protiv njih. Oni su pravi neprijatelji, pa ih se pričuvaj! Allah ih ubio, kuda se odmeću?!

5. A kad im se rekne: "Dođite, Allahov Poslanik će moliti da vam se oprosti!" – oni glavama svojim tresu i vidiš ih kako nadmeno odbijaju.

6. Isto im je – molio ti oprosta za njih ili ne molio – Allah im zaista neće oprostiti. Allah doista narodu nevjerničkom neće na Pravi put ukazati.

7. Oni govore: "Ne udjeljujte ništa onima koji su uz Allahova Poslanika da bi ga napustili!" A blaga nebesa i Zemlje su Allahova, ali licemjeri neće da shvate.

8. Oni govore: "Ako se vratimo u Medinu, sigurno će jači istjerati iz nje slabijeg!" A snaga je u Allaha i Poslanika Njegova i u vjernika, ali licemjeri neće da znaju.

9. O vjernici, neka vas imanja vaša i djeca vaša ne zabave od sjećanja na Allaha. A oni koji to učine, bit će izgubljeni.

10. I od onoga čime vas Mi opskrbljujemo udjeljujte prije nego nekom od vas smrt dođe, pa da onda rekne: "Gospodaru moj, da me još samo kratko vrijeme zadržiš, pa da milostinju udjeljujem i da dobar budem!"

11. Allah, sigurno, neće ostaviti u životu nikoga kome smrtni čas njegov dođe. – A Allah dobro zna ono što vi radite.

SURA 64

Et-Tegābun – Samoobmana

(Medina – 18 ajeta)

U ime Allaha, Milostivog, Samilosnog!

1. Ono što je na nebesima i ono što je na Zemlji hvali Allaha, Njemu vlast i Njemu pohvala – On sve može!

2. On vas stvara, pa ste ili nevjernici ili vjernici. Sve što vi radite, Allah dobro vidi.

3. On je nebesa i Zemlju mudro stvorio, i On vam obličje daje, i likove vaše čini lijepim, i Njemu će se sve vratiti.

4. On zna šta na nebesima i na Zemlji postoji i zna šta krijete i šta pokazujete. – Allah zna svačije misli.

5. Zar do vas nije doprla vijest o onima koji još davno nisu vjerovali, pa su kobnost postupka svoga iskusili – a još ih i patnja nesnosna čeka –

6. zato što su govorili kada su im poslanici njihovi jasne dokaze donosili: "Zar da nas ljudi upućuju?" I nisu vjerovali i glave su okretali. A Allahu niko nije potreban, Allah nije ni o kome ovisan, On je jedini hvale dostojan!

7. Nevjernici tvrde da neće biti oživljeni. Reci: "Hoćete, Gospodara mi moga, sigurno ćete biti oživljeni, pa o onome šta ste radili, doista, biti obaviješteni!" – a to je Allahu lahko.

8. Zato vjerujte u Allaha i Poslanika Njegova i u Svjetlo koje objavljujemo, Allah dobro zna ono što vi radite.

9. A onoga Dana kada vas On na Onome svijetu sakupi, to će biti Dan kada će vam biti jasno da ste sami sebe obmanuli. I On će preći preko hrđavih postupaka onoga ko je u Allaha vjerovao i dobra djela činio, i uvest će ga u džennetske bašče kroz koje će rijeke teći; u njima će vječno i zauvijek boraviti. To će uspjeh veliki biti!

10. A oni koji nisu vjerovali i koji su ajete Naše poricali – bit će stanovnici u vatri; u njoj će vječno ostati, a to će užasna sudbina biti!

11. Nikakva nevolja se bez Allahove volje ne dogodi, a On će srce onoga koji u Allaha vjeruje uputiti. – Allah sve dobro zna.

12. I pokoravajte se Allahu i Poslaniku Njegovu. A ako leđa okrenete, pa Poslanik Naš je jedino dužan jasno objavljivati.

13. Samo je Allah Bog! I neka se vjernici samo u Allaha pouzdaju!

14. O vjernici, i među ženama vašim i djecom vašom, doista, imate neprijatelja, pa ih se pričuvajte! A ako preko toga pređete i opravdanje prihvatite i oprostite, pa i Allah prašta i samilostan je.

15. Imanja vaša i djeca vaša su samo iskušenje, a u Allaha je nagrada velika.

16. Zato se Allaha bojte koliko god možete, i slušajte i pokoravajte se i milostinju udjeljujte za svoje dobro. A oni koji budu sačuvani gramzljivosti, bit će ti koji će uspjeti.

17. Ako Allahu drage volje zajam date, On će vam ga mnogostruko vratiti i oprostit će vam, jer Allah je blagodaran i blag.

18. Poznavalac je nevidljivog i vidljivog svijeta, Silni i Mudri.

SURA 65

Et-Talāk – Razvod braka

(Medina – 12 ajeta)

U ime Allaha, Milostivog, Samilosnog!

1. O Vjerovjesniče, kada htjednete žene pustiti, vi ih u vrijeme kada su čiste pustite, a onda vrijeme koje treba proći brojte i Allaha, Gospodara svoga, bojte se. Ne tjerajte ih iz stanova njihovih, a ni one neka ne izlaze, osim ako očito sramno djelo učine. To su Allahovi propisi. Onaj koji Allahove propise krši – sam sebi nepravdu čini. Ti ne znaš, Allah može poslije toga priliku pružiti.

2. I dok traje vrijeme određeno za čekanje, vi ih ili na lijep način zadržite ili se velikodušno od njih konačno rastavite i kao svjedoke dvojicu vaših pravednih ljudi uzmite, i svjedočenje Allaha radi obavite! To je savjet za onoga koji u Allaha i u Onaj svijet vjeruje – a onome koji se Allaha boji, On će izlaz naći

3. i opskrbit će ga odakle se i ne nada. Onome koji se u Allaha uzda, On mu je dosta. Allah će, zaista, ispuniti ono što je odlučio. Allah je svemu već rok odredio.

4. A one žene vaše koje su nadu u mjesečno pranje izgubile i one koje ga nisu ni dobile, one trebaju čekati tri mjeseca,* ako niste znali. Trudne žene čekaju sve dok ne rode. – A onome ko se Allaha boji, On će sve što mu treba učiniti dostupnim.

5. To su, eto, Allahovi propisi, koje vam On objavljuje. A onome ko se bude Allaha bojao On će preko ružnih postupaka njegovih preći i još mu veliku nagradu dati.

6. Njih ostavite da stanuju tamo gdje i vi stanujete, prema svojim mogućnostima, i ne činite im teškoće zato da biste ih stijesnili. Ako su trudne, dajte im izdržavanje sve dok se ne porode. A ako vam djecu doje, onda im dajte zasluženu nagradu sporazumjevši se međusobno na lijep način. A ako nastanu razmirice, neka mu onda druga doji dijete.

7. Neka imućan prema bogatstvu svome troši, a onaj koji je u oskudici prema tome koliko mu je Allah dao, jer Allah nikoga ne zadužuje više nego što mu je dao. – Allah će sigurno poslije tegobe last dati.

8. A koliko se sela i gradova oglušilo o naređenje Gospodara njihova i poslanika Njegovih. Mi ćemo od njih zatražiti da nam potanko račun polože i užasnom kaznom ćemo ih kazniti,

9. oni će pogubnost postupaka svojih iskusiti i propast će njihov kraj biti.

10. Allah je za njih neizdržljivu patnju pripremio, zato se bojte Allaha, o vi koji ste razumom obdareni, vi koji vjerujete! Allah vam je već poslao slavu,

11. Poslanika, koji vam Allahove ajete jasne kazuje, da bi iz tmina na svjetlo izveo one koji vjeruju i dobra djela čine. A onoga koji bude u Allaha vjerovao i dobro činio – uvest će u džennetske bašče, kroz koje će rijeke teći, i vječno i zauvijek će u njima ostati, divnu će mu opskrbu Allah davati.

12. Allah je sedam nebesa i isto toliko Zemalja stvorio. Njegovo naređenje na sve se njih odnosi, a nek znate da je Allah kadar sve i da Allah znanjem Svojim sve obuhvaća!

SURA 66

Et-Tahrīm – Zabrana

(Medina – 12 ajeta)

U ime Allaha, Milostivog, Samilosnog!

1. O Vjerovjesniče, zašto sebi uskraćuješ ono što ti je Allah dozvolio u nastojanju da žene svoje zadovoljiš? A Allah prašta i samilostan je.*

2. Allah vam je propisao kako da svoje zakletve iskupite. Allah je vaš Gospodar. On sve zna i mudar je.

3. Kada je Vjerovjesnik jednoj od svojih žena jednu tajnu povjerio,* pa je ona odala – a Allah je to njemu otkrio – on joj je bio jedan dio kazao, a ostalo prešutio. I kad je on s tim nju upoznao, ona je upitala: "A ko ti je to kazao?" – on je rekao: "Kazao mi je Onaj Koji sve zna i Kome ništa nije skriveno."

4. Ako vas dvije učinite pokajanje Allahu, pa vi ste bile učinile ono zbog čega ste se trebale pokajati. A ako se protiv njega udružite, pa Allah je zaštitnik njegov, i Džibril, i čestiti vjernici – najposlije, i svi meleki će mu na pomoći biti.

5. Ako vas on pusti, Gospodar njegov će mu dati, umjesto vas, boljih žena od vas, odanih Allahu, vjernica, poslušnih Allahu, pokajnica, koje se Allaha boje, koje poste, udovica i djevojaka.

6. O vi koji vjerujete, sebe i porodice svoje čuvajte od Vatre čije će gorivo ljudi i kamenje biti i o kojoj će se meleki strogi i snažni brinuti, koji se onome što im Allah zapovjedi neće opirati, i koji će ono što im se naredi izvršiti!

7. O vi koji niste vjerovali, danas se ne pravdajte, kažnjavate se samo za ono što ste zaslužili!

8. O vi koji vjerujete, učinite pokajanje Allahu iskreno, da bi Gospodar vaš preko ružnih postupaka vaših prešao i da bi vas u džennetske bašče, kroz koje će rijeke teći, uveo, na Dan u kojem Allah neće osramotiti Vjerovjesnika i one koji su zajedno sa njim vjerovali. Svjetlo njihovo će ići ispred njih i njihove desne strane. "Gospodaru naš," - govorit će oni – "učini potpunim svjetlo naše i oprosti nam, jer Ti doista sve možeš."

9. O Vjerovjesniče, bori se protiv nevjernika i licemjera i budi strog prema njima! Njihovo prebivalište bit će Džehennem, a užasno je to boravište!

10. Allah navodi kao pouku onima koji ne vjeruju ženu Nuhovu i ženu Lutovu: bile su udate za dva čestita roba Naša, ali su prema njima licemjerne bile – i njih dvojica im neće ništa moći kod Allaha pomoći, i reći će se: "Ulazite vas dvije u Vatru, sa onima koji ulaze!"

11. A onima koji vjeruju Allah, kao pouku, navodi ženu faraonovu, kad je rekla: "Gospodaru moj, sagradi mi kod Sebe kuću u Džennetu i spasi me od faraona i mučenja njegova, i izbavi me od naroda nepravednog!"

12. Merjemu, kćer Imranovu, koja je nevinost svoju sačuvala, a Mi smo udahnuli u nju život i ona je u riječi Gospodara svoga i Knjige Njegove vjerovala i od onih koji provode vrijeme u molitvi bila.

SURA 67

El-Mulk – Vlast

(Mekka – 30 ajeta)

U ime Allaha, Milostivog, Samilosnog!

1. Uzvišen je Onaj u Čijoj je Ruci vlast – On sve može! –

2. Onaj Koji je dao smrt i život da bi iskušao koji od vas će bolje postupati, On je Silni, Onaj Koji prašta,

3. Onaj Koji je sedam nebesa jedna iznad drugih stvorio – ti u onome što Milostivi stvara ne vidiš nikakva nesklada. Pa ponovo pogledaj vidiš li ikakav nedostatak, DŽUZ' XXIX

4. zatim ponovo više puta pogledaj, pogled će ti se vratiti klonuo i umoran.

5. Mi smo vama najbliže nebo sjajnim zvijezdama ukrasili i učinili da vatra iz njih pogađa šejtane za koje smo patnju u Ognju pripremili.

6. A za one koji ne vjeruju u Gospodara svoga kazna je Džehennem, užasno je on boravište!

7. Kad budu u njega bačeni, pucketanje njegovo će čuti, i on će ključati,

8. skoro da se od bijesa raspadne. Kad god se koja gomila u njega baci, stražari u njemu će je upitati: "Zar nije niko dolazio da vas opominje?"

9. "Jest, dolazio nam je onaj koji nas je opominjao," – odgovorit će – "a mi smo poricali i govorili: ‚Allah nije objavio ništa, vi ste u velikoj zabludi!'"

10. I reći će: "Da smo slušali ili razmišljali, ne bismo među stanovnicima Džehennema bili!"

11. I oni će priznati da su bili nevjernici – pa stanovnici Džehennema ognjenog daleko bili!

12. Onima koji se Gospodara svoga boje i kad ih niko ne vidi – oprost i nagrada velika!

13. Govorili vi tiho ili glasno – pa On sigurno zna svačije misli!

14. A kako i ne bi znao Onaj Koji stvara, Onaj Koji sve potanko zna, Koji je o svemu obaviješten.

15. On vam je Zemlju pogodnom učinio, pa hodajte predjelima njezinim i hranite se onim što On daje, Njemu ćete poslije oživljenja odgovarati.

16. Jeste li sigurni da vas Onaj Koji nebesima vlada neće u Zemlju utjerati kad se ona počne iznenada tresti?

17. Ili, jeste li sigurni da Onaj Koji nebesima vlada na vas neće vjetar s kamenjem poslati? Tada biste saznali kakva je prijetnja Moja!

18. A poricali su i oni prije njih – pa kakva je samo bila kazna Moja!

19. Zar oni ne vide ptice iznad sebe kako raširenih krila lete, a i skupljaju ih? Samo ih Milostivi drži. – On zaista sve dobro vidi.

20. Ili ko je taj koji će biti vojska vaša i vama pomoći, osim Milostivog? – Nevjernici su samo obmanuti.

21. Ili, ko je taj koji će vas nahraniti, ako On hranu Svoju uskrati? – Ali, oni su uporni u bahatosti i u bježanju od istine.

22. Da li je na ispravnijem putu onaj koji se idući spotiče ili onaj koji Pravim putem uspravno ide?

23. Reci: "On sve stvara i daje vam sluh i vid i pamet, a vi se malo zahvaljujete!"

24. Reci: "On vas je po Zemlji razasuo i pred Njim ćete se sakupiti."

25. A oni govore: "Kad će već jednom ta prijetnja, ako istinu govorite!?"

26. Reci: "Samo Allah zna! A ja sam dužan samo javno opominjati."

27. Kad je izbliza ugledaju, jad će prekriti lica onih koji nisu vjerovali i bit će rečeno: "Evo, ovo je ono što ste požurivali!"

28. Reci: "Kažite vi meni: ako Allah pošalje smrt meni i onima koji su sa mnom ili ako nam se smiluje, ko će nevjernike od neizdržljive patnje zaštititi?"

29. Reci: "On je Milostivi, u Njega vjerujemo i na Njega se oslanjamo, a vi ćete sigurno saznati ko je u očitoj zabludi."

30. Reci: "Šta mislite, ako vam vode presuše, ko će vam tekuću vodu dati?"

SURA 68

El-Kalem – Kalem

(Mekka – 52 ajeta)

U ime Allaha, Milostivog, Samilosnog!

1. Nūn. Tako Mi kalema i onoga što oni pišu,

2. ti nisi, milošću Gospodara svoga, lud.

3. Ti ćeš sigurno nagradu neprekidnu dobiti,

4. jer ti si zaista najljepše ćudi

5. i ti ćeš vidjeti, a i oni će vidjeti,

6. ko je od vas lud.

7. Gospodar tvoj dobro zna onoga koji je s Puta Njegova skrenuo i On dobro zna one koji su na Pravome putu,

8. zato ne slušaj one koji neće da vjeruju,

9. oni bi jedva dočekali da ti popustiš, pa bi i oni popustili.

10. I ne slušaj nijednog krivokletnika prezrena,

11. klevetnika, onoga koji tuđe riječi prenosi,

12. škrca, nasilnika, velikog grješnika,

13. surova i, osim toga, u tuđe pleme uljeza,

14. samo zato što je bogat i što ima mnogo sinova,

15. koji govori, kad mu se ajeti Naši kazuju: "To su samo naroda drevnih priče!"

16. Na nos ćemo Mi njemu biljeg utisnuti!

17. Mi smo ih na kušnju stavili, kao što smo vlasnike jedne bašče na kušnju stavili kad su se zakleli da će je, sigurno, rano izjutra obrati

18. a nisu rekli: "Ako Bog da!"

19. I dok su oni spavali, nju od Gospodara tvoga zadesi nesreća

20. i ona osvanu opustošena.

21. A u zoru oni su jedni druge dozivali:

22. "Poranite u bašču svoju, ako je mislite obrati!"

23. I oni krenuše tiho razgovarajući:

24. "Neka vam danas u nju nikako nijedan siromah ne ulazi!"

25. I oni poraniše uvjereni da će moći to provesti,

26. a kad je ugledaše, povikaše: "Mi smo zalutali,

27. ali ne, ne – svega smo lišeni!"

28. Ponajbolji između njih reče: "Nisam li vam ja govorio da je trebalo na Allaha misliti!"

29. "Hvaljen neka je Gospodar naš!" – rekoše mu –, "Mi smo, uistinu, nepravedni bili!"

30. I onda počeše jedni druge koriti.

31. "Teško nama!" – govorili su – "Mi smo, zaista, obijesni bili.

32. Gospodar naš nam može bolju od nje dati, samo od Gospodara našeg mi se nadamo naknadi!"

33. Eto takva je bila kazna, a na Onome svijetu je, nek znaju, kazna još veća!

34. Za one koji se budu bojali Allaha bit će, zaista, Dženneti uživanja u Gospodara njihova –

35. zar ćemo muslimane sa nevjernicima izjednačiti!?

36. Šta vam je, kako rasuđujete?

37. Imate li vi Knjigu, pa u njoj čitate

38. da ćete imati ono što vi izaberete?

39. Ili, zar smo vam se zakleli zakletvama koje će do Sudnjeg dana vrijedeti da ćete ono što vi odredite imati?

40. Upitaj ih ko je od njih jamac za to.

41. Ili, imaju li oni druge jamce? Pa neka jamce svoje dovedu, ako govore istinu.

42. Na Dan kada bude nepodnošljivo i kada budu pozvani da licem na tle padnu pa ne budu mogli,

43. oborenih pogleda i sasvim poniženi bit će nevjernici – a bili su pozivani da licem na tle padaju dok su živi i zdravi bili.

44. Zato ostavi Mene i one koji ovaj Govor poriču, Mi ćemo ih postepeno, odakle se i ne nadaju, patnji približavati

45. i vremena im davati, jer je obmana Moja zaista jaka!

46. Tražiš li ti od njih nagradu, pa su nametom opterećeni?

47. Ili je u njih Iskonska knjiga, pa prepisuju?

48. Ti strpljivo čekaj presudu Gospodara svoga i ne budi kao Zunnun koji je u ogorčenju zavapio.

49. I da ga nije stigla Allahova milost, na pusto mjesto bi izbačen bio* i prijekor bi zaslužio,

50. ali Gospodar njegov ga je odabrao i učinio ga jednim od onih koji su dobri.

51. Skoro da te nevjernici pogledima svojim obore kad Kur'an slušaju, govoreći: "On je, uistinu, luđak!"

52. A Kur'an je svijetu cijelome opomena!

SURA 69

El-Hākka – Čas neizbježni

(Mekka – 52 ajeta)

U ime Allaha, Milostivog, Samilosnog!

1. Čas neizbježni.

2. Šta je Čas neizbježni,

3. i otkud ti znaš šta je Čas neizbježni?

4. Semud i Ad su Smak svijeta poricali,

5. pa je Semud uništen glasom strahovitim,

6. a Ad uništen vjetrom ledenim, silovitim,

7. kome je On vlast nad njima, sedam noći i osam dana uzastopnih bio prepustio, pa si u njima ljude povaljane kao šuplja datulina debla vidio,

8. i vidiš li da je iko od njih ostao?

9. A došli su faraon, i oni prije njega,* i zbog odvratnih postupaka izvrnuta naselja,

10. i protiv poslanika Gospodara svoga se dizali, pa ih je On ne može biti teže kaznio.

11. Mi smo vas, kada je voda preplavila sve, u lađi nosili

12. da vam to poukom učinimo i da to od zaborava sačuva uho koje pamti.

13. A kada se jednom u Rog puhne,

14. pa se Zemlja i brda dignu i od jednog udara zdrobe –

15. toga dana će se Smak svijeta dogoditi

16. i nebo će se razdvojiti – tada će hlabavo biti –

17. i meleki će na krajevima njegovim stajati, a Prijesto Gospodara tvoga će tog Dana iznad njih osmerica držati.

18. Tada će ispitivani biti, i nijedna tajna vaša neće sakrivena ostati.

19. Onaj kome se knjiga njegova u desnu ruku njegovu da reći će: "Evo vam, čitajte knjigu moju.

20. Ja sam čvrsto vjerovao da ću račun svoj polagati."

21. I on će biti u životu zadovoljnom,

22. u Džennetu predivnom,

23. čiji će plodovi na dohvat ruke biti.

24. "Jedite i pijte radosni, za ono što ste u danima minulim zaradili!"

25. A onaj kome se dā knjiga u lijevu ruku njegovu reći će: "Kamo sreće da mi knjiga moja ni data nije

26. i da ni saznao nisam za obračun svoj!

27. Kamo sreće da me je smrt dokrajčila -

28. bogatstvo moje mi nije od koristi,

29. snage moje nema više!"

30. "Držite ga i u okove okujte,

31. zatim ga samo u vatri pržite,

32. a onda ga u sindžire sedamdeset lakata duge vežite,

33. jer on u Allaha Velikog nije vjerovao

34. i da se nahrani nevoljnik nije nagovarao –

35. zato on danas ovdje nema prisna prijatelja

36. ni drugog jela osim pomija,

37. koje će samo nevjernici jesti."

38. A Ja se kunem onim što vidite

39. i onim što ne vidite,

40. Kur'an je, doista, govor objavljen plemenitom Poslaniku,

41. a nije govor nikakva pjesnika – kako vi nikako ne vjerujete;

42. i nisu riječi nikakva proroka – kako vi malo razmišljate!

43. Objava je on od Gospodara svjetova!

44. A da je on o Nama kojekakve riječi iznosio,

45. Mi bismo ga za desnu ruku uhvatili,

46. a onda mu žilu kucavicu presjekli,

47. i niko ga između vas ne bi mogao od toga odbraniti.

48. Pouka je Kur'an onima koju budu Allahova naređenja izvršavali, a zabrana se klonili –

49. a Mi, sigurno, znamo da neki od vas neće u njega vjerovati –

50. i on će biti uzrok jadu nevjernika,

51. a on je, doista, sama istina –

52. zato ti hvali ime Gospodara tvoga, Veličanstvenoga!

SURA 70
El-Me'āridž – Stepeni
(Mekka – 44 ajeta)
U ime Allaha, Milostivog, Samilosnog!

1. Neko je zatražio da se kazna izvrši

2. nad nevjernicima. Niko ne može spriječiti

3. da to Allah, Gospodar nebesa, ne učini,

4. k Njemu se penju meleki i Džibril u Danu koji pedeset hiljada godina traje,

5. zato ti budi strpljiv ne jadikujući.

6. Oni misle da se dogoditi neće,

7. a Mi znamo da sigurno hoće,

8. onoga Dana kada nebo bude kao talog od zejtina,

9. a brda kao vuna šarena,

10. kada bližnji neće bližnjega ništa pitati,

11. iako će jedni druge vidjeti. Nevjernik bi jedva dočekao da se od patnje toga Dana iskupi sinovima svojim,

12. i ženom svojom, i bratom svojim,

13. i porodicom svojom koja ga štiti,

14. i svima ostalima na Zemlji – samo da se izbavi.

15. Nikada! Ona će buktinja sāmā biti

16. koja će udove čupati,

17. zvat će onoga ko je glavu okretao i izbjegavao

18. i zgrtao i skrivao.

19. Čovjek je, uistinu, stvoren malodušan:

20. kada ga nevolja snađe – brižan je,

21. a kada mu je dobro – nepristupačan je,

22. osim vjernika

23. koji molitve svoje budu na vrijeme obavljali,

24. i oni u čijim imecima bude određen dio

25. za onoga koji prosi i za onoga koji ne prosi,

26. i oni koji u Onaj svijet budu vjerovali,

27. i oni koji od kazne Gospodara svoga budu strahovali –

28. a od kazne Gospodara svoga niko nije siguran –

29. i oni koji stidna mjesta svoja budu čuvali

30. i živjeli jedino sa ženama svojim ili sa onima koje su u vlasništvu njihovu – oni doista prijekor ne zaslužuju –

31. a oni koji traže izvan toga, oni u grijeh upadaju,

32. i oni koji povjerene im amanete budu čuvali i obaveze svoje ispunjavali,

33. i oni koji dug svjedočenja svoga budu izvršavali,

34. i oni koji molitve svoje budu revnosno obavljali –

35. oni će u džennetskim baščama biti počašćeni.

36. Zašto se nevjernici prema tebi žure,

37. zdesna i slijeva, u gomilama!?

38. Kako svaki od njih žudi da u Džennet uživanja uđe?

39. Nikada! Mi ih stvaramo, od čega – oni znaju!

40. I Ja se kunem Gospodarom istoka i zapada da ih možemo
41. boljim od njih zamijeniti i niko Nas u tome ne može spriječiti.
42. Zato ih ostavi neka se napričaju i nazabavljaju dok Dan kojim im se prijeti ne dočekaju,
43. Dan u kome će žurno, kao da kumirima hrle, iz grobova izići,
44. oborenih pogleda i poniženjem ophrvani. To će biti onaj Dan kojim im se stalno prijeti!

SURA 71

Nūh – Nuh

(Mekka – 28 ajeta)

U ime Allaha, Milostivog, Samilosnog!

1. Mi smo poslali Nuha narodu njegovu: "Opominji narod svoj prije nego što ga stigne patnja nesnosna!"
2. "O narode moj," – govorio je on – "ja vas otvoreno opominjem:
3. Allahu se klanjajte i Njega se bojte i meni poslušni budite,
4. On će vam grijehe vaše oprostiti i u životu vas do Određenog časa ostaviti. A kada Allahov određeni čas dođe zaista se neće, neka znate, odgoditi."
5. On reče: "Gospodaru moj, ja sam narod svoj i noću i danju, doista, pozivao,
6. ali ga je pozivanje moje još više udaljilo.
7. I kad god sam ih pozivao da im oprostiš, prste su svoje u uši stavljali i haljinama svojim se pokrivali – bili su uporni i pretjerano oholi.
8. Zatim, ja sam ih otvoreno pozivao,
9. a onda sam im javno objavljivao i u povjerenju im šaputao,
10. i govorio: 'Tražite od Gospodara svoga oprost, jer On doista mnogo prašta.

11. On će vam kišu obilnu slati

12. i pomoći će vas imanjima i sinovima, i dat će vam bašče, i rijeke će vam dati.

13. Šta vam je, zašto se Allahove sile ne bojite,

14. a On vas postepeno stvara!?

15. Zar ne vidite kako je Allah sedam nebesa, jedno iznad drugog, stvorio,

16. i na njima Mjesec svijetlim dao, a Sunce svjetiljkom učinio?

17. Allah vas od zemlje poput bilja stvara,

18. zatim vas u nju vraća i iz nje će vas, sigurno, izvesti.

19. Allah vam je Zemlju učinio ravnom,

20. da biste po njoj hodili putevima prostranim?'"

21. Nuh reče: "Gospodaru moj, oni mene ne slušaju i povode se za onima čija bogatstva i djeca samo njihovu propast uvećavaju

22. i spletke velike snuju

23. i govore: 'Nikako božanstva svoja ne ostavljajte, i nikako ni Vedda, ni Suvaa, a ni Jegusa, ni Jeuka, ni Nesra ne napuštajte!' –

24. a već su mnoge u zabludu doveli, pa Ti njima, inadžijama, samo propast povećaj!"

25. I oni su zbog grijehova svojih potopljeni i u Vatru će biti uvedeni i nikoga sebi, osim Allaha, kao pomagača neće naći.

26. I Nuh reče: "Gospodaru moj, ne ostavi na Zemlji nijednog nevjernika,

27. jer ako ih ostaviš, oni će robove Tvoje u zabludu zavoditi i samo će grješnika i nevjernika rađati!

28. Gospodaru moj, oprosti meni, i roditeljima mojim, i onome koji kao vjernik u dom moj uđe, i vjernicima i vjernicama, a nevjernicima samo propast povećaj!"

SURA 72

El-Džinn – Džini

(Mekka – 28 ajeta)

U ime Allaha, Milostivog, Samilosnog!

1. Reci: "Meni je objavljeno da je nekoliko džina prisluškivalo i reklo: 'Mi smo, doista Kur'an, koji izaziva divljenje, slušali,

2. koji na Pravi put upućuje – i mi smo u njega povjerovali i više nikoga nećemo Gospodaru našem ravnim smatrati.'

3. A On nije – neka uzvišeno bude dostojanstvo Gospodara našeg – uzeo Sebi ni drūgē ni djeteta.

4. Jedan naš bezumnik je o Allahu laži govorio,

5. a mi smo mislili da ni ljudi ni džini o Allahu laži ne govore.

6. I bilo je ljudi koji su pomoć od džina tražili, pa su im tako obijest povećali.

7. I oni misle, kao što i vi mislite, da Allah nikoga neće oživiti.

8. I mi smo nastojali nebo dotaći i utvrdili smo da je moćnih čuvara i zvijezda padalica puno.

9. I sjedili smo okolo njega po busijama da bismo što čuli, ali će onaj ko sada prisluškuje na zvijezdu padalicu koja vreba naići.

10. I mi ne znamo da li se onima na Zemlji želi zlo ili im Gospodar njihov želi dobro,

11. a među nama ima i dobrih i onih koji to nisu – ima nas vrsta različitih.

12. I mi znamo da ne možemo Allahu na Zemlji umaći i da od Njega ne možemo pobjeći.

13. I mi smo, čim smo Kur'an čuli, u njega povjerovali – a ko u Gospodara svoga vjeruje, ni štete ni nepravde ne treba se bojati.

14. I ima nas muslimana, a ima nas zalutalih – oni koji islam prihvate Pravi put su izabrali,

15. a nevjernici će u Džehennemu gorivo biti."

16. A da se Pravog puta drže, Mi bismo ih vodom obilnom pojili

17. da bismo ih time na kušnju stavili. A onoga ko se neće Gospodaru svome klanjati, On će u patnju tešku uvesti.

18. Džamije su Allaha radi, i ne molite se, pored Allaha, nikome!

19. A kad je Allahov rob ustao da Mu se pomoli, oni su se u gomilama oko njega tiskati stali.

20. Reci: "Ja se samo Gospodaru svome klanjam, i nikoga Njemu ravnim ne smatram."

21. Reci: "Ja nisam u stanju od vas kakvu štetu otkloniti niti nekom od vas kakvu korist pribaviti."

22. Reci: "Mene niko od Allahove kazne ne može u zaštitu uzeti, samo u Njega ja mogu utočište naći –

23. samo mogu oglasiti ono što je od Allaha i poslanice Njegove." A onoga koji Allahu i Poslaniku Njegovu ne bude poslušan sigurno čeka vatra džehennemska, u njoj će vječno i zauvijek ostati.

24. I kada oni dožive ono čime im se prijeti, saznat će ko je slabiji i brojem manji.

25. Reci: "Ja ne znam da li će uskoro biti ono čime vam se prijeti ili je Gospodar moj odredio da će to poslije dugo vremena biti.

26. On tajne zna i On tajne Svoje ne otkriva nikome,

27. osim onome koga On za poslanika odabere. Zato On i ispred njega i iza njega postavlja one koji će ga čuvati

28. da bi pokazao da su poslanice Gospodara svoga dostavili, On u tančine zna ono što je u njih. – On zna broj svega što postoji.

SURA 73

El-Muzzemmil – Umotani

(Mekka - 20 ajeta)

U ime Allaha, Milostivog, Samilosnog!

1. O ti, umotani!

2. Probdij noć, osim maloga dijela –

3. polovinu njezinu ili malo manje od nje –

4. ili malo više od nje, i izgovaraj Kur'an pažljivo.

5. Mi ćemo ti, doista, teške riječi slati –

6. ta ustajanje noću, zaista, jače djeluje i izgovara se jasnije,

7. a ti danju, doista, imaš mnogo posla.

8. I spominji ime Gospodara svoga i Njemu se potpuno posveti –

9. On je Gospodar istoka i zapada, nema boga osim Njega, i Njega uzmi za zaštitnika!

10. I otrpi ono što oni govore i izbjegavaj ih na prikladan način,

11. a Mene ostavi onima koji te u laž ugone, koji raskošno žive i daj im malo vremena.

12. Bit će u Nas, doista, okova i ognja,

13. i jela koje u grlu zastaje, i patnje nesnosne

14. na Dan kada se Zemlja i planine zatresu, i planine pješčani humci razbacani postanu.

15. Mi smo vam, zaista, poslali Poslanika da bi svjedočio protiv vas isto onako kao što smo i faraonu poslanika poslali,

16. ali faraon nije poslušao poslanika, pa smo ga teškom kaznom kaznili.

17. Kako ćete se, ako ostanete nevjernici, sačuvati Dana koji će djecu sijedom učiniti!?

18. Nebo će se toga Dana rascijepiti, prijetnja Njegova će se ispuniti.

19. To je doista pouka – i ko hoće Put ka Gospodaru svome će izabrati.

20. Gospodar tvoj, sigurno, zna da ti u molitvi provodiš manje od dvije trećine noći, polovinu njezinu ili trećinu njezinu, a i neki od onih koji su uz tebe. Allah određuje dužinu noći i dana, On zna da vi to ne umijete izračunati pa vam prašta, a vi iz Kur'ana učite ono što je lahko. On zna da će među vama biti bolesnih, i onih koji će po svijetu putovati i Allahove blagodati tražiti, i onih koji će se na Allahovu putu boriti – zato izgovarajte iz njega ono što vam je lahko, i molitvu obavljajte, i milostinju udjeljujte, i draga srca Allahu zajam dajte! A dobro koje za sebe unaprijed osigurate naći ćete kod Allaha još većim i dobit ćete još veću nagradu. I molite Allaha da vam oprosti, jer Allah prašta i milostiv je.

SURA 74

El-Muddessir – Pokriveni

(Mekka – 56 ajeta)

U ime Allaha, Milostivog, Samilosnog!

1. O ti, pokriveni!*
2. Ustani i opominji!
3. I Gospodara svoga veličaj!
4. I haljine svoje očisti!
5. I kumira se kloni!
6. I ne prigovaraj smatrajući da je mnogo!
7. I radi Gospodara svoga trpi!
8. A kada se u Rog puhne –
9. bit će to naporan Dan
10. nevjernicima, neće biti lagahan.
11. Meni ostavi onoga koga sam Ja izuzetkom učinio
12. i bogatstvo mu ogromno dao
13. i sinove koji su s njim*
14. i čast i ugled mu pružio –
15. i još žudi da uvećam!
16. Nikako! On, doista, prkosi ajetima Našim,
17. a natovarit ću Ja njemu teškoće,

18. jer je smišljao i računao –
19. i, proklet bio, kako je proračunao!
20. I još jednom, proklet bio, kako je proračunao!
21. Zatim je pogledao,
22. pa se onda smrknuo i namrštio
23. i potom se okrenuo i uzoholio,
24. i rekao: "Ovo nije ništa drugo do vradžbina koja se nasljeđuje,
25. ovo su samo čovjekove riječi!"
26. U Sekar* ću Ja njega baciti –
27. a znaš li ti šta je Sekar?
28. Ništa on neće poštedjeti,
29. kože će crnim učiniti,
30. nad njim su devetnaesterica.
31. Mi smo čuvarima vatre meleke postavili i odredili broj njihov kao iskušenje onima koji ne vjeruju, da se oni kojima je Knjiga data uvjere, i da se onima koji vjeruju vjerovanje učvrsti, i da oni kojima je Knjiga data i oni koji su vjernici ne sumnjaju, i da oni čija su srca bolesna i oni koji su nevjernici kažu: "Šta je Allah htio ovim primjerom?" Tako Allah ostavlja u zabludi onoga koga hoće i na Pravi put ukazuje onome kome hoće. A vojske Gospodara tvoga samo On zna. I Sekar je ljudima samo opomena.
32. I tako Mi Mjeseca,
33. i noći kada mine,
34. i zore kada svane –
35. on je, zaista, najveća nevolja,
36. ljudima je opomena,
37. onome između vas koji želi učiniti dobro ili onome koji ne želi!
38. Svaki čovjek je odgovoran za ono što je radio,
39. osim sretnika,
40. oni će se u džennetskim baščama raspitivati
41. o nevjernicima:
42. "Šta vas je u Sekar dovelo?"
43. "Nismo" – reći će – "bili od onih koji su molitvu obavljali
44. i od onih koji su siromahe hranili,
45. i u besposlice smo se sa besposlenjacima upuštali,
46. i Sudnji dan smo poricali,
47. sve dok nam smrt nije došla."

48. Njima posredovanje posrednika neće biti od koristi.

49. Pa zašto oni pouku izbjegavaju,

50. kao da su divlji magarci preplašeni

51. koji od onih koji ih progone bježe.

52. Da! Svaki čovjek bi od njih htio da mu se daju listovi rašireni.

53. Nikada, jer oni se Onoga svijeta ne plaše!

54. Uistinu! Kur'an je pouka,

55. i ko hoće, na umu će ga imati,

56. a na umu će ga imati samo ako Allah bude htio, On je jedini dostojan da Ga se boje i On jedini prašta.

SURA 75
El-Kijame – Smak svijeta
(Mekka – 40 ajeta)
U ime Allaha, Milostivog, Samilosnog!

1. Kunem se Danom kada Smak svijeta nastupi

2. i kunem se dušom koja sebe kori.

3. Zar čovjek misli da kosti njegove nećemo sakupiti?

4. Hoćemo, Mi možemo stvoriti jagodice prsta njegovih ponovo.

5. Ali, čovjek hoće dok je živ da griješi,

6. pa pita: "Kada će Smak svijeta biti?"

7. Kad se pogled od straha ukoči

8. i Mjesec pomrači

9. i Sunce i Mjesec spoje –

10. tog Dana čovjek će povikati: "Kuda da se bježi?"

11. Nikuda! Utočišta nema.

12. Toga Dana bit će Gospodaru tvome prepušten,

13. toga Dana čovjek će o onome što je pripremio, a što propustio obaviješten biti,

14. sam čovjek će protiv sebe svjedočiti,

15. uzalud će mu biti što će opravdanja svoja iznositi.

16. Ne izgovaraj Kur'an* jezikom svojim da bi ga što prije zapamtio,

17. Mi smo ga dužni sabrati da bi ga ti čitao.

18. A kada ga čitamo, ti prati čitanje njegovo.

19. A poslije, Mi smo ga dužni objasniti.

20. Uistinu, vi ovaj prolazni svijet volite,
21. a o onom Drugom brigu ne vodite.
22. Toga Dana će neka lica blistava biti,
23. u Gospodara svoga će gledati.
24. Toga Dana će neka lica smrknuta biti,
25. tešku nevolju će očekivati.
26. Pazi! Kada duša dopre do ključnih kostiju
27. i vikne se: "Ima li vidara?"
28. i on se uvjeri da je to čas rastanka
29. i noga se uz nogu savije –
30. toga Dana će Gospodaru tvome priveden biti:
31. "Nije vjerovao, nije molitvu obavljao,
32. nego je poricao i leđa okretao,
33. a onda svojima bahato odlazio."
34. Teško tebi! Teško tebi!
35. I još jednom: Teško tebi! Teško tebi!
36. Zar čovjek misli da će sam sebi prepušten biti, da neće odgovarati?
37. Zar nije bio kap sjemena koja se ubaci,
38. zatim ugrušak kome On onda razmjer odredi i skladnim mu lik učini,
39. i od njega onda dvije vrste, muškarca i ženu, stvori,
40. i zar Taj nije kadar mrtve oživjeti?

SURA 76

Ed-Dehr – Vrijeme
(Medina – 31 ajet)
U ime Allaha, Milostivog, Samilosnog!

1. Zar je to davno bilo kad čovjek nije bio spomena vrijedan?
2. Mi čovjeka od smjese sjemena stvaramo da bismo ga na kušnju stavili i činimo da on čuje i vidi,
3. Mi mu na Pravi put ukazujemo, a njegovo je da li će zahvalan ili nezahvalan biti,
4. Mi smo za nevjernike okove i sindžire i oganj razbuktali pripremili.
5. Čestiti će iz pehara piti kamforom začinjeno piće

6. sa izvora iz kojeg će samo Allahovi štićenici piti i koji će kuda hoće bez muke razvoditi.

7. Oni su zavjet ispunjavali plašeći se Dana čija će kob svuda prisutna biti,

8. i hranu su davali – mada su je i sami željeli – siromahu i siročetu i sužnju.

9. "Mi vas samo za Allahovu ljubav hranimo, od vas ni priznanja ni zahvalnosti ne tražimo!

10. Mi se Gospodara našeg bojimo, onog Dana kada će lica smrknuta i namrgođena biti."

11. I njih će Allah strahote toga Dana sačuvati i blaženstvo i radost im darovati

12. i Džennetom i svilom ih za ono što su trpjeli nagraditi:

13. naslonjeni na divanima, oni u njemu ni mraz ni žegu neće osjetiti,

14. i blizu će im hladovina njegova biti, a plodovi njegovi će im na dohvat ruke stajati.

15. Služit će ih iz srebrenih posuda i čaša prozirnih,

16. prozirnih, od srebra, čiju će veličinu prema željama njihovim odrediti.

17. U njemu će iz čaše piće inbirom* začinjeno piti

18. sa izvora u Džennetu, koji će se Selsebil zvati.

19. Služit će ih vječno mlada posluga – da ih vidiš, pomislio bi da su biser prosuti.

20. I kud god pogledaš, vidjet ćeš udobnost i carstvo prostrano.

21. Na njima će biti odijela od tanke zelene svile, i od teške svile, nakićeni narukvicama od srebra, i dat će im Gospodar njihov da piju čisto piće.

22. "To vam je nagrada, vaš trud je dostojan blagodarnosti!"

23. Od vremena do vremena, Mi objavljujemo Kur'an tebi,

24. zato izdrži do odluke Gospodara tvoga i ne slušaj ni grješnika ni nevjernika njihova!

25. I spominji ime Gospodara svoga ujutru i predvečer,

26. i u jednom dijelu noći radi njega molitvu obavljaj, i dugo Ga noću hvali!

27. A ovi, oni život na ovom svijetu vole doista, a ništa ih se ne tiče Dan tegobni, koji ih čeka.

28. Mi ih stvaramo i zglobove im vezujemo. A ako htjednemo, zamijenit ćemo ih njima sličnim.

29. Ovo je pouka, pa ko hoće držat će se Puta koji Gospodaru njegovu vodi,

30. a vi ćete htjeti samo ono što Allah hoće. – Allah, uistinu, sve zna i mudar je.

31. On koga hoće uvodi u milost Svoju, a nevjernicima je pripremio tešku patnju.

SURA 77

El-Murselāt – Poslani

(Mekka – 50 ajeta)

U ime Allaha, Milostivog, Samilosnog!

1. Tako Mi onih koji se jedan za drugim šalju,*

2. pa kao vihor hite,

3. i onih koji objavljuju,

4. pa razdvajaju,

5. i Objavu dostavljaju,

6. opravdanje ili opomenu –

7. sigurno će biti ono čime vam se prijeti!

8. Kada zvijezde sjaj izgube

9. i kada se nebo otvori

10. i kada se planine u prah zdrobe

11. i kada se poslanici u određeno vrijeme skupe.

12. "Do kojeg dana je to odloženo?"

13. "Do Dana sudnjeg!"

14. A znaš li ti šta je Dan sudnji?

15. Teško toga Dana poricateljima!

16. Zar Mi nismo drevne narode uništili

17. i poslije njih i one koji su za njima dolazili!?

18. Isto tako ćemo sa svim grješnicima postupati!

19. Teško toga Dana poricateljima!

20. Zar vas od neznatne tekućine ne stvaramo,
21. koju na pouzdano mjesto stavljamo
22. do roka određenoga!?
23. Takva je Naša moć, a kako smo Mi samo moćni!
24. Teško toga Dana poricateljima!
25. Zar Mi nismo učinili Zemlju sabiralištem
26. živih i mrtvih
27. i na njoj nepomične visoke planine postavili i zar vam Mi ne dajemo da slatku vodu pijete?
28. Teško toga Dana poricateljima!
29. Idite prema onome što ste neistinom smatrali,
30. idite prema dimu u tri prama razdvojenom,
31. koji hlada neće davati i koji od plamena neće zaklanjati.
32. On će kao kule bacati iskre,
33. kao da su kamile riđe.
34. Teško toga Dana poricateljima!
35. Ovo je Dan u kome oni neće ni prozboriti
36. i pravdanje im neće dozvoljeno biti.
37. Teško toga Dana poricateljima!
38. Ovo je Dan sudnji, i vas i narode drevne ćemo sakupiti,
39. pa ako se lukavstvom kakvim budete znali poslužiti, dovijte se protiv Mene!
40. Teško toga Dana poricateljima!
41. Oni koji su se Allaha bojali bit će među izvorima, u gustim baščama,
42. i među voćem koje budu željeli.
43. "Jedite i pijte, prijatno neka vam je za ono što ste radili!"
44. Tako ćemo Mi one koji čine dobra djela nagraditi.
45. Teško toga Dana poricateljima!
46. "Jedite i naslađujte se, ali zakratko! Vi ste, zaista, grješnici!"
47. Teško toga Dana poricateljima!
48. Jer kad im se govorilo: "Budite prema Allahu ponizni!" – oni to nisu htjeli biti.
49. Teško toga Dana poricateljima!
50. Pa u koji će govor, ako ne u Kur'an, vjerovati!?

SURA 78
En-Nebe' – Vijest
(Mekka – 40 ajeta)

U ime Allaha, Milostivog, Samilosnog!

1. O čemu oni jedni druge pitaju?
2. O Vijesti velikoj,
3. o kojoj oni različita mišljenja imaju.
4. To nije dobro, oni će saznati sigurno!
5. I još jednom, to nije dobro, oni će saznati sigurno!
6. Žar Zemlju posteljom nismo učinili,
7. i planine stubovima,
8. i vas kao parove stvorili,
9. i san vaš počinkom učinili,
10. i noć pokrivačem dali,
11. i dan za privređivanje odredili,
12. i iznad vas sedam silnih sazdali
13. i svjetiljku plamteću postavili?
14. Mi iz oblaka vodu obilno spuštamo
15. i činimo da uz njenu pomoć raste žito i bilje,
16. i bašče guste.
17. Dan sudnji je, zaista, već određen,
18. Dan kada će se u Rog puhnuti, pa ćete vi, sve skupina po skupina, dolaziti,
19. i nebo će se otvoriti i mnogo kapija imati,
20. i planine će se zdrobiti i priviđenje će biti.
21. Džehennem će zasjeda postati,
22. nasilnicima mjesto povratka
23. u kome će zauvijek ostati:
24. u njemu svježine neće osjetiti, ni pića okusiti,
25. osim vrele vode i kapljevine,
26. kazne prikladne.
27. Oni nisu očekivali da će račun polagati
28. i dokaze Naše su pretjerano poricali,
29. a Mi smo sve pobrojali i zapisali –
30. pa trpite, mučenje ćemo vam sve gorim učiniti.

DŽUZ'
XXX

31. A onima koji su se Allaha bojali želje će se ostvariti:
32. bašče i vinogradi,
33. i djevojke mlade, godina istih,
34. i pehari puni.
35. Tamo prazne besjede i neistinu neće slušati,
36. Gospodar tvoj će ih darom obilnim nagraditi,
37. Gospodar nebesa i Zemlje i onoga što je između njih, Milostivi Kome neće smjeti niko prvi riječ prozboriti
38. na Dan kada Džibril i meleki budu u redove poredani, kada će samo onaj kome Milostivi dozvoli govoriti, a istinu će reći.
39. To je neizbježan Dan – pa ko hoće, Gospodaru svome će, kao utočištu, poći.
40. Mi vas na skoru patnju upozoravamo, na Dan u kome će čovjek djela ruku svojih vidjeti, a nevjernik uzviknuti: "Da sam, bogdo, zemlja ostao!"

SURA 79
En-Nāzi'āt – Oni koju čupaju
(Mekka – 46 ajeta)
U ime Allaha, Milostivog, Samilosnog!

1. Tako Mi onih koji čupaju grubo,*
2. i onih koji vade blago,*
3. i onih koji plove brzo
4. pa naređenja izvršavaju žurno
5. i sređuju ono što nije sređeno!
6. Na Dan kada se Zemlja potresom zatrese,
7. za kojim će slijediti sljedeći –
8. srca toga Dana bit će uznemirena,
9. a pogledi njihovi oboreni.
10. Ovi pitaju: "Zar ćemo, zaista, biti opet ono što smo sada?
11. Zar kad truhle kosti postanemo?"
12. i još kažu: "E tada bismo mi bili izgubljeni!"
13. A bit će to samo povik jedan,
14. i evo njih na Zemlji.

15. Da li je do tebe doprla vijest o Musau,
16. kad ga je Gospodar njegov u svetoj dolini Tuva zovnuo?
17. "Idi faraonu, on se osilio.
18. I reci: 'Da li bi ti da se očistiš,
19. da te o Gospodaru tvome poučim, pa da Ga se bojiš?'"
20. I onda mu je najveće čudo pokazao,*
21. ali je on porekao i nije poslušao,
22. već se okrenuo i potrudio
23. i sabrao* i povikao:
24. "Ja sam gospodar vaš najveći!" – on je rekao.
25. I Allah ga je i za ove i za one prijašnje riječi kaznio.
26. To je pouka za onoga koji se bude Allaha bojao.
27. A šta je teže: vas ili nebo stvoriti? On ga je sazdao,
28. svod njegov visoko digao i usavršio,
29. noći njegove mračnim, a dane svijetlim učinio.
30. Poslije toga je Zemlju poravnao,
31. iz nje je vodu i pašnjake izveo,
32. i planine nepomičnim učinio –
33. na uživanje vama i stoci vašoj.
34. A kada dođe nevolja najveća,
35. Dan kada se čovjek bude sjećao onoga što je radio
36. i kada se Džehennem svakome ko vidi bude ukazao,
37. onda će onome koji je obijestan bio
38. i život na ovome svijetu više volio
39. Džehennem prebivalište postati sigurno.
40. A onome koji je pred dostojanstvom Gospodara svoga strepio i dušu od prohtjeva uzdržao
41. Džennet će boravište biti sigurno.
42. Pitaju te o Smaku svijeta: "Kada će se dogoditi?"
43. Ti ne znaš, pa kako da o njemu zboriš,
44. o njemu samo Gospodar tvoj zna.
45. Tvoja opomena će koristiti samo onome koji ga se bude bojao,
46. a njima će se učiniti, onoga Dana kada ga dožive, da su samo jednu večer ili jedno jutro njezino ostali.

SURA 80
'Abese – Namrštio se
(Mekka – 42 ajeta)
U ime Allaha, Milostivog, Samilosnog!

1. On* se namrštio i okrenuo
2. zato što je slijepac njemu prišao.
3. A šta ti znaš možda se on želi očistiti
4. ili poučiti, pa da mu pouka bude od koristi.
5. Onoga koji je bogat,
6. ti njega savjetuješ,
7. a ti nisi kriv ako on neće da vjeruje.
8. A onoga koji ti žureći prilazi
9. i strah osjeća,
10. ti se na njega ne osvrćeš.
11. Ne čini tako! Oni su pouka –
12. pa ko hoće, poučit će se –
13. na listovima su cijenjenim
14. uzvišenim, čistim,
15. u rukama pisara*
16. časnih, čestitih.
17. Proklet neka je čovjek! Koliko je on samo nezahvalan!
18. Od čega ga On stvara?
19. Od kapi sjemena ga stvori i za ono što je dobro za njega pripremi
20. i Pravi put mu dostupnim učini.
21. Zatim mu život oduzme i učini da bude sahranjen,
22. i poslije će ga, kada On bude htio, oživiti.
23. Uistinu, on još nije ispunio ono što mu je On naredio!
24. Neka čovjek pogleda u hranu svoju.
25. Mi obilno kišu prolivamo,
26. zatim zemlju pukotinama rasijecamo
27. i činimo da iz nje žito izrasta,
28. i grožđe i povrće,
29. i masline i palme,
30. i bašče guste,
31. i voće i pića
32. na uživanje vama i stoci vašoj.
33. A kada dođe glas zaglušujući –

34. na Dan kada će čovjek od brata svoga pobjeći
35. i od majke svoje i od oca svoga
36. i od drûge svoje i od sinova svojih –
37. toga Dana će se svaki čovjek samo o sebi brinuti.
38. Neka lica bit će toga Dana blistava,
39. nasmijana, radosna.
40. A na nekim licima toga Dana bit će prašina,
41. tama će ih prekrivati,
42. to će nevjernici – razvratnici biti.

SURA 81

Et-Tekvīr – Prestanak sjaja

(Mekka – 29 ajeta)

U ime Allaha, Milostivog, Samilosnog!

1. Kada Sunce sjaj izgubi,
2. i kada zvijezde popadaju,
3. i kada se planine pokrenu,
4. i kada steone kamile* bez pastira ostanu,
5. i kada se divlje životinje saberu,
6. i kada se mora vatrom napune,
7. i kada se duše sa tijelima spare,
8. i kada živa sahranjena djevojčica bude upitana
9. zbog kakve krivice je umorena,
10. i kada se listovi razdijele,*
11. i kada se nebo ukloni,
12. i kada se Džehennem raspali,
13. i kada se Džennet približi –
14. svako će saznati ono što je pripremio.
15. I kunem se zvijezdama koje se skrivaju,
16. koje se kreću i iz vida gube,
17. i noći kad ona veo diže,
18. i zorom kada diše –
19. Kur'an je, zaista, kazivanje izaslanika plemenitog,
20. moćnog – od Gospodara svemira – cijenjenog,

21. kome se drugi potčinjavaju, tamo pouzdanog!
22. A drug vaš nije lud:
23. on ga je na obzorju jasnom vidio
24. i, kada je u pitanju Objava, on nije škrt
25. i Kur'an nije prokletog šejtana govor –
26. pa kuda onda idete!?
27. Kur'an je samo pouka svjetovima,
28. onome od vas koji hoće da je na Pravome putu,
29. a vi ne možete ništa htjeti ako to Allah, Gospodar svjetova, neće!

SURA 82

El-Infitār – Rascjepljenje
(Mekka – 19 ajeta)
U ime Allaha, Milostivog, Samilosnog!

1. Kada se nebo rascijepi,
2. i kada zvijezde popadaju,
3. i kada se mora jedna u druga uliju,
4. i kada se grobovi ispreturaju –
5. svako će saznati šta je pripremio, a šta je propustio.
6. O čovječe, zašto da te obmanjuje to što je Gospodar tvoj plemenit,
7. Koji te je stvorio – pa učinio da si skladan i da si uspravan –
8. i kakav je htio lik ti dao?
9. A ne valja tako! Vi u Sudnji dan ne vjerujete,
10. a nad vama bdiju čuvari,
11. kod Nas cijenjeni pisari,
12. koji znaju ono što radite.
13. Čestiti će, sigurno, u Džennet,
14. a grješnici, sigurno, u Džehennem,
15. na Sudnjem danu u njemu će gorjeti
16. i više iz njega neće izvedeni biti.
17. A znaš li ti šta je Sudnji dan?
18. I još jednom: znaš li ti šta je Sudnji dan?
19. Dan kada niko nikome neće moći nimalo pomoći, toga Dana će vlast jedino Allah imati.

SURA 83

El-Mutaffifūn – Oni koji pri mjerenju zakidaju

(Mekka – 36 ajeta)

U ime Allaha, Milostivog, Samilosnog!

1. Teško onima koji pri mjerenju zakidaju,
2. koji punu mjeru uzimaju kada od drugih kupuju,
3. a kada drugima mjere na litar ili na kantar zakidaju.
4. Kako ne pomisle da će oživljeni biti
5. na Dan veliki,
6. na Dan kada će se ljudi zbog Gospodara svjetova dići!
7. Uistinu, knjiga grješnika je u Sidždžinu.
8. A znaš li ti šta je Sidždžin?
9. Knjiga ispisana!
10. Teško toga Dana onima koji su poricali,
11. koji su Onaj svijet poricali –
12. a njega može poricati samo prijestupnik, grješnik,
13. koji je, kada su mu ajeti Naši kazivani, govorio: "Izmišljotine naroda drevnih!"
14. A nije tako! Ono što su radili prekrilo je srca njihova.
15. Uistinu, oni će toga Dana od milosti Gospodara svoga zaklonjeni biti,
16. zatim će, sigurno, u Oganj ući,
17. pa će im se reći: "Eto, to je ono što ste poricali!"
18. Uistinu, knjiga čestitih je u Ilijjunu.
19. A znaš li ti šta je Ilijjun?
20. Knjiga ispisana!
21. Nad njom bdiju oni Allahu bliski.
22. Dobri će, zaista, u nasladama boraviti,
23. sa divana gledati,
24. na licima njihovim prepoznat ćeš radost sretna života,
25. dat će im se pa će piće zapečaćeno piti,
26. čiji će pečat mošus biti – i neka se za to natječu oni koji se hoće natjecati –

27. pomiješano sa vodom iz Tesnima* će biti,
28. sa izvora iz kojeg će Allahu bliski piti.
29. Grješnici se smiju onima koji vjeruju.
30. Kada pored njih prolaze, jedni drugima namiguju;
31. a kada se porodicama svojim vraćaju, šale zbijajući vraćaju se;
32. kada ih vide, onda govore: "Ovi su, doista, zalutali!" –
33. a oni nisu poslani da motre na njih.
34. Danas će se oni koji su vjerovali nevjernicima podsmijavati,
35. sa divana će gledati.
36. Zar će nevjernici biti drugačije kažnjeni nego prema onome kako su postupali!?

SURA 84

El-Inšikāk – Cijepanje

(Mekka – 25 ajeta)

U ime Allaha, Milostivog, Samilosnog!

1. Kada se nebo rascijepi
2. i posluša Gospodara svoga – a ono će to dužno biti –
3. i kada se Zemlja rastegne,
4. i izbaci ono što je u njoj, i potpuno se isprazni,
5. i posluša Gospodara svoga – a ona će to dužna biti –
6. ti ćeš, o čovječe koji se mnogo trudiš, trud svoj pred Gospodarom svojim naći.
7. Onaj kome bude knjiga njegova u desnu ruku njegovu data
8. lahko će račun položiti
9. i svojima će se radostan vratiti.
10. A onaj kome bude knjiga njegova iza leđa njegovih data
11. propast će prizivati
12. i u Ognju će gorjeti,
13. jer je sa čeljadi svojom radostan bio

14. i mislio da se nikada neće vratiti –
15. a hoće! Gospodar njegov o njemu, zaista, sve zna!
16. I kunem se rumenilom večernjim,
17. i noći, i onim što ona tamom obavije,
18. i Mjesecom punim –
19. vi ćete, sigurno, na sve teže i teže prilike nailaziti!
20. Pa šta im je, zašto neće da vjeruju!?
21. I zašto, kada im se Kur'an čita, licem na tle ne padaju!?   SEDŽDA
22. Već, nevjernici, poriču,
23. a Allah dobro zna šta oni u sebi kriju,
24. zato im navijesti patnju neizdržljivu!
25. Ali one koji budu vjerovali i dobra djela činili nagrada neprekidna
    će čekati.

SURA 85
El-Burūdž – Sazviježđa
(Mekka – 22 ajeta)
U ime Allaha, Milostivog, Samilosnog!

1. Tako Mi neba sazviježđima okićenog
2. i Dana već određenog,
3. i prisutnih, i onoga što će biti prisutno –
4. prokleti neka su oni koji su rovove iskopali,
5. i vatrom i gorivom ih napunili,
6. kada su oko nje sjedili
7. i bili svjedoci onoga što su vjernicima radili!
8. A svetili su im se samo zato što su u Allaha, Silnoga i
   Hvale dostojnoga, vjerovali,
9. Čija je vlast i na nebesima i na Zemlji – a Allah je svemu
   Svjedok.
10. One koji vjernike i vjernice budu na muke stavljali, pa
    se ne budu pokajali – čeka patnja u Džehennemu i isto
    tako prženje u ognju.
11. A one koji budu vjerovali i dobra djela činili čekaju bašče
    džennetske, kroz koje će rijeke teći, a to će veliki uspjeh biti.

12. Odmazda Gospodara tvoga će, zaista, užasna biti!
13. On iz ničega stvara, i ponovo će to učiniti.
14. I On prašta, i pun je ljubavi,
15. Gospodar svemira, Uzvišeni,
16. On radi šta je Njemu volja.
17. Da li je doprla do tebe vijest o vojskama,
18. o faraonu i Semudu?
19. Ali, ovi koji neće da vjeruju stalno poriču –
20. a Allahu oni neće moći umaći.
21. A ovo je Kur'an veličanstveni,
22. na Ploči pomno čuvanoj.

SURA 86

Et-Tārik – Danica

(Mekka – 17 ajeta)

U ime Allaha, Milostivog, Samilosnog!

1. Tako Mi neba i Danice!
2. A znaš li ti šta je Danica?
3. Zvijezda blistava!
4. Nema čovjeka nad kojim neko ne bdije.
5. Nek čovjek pogleda od čega je stvoren!
6. Stvoren je od tekućine koja se izbaci,
7. koja između kičme i grudi izlazi.
8. I On je, zaista, kadar da ga ponovo stvori
9. onoga Dana kada budu ispitivane savjesti,
10. kada čovjek ni snage ni branioca neće imati.
11. I tako Mi neba puna kiše
12. i Zemlje koja se otvara kada rastinje nikne,
13. Kur'an je, doista, govor koji rastavlja istinu od neistine,
14. lakrdija nikakva on nije!
15. Oni se služe spletkama,
16. a Ja ih uništavam –
17. zato nevjernicima još vremena dadni, još koji trenutak ih ostavi.

SURA 87
El-A'la – Svevišnji
(Mekka – 19 ajeta)
U ime Allaha, Milostivog, Samilosnog!

1. Hvali ime Gospodara svoga Svevišnjeg,
2. Koji sve stvara i čini skladnim,
3. i Koji sve s mjerom određuje i nadahnjuje,
4. i Koji čini da rastu pašnjaci,
5. i potom čini da postanu suhi, potamnjeli.
6. Mi ćemo te naučiti da izgovaraš, pa ništa nećeš zaboraviti,
7. osim onoga što će Allah htjeti – jer On zna i ono što na javu iznosite i ono što tajite –
8. i sve što je dobro Mi ćemo tebi dostupnim učiniti.
9. Zato poučavaj – pouka će već od koristi biti.
10. Dozvat će se onaj koji se Allaha boji,
11. a izbjegavat će je onaj najgori,
12. koji će u vatri velikoj gorjeti,
13. pa u njoj neće ni umrijeti ni živjeti.
14. Postići će šta želi onaj koji se očisti
15. i spomene ime Gospodara svoga, pa molitvu obavi!
16. Ali, vi više život na ovom svijetu volite,
17. a Onaj svijet je bolji i vječan je.
18. Ovo, doista, ima u listovima davnašnjim,
19. listovima Ibrahimovim i Musaovim.*

SURA 88
El-Gāšija – Teška nevolja
(Mekka – 26 ajeta)
U ime Allaha, Milostivog, Samilosnog!

1. Da li je doprla do tebe vijest o Teškoj nevolji?
2. Kada će se neka lica potištena,
3. premorena, napaćena
4. u vatri užarenoj pržiti,
5. sa vrela uzavrelog piti,
6. kada drugog jela osim trnja neće imati,
7. koje neće ni ugojiti ni glad utoliti.
8. Neka lica toga Dana bit će radosna,
9. trudom svojim zadovoljna –
10. u Džennetu izvanrednome,
11. u kome prazne besjede neće slušati.

12. U njemu su izvor-vode koje teku,

13. u njemu su i divani skupocjeni,

14. i pehari postavljeni,

15. i jastuci poređani,

16. i ćilimi rašireni.

17. Pa zašto oni ne pogledaju kamile – kako su stvorene,

18. i nebo – kako je uzdignuto,

19. i planine – kako su postavljene,

20. i Zemlju – kako je prostrta!?

21. Ti poučavaj – tvoje je da poučavaš,

22. ti vlast nad njima nemaš!

23. A onoga koji glavu okreće i neće da vjeruje,

24. njega će Allah najvećom mukom mučiti.

25. Nama će se oni zaista vratiti

26. i pred Nama će doista račun polagati!

SURA 89

El-Fedžr – Zora

(Mekka – 30 ajeta)

U ime Allaha, Milostivog, Samilosnog!

1. Tako Mi zore,

2. i deset noći,*

3. i parnih i neparnih,

4. i noći kada nestaje –

5. zar to pametnom zakletva nije?

6. Zar ne znaš šta je Gospodar tvoj sa Adom uradio,

7. sa stanovnicima Irema, punog palata na stubovima,

8. kojima ravna ni u jednoj zemlji nije bilo;

9. i Semudom, koji je stijene u dolini klesao,

10. i faraonom, koji je šatore imao –

11. koji su na Zemlji zulum provodili

12. i poroke na njoj umnožili,

13. pa je Gospodar tvoj bič patnje na njih spustio,

14. jer, Gospodar tvoj je, zaista, u zasjedi?

15. Čovjek, kada ga Gospodar njegov hoće iskušati, pa mu počast ukaže i blagodatima ga obaspe, rekne: "Gospodar moj je prema meni plemenito postupio!"

16. A kad mu, da bi ga iskušao, opskrbu njegovu oskudnom učini, onda rekne: "Gospodar moj me je napustio!"

17. A nije tako! Vi pažnju siročetu ne ukazujete

18. i da se puki siromah nahrani jedan drugog ne nagovarate,

19. a nasljedstvo pohlepno jedete*

20. i bogatstvo pretjerano volite.

21. A ne valja to! Kada se Zemlja u komadiće zdrobi

22. i kad dođe naređenje Gospodara tvoga, a meleki budu sve red do reda,

23. i kad se tog Dana primakne Džehennem, tada će se čovjek sjetiti – a na što mu je sjećanje –

24. i reći: "Kamo sreće da sam se za ovaj život pripremio!"

25. Tog Dana niko neće kao On mučiti,

26. i niko neće kao On u okove okivati!

27. A ti, o dušo smirena,

28. vrati se Gospodaru svome zadovoljna, a i On tobom zadovoljan.

29. Pa uđi među robove Moje,

30. i uđi u Džennet Moj!

SURA 90

El-Beled – Grad

(Mekka – 20 ajeta)

U ime Allaha, Milostivog, Samilosnog!

1. Kunem se gradom ovim,*

2. a tebi će biti dopušteno sve u gradu ovome,*

3. i roditeljem i onim koga je rodio –

4. Mi čovjeka stvaramo da se trudi.

5. Misli li on da mu niko ništa ne može?

6. "Utrošio sam blago nebrojeno!" – reći će.

7. Zar misli da ga niko vidio nije?

8. Zar mu nismo dali oka dva

9. i jezik i usne dvije

10. i dobro i zlo mu objasnili?

11. Pa zašto on na blagodatima zahvalan bio nije?

12. A šta ti misliš, kako se može na blagodatima zahvalan biti?

13. Roba ropstva osloboditi

14. ili, kad glad hara, nahraniti

15. siroče bliska roda

16. ili ubogoga nevoljnika,

17. a uz to da je od onih koji vjeruju, koji jedni drugima izdržljivost preporučuju i koji jedni drugima milosrđe preporučuju;

18. oni će biti sretnici!

19. A oni koji ne vjeruju u dokaze Naše, oni će biti nesretnici,

20. iznad njih će vatra zatvorena biti.

SURA 91

Eš-Šems – Sunce

(Mekka – 15 ajeta)

U ime Allaha, Milostivog, Samilosnog!

1. Tako Mi Sunca i svjetla njegova,

2. i Mjeseca kada ga prati,*

3. i dana kada ga vidljivim učini,

4. i noći kada ga zakloni,

5. i neba i Onoga Koji ga sazda,

6. i Zemlje i Onoga Koji je ravnom učini,

7. i duše i Onoga Koji je stvori,

8. pa joj put dobra i put zla shvatljivim učini –

9. uspjet će samo onaj ko je očisti,

10. a bit će izgubljen onaj ko je na stranputicu odvodi!

11. Semud je zbog obijesti svoje poricao:

12. kad se jedan nesretnik između njih podigao,

13. Allahov poslanik im je doviknuo: "Brinite se o Allahovoj kamili i vremenu kad treba piti!" –

14. ali mu oni nisu povjerovali, već su je zaklali. I Gospodar njihov ih je zbog grijeha njihovih uništio i do posljednjeg istrijebio,

15. i ne strahujući zbog toga od odgovornosti.

SURA 92
El-Lejl – Noć
(Mekka – 21 ajet)
U ime Allaha, Milostivog, Samilosnog!

1. Tako Mi noći kada tmine razastre,
2. i dana kad svane,
3. i Onoga Koji muško i žensko stvara –
4. vaš trud je, zaista, različit:
5. onome koji udjeljuje i ne griješi
6. i ono najljepše smatra istinitim –
7. njemu ćemo Džennet pripremiti;
8. a onome koji tvrdiči i osjeća se neovisnim
9. i ono najljepše smatra lažnim –
10. njemu ćemo Džehennem pripremiti
11. i bogatstvo njegovo mu, kad se strovali, neće koristiti.
12. Mi smo dužni ukazati na Pravi put,
13. i jedino Nama pripada i Onaj i ovaj svijet!
14. Zato vas opominjem razbuktalom vatrom
15. u koju će ući samo nesretnik,
16. onaj koji bude poricao i glavu okretao,
17. a od nje će daleko biti onaj koji se bude Allaha bojao,
18. onaj koji bude dio imetka svoga udjeljivao, da bi se očistio,
19. ne očekujući da mu se zahvalnošću uzvrati,
20. već jedino da bi naklonost Gospodara svoga Svevišnjeg stekao –
21. i on će, zbilja, zadovoljan biti!

SURA 93
Ed-Duhā – Jutro
(Mekka – 11 ajeta)
U ime Allaha, Milostivog, Samilosnog!

1. Tako Mi jutra
2. i noći kada se utiša –
3. Gospodar tvoj nije te ni napustio ni omrznuo!*

4. Onaj svijet je, zaista, bolji za tebe od ovoga svijeta,
5. a Gospodar tvoj će tebi sigurno dati, pa ćeš zadovoljan biti!
6. Zar nisi siroče bio,* pa ti je On utočište pružio,
7. i za pravu vjeru nisi znao, pa te je na Pravi put uputio,
8. i siromah si bio, pa te je imućnim učinio?
9. Zato siroče ne ucvili,
10. a na prosjaka ne podvikni,
11. i o blagodati Gospodara svoga kazuj!

SURA 94

El-Inširah – Širokogrudnost

(Mekka – 8 ajeta)

U ime Allaha, Milostivog, Samilosnog!

1. Zar grudi tvoje nismo prostranim učinili,
2. i breme tvoje s tebe skinuli,
3. koje je pleća tvoja tištilo,
4. i spomen na tebe visoko uzdigli!?
5. Ta, zaista, s mukom je i last.
6. Zaista, s mukom je i last!
7. A kad završiš, molitvi se predaj
8. i samo se Gospodaru svome obraćaj!

SURA 95

Et-Tīn – Smokva

(Mekka – 8 ajeta)

U ime Allaha, Milostivog, Samilosnog!

1. Tako Mi smokve i masline,
2. i Sinajske gore,
3. i grada ovog bezbjednog –
4. Mi čovjeka stvaramo u skladu najljepšem,
5. zatim ćemo ga u najnakazniji lik vratiti,

6. samo ne one koji budu vjerovali i dobra djela činili, njih čeka nagrada neprekidna.

7. Pa šta te onda navodi da poričeš Onaj svijet –

8. zar Allah nije sudija najpravedniji!?

SURA 96

El-'Alek – Ugrušak

(Mekka – 19 ajeta)

U ime Allaha, Milostivog, Samilosnog!

1. Čitaj, u ime Gospodara tvoga, Koji stvara,*

2. stvara čovjeka od ugruška!

3. Čitaj, plemenit je Gospodar tvoj,

4. Koji poučava peru,

5. Koji čovjeka poučava onome što ne zna.

6. Uistinu, čovjek se uzobijesti

7. čim se neovisnim osjeti,

8. a Gospodaru tvome će se, doista, svi vratiti!

9. Vidje li ti onoga koji brani*

10. robu da molitvu obavi?

11. Reci Mi, ako on misli da je na Pravome putu

12. ili ako traži da se kumirima moli,

13. reci Mi, ako on poriče i glavu okreće –

14. zar on ne zna da Allah sve vidi?

15. Ne valja to! Ako se ne okani, dohvatit ćemo ga za kiku,

16. kiku lažnu i grješnu,

17. pa neka on pozove društvo svoje –

18. Mi ćemo pozvati zebanije.*

19. Ne valja to! Ti njega ne slušaj, već molitvu obavljaj i nastoj se Gospodaru svome približiti!

SEDŽDA

SURA 97
El-Kadr – Noć Kadr
(Mekka – 5 ajeta)
U ime Allaha, Milostivog, Samilosnog!

1. Mi smo ga počeli objavljivati u Noći Kadr* –
2. a šta ti misliš šta je Noć Kadr?
3. Noć Kadr je bolja od hiljadu mjeseci.
4. Meleki i Džibril, s dozvolom Gospodara svoga, spuštaju se u njoj zbog odluke svake.
5. Sigurnost je u njoj sve dok zora ne svane.

SURA 98
El-Bejjine – Dokaz jasni
(Medina – 8 ajeta)
U ime Allaha, Milostivog, Samilosnog!

1. Nisu se nevjernici između sljedbenika Knjige i mnogobošci odvojili, sve dok im nije došao dokaz jasni –
2. od Allaha Poslanik, koji čita listove čiste,
3. u kojima su propisi ispravni.
4. A podvojili su se oni kojima je data Knjiga baš onda kada im je došao dokaz jasni,
5. a naređeno im je da se samo Allahu klanjaju, da Mu iskreno, kao pravovjerni, vjeru ispovijedaju, i da molitvu obavljaju, i da milostinju udjeljuju – a to je ispravna vjera.
6. Oni koji ne vjeruju između sljedbenika Knjige i mnogobošci bit će, sigurno, u vatri džehennemskoj, u njoj će vječno ostati – oni su najgora stvorenja.
7. A oni koji vjeruju i čine dobra djela – oni su, zbilja, najbolja stvorenja,
8. njih nagrada u Gospodara njihova čeka: edenski vrtovi kroz koji će rijeke teći, u kojima će vječno i zauvijek boraviti. Allah će biti njima zadovoljan, a i oni će biti Njime zadovoljni. To će biti za onoga koji se bude bojao Gospodara svoga.

SURA 99

Ez-Zilzāl – Zemljotres

(Medina – 8 ajeta)

U ime Allaha, Milostivog, Samilosnog!

1. Kada se Zemlja najžešćim potresom svojim potrese
2. i kada Zemlja izbaci terete svoje,
3. i čovjek uzvikne: "Šta joj je!?" –
4. toga Dana će ona vijesti svoje kazivati
5. jer će joj Gospodar tvoj narediti.
6. Tog Dana će se ljudi odvojeno pojaviti da im se pokažu djela njihova:
7. onaj ko bude uradio koliko trun dobra – vidjet će ga,
8. a onaj ko bude uradio koliko trun zla – vidjet će ga.

SURA 100

El-ʿĀdijāt – Oni koji jure

(Mekka – 11 ajeta)

U ime Allaha, Milostivog, Samilosnog!

1. Tako Mi onih koji dahćući jure
2. pa varnice vrcaju,
3. i zorom napadaju,
4. i dižu tada prašinu
5. pa u njoj u gomilu upadaju –
6. čovjek je, zaista, Gospodaru svome nezahvalan
7. i sam je on toga, doista, svjestan,
8. i on je, zato što voli bogatstvo, radiša.
9. A zar on ne zna da će, kada budu oživljeni oni koji su u grobovima
10. i kada iziđe na vidjelo ono što je u srcima,
11. Gospodar njihov toga Dana, sigurno, sve znati o njima?

SURA 101

El-Kāri'a – Smak svijeta
(Mekka – 11 ajeta)

U ime Allaha, Milostivog, Samilosnog!

1. Smak svijeta!
2. Šta je Smak svijeta?
3. I šta ti znaš o Smaku svijeta?
4. Toga Dana će ljudi biti kao leptiri raštrkani,
5. a planine kao šarena vuna iščupana.
6. Onaj u koga njegova djela budu teška –
7. u ugodnu životu će živjeti,
8. a onaj u koga njegova djela budu lahka –
9. boravište će mu bezdan biti.
10. A znaš li ti šta će to biti?
11. Vatra užarena!

SURA 102

Et-Tekāsur – Nadmetanje
(Mekka – 8 ajeta)

U ime Allaha, Milostivog, Samilosnog!

1. Zaokuplja vas nastojanje da što imućniji budete
2. sve dok grobove ne naselite.
3. A ne valja tako, saznat ćete svakako!
4. I još jednom, ne valja tako! Saznat ćete sigurno!
5. Ne valja tako, neka znate pouzdano,
6. Džehennem ćete vidjeti jasno!
7. I još jednom, doista ćete ga vidjeti očigledno!
8. Zatim ćete toga Dana za sladak život biti pitani sigurno!

SURA 103

El-'Asr – Vrijeme
(Mekka – 3 ajeta)
U ime Allaha, Milostivog, Samilosnog!

1. Tako Mi vremena –
2. čovjek, doista, gubi,
3. samo ne oni koji vjeruju i dobra djela čine i koji jedni drugima istinu preporučuju i koji jedni drugima preporučuju strpljenje.

SURA 104

El-Humeze – Klevetnik
(Mekka – 9 ajeta)
U ime Allaha, Milostivog, Samilosnog!

1. Teško svakom klevetniku podrugljivcu,
2. koji blago gomila i prebrojava ga,
3. i misli da će ga blago njegovo besmrtnim učiniti!
4. A ne valja tako! On će, sigurno, biti bačen u Džehennem!
5. A znaš li ti šta je Džehennem?
6. Vatra Allahova razbuktana,
7. koja će do srca dopirati.
8. Ona će iznad njih biti zatvorena,
9. plamenim stubovima zasvođena.

SURA 105

El-Fīl – Slon
(Mekka – 5 ajeta)
U ime Allaha, Milostivog, Samilosnog!

1. Zar nisi čuo šta je sa vlasnicima slona Gospodar tvoj uradio!?*
2. Zar lukavstvo njihovo nije omeo
3. i protiv njih jata ptica poslao,*
4. koje su na njih grumenje od gline pečene bacale,
5. pa ih On kao lišće koje su crvi istočili učinio?

SURA 106

Kurejš – Kurejšije

(Mekka – 4 ajeta)

U ime Allaha, Milostivog, Samilosnog!

1. Zbog navike Kurejšija,*
2. navike njihove da zimi i ljeti putuju,
3. neka se oni Gospodaru Hrama ovoga klanjaju,
4. Koji ih gladne hrani i od straha brani.

SURA 107

El-Mā'ūn – Davanje u naručje

(Mekka – 7 ajeta)

U ime Allaha, Milostivog, Samilosnog!

1. Znaš li ti onoga koji Onaj svijet poriče?
2. Pa to je onaj koji grubo odbija siroče,
3. i koji da se nahrani siromah ne podstiče.
4. A teško onima koji, kada molitvu obavljaju,
5. molitvu svoju kako treba ne izvršavaju,
6. koji se samo pretvaraju
7. i nikome ništa ni u naručje ne daju!

SURA 108

El-Kevser – Mnogō dobro

(Mekka – 3 ajeta)

U ime Allaha, Milostivog, Samilosnog!

1. Mi smo ti, uistinu, mnogō dobro dali,
2. zato se Gospodaru svome moli i kurban kolji.
3. Onaj koji tebe mrzi sigurno će on bez spomena ostati.

SURA 109

El-Kāfirūn – Nevjernici

(Mekka – 6 ajeta)

U ime Allaha, Milostivog, Samilosnog!

1. Reci: "O vi nevjernici,
2. ja se neću klanjati onima kojima se vi klanjate,
3. a ni vi se nećete klanjati Onome Kome se ja klanjam;
4. ja se nisam klanjao onima kojima ste se vi klanjali,
5. a i vi se niste klanjali Onome Kome se ja klanjam –
6. vama vaša vjera, a meni moja!"

SURA 110

En-Nasr – Pomoć

(Medina – 3 ajeta)

U ime Allaha, Milostivog, Samilosnog!

1. Kada Allahova pomoć i pobjeda dođu
2. i vidiš ljude kako u skupinama u Allahovu vjeru ulaze,
3. ti veličaj Gospodara svoga hvaleći Ga i moli Ga da ti oprosti, On je uvijek pokajanje primao.

SURA 111

El-Leheb – Plamen

(Mekka – 5 ajeta)

U ime Allaha, Milostivog, Samilosnog!

1. Neka propadne Ebu Leheb,* i propao je!
2. Neće mu biti od koristi blago njegovo, a ni ono što je stekao,
3. ući će on, sigurno, u vatru rasplamsalu,
4. i žena njegova, koja spletkari –
5. o vratu njenu bit će uže od ličine usukane!

SURA 112

El-Ihlās – Iskrenost

(Mekka – 4 ajeta)

U ime Allaha, Milostivog, Samilosnog!

1. Reci: "On je Allah – Jedan!
2. Allah je Utočište svakom!
3. Nije rodio i rođen nije,
4. i niko Mu ravan nije!"

SURA 113

El-Felek – Svitanje

(Mekka – 5 ajeta)

U ime Allaha, Milostivog, Samilosnog!

1. Reci: "Utječem se Gospodaru svitanja
2. od zla onoga što On stvara,
3. i od zla mrkle noći kada razastre tmine,
4. i od zla smutljivca kad smutnje sije,
5. i od zla zavidljivca kad zavist ne krije!"

SURA 114

En-Nās – Ljudi

(Mekka – 6 ajeta)

U ime Allaha, Milostivog, Samilosnog!

1. Reci: "Tražim zaštitu Gospodara ljudi,
2. Vladara ljudi,
3. Boga ljudi,
4. od zla šejtana napasnika,
5. koji zle misli unosi u srca ljudi –
6. od džina i od ljudi!"

NAPOMENE

SURA 2

1   1   * Elif Lām Mīm. Dvadeset devet sura u Kur'anu počinje jednim ili više arapskih glasova. Ovi glasovi su na početku pojedinih sura prvi ajet ili su dio prvog ajeta. Navođenjem ovih glasova, skreće se pažnja onima koji čitaju ili slušaju Kur'an na ono što slijedi. Isto tako, ovi znakovi imaju i posebno značenje: predstavljaju simbole.

8–1   Od ovoga do dvadesetog ajeta govori se o licemjerima, koji su javno ispovijedali islam, a u sebi bili najljući protivnici.

53–1 Doslovno: El-Furqân. Tako se u Kur'anu nazivaju svete Knjige Tevrat/Stari zavjet, Indžil/Novi zavjet i Kur'an, a i ostale ranije svete Knjige, zato što rastavljaju istinu od neistine, pravo od krivog i dozvoljeno od zabranjenog.

54–1 Prema mišljenju jednog kruga mufesira, klasičara i modernista, prevod dijela ajeta faktulû enfusekum bi trebao glasiti: ubijte (prevladajte) u sebi tevbom poriv za griješenjem.

73-1 Ovi Jevreji su za Musaova života ubili jednog čovjeka, a ubicu sakrili. Bilo im je naređeno da zakolju određenu kravu i ubijenog udare jednim kravljim dijelom. Kad su to učinili, ubijeni je oživio, kazao ko ga je ubio i odmah zatim umro.

85–1 U Medini su, u predislamsko doba, živjela dva arapska plemena, Evs i Hazredž, i dva jevrejska, Benu Kurejza i Benu Nadir. Pleme Benu Kurejza je bilo u savezu s arapskim plemenom Evs, a Benu Nadir s arapskim plemenom Hazredž. Kad god bi došlo do borbe između dva arapska plemena Evs i Hazredž, a često je dolazilo, njihovi saveznici, Jevreji, su im pomagali.

Poslije boja, oba jevrejska plemena bi otkupljivala Jevreje iz sužanjstva, bili oni iz njihovog ili protivničkog jevrejskog plemena navodeći im da je to naređeno u Tevrātu.

89   1   To jest, Kur'an.

     2   To jest, Tevrat.

92   1   To jest, kad je otišao na Sinajsku goru da primi Tevrat.

102   1   Govori se o Božijem poslaniku Sulejmanu, Davudovom sinu.

118   1   Govore mekkanski mnogobošci.

121   1   Bilo je jevreja i kršćana koji su neke dijelove Starog i Novog zavjeta imali sačuvane u prvobitnim varijantama.

125   1   I učinili smo Hram utočištem, tj. učinili smo Kabu s okolinom, čitav Harem, utočištem i sigurnim mjestom. Čovjek bi, na primjer, sreo ubicu svoga oca ili brata, pa mu ne bi smio ništa učiniti.

143   1   Prvi muslimani, prilikom obavljanja molitve, okretali su se prema Hramu u Jerusalimu. Osamnaest mjeseci poslije seobe iz Mekke u Medinu, naređeno je muslimanima da se ubuduće okreću prema Kabi u Mekki.

     2   To jest, neće propasti molitve onih koji su se okretali prema Hramu i Jerusalemu, a umrli su prije nego je naređeno da se muslimani okreću prema Kabi u Mekki.

144   1   Sveti hram, Sveta džamija jest Kāba sa svojom određenom okolinom u Mekki.

     2   To jest, jevreji i kršćani.

158   1   Safa i Merva su dva mekkanska sveta brežuljka, u blizini Kabe, između kojih hadžije, pošto obiđu oko Kabe, tamo-amo, sedam puta trče ili žure.

159   1   To jest, u Tevratu, Starom zavjetu.

     2   Proklet će ih meleki i vjernici.

167   1   Na Zemlju.

178 1 Neka rodbina ubijenog, koja je ubici oprostila krv, na lijep način traži krvarinu, a neka im ubica, isto tako, ne zavlačeći ih, isplati krvarinu za ubijenog.

187 1 Muslimanima je u početku bilo zabranjeno u mjesecu posta općiti sa ženama i jesti i piti poslije večernje molitve, kao što im je sve to bilo zabranjeno po danu, dok poste.

   2 I jedite i pijte, tj. možete jesti i piti čitavu noć, sve do zore.

189 1 Predislamski Arapi su bili veoma praznovjerni i u danima hadža ulazili natraške u kuće.

194 1 Sveti mjesec je za sveti mjesec. To jest, ako vas mnogobošci napadnu u svetim mjesecima u kojima je zabranjeno krv proljevati, vi im uzvratite, ne obazirući se na to što je sveti mjesec. Sveti mjeseci lunarnog kalendara u kojima je zabranjena borba su: muharrem, zul-kade, zul-hiždže i redžeb.

197 1 Hadž je u određenim mjesecima. Ti mjeseci su: ševval, zu1-kade i zu1-hiždže.

198 1 I za vrijeme hadža, trgujete i zarađujte.

   2 Arefat je visoravan nekoliko kilometara udaljena od Mekke na kojoj se devetog dana mjeseca zu1-hiždžeta moraju iskupiti sve hadžije.

   3 Na Muzdelifi, mjestu između Mine i Arefata.

203 1 To je prvi dan Kurban-bajrama i tri dana poslije, tj. jedanaesti, dvanaesti i trinaesti dan mjeseca zu1-hiždžeta.

226 1 Predislamski Arapi su se, obično u ljutnji, zaklinjali da neće općiti s ženama, i žene su u tom slučaju provodile težak život. Ovim ajetom se propisuje da će muž izgubiti ženu ako se s njom ne sastane najdalje četiri mjeseca.

228 1 Da se vidi da nisu noseće kako bi se mogle ponovo udati.

2 Dok žena čeka da prođu tri mjesečna pranja, muž ima pravo od nje zatražiti da nastave bračni život, a privremeno rastavljena žena nema pravo to odbiti.

229 1 Žena se može, na primjer, odreći vjenčanog dara kako bi muž pristao na razvod.

230 1 To jest, ako se od iste žene i po treći put razvede.

233 1 I nasljednik je dužan sve to. Ako umre otac, skrbnik njegovog malodobnog djeteta će izdržavati djetetovu majku iz djetetovog imetka.

248 1 U kovčegu su bili ostaci ploča, Musaov štap i obuća i Harunov turban.

258 1 Ja dajem život i smrt – to jest, ja mogu narediti da se osuđeni na smrt pogubi, a mogu ga i pomilovati.

SURA 3

13 1 Govor je o Bici na Bedru.

2 Oni kojima je data Knjiga, to jest, Biblija su jevreji i kršćani. A neuki, nepismeni su Arapi mnogobošci.

23 1 Kad god se u Kur'anu spomene Knjiga objavljena prije Kur'ana, misli se na Bibliju. Ako se spomene dio Knjige, kao u ovom ajetu, misli se na Tevrat/Stari zavjet objavljen Musau, i to samo na Petoknjižje. Jevreji su oni kojima je dat dio Knjige/Tevrat.

37 1 Zekerijja je bio oženjen Merjeminom sestrom Išaom. Ona mu je rodila Jahjaa. Jahja i Isa su bili tetići.

44 1 Svi svećenici u Hramu su željeli brinuti se o Merjemi. Da bi prekinuli prepirku, bacali su pera od trske u vodu. Kad su sva potonula, a Zekerijjaovo ostalo na površini, prepustili su Zekerijjau brigu o Merjemi.

123 1 Bedr se nalazi na jugozapadnoj strani Medine, oko 150 kilometara je udaljen od nje. Bitka na Bedru je bila 17. ramazana druge hidžretske godine (13. III 624).

155 1 Kada su se dvije vojske sukobile u Uhudu.

2 Zbog toga što Muhammedovo, a.s., naređenje nisu poslušali, već napustili klanac.

SURA 4

22 1 U predislamsko doba, položaj žene u braku je bio vrlo težak. Sinovi su nasljeđivali maćehe, kao i ostalu imovinu očeva. Imali su pravo s maćehama živjeti kao sa ženama zato što su bile udate za njihove očeve. Mogli su ih i bez njihova pristanka za sebe ili za kojeg svog rođaka udati, a mogli su im i zabraniti udaju. Ovim ajetom se to sve strogo zabranjuje.

25 1 Muhammed, a.s., je zabranio muslimanima da robove i robinje zovu robovima i robinjama i tako ih vrijeđaju. Naredio im je da ih zovu momcima i djevojkama. I ovdje je u tekstu Kur'ana, u umetnutoj rečenici u drugom retku ovog ajeta, doslovno rečeno: "Eto mu one u vašem vlasništvu – djevojke vaše." Riječi djevojke vaše morao sam prevesti riječima robinje vaše da bi čitaoci shvatili pravo značenje teksta.

33 1 Pojedinci su u predislamskom dobu, međusobno ugovarali da će jedan drugoga pomagati i štititi, čak i osvetiti. U tom slučaju bi jedan drugog poslije smrti naslijeđivali, obično bi naslijedili jednu šestinu. Ovim se vjernicima propisuje da ovakve ugovore ispune, ali da se ubuduće to neće tolerirati, jer su roditelji i rođaci nasljednici.

69 1 To jest, na Onom svijetu.

75 1 To jest, iz Mekke.

77 1 Muslimanima je, prije Hidžre, bilo naređeno da izbjegavaju oružanu borbu s mnogobošcima.

105 1 Jedan musliman, po imenu Tuma, ukrao je od drugog muslimana pancir i pohranio ga kod svog prijatelja, jevreja.

Pokradeni, poslije traganja, nađe pancir kod jevreja, ali on izjavi da je musliman, po imenu Tuma, pohranio pancir kod njega. Upitan za ovo, Tuma se zakle da nije pohranio pancir kod jevreja, i u njegovu odbranu ustade čitava njegova porodica. Kad slučaj iznesoše pred Poslanika, on u prvi mah htjede osuditi onog jevreja, zato što je u njega nađen ukradeni pancir. Ali upravo tada bi objavljen ovaj i slijedećih nekoliko ajeta, pa Muhammed, a.s., poslije istrage, za krađu osudi Tumaa, a jevreja oslobodi.

127 1 Što im je propisano, to jest, u šerijatskom nasljednom pravu. Žene i djeca, u predislamskom dobu, iza umrlih muževa i roditelja nisu ništa nasljeđivali zato što nisu išli u ratne pohode. I kad im je Kur'an dozvolio da iza umrlih naslijede određeni dio, drugi nasljednici su ih, pod utjecajem običajnog prava, nastojali na razne načine prikratiti u tome.

SURA 5

2 1 Mekkanski mnogobošci nisu dozvolili muslimanima da, šeste hidžretske godine, uđu u Mekku i obave umru, zadržali su ih na Hudejbijji.

3 1 Oko Kabe su bili postavljeni žrtvenici na kojima su mnogobožački svećenici pojedinim kumirima prinosili žrtve.

   2 Predislamski Arapi su često gatali kada bi polazili na put, u trgovinu, ako bi se htjeli oženiti ili udati ili se upustiti u kakav važan posao. Gatali bi posebnim strelicama koje su se nalazile kod svećenika u Kabi. Kur'an zabranjuje svako gatanje i proricanje budućnosti.

6 1 Neokupani (džunub) su i muškarci i žena poslije doživljavanja orgazma na bilo koji način (u snu, onanisanjem) a žena

poslije mjesečnog pranja i porođajnog čišćenja – sve dok se ne okupaju.

7 1 Misli se na Prisegu vjernosti na Akabi koju su predstavnici prvih muslimana iz Medine, godinu dana prije hidžre, položili Muhammedu, a.s., i na Prisegu vjernosti na Hudejbijji koju su muslimani položili Poslaniku šeste hidžretske godine.

11 1 Protivnici su nekoliko puta htjeli napasti Muhammeda, a.s., i muslimane dok su obavljali zajedničku molitvu.

13 1 To jest, u Tevratu, Starom zavjetu.

15 1 Objavljuju vam se propisi, Kur'an jasni.

21 1 Sveta zemlja je Šam, Sirija u koju je spadala Palestina i u njoj Jerusalem.

33 1 U ovom ajetu je riječ o onima koji protiv zakonite vlasti ustaju, te o hajducima i haramijama koji presreću ljude po drumovima.

44 1 U jevrejskom gradu Hajberu, zatečeni su jedan oženjen jevreji i jedna udata jevrejka u preljubi. Prema propisima Tevrata trebalo je da budu kamenovani. Ali kako su i preljubnik i preljubnica bili iz vrlo uglednih i bogatih porodica, jevrejske starješine ih pošalju jevrejima u Medinu s molbom da upitaju Muhammeda, a.s., o njihovom slučaju. "Ako Muhammed, a.s., presudi" – poručili su svojim istovjernicima u Medini – "da im se lica nagare i da se izbičuju, pristanite na to. A ako vam se ne presudi, onda nemojte pristati." Muhammed, a.s., je presudio se kamenuju, jer je tako propisano i u Tevrātu i u šerijatu.

103 1 Predislamski Arapi su imali nepisane propise o stoci: od nekih životinja nisu jeli meso, a neke nisu muzli, jahali i tovarili. 1. Kad bi im kamila pet puta donijela mlade na svijet i ako bi njezino posljednje mladunče bilo muško, onda bi joj razrezali uho i ostavili je da slobodno pase –

ne bi je ni muzli, ni jahali, ni tovarili (bahira); 2. Putnik ili bolesnik bi se nekada zavjetovao: "Ako se živ i zdrav vratim s putovanja ili ako ozdravim, neka je onda ta i ta moja kamila slobodna!" – i onda je ne bi ni jahao ni tovario, ostavio bi je da slobodno pase (sa'iba); 3. Ako bi im ovca ojanjila žensko janje, uzeli bi ga sebi. Ako bi ojanjila muško, žrtvovali bi ga kumirima. A ako bi ojanjila i muško i žensko janje, muško janje ne bi žrtvovali kumirima. Takvu su ovcu zvali vasīla; 4. Ako bi mužjak kamile stekao deset potomaka ne bi ga više jahali i tovarili, ostavili bi ga da slobodno pase (hām).

SURA 8

7   1   Muhammed, a.s., je rekao muslimanima na Bedru da će sigurno ili zaplijeniti mnogobožačku karavanu ili pobijediti mnogobožačku vojsku iz Mekke.

11   1   Muslimani su na Bedru bili u mnogo težem položaju od mnogobožaca. Čatrnja s vodom nalazila se u rukama mnogobožaca. Muslimani su imali samo dva konja, a mnogobošci preko stotinu. Neki muslimani su klonuli duhom. Ali pala je kiša pa su se muslimani opskrbili vodom. Noge im više nisu propadale u pijesak, jer ga je kiša učinila čvrstim.

75   1   Ovim ajetom je dokinuto nasljeđivanje između izbjeglica (muhadžira) i saveznika (ensarija). Mekka je već bila oslobođena, svi su mnogobošci u njoj primili islam, ubuduće se nasljeđivalo po krvnoj i ženidbenoj vezi.

SURA 9

25   1   Poslije Oslobođenja Mekke, 8. hidžretske godine (630), muslimane su, kad su se vraćali iz Pohoda na Mekku, nenadano napala, u dolini Hunejn, dva velika arapska plemena Hevazin i Sekif. Radosni zbog oslobođenja

Mekke, muslimani su se vraćali bezbrižno i u neredu u Medinu. Kad su ih mnogobožačka plemena iznenada napala, gotovo su ih raspršila.

28 1 Devete hidžretske godine, zabranjeno je mnogobošcima da ubuduće dolaze na hadž u Mekku. Ako se trgovačka razmjena, pa i dobit, zbog mnogobožačkog nedolaženja, jako umanji, kaže se vjernicima: "A ako se bojite oskudice," – to jest, zbog toga što je mnogobošcima zabranjen pristup u Mekku – "Allah će vas imućnim učiniti."

30 1 Uzejr je Ezra, Musaov pisar i nasljednik kojeg je jedna jevrejska sekta smatrala Božijim sinom, kao što kršćani smatraju Isaa, sina Merjemina, Božjim sinom.

37 1 U predislamskom dobu, razna arapska plemena su vodila vrlo često međusobne ratove. Ako bi nastupili sveti mjeseci, a oni bili u ratu – ne bi prekidali borbu, nastavili bi se boriti. Sveti mjesec bi proglasili običnim, a neki drugi svetim.

38 1 Govori se o Pohodu na Tebuk, na granici Sirije, protiv Bizantinaca, 9. hidžretske godine (630) u vrijeme kad je Hidžazom vladala velika suša i vrućina, a put do sirijske granice je bio vrlo dalek. Neki vjernici su se zbog toga skanjivali krenuti iz Medine put Sirije, pa su ovim ukoreni.

40 1 I pećina u koju se Muhammed, a.s., sa svojim drugom Ebu Bekrom bio sklonio, nalazi se na brdu Sevr, sahat hoda udaljenom od Mekke. Tu su se krili tri dana. A potom su, kada su se uvjerili da je potjera za njima prestala, krenuli noću put Medine i stigli u nju 20. IX 620. godine.

107 1 Licemjeri su, prije Muhammedovog, a.s., Pohoda na Tebuk 9. hidžretske godine, u jednom medinskom predgrađu sagradili džamiju, u namjeri izazivanja razdora među vjernicima, i zamolili Muhammeda, a.s., da dođe u tu

džamiju i s njima obavi molitvu. On im je obećao da će doći nakon što se povrati s Pohoda na Tebuk. Kad se vratio, nije otišao već poslao četvericu vjernika da sruše džamiju – i oni su je srušili. Licemjeri su ovu novu džamiju bili sagradili da bude uporište nekom Ebu Amiru, velikom protivniku Muhammeda, a.s., koji je poslije poraza mnogobožaca na Hunejnu prebjegao u Bizantiju i otuda obavijestio medinske licemjere da budu spremni, jer će on s bizantijskom vojskom doći u Medinu i iz nje istjerati Muhammeda, a.s., i vjernike. Ovaj Ebu Amir je, u međuvremenu, umro u Siriji. Na njega se odnose navedene riječi u ovom ajetu.

108 1   Misli se na džamiju koju su Muhammed, a.s., i prvi muslimani sagradili u Medini, odmah po njegovoj seobi iz Mekke u Medinu.

113 1   Zato što su umrli kao nevjernici.

114 1   Kad je umro kao nevjernik.

117 1   U mjesecu redžebu, 9. hidžretske godine stigla je vijest u Medinu da se silna bizantijska vojska iz Sirije sprema napasti Medinu. Muhammed, a.s., je odmah pozvao muslimane da se što prije spreme. Ovaj pohod je u historiji islama poznat pod imenom Pohod na Tebuk.

SURA 11

78 1   "Evo mojih kćeri!" – to jest, djevojaka mog naroda, njima se ženite.

84 1   Pokrajina Medjen se prostire između južnog dijela Sirije i sjevernog dijela Hidžaza.

SURA 12

50 1   Iz dva prethodna ajeta se vidi da Jusuf nije htio izići iz tamnice dok žene ne daju izjavu. Tek kad su saslušane i kada je žena njegovoga vlasnika priznala da ga je

napastvovala, on je izišao iz tamnice i rekao u ovom ajetu navedene riječi.

51 1 Dok je bio u tamnici, već sam pred ženama priznala da sam ja njega napastvovala, a da se on odupro.

59 1 Jusuf je imao samo jednog pravog brata, Benjamina, koji je ostao s ocem Jakubom, sva ostala braća su mu bila samo braća po ocu.

62 1 Iz Jusufovih riječi: "Stavite njihove stvari u tovare njihove." vidi se da njegova braća nisu kupila hranu za novac, već vjerovatno za krzno divljači.

SURA 15

71 1 Eto kćeri mojih! Vidi napomenu 11, 78.

76 1 On je na putu. To jest, taj grad je pored puta kojim vi s karavanama idete u Siriju, njegovi se ostaci i sada vide u Mrtvom moru.

78 1 Stanovnici Ejke su bili Šuajbov narod.

79 1 I oba su, tj. i uništena naselja Lutovoga naroda i uništena naselja Šuajbovog naroda, pored glavnog puta kojim vi s karavanama putujete u Siriju.

80 1 Hidžr je prostrana arabijska nizija, između Medine i Sirije, u kojoj je davno živio izumrli narod Semud.

87 1 Mi smo ti objavili sedam ajeta koji se ponavljaju. To jest, Mi smo ti objavili suru Fatihu, prvu kur'ansku suru, koja ima sedam ajeta koji se stalno ponavljaju, jer ih svaki musliman prilikom obavljanja molitve treba naizust izgovoriti.

88 1 I nekim mnogobošcima.

SURA 16

56 1 Mekkanski mnogobošci ostavljaju kumirima dio zemaljskih proizvoda i stoke.

57 1 Govorili su pripadnici plemena Huzaa i Kinane da su meleki kćeri Božije, a sami su voljeli sinove.

62 1 Kako smo napomenuli, vjerovali su da su meleki (anđeli) kćeri Božije i svoje kumire su nazivali ženskim imenima, a sami su prema ženskoj djeci osjećali odbojnost.

89 1 Protiv mekkanskih mnogobožaca, tvojih najljućih protivnika.

92 1 Jedna luda žena bi, s robinjama, do podne prela pređu, a onda bi im bez ikakva razloga naredila da je raspredu.

     2 Malobrojna arapska plemena su se stavljala, u predislamsko doba, pod zaštitu mnogobrojnijih i jačih plemena. Međutim, čim bi naišli na još jače pleme, pogazili bi zakletvu i stavljali se pod zaštitu jačeg.

94 1 Na ovom svijetu.

103 1 Govorili su da ga poučava jedan Grk, mekkanski kovač sablji.

SURA 17

1 1 Sveti Hram je Kaba u Mekki koju su sagradili Ibrahim i Ismail, a Daleki Hram je Hram u Jerusalimu koji su sagradili Davud i Sulejman. U ovom ajetu se govori o Miradžu, Muhammedovom, a.s., putovanju na nebo.

3 1 On je, to jest: Nuh je.

4 1 Mi smo u Knjizi, to jest, u Tevratu/Starom zavjetu, objavili.

5 1 Misli se, po svoj prilici, na događaj kad je babilonski car Nabukodonosor, krajem šestog vijeka prije Isaa, a.s., osvojio Palestinu, porušio Hram u Jerusalemu i na hiljade jevreja odveo u babilonsko ropstvo.

7 1 Misli se, po svoj prilici, na vrijeme kada su Rimljani, u prvom vijeku prije Isaa, a.s., osvojili Palestinu, porušili Hram u Jerusalemu, a mnoge jevreje pobili i zarobili.

33 1 Šerijat traži da se musliman pogubi u tri slučaja: 1. ako namjerno ubije muslimana; 2. ako promijeni vjeru; 3. ako oženjen ili udata blud učini.

2 Njegovom najbližem krvnom srodniku, njegovom nasljedniku, ocu, sinu, bratu, amidži, i tako dalje pripada pravo odmazde ili oprosta ubici.

38 1 Sve to je ružno, tj. sve navedeno od 22. ajeta ove sure.

40 1 Riječi su upućene mekkanskim mnogobošcima koji su smatrali meleke Allahovim kćerima.

60 1 To jest, pred samu Bitku na Bedru, usnio si da će mnogobošci biti poraženi, to si pričao vjernicima i bodrio ih, a za to su čuli i mnogobošci i rugali se tim tvojim riječima.

2 Drvo Zekkum je drvo koje će izrasti u Džehennemu. Mnogobošci su se rugali ovim ajetima, nisu mogli vjerovati da je Allah kadar u džehennemskoj vatri stvoriti drvo čijim će se plodovima džehennemlije hraniti.

76 1 U zemlji, tj. u Mekki.

79 1 Muhammed, a.s., je bio dužan, pored pet dnevnih molitava, koje su dužni obavljati svi muslimani, obaviti noću još jednu molitvu (salat et-tahadždžud).

81 1 Muhammed, a.s., je izgovorio ove riječi kad je naredio da se sa i oko Kabe uklone svi kumiri.

104 1 Naselite se u zemlji, tj. u Svetoj zemlji Siriji, u koju je spadala i Palestina,

108 1 To jest, došao je Muhammed, a.s., i Kur'an se objavljuje kako je to nagoviješćeno u Bibliji.

SURA 18

9 1 Ne zna se pouzdano ko su bili ljudi koji su se zbog vjerskih progona sklonili u pećinu, čija su imena poslije njihove smrti bila uklesana na ploči uzidanoj više pećine. Ne zna se tačna lokacija pećine, ni vrijeme kad su se sklonili i u

njoj zaspali. Prema mišljenju islamskih teologa, ti mladi ljudi su bili jevreji koji su se, ispred rimskih progona, povukli u pećinu jedan vijek prije rođenja Isaa, a.s.

21 1 To jest, o oživljenju na Onom svijetu.

59 1 To jest, sela i gradove Nuhovog, Hudovog, Salihovog i Lutovog naroda.

60 1 Musa je jednom prilikom zamolio Allaha, dž.š., da mu pokaže čovjeka koji zna ono što on ne zna. Allah mu je naredio da sa svojim momkom krene na put, pa će tog čovjeka naći na mjestu gdje se sastaju dva mora.

83 1 Zulkarnejn – nije izvjesno na koga se odnosi.

90 1 Išli su goli, nisu imali kuća.

96 1 To jest, bronza.

97 1 I tako oni, narodi Je'džudž i Me'džudž.

SURA 19

43 1 Meni dolazi objava od Boga, a tebi ne dolazi.

73 1 Mekkanski mnogobošci su mnogo bogatiji i brojniji od prvih muslimana, pa su se time dičili i govorili muslimanima: "Mi smo od vas u boljem položaju i ima nas više, tako će biti i na Onom svijetu u koji vi vjerujete."

75 1 Milostivi će dati dug život, tj. da što više zaradi grijeha.

77 1 Te riječi je govorio mekkanski bogataš i mnogobožac Al-Asi ibn Vail.

SURA 20

25 1 To jest, podaj mi snage da izvršim poslaničku misiju.

38 1 U vrijeme rođenja Musaa, a.s., egipatski dželati su, po faraonovom naređenju, ubijali jevrejsku mušku novorođenčad, zato je Musaovoj majci, kad ga je rodila, od Boga objavljeno da ga stavi u sanduk i baci u rijeku kako ga dželati ne bi pronašli.

83 1 Musa je u određeno vrijeme pošao na Sinajsku goru s predstavnicima svoga naroda, a onda je došao prije njih, pa ga za to Allah pita.

87 1 Jevreji su, na dan prije izlaska iz Egipta, posudili od komšija i prijatelja Egipćana mnogo zlatnog nakita, i on je ostao kod njih. Kad su došli na Sinaj, htjeli su ga se riješiti. Samirija je bio član jevrejske porodice Samira i nije bio vjernik.

88 1 Koje je davalo glas kao da muče. Tele od zlata je bilo tako vješto napravljeno da bi se, kad je vjetar kroz njegove šupljine prolazio, iz njega čuo glas koji je ličio na mukanje.

96 1 Samirija je, ispod kopita Džibrilovog konja, uzeo šaku zemlje i to bacio u vatru u kojoj su jevreji bili bacili posuđeni zlatni nakit – i onda izlio zlatno tele.

SURA 21

26 1 Arapsko pleme Huzaa je vjerovalo da su meleki Allahove kćeri.

47 1 Zrna gorušice su veoma sitna, u jednom kilogramu ih ima oko 913.000.

79 1 Davud i Sulejman su sudili u sporu kad su nečije ovce noću ušle u njivu nekog seljaka i opasle je tako da nije ostalo ništa od usjeva. Davud je presudio da ovce pripadnu vlasniku usjeva, da mu se tako namiri šteta. Sulejman je pak presudio: da se ovce, koje su opasle usjev, predaju vlasniku usjeva na korišćenje sve dok mu ne izraste novi usjev, a da potom jedan drugom vrate ovce i usjev.

80 1 Davud je, mada je bio car Israilaca, u slobodno vrijeme, pleo pancire i prodavao. Od zarade je hranio sebe i porodicu.

81 1 Prema Siriji i Palestini.

87 1 Zunnun je vjerovjesnik Junus. On je napustio narod kome je bio poslat, srdit što mu se nisu odazvali, i to bez Allahove dozvole. Za kaznu je bačen u more. Jedna riba ga je progutala. On je u utrobi ribe zavapio i Allah ga je spasao i poslao kao vjerovjesnika drugom narodu.

89 1 A Ti si jedini vječan! – doslovno: "A Ti si najbolji nasljednik."

91 1 A u onu koja je sačuvala djevičanstvo svoje, u njoj život udahnusmo – to jest, u Merjemi Isaa oživjesmo.

SURA 22

33 1 Vama one služe, tj. vama kamile služe: muzete ih, jašete i tovarite do dana kada ćete ih kao kurbane kod Kabe u Haremu zaklati.

39 1 Ovim ajetom se prvi put dozvoljava muslimanima da se oružjem suprotstave napadačima.

SURA 24

11 1 Protivnici Muhammeda, a.s., i islama su iznosili o njima svakojake laži. Tako su pete hidžretske godine iznijeli najgnusniju potvoru na Aišu, Muhammedovu, a.s., ženu. Na ove lažne glasine su nasjeli i neki lakovjerni vjernici. Tek kad su objavljeni ajeti ove sure, od 11 do 21, prestalo se o tome govoriti. Oni koji su na Aišu potvoru iznijeli strogo su kažnjeni.

SURA 25

40 1 A ovi prolaze, tj. mnogobošci iz Mekke, kad idu trgovačkim poslovima, prolaze pored uništenog grada Sodome na koji se, kao kiša sručilo, kamenje i u kome je uništen Lutov narod.

41 1 To jest, mekkanski mnogobošci.

48 1 Kao prethodnicu milosti svoje, tj. kao prethodnicu kiše.

SURA 26

14 1 Zato što sam nehotice ubio jednog Kopta (Vidi: 28, 15).

57 To jest, faraona i njegovu vojsku.

64 1 Faraona i vojsku njegovu.

SURA 27

12 1 Devet čuda koje je Musa pokazao faraonu i njegovom narodu su: Musaov štap koji se pretvarao u zmiju, ruka koja bi postajala bijela kad bi je Musa uvukao i izvukao ispod pazuha, zatim poplava, skakavci, krpelji, žabe, krvava voda, nerodne godine i more koje se razdvojilo kad je Musa izveo Izraelce iz Egipta.

19 1 I on se, Sulejman, nasmija.

22 1 Saba je bila drevna jemenska prijestonica.

91 1 Gospodaru ovoga grada, tj. Mekke.

SURA 28

6 1 To jest, da dožive nesreću zbog jednog israelskog novorođenčeta zbog Musaa. Faraon je ubijao mušku israelsku novorođenčad, a žensku ostavljao zato što su mu vrači prorekli da će nastradati zbog jednog muškog israelskog novorođenčeta.

12 1 Musa nije htio podojiti nijednu dojilju koju bi mu doveli, zato su odmah prihvatili prijedlog njegove sestre, ne znajući da mu je sestra.

44 1 Na zapadnoj strani Sinajske gore.

48 1 Oni govore: "Dvije čarolije, jedna drugu podržava!" – Tevrat/ Stari zavjet i Kur'an su dvije čarolije koje jedna drugu podržavaju.

SURA 29

24 1 Od ovog ajeta se opet govori o poslaniku Ibrahimu.

31 1 Da će mu se roditi sin Ishak i unuk Jakub.

35 1 To su ostaci grada Sodome na obali Mrtvog mora u Palestini.

67 1 Mekka je, zbog Kabe, koju su sagradili poslanici Ibrahim i Ismail, a koja se naziva Harem, bila i u predislamskom dobu arapsko svetište. U njoj su bila zabranjena ubistva, krađe i druge nepravde.

SURA 30

2 1 614. godine, perzijske armije su do nogu potukle bizantijsku vojsku, osvojile Antiohiju, Damask i Jerusalem. Poraz Bizantinaca je veoma pogodio prve muslimane, dok su se mekkanski mnogobošci tome radovali. I tada je objavljeno šest prvih ajeta ove sure u kojima se konstatira da su Bizantinci poraženi, ali da će za nekoliko godina poraziti Perzijance i da će se tada muslimani radovati. Dogodilo se, zaista, da je bizantinski car Iraklije 622. godine porazio Perzijance u Armeniji i muslimani su zbog toga bili radosni.

SURA 31

6 1 Mekkanski mnogobošci, koji su radi trgovačkih poslova putovali u Bizantiju i Perziju, prikupljali su namjerno priče o Rustemu i Behramu i druge bajke i izmišljotine i donosili ih u Mekku da bi svoje sugrađane odvratili od slušanja Kur'ana. U ovome se naročito isticao neki Nadr, sin Hārisov.

SURA 33

4 1 Predislamski Arapi su se na razne načine rastavljali od žena. Najteži način razvrgnuća bračne zajednice bio je kada bi muž, najčešće u ljutnji, rekao ženi: "Ti si meni kao leđa moje majke!" – to jest ti si mi isto što i moja majka, s tobom više neću živjeti. To se zvalo rastava bračne

zajednice ziharom, od riječi zahr – leđa. Takva žena je, prema predislamskom običajnom pravu, bila rastavljena od svoga muža. Kur'an je propisao kaznu kojom se treba iskupiti muž koji bi se takvim riječima ubuduće rastavio od žene, a onda htio nastaviti život s njom (Vidi: 58, 1).

5 1 Predislamski Arapi su smatrali posinke rođenim sinovima. Smatrali su da se za poočima ne može udati rastavljena posinkova žena ili udovica. Svi ovi propisi predislamskog običajnog prava dokinuti su ovim ajetom.

6 1 Žene njegove su kao majke njihove, tj. žene Muhammedove, a.s., su kao majke svim vjernicima. Nijedan se vjernik poslije Muhammedove, a.s., smrti ne može oženiti nekom njegovom udovicom.

9 1 Odnosi se na Bitku oko rova (627. godine), kad su muslimani, zahvaljujući dubokim rovovima oko Medine uspjevali odoljevati mnogo brojnijem neprijatelju.

10 1 Kad su vam došle i odozgo i odozdo, tj. kad su vam neprijateljske vojske došle s istoka, to je bilo pleme Benu Gatafan i sa zapada, to su bili Kurejšije iz Mekke.

13 1 "O stanovnici Jasriba!" Današnji grad Medina zvao se, u predislamskom dobu, Jasrib. Muhammed, a.s., i mnogi muslimani su iselili iz Mekke u Jasrib i tu se nastanili, grad je ubrzo prozvan Medinetun-Nebijji – Poslanikov Grad ili kraće Medina.

28 1 Muhammedove, a.s., žene su tražile da im osigura bolju opskrbu i ljepšu odjeću. Međutim, on to nije mogao učini. Muhammed, a.s., je ostavio na volju ženama da se, ako to žele, od njega rastave.

36 1 Muhammed, a.s., je za svoga posinka Zejda zaprosio Zejnebu, kćerku svoje tetke po ocu Umejme. Zejneba je odbila prosidbu, a s tim je bio saglasan i njezin brat Abdullah. Ona je to učinila zato što je bila plemkinja, iz

najuglednije kurejšijske porodice Benu Hašim, iz koje je bio i Poslanik. Ali čim je objavljen ovaj ajet, ona se pokorila i udala za Zejda.

37 1 Zejd ibn Harise, o kome je riječ u ovom ajetu, još je kao dječak zarobljen u borbi, doveden u Mekku i tu prodat. Kupila ga je Hatidža, Muhammedova, a.s., žena, prije nego se udala za njega i prije nego je Muhammed, a.s., počeo misiju. Hatidža je poslije udaje poklonila Zejda Muhammedu, a.s. Kad su im još kao djeca umrla oba sina, Kasim i Abdullah, on je posinio Zejda koji mu je bio veoma drag. Zejd je među prvima primio islam. Za Zejda se udala Muhammedova, a.s., tetična Zejneba. Brak između Zejda i Zejnebe od početka nije bio sretan i Zejd se često žalio Muhammedu, a.s., da mu je bračni život sa Zejnebom nepodnošljiv i da se želi od nje rastaviti zato što ga nije trpjela, što se oholila ističući mu da je ona kurejšijka plemkinja, a da je on dojučerašnji rob. Muhammed, a.s., je nagovarao Zejda da zadrži Zejnebu i da se boji Allaha, kako je to navedeno u ovom ajetu, ali se Zejd na koncu ipak rastavio od Zejnebe. Kad je Zejnebi prošlo propisano vrijeme čekanja (vidi: II, 228) poslije rastave od Zejda, Muhammed, a.s., se oženio njome zato – kako je to navedeno u ovom ajetu – da se vjernici ne bi ustručavali više ženiti ženama posinaka svojih kad se oni od njih razvedu (vidi četvrti i peti ajet ove sure).

40 1 Pa nije ni svome posinku Zejdu i zato mu nije zabranjeno oženiti se njegovom raspuštenicom Zejnebom.

SURA 34

13 1 I zdjele velike kao čatrnje i kotlove toliko velike da ih nisu s njihovih podupirača mogli pokrenuti.

14 1 Sulejman je umro stojeći, moleći se u hramu, naslonjen na štap – tako je dugo ostao. Džinnovi, koji su radili ono što im je bio naredio, i dalje su radili uvjereni da je živ i da se u hramu moli Bogu. Tek kad je crv rastočio štap na koji je Sulejman bio naslonjen, on se srušio.

18 1 To jest, između stanovnika Sabe i Sirije, zemlje blagoslovljene, u kojoj ima mnogo rijeka i vrtova.

53 1 Govorili su da je vrač, da je pjesnik, da je luđak i tako dalje.

SURA 35

25 1 I Knjigu svjetilju/Bibliju.

SURA 36

12 1 Djela materijalne i duhovne kulture.

SURA 37

1 1 Tako Mi meleka u redove poređanih.

2 1 I meleka koji ljude od grijeha odvraćaju.

28 1 Doslovno: "Vi ste nam s desne strane prilazili." – to jest prilazili ste nam s one strane odakle smo se nadali dobru.

49 1 Kao da su one nojeva jaja u pijesku brižljivo skrivena. Arapi su kod žena najviše cijenili kožu koja je bila boje nojeva jajeta.

140 1 Junus je pobjegao od svoga naroda ogorčen što nije bio kažnjen kad mu je on kaznom zaprijetio. Kad se ukrcao na lađu, ona je stala na pučini i lađari su rekli da u lađi ima odbjegli rob. Bacili su kocku i ona je pala na Junusa. Onda su ga bacili u more gdje ga je riba progutala.

164-166 – 1 Ova tri ajeta su riječi meleka.

SURA 38

24　1　Davud nije bio saslušao obojicu parničara, već samo jednog, i na temelju njegovoga iskaza, donio presudu. Poslije se sjetio da nije smio tako postupiti i pokajao se.

43　1　Mi smo mu čeljad, koja ga je bila napustila dok je bio teško bolestan, vratili i još mu toliko djece darivali.

44　1　Poslanik Ejjub se zakleo Bogom da će nekome od čeljadi udariti toliko i toliko štapova zato što ga nije poslušao. Riječima: Uzmi rukom svojom snop trave ili slame, u kojem će biti onoliko stabljika, odnosno slamki koliko se bio zakleo udariti udaraca štapom, pa tim snopom odgovornog udari i na taj način ispuni zakletvu.

SURA 39

45　1　Oni, tj. kumiri.

SURA 41

3　1　Za Arape koji ga razumiju.

SURA 43

4　1　Glavna knjiga, tj. Levhi Mahfuh iz koje su sve nebeske knjige objavljene.

31　1　Iz Mekke ili Taifa.

SURA 44

24　1　Kad je Musa poveo Israelce iz egipatskog ropstva u Svetu zemlju i došao do mora, Bog mu je naredio da udari štapom po moru. Ono se rastvorilo i Israelci su prošli po suhu kroz more. Čim su prešli na drugu stranu, Musa je htio opet udariti štapom po moru da bi se sastavio, ali mu je Bog objavio da ne udara kako bi faraon i njegova vojska ušli u putanju kojom su Israelci prošli i da bi onda, kad se more sastavi, bili potopljeni.

SURA 48

17 1 To jest, da izostanu od ratnog pohoda.

18 1 Govori se, kao i u desetom ajetu ove sure, o položenoj prisegi vjernosti Muhammedu, a.s., na mjestu Hudejbijji nekoliko milja udaljenom od Mekke kad je oko hiljadu i pet stotina muslimana položilo prisegu vjernosti da će prije poginuti nego uzmaći. Muhammed, a.s., je sjedio pod jednim drvetom, a muslimani su mu prilazili i polagali prisegu.

21 1 Misli se na bogat plijen koji su muslimani dobili poslije Osvajanja Mekke od arapskog plemena Hevazin koje je napalo muslimane u Hunejnu 8. h.g. kad su se vraćali u Medinu.

27 1 Muhammed, a.s., je, prije Oslobođenja Mekke, usnio kako s muslimanima ulazi u Mekku. Taj san je ispričao muslimanima i oni su se obradovali, naročito izbjeglice iz Mekke čije su kuće i imovina tamo ostali. Međutim, do ulaska u Mekku je došlo kasnije, pa su neki muslimani bili razočarani. No, ubrzo su ostvarili jednu drugu pobjedu: Osvojenje grada Hajbera.

SURA 49

4 1 Mnogi beduini su, kad bi došli u Medinu, dozivali Muhammeda, a.s., toliko glasno da ih je svako ko je bio u blizini mogao čuti. Nisu znali da Muhammedu, a.s., ukažu dužno poštivanje. Zbog toga se ovim ajetom kore.

SURA 50

3 1 To jest, zar ćemo biti oživljeni.

17 1 Kad se, prema Kur'anu, dva meleka sastanu – jedan s desne, a drugi s lijeve strane – da zapisuju dobra i zla djela svakog čovjeka.

23 1 Reći će šejtan koji mu je bio drug na Zemlji.

2 Ovaj pored mene spreman je – tj. za Džehennem.

SURA 51

1 1 To jest vjetrova.
2 1 I oblaka koji nose kišu.
3 1 I lađe koje plove s lahkoćom.
4 1 I meleka koji sprovode ono što im se naredi.
8 1 Vi, mekkanski mnogobošci, govorite o Poslaniku nejednako: jedni da je čarobnjak, drugi da je pjesnik, treći da je lud.
26 1 I donose debelo tele.

SURA 52

1 1 Gore Sinajske.

SURA 53

2 1 Vaš drug, tj. Muhammed, a.s.
19 1 Lat, Uzza i Menat su tri najpoznatija božanstva predislamskih Arapa mnogobožaca. Lat je bilo božanstvo Taifljana, Uzza plemena Gatafan, a Menat plemena Huzejl i Huzaa. Sva ova božanstva su ženskog roda, jer su mnogobošci vjerovali da su ta božanstva i meleki, Božije kćeri.
49 1 Sirijus – zvijezda koju je arapsko pleme Huza smatralo bogom.
13 1 Pa, koju blagodat Gospodara svoga poričete? Ove riječi se ponavljaju još trideset puta i upućene su ljudima i džinnima, jer su i glagol i zamjenica uvijek u obliku dvojine – tj. o ljudi i džinni!

SURA 56

88 1 Riječi od ovog pa do devedeset četvrtog ajeta odnose se na riječi od sedmog do desetog ajeta iste sure.

SURA 57

4 1 Doslovan prijevod glasi: "A zatim se nad Aršom uzdigao."

SURA 58

1 1 Odnosi se na žalbu jedne žene koju je muž grubo otpustio.

SURA 59

2 1 Odnosi se na iseljenje jednog jevrejskog plemena iz Medine.

SURA 61

6 1 Ahmed, tj. Muhammed, a.s.

SURA 62

11 1 Kad je Muhammed, a.s., u petak u podne u džamiji držao govor čuli su se bubnjevi i talambasi. To je bio znak da dolazi karavana s namirnicama. Kako je u Medini bila nestašica, mnogi muslimani su izišli iz džamije da se snabdiju namirnicama i ostavili su Muhammeda, a.s. Zbog toga su ukoreni.

SURA 65

4 1 Kad ih muževi puste da bi se mogle opet udati.

SURA 66

1 1 Muhammed, a.s., je jednom prilikom jeo meda kod svoje žene Zejnebe. Za ovo su saznale njegove druge dvije žene Aiša, kći Ebu Bekrova, i Hafsa, kći Omerova, pa su se dogovorile da mu, svaka posebno, kažu da osjećaju zadah iz njegovih usta, jer su pčele koristile jednu vrstu cvijeća od kog je med dobio vrlo jak i neugodan miris. Muhammed, a.s., je bio veoma osjetljiv na to. Kad su mu njih dvije to rekle, zakleo se da neće više jesti meda, iako mu je med bio vrlo drag.

3 1 Muhammed, a.s., je rekao jednom prilikom svojoj ženi Hafsi da će poslije njegove smrti halifa biti Ebu Bekr,

otac njegove žene Aiše, a poslije njega njezin otac Omer, rekavši joj da to nikom ne kazuje. Međutim, Hafsa tu tajnu nije mogla dugo kriti, već je odala Aiši, pravdajući se poslije Muhammedu, a.s., kad je on ukorio što je povjerenu tajnu odala, da je samo željela obradovati Aišu, što će joj otac Ebu Bekr biti prvi halifa.

SURA 68

10   1   Od ovog pa do šesnaestog ajeta ove sure, govori se o Velidu, sinu Mugirinom, vrlo bogatom mekanskom mnogobošcu, velikom protivniku Muhammeda, a.s., i vjernika.

26   1   "Mi smo zalutali!" – rekli su zato što su pomislili da to nije njihova bašča, toliko se izmijenila. Kad su, međutim, malo bolje pogledali, uvjerili su se da je to njihova bašča i onda su rekli: "Ali ne! Ne! Svega smo lišeni!"

49   1   To jest, bio bi izbačen iz utrobe ribe na pusto mjesto.

SURA 69

9   1   To jest, stanovnici Sodome, Lutov narod.

SURA 74

1   1   "O ti, pokriveni!" – prve riječi objave, (Vidi 96, 1) primio je Muhammed, a.s., na brdu Hira, nedaleko od Mekke, i odmah se prestrašen vratio kući. Čim je ušao, povikao je, ženi Hatidži: "Pokrijte me! Pokrijte me!"

13   1   On je toliko bogat da ne mora slati sinove u daleke zemlje da trguju i strahovati i željeti ih.

26   1   Sekar, tj. Džehennem.

SURA 75

16   1   Ne izgovaraj Kur'an, doslovno: "Ne izgovaraj ga, dok se ne završi Objava."

SURA 76

17 1 Inbir je zenđebil, đumbir, đinđiber, isijot – to jest začin.

SURA 77

1 1 To jest, meleka.

SURA 79

1 1 To jest, meleka koji grubo čupaju duše nevjernicima.

2 1 I onih koji blago vade duše vjernicima.

20 1 Najveće čudo, tj. pretvaranje štapa u zmiju.

23 1 I sabrao, čarobnjake.

SURA 80

1 1 Muhammed, a.s.

15 1 U rukama pisara, tj. meleka.

SURA 81

4 1 Steone kamile su predislamskim Arapima bile najdraži imetak.

10 1 To jest, kada se razdijele listovi na kojima su popisana ljudska djela.

SURA 83

27 1 Tesnīm je ime džennetskog izvora.

SURA 87

19 1 Sve što je kazano u ovoj suri, kazano je i u listovima koji su objavljeni Ibrahimu i Musau.

SURA 89

2 1 I deset noći, tj. deset noći mjeseca zu1-hidždžeta.

19 1 Predislamski Arapi nisu ženama i maloljetnoj djeci davali nasljedstvo zato što žene i djeca ne idu u rat.

SURA 90

1 1 To jest, Mekkom.

2 1 Prvi muslimani su bili progonjeni i zlostavljani u Mekki, pa su se neki iselili, najprije u Abesiniju, a onda u Medinu. Ova sura je objavljena u Mekki prije iseljenja u Medinu i u njoj se kaže da će se Muhammed, a.s., povratiti u Mekku i da će mu biti dozvoljeno da njene stanovnike kazni ili im oprosti.

5 1 Ove riječi se odnose na već spomenutog Velida, sina Mugirinog.

SURA 91

2 1 Kad Sunce zađe, Mjesec se na nebu pojavi.

SURA 93

3 1 Mnogobošci su se rugali Muhammedu, a.s., kada mu po nekoliko dana ne bi ništa bilo objavljeno govoreći da ga je njegov Gospodar napustio i omrznuo. Zato je objavljen ovaj ajet.

6 1 Muhammed, a.s., je posmrče. Otac Abdullah mu je umro nekoliko mjeseci prije rođenja, a mati Amina kad mu je bilo šest godina. O njemu se najprije brinuo djed Abdul-Muttalib, a poslije amidža Ebu Talib.

SURA 96

1 1 To jest, reci: "U ime Allaha!" – a zatim kazuj. Pet prvih ajeta ove sure su Prva Objava Muhammedu, a.s.

9 1 Od ovog pa do posljednjeg ajeta ove sure govori se o Ebu Džehlu, bogatašu i neprijatelju Poslanika i vjernika, koji je branio Muhammedu, a.s., javno obavljati molitvu. Poginuo je u Bici na Bedru.

18 1 Zebanije su meleki džehennemski stražari.

SURA 97

1   1   Noć Kadr je jedna od posljednjih noći mjeseca ramazana.

SURA 98

1   1   I okrenuli protiv Muhammeda, a.s.

SURA 105

1   1   Odnosi se na propast pohoda abesinijskog vojskovođe.

3   1   Ptice su bacale na abesinijske vojnike glineno grumenje. Na koga je god pao grumen, razbolio se. Svi su oni, od neke teške bolesti, nastradali.

SURA 106

1   1   Veliko arapsko pleme Kurejš, iz kojeg je bio Muhammed, a.s., živjelo je u Mekki, u kojoj se nalazila Kaba – svetište i predislamskih Arapa. Kurejšijama je bilo dobro poznato predanje da je Ibrahim, sa sinom Ismailom, sagradio Kabu, kao prvu bogomolju. Vremenom, izgubilo se Ibrahimovo i Ismailovo učenje o jednom Bogu i Arapi su prigrlili kumire. Mnoge od njih su, razna arapska plemena, postavila na Kabu i oko Kabe, koje su jedanput godišnje hodočastili. Stanovnici Mekke su koristili ova hodočašća za trgovinu i vremenom se silno obogatili. Kad je Muhammed, a.s., počeo propovijedati novu vjeru, u Mekki je bilo više od stotinu milionera. Pred pojavu islama, kurejšijske karavane su prenosile raznu robu, ljeti u Siriju, a zimi u Jemen. Arapska plemena nisu napadala kurejšijske karavane zato što su oni bili čuvari njihovih kumira u Mekki i što su baš oni bili svećenici u Kabi. Kroz čitav Kur'an se vidi da mekkanski mnogobošci, naročito njihovi bogataši, nisu nikako htjeli primiti islam, da su s prezrenjem gledali prve muslimane, obično sirotinju i robove, da su ih progonili i zlostavljali i da su prvi

muslimani morali napustiti Mekku, najprije privremeno u Abesiniju, a onda u Medinu, ostavljajući imanja, žene i djecu. Kurejšije su progonili muslimane i poslije iseljenja. Preduzimali su ratne pohode protiv njih i nastojali ih potpuno uništiti. Znali su da će biti kraj njihovoj trgovini i bogatstvu ako islam pobjedi u Arabiji. Međutim, ratna sreća je bila na strani muslimana i poslije dugotrajnih borbi, oni su 8. h.g. ušli u Mekku, a Kurejšije su primili islam, mnogobožački kumiri su uklonjeni s Kabe, a Muhammed, a.s., je oprostio Kurejšijama.

SURA 91

1   1   Ebu Leheb je bio amidža Muhammeda, a.s., i najogorčeniji protivnik, zajedno sa ženom Umm Džemilom, sestrom mnogobožačkog vođe Ebu Sufjana. Ebu Leheb je, kad god mu se pružila prilika, iznosio o Muhammedu, a.s., teške laži, a njegova žena je sakupljala trnje i posipala po putu kojim je Muhammed, a.s., prolazio.

SADRŽAJ

637